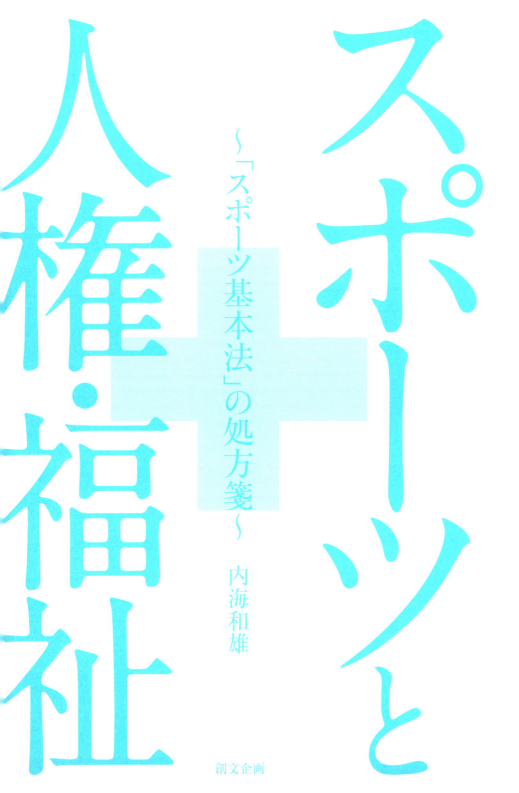

スポーツと人権・福祉

～「スポーツ基本法」の処方箋～　内海和雄

創文企画

スポーツと人権・福祉［目次］
─「スポーツ基本法」の処方箋─

序　章 5

第1章　スポーツは福祉である 19
1．スポーツは個人の営みか 20
2．スポーツとは何か 24
3．福祉国家とは何か 32
4．スポーツ・フォー・オール政策（Sports for All Policy） 36
5．平和とは何か 37

第2章　スポーツの所有史　─福祉的視点から 41
1．スポーツと所有 42
2．労働と余暇とスポーツ 44
3．権利・公共性・福祉・スポーツ 46
4．原始共同体社会とスポーツ所有 46
5．古代奴隷制社会とスポーツ所有 48
6．封建制社会とスポーツ所有 53
7．資本主義社会とスポーツ所有 58

第3章　スポーツ・フォー・オールと福祉国家 75
1．福祉国家の系譜 76
2．福祉国家の類型 79
3．日本の福祉国家の推移 82
4．日本のレジームはなにか？ 91
5．スポーツ・フォー・オールの誕生 92
6．福祉国家とスポーツ・フォー・オール 98

第 4 章　戦後日本の福祉とスポーツ 127

1．戦後日本のスポーツ概観 128
2．東京オリンピックまでのスポーツ（1945 〜 1964）.........................131
3．東京オリンピックと高度経済成長（1965 〜 1971）.........................133
4．福祉国家への志向と挫折（1972 〜 1980）...................................137
5．スポーツ政策空白の時代（1980s）...146
6．新自由主義の時代（1990 〜 2011）..152
7．日本の福祉とスポーツ 158
8．まとめ 173

第 5 章　スポーツ基本法の処方箋　―新福祉国家 175

1．再度、スポーツは個人的な営みか 176
2．スポーツ基本法とスポーツ基本計画 179
3．「スポーツ基本法」、「スポーツ基本計画」批判 203
4．スポーツ基本法の処方箋 206
5．新福祉国家・社会保障論の動向から
　（スポーツ基本法の全面的実現へ向けて）....................................214

第 6 章　スポーツと人権・福祉 225

1．スポーツと人権・福祉の動向 226
2．先行研究 228
3．人権とは何か 236
4．人権の歴史 236
5．スポーツと人権：国際 244
6．福祉国家のスポーツと人権 246
7．国連における「スポーツと人権」...247
8．オリンピック・ムーブメントにおける人権 252
9．スポーツと人権：日本 261
10．「スポーツと人権」の課題 264

第7章　スポーツと体罰と人権・福祉 269

1．最近の動向 270
2．スポーツの近代化と非暴力化 271
3．父権制と体罰 273
4．戦後部活動問題小史 274
5．体罰を規定する環境 277
6．体罰の当事者たち 280
7．外国の動向 285
8．今後の課題 286

第8章　20世紀とスポーツ　―近・現代スポーツの描き方 293

1．研究方法論 294
2．スポーツとは何か 295
3．スポーツ研究領域 297
4．20世紀のスポーツ 298
5．スポーツの発展 299
6．スポーツにとって20世紀はどのような時代か 300
7．ナショナリズム 303
8．アマチュアリズム 306
9．商業化 307
10．スポーツと国民福祉 308
11．グローバル化とローカル化 308
12．日本の課題 311

補論1　イギリスのスポーツ政策との比較から見えてくる　スポーツ立国戦略の問題点 313

1．近年の政策 313
2．「スポーツ立国戦略」の特徴 316
3．これからの課題 317

4．東アジア圏内での責任 319

補論2　オリンピック・ムーブメント、福祉・平和 320

1．セミナーの概要 320
2．テーマの変更：研究方法論の難しさ 322
3．オリンピズム 322
4．スポーツ権 326
5．スポーツと福祉 328
6．平和 329
7．国連とオリンピック・ムーブメント 329
8．ノエル‐ベーカー氏の遺志 331
9．研究課題 332

補論3　プロ・スポーツと福祉・人権 334

1．プロ・スポーツの社会学 334
2．プロ・スポーツの前提としての資本主義の発達 335
3．プロ・スポーツ発展の3期 336
4．アマチュアリズムの誕生・成長・崩壊：プロ・スポーツの障害 338
5．プロ・スポーツ、都市の発展形態、球団の経営形態 343
6．ファン・サポーターの権利・義務 348
7．プロ・スポーツ選手の権利・義務 350
8．グローバル化とプロ・スポーツ 351
9．日本の野球とサッカー 352
10．「見るスポーツ」と「するスポーツ」 353
11．プロ・スポーツの法的問題 354

おわりに 356
著者紹介 360

序章

2011年に「スポーツ基本法」が制定され、その第9条に則って2012年に「スポーツ基本計画」が策定された。「スポーツ権」を政府レベルで初めて承認し、近い将来に「スポーツ庁」の設置を視野に入れ、今後いっそうのスポーツ振興に邁進する方向性を示した。
　しかし「スポーツ権」を保障する国家の義務については誰も述べないし、ましてやそれらの政策を実現するだけの財政的裏付けは、過去50年余にわたって提起された文部大臣の諮問機関である保健体育審議会（保体審）の答申類に対するのと同様、全く貧弱である。それどころか新自由主義的な市場化、民営化、公共責任の後退を意味する「新しい公共」等が組み込まれており、その政策的意図は最初から曖昧な部分を多分に含んだものである。従来の貧困路線を冷静に考えれば、別に驚くことではない。現状の日本の政治・経済・福祉政策の下で、スポーツ政策が答申通りに展開されると期待することは、あるいは前者を考慮せずにスポーツ政策だけを注目するとするならば、それはスポーツ政策研究の後進性の反映である。
　近代の学校教育における体育・スポーツの普及、あるいは軍隊における体育・スポーツの活用を含めて、近代国家としての体育・スポーツ政策は各国に存在した。しかし、国民全体の福祉を意図した国家の体育・スポーツ政策は戦後の高度経済成長期に西欧・北欧諸国の「スポーツ・フォー・オール政策」として、福祉国家の新たな福祉の拡大の一環として推進されたのが歴史上初めてである。しかし、日本は西欧・北欧諸国以上の高度経済成長を遂げたが、利潤の大半は大企業に集中し、国民の福祉への分配政策を採らず、未だに福祉国家の仲間入りをしていない。日本の国内総生産（GDP）は1980年代以来アメリカに次いで世界2位であったが、福祉水準は図表序-1に見るように経済開発協力機構（OECD）において1980年代の最低から30年後の2010年にはやっと平均水準に上昇した。しかしGDPの大きさに比較すれば低水準にある。さらに1980年以前からの低水準と、1980年からの30年以上の低水準、そしてGDPの発展とのギャップの大きさも、福祉の貧困感を形成している。当然にして文部科学省のスポーツ政策も西欧・北欧諸国と比べれば貧困であり、財政的裏付けの無いお粗末なものである。結論を先に述べれば、日本が福祉国家化をしない限り、スポーツ・フォー・オールは実現出来ない。それはスポーツ政策が広義の福祉政策の一環に入るからである。
　近年、国連やIOCなどの協力で、開発途上国の発展のためにスポーツを重視

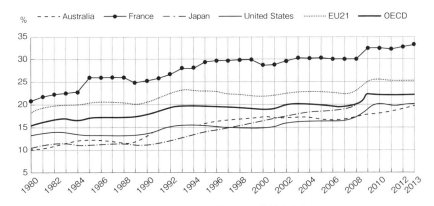

図表序-1　GDPに占める公共社会支出
出典：OECD, Social Expenditure Database

する傾向にある。そしてそれは「スポーツと平和」「スポーツと人権」「スポーツと開発」等として論じられつつある。その場合、スポーツの普及はその国の経済発展が前提となるという指摘は多くの論文に見られることである[1]。この場合、同じ人権でも先進国での人権は、スポーツへの参加の自由（自由権）を前提として、その保障の国家的責任（社会権）が意図されている。しかし開発途上国の場合、その経済水準と民主主義水準の低さから後者の社会権としてのスポーツの人権は問題外であり、もっぱら自由権水準である。この点は後に詳述する。

　さて、西欧・北欧の福祉国家の成立の過程で、経済、特に生産の発展により、その富がより多く国民に配分された。だから福祉国家と呼ばれたのである。しかし日本の場合、生産の高度化は果たしたが、それに対応する富の分配が不十分で、「富企貧民」とも言うべき政治経済政策が一貫して施行され、国民の福祉は貧しいままだ。生産の高さと富の分配の低さが大きく乖離している。それ故、日本は福祉国家とは呼ばれない。それは同時に西欧・北欧では福祉政策の一環として施行された「スポーツ・フォー・オール」政策が日本では実行されず、日本では未だに貧しいスポーツ政策に甘んじている。「スポーツの普及には一定の経済的な発展が必須である」というのは、必要条件ではあるが十分条件とはならない。つまり、経済的な発展の内容として生産の発展は前提であるが、それによる富の分配もまた注視されなければならない。この富の分配が福祉政策に他ならない。

　本書はこうした認識の下に書かれたものである。本書の意図は以下の点である。
①スポーツは広義の福祉の1領域である。

②「スポーツ・フォー・オール政策」は福祉国家のスポーツ版である。
③スポーツは人権（権利）である。人権（権利）の侵害はスポーツへの接近とスポーツ内での両面で発生している。
④日本は未だ福祉国家に至っていない。従って国や自治体のスポーツ政策も貧困である。
⑤日本の「スポーツ・フォー・オール」政策の実現、スポーツでの人権（権利）の実現は日本が新福祉国家を志向したときに実現可能である。
⑥従って、「スポーツ基本法」は新福祉国家の下でのみ具体化される。これが本書における「処方箋」の内容である。

そしてこの意図は以下の骨子で進められる。各章の概要と初出文献を示しておこう。

第1章「スポーツは福祉である」は、本研究の基本的視点である、スポーツは基本的に福祉であるという視点を説き明かしている。従来、「スポーツと福祉」が論じられるとき、それは障害者スポーツなどの狭義な福祉概念に依拠してきた。しかし福祉国家の福祉とは文化領域をも含むもっと広義な概念である。また、それに関わってこれから展開する用語のいくつかを解説している。「福祉国家」「スポーツ・フォー・オール」「スポーツ権」「スポーツの公共性」「新自由主義」等々である。初出である。

第2章「スポーツの所有史」は、人類とスポーツの歴史を所有や福祉という視点から見たとき、それは他の文化所有一般と同様に、明らかに階級的な所有の歴史が浮かび上がる。それらは国家から支配階級自らに「国家福祉」として施された。これまでのスポーツ史ではどの時代にどのようなスポーツが行われていたかが中心に記述される。読者は現代的視点を歴史に適用して歴史を判断する傾向にあるから、それらの種目はその時代のすべての人々によって享受されていたかのような誤解をもたらしかねない。もちろん、ここで述べるスポーツとは競技会を頂点とする体系化されたスポーツ文化である。確かに古代奴隷制社会の中で奴隷たちも時には遊びに興じたであろう。封建制社会の中でも農奴たちは、村祭りなどにおいては簡単な遊びに興じたであろう。しかしそれらは何ら体系的なものでもなく、ここで述べる所有としての文化の範疇には入らない。古代オリンピックにせよ、近代オリンピックにせよ、明らかに階級的所有の歴史であった。資本主義社会でのスポーツの所有はアマチュアリズムの成立によって、明らかに階級的な所有つまり資本家階級による独占と労働者階級の排除が明確化された。それ

は1970年代まで継続し、更にはスポーツの個人主義的な観念は現在をも規定しているから、ここでも少し詳細に論じた。本章は『広島経済大学研究論集』(第35巻第3号、2012年12月)が初出であるが、このスポーツ所有史は拙著『スポーツの公共性と主体形成』(不昧堂出版、1989)で初めて展開した。今回はそれに福祉の視点を絡めて論じた。

　第3章「スポーツ・フォー・オールと福祉国家」は、スポーツの所有史としての戦後の状況である。福祉国家の誕生は先ず生産力の向上を前提とし、その富の分配を国民全体に平等に行き渡らせる政治経済体制である。西欧・北欧諸国は、そのタイプはいろいろあるにせよ、概ねこの福祉国家の範疇に入った。そして高度経済成長を背景にしてそれは第2段階へと発展し、そこに「新しい人権」の一環としてのスポーツ権が生まれた。その政策的な実態として「スポーツ・フォー・オール政策」が誕生した。初出は『広島経済大学研究論集』(第35巻第4号、2013年3月)であるが、この基盤となる実証研究は拙著『イギリスのスポーツ・フォー・オール─福祉国家のスポーツ政策─』(不昧堂出版、2003)で行った。今回はそれを福祉国家論の全体に位置付け、スウェーデンやドイツも加えて検討した。この3国はエスピン・アンデルセンの福祉国家の3類型から選出している。またその焦点は、それぞれ1960年代、1970年代の福祉国家の形成期におけるスポーツ・フォー・オール政策の発展過程を記述しており、1990年代から2000年代の現状に焦点を当てたものではない。

　第4章「戦後日本の福祉とスポーツ」は、戦後日本のスポーツ政策の検討である。1964年の東京オリンピックを挟んで高度経済成長下、猛烈社員の養成も含めて国民の体力強化策が打ち出され、1973年初頭の「福祉元年」に伴って、スポーツ政策も西欧・北欧のスポーツ・フォー・オールを追跡するかに思われた。しかし、1973年のオイルショック以降、福祉全体の冷遇化の中でスポーツ政策もまた低空飛行を余儀なくされた。一方、日本のGDPはますます高まり、世界市場を席巻して行ったが、ついに日本は福祉国家を志向せず、逆に福祉の低水準化へ向かった。1980年代には文部省のスポーツ政策は空洞となり、1990年代から現在まで、地方自治体のスポーツ政策も含めて新自由主義的な民営化、市場化がスポーツ政策をも包み込んでスポーツ予算はむしろ低下し、スポーツ政策は極めて低水準のままである。しかし、時々の保体審答申そして中教審答申の内容を見れば、その全体的遂行のためには福祉国家化しなければ実現し得ない内容となっていることも明白である。ここにスポーツ政策が持つ公共的・福祉的な性格

と現実の政策の貧困さの矛盾が見て取れる。初出は『広島経済大学研究論集』（第36巻第1号、2013年6月）であるが、戦後日本のスポーツ政策については拙著『戦後スポーツ体制の確立』（不昧堂出版、1993）と拙著『日本のスポーツ・フォー・オール―未熟な福祉国家のスポーツ政策―』（不昧堂出版、2005）で論じた。今回は特にスポーツ政策が典型的に示される保体審答申の性格とその実現の実態に焦点を当てた。スポーツ政策のトータルな提案は、スポーツの特性を反映して、福祉国家的な要望となること、しかし一方で保守政治は福祉を重視せず、その具体化を阻害してきた。その両者間の矛盾の究明こそスポーツ政策研究に求められる課題である。

　第5章「スポーツ基本法の処方箋―新福祉国家」は、2011年に施行された「スポーツ基本法」とそれに基づく「スポーツ基本計画」（2012）の検討である。「スポーツ権」を承認した事は世界の動向を反映した前向きさを感じるが、一方で「新しい公共」概念を導入し、「自立・自助」を第1として、第2に民間資金の導入を、そして最後に公共の責任が出てくるような、スポーツ政策としての公的責任が大きく後退するものとなっている。

　またここでは、スポーツ政策の在り方にも若干の考察が加えられている。具体的な到達目標とそのための具体的な予算と方法の明記が無く、単に漠然とした方向目標の一覧表だけを示しておきながら、時折その評価を行うという。こんな行政「評価」では単に「何年に何々を行った」という事後報告のみしか得られず、これでは科学的な行政評価にはなり得ない。具体的な予算と方法が伴ってこそ、どこをどうしたらよいか、どこにどのような予算を活用したらよいかなどの具体的な成果と反省の評価が出来うるものだ。この点で、「スポーツ基本計画」は単に政策項目の一覧表であり、基本計画とはなりえていない。

　ともあれ今後、スポーツ政策の全面的な実現を目指す上で、日本の新福祉国家化は不可避である。その点で、既に提起されている新福祉国家構想に学びながら、スポーツ政策をその一環に位置付けた。初出は『広島経済大学研究論集』（第36巻第2号、2013年9月）である。

　第6章「スポーツと人権・福祉」は、2014年7月にストラスブルグ（フランス）にある「国際人権研究所（the International Institute of Human Rights）」の第47回国際人権研究会「スポーツと国際人権法」に「オリンピック・ムーブメントと人権」と言う講演テーマで招聘された時の基礎原稿である。日本では「スポーツ基本法」で「スポーツ権」が承認されたものの、その具体化を義務として

持つべき政府は全くその責任を果たしていない。しかし世界（主に先進諸国）では今や急速の勢いで展開している。もちろん先進国において問われている人権と開発途上国で問われている人権、そしてそれらとスポーツとの関連についても多様性と共通性がある。と同時に世界基準としての国際協定も国連が中心となって積極的に推進している。こうした国際的動向を把握しながら、日本の課題も明確となる。初出である。

　第7章「スポーツと体罰と人権・福祉」は、主に学校の運動部活動における体罰に焦点化したものである。体罰それ自体はスポーツ内における人権侵害の典型である。また、日本の体罰の基盤には過酷な労働実態と貧困な福祉のギャップがある。この両者のギャップが、国民のいろいろな不安、つまり子どもの将来、進学、就職、現在の職場、老後、家計等々、あらゆる生活上の不安が不安定な心性の基盤を形成し、それが体罰、しごき、そして家庭での虐待等を生んでいると考えられるからである。教育分野の体罰にせよ、教師ばかりでなく、親も子どもたちも貧困な教育政策と厳しい競争原理の下で余裕を失っている。日本の体罰の基盤に福祉の貧困さを見る必要がある。原題は「スポーツと体罰」であるが、本書に掲載するに当たって、改題した。初出は『季論21』（本の泉社、2013年春）である。先進諸国、開発途上国の多くが体罰を犯罪として認知し、厳しい罰則で対応し、その撲滅に努力している中で、どうして日本では未だに体罰が蔓延し、まかり通っているのか。その源流には明治期以来の軍隊内の蛮行の影響を未だに払拭し切れていない日本社会の課題、福祉の貧困さの根底にある人権意識、水準の低さが浮かび上がるのである。

　第8章「20世紀とスポーツ―近・現代スポーツの描き方」は、広島経済大学スポーツ経営学科内の自主的な研究会「スポーツ経営学研究会」の設立に当たり、第1回として報告したものである。21世紀のスポーツを展望する上で、20世紀をどのように総括するかは最も基本的な作業である。それはまた新たなスポーツ経営学科の行く末を如何に描くのかの基礎となる。20世紀はその前半に2度の世界大戦を含みながらも、スポーツは諸階層に大きく普及し始めた。後半には東西の冷戦体制によって競技スポーツが急速に政治課題化すると同時に、高度経済成長によってスポーツ・フォー・オールもまた普及した。しかし1980年代以降はグローバル化の進展に伴い、特に新自由主義の浸透は、国家間の格差、そして国家内での格差を大きくさせ、それはそのままスポーツを取り巻く格差ともなった。その点で、21世紀はこの格差の無い、あるいは少ない福祉国家的な社

会とスポーツでの具体化であるスポーツ・フォー・オール政策が必須であることを述べた。

次いで、補論についてである。

補論1「イギリスのスポーツ政策との比較から見えてくるスポーツ立国戦略の問題点」では、イギリスの2000年代のスポーツ政策と日本の「スポーツ立国戦略」とを比較したものである。2000年までのイギリスのスポーツ政策は拙著『イギリスのスポーツ・フォー・オール―福祉国家のスポーツ政策―』（不昧堂出版、2003年[2]）で論じてある。2000年代のイギリスのスポーツ政策は空前絶後と言われるほどに、スポーツを重視した。それは具体的な予算執行を伴っている。こうして国民の活気を取り戻すと同時に、そこで消費される予算は内需の刺激策の一環ともなり、福祉の向上の重要な部分を負担している。それと日本の予算案の無い政策とを比較した。初出は『体育科教育』（大修館書店、第58巻第12号、2010年11月号）である。こうした政策の基盤の上に、開発途上国の2000万人の子どもたちのスポーツ参加を援助することをキャッチフレーズとして、2005年には2012年のオリンピック・ロンドン大会の開催権を獲得したのである。

この論文は民主党政権下で文科省から「スポーツ立国戦略」（2010.8.26）が提起され、その1年後の「スポーツ基本法」の成立までの間に執筆されたものである。「スポーツ基本法」制定への期待と同時に、いかなる基本計画を構築するのかを問う基盤として、この「スポーツ立国戦略」は考えられた。そのような事情から過去の保体審答申の流れと近年の政治経済状況とを関わらせて論じたものである。一般には、バラ色ムードが高まる中で、そうしたムードが全く根拠の無いものであることを厳しく示す意図があった。

補論2「オリンピック・ムーブメント、福祉・平和」は2012年の6月、古代オリンピックの聖地オリンピア（ギリシャ）で行われた国際オリンピックアカデミー第52回「世界青年セッション」で世界各国から参加した大学生を中心とする若者たちへの講演である。オリンピックの進めるスポーツを通しての平和、特に開発途上国に対するスポーツ援助は、基本的にはその国の中での福祉の向上を意図した行為への援助である。こうして、開発途上国へのスポーツの支援とは、国内の福祉向上に貢献しつつ、平和に寄与するという展開であることを検討した。ここに、スポーツ援助・福祉・平和の関連の内的な関連を追究した。この講演では先進国よりも開発途上国の若者からの質問が多くあった。貧しい中で、つ

まりスポーツの普及など社会や国家の第一義的な課題とはならない様な状況の中でもスポーツを振興させようと一生懸命に活動している彼らは、国内で他の福祉領域との関連で沢山の課題を抱えているから、この講演の趣旨に感じるものが多くあったようである。

なお、「スポーツと平和」については拙著『オリンピックと平和』で展開しているので、そちらも参照してほしい。

補論3「プロ・スポーツと福祉・人権」は、原題「日本のプロ・スポーツの現状と問題点—イギリス、アメリカとの比較において」(日本スポーツ法学会年報第14号、『プロスポーツの法的環境』エイデル研究所、2007)である。プロ・スポーツの法的課題を考察するために学会で行った基調講演である。しかし、プロ・スポーツの興隆も根本的には国民、地域住民の福祉水準が決定するものである。しかし現実のプロ・スポーツ論の多くは選手の給与や契約問題などを中心とする労働経済学や球団経営の方針、経営実態などの産業組織論によるものが大半である。スポーツ社会学的にはファンやサポーター調査なども多くなっている。もちろんそれらも重要である。しかし、プロ・スポーツの持つ社会学的意義やプロ・スポーツの成立する社会的基盤の研究などは、残念ながら僅少である。そうした中で拙著『プロ・スポーツ論—スポーツ文化の開拓者』(創文企画、2004)は後者の視点に切り込んだものである。そして本稿はそれに人権、福祉的視点から補足している。厳しいプロ・スポーツ界にあって、選手の人権擁護は重要な課題である。さらに、サポーターとしての権利、人権、さらに観戦者としてのマナーや義務も重視されつつあるのが現状である。

以上、各章の概略と初出を記したが、本書のタイトルについてもコメントしておきたい。主題はよいとして、副題の「処方箋」という用語から、本書に「スポーツ基本法」の具体化の方策、つまり「スポーツ基本計画」に代わる代案を期待するとすれば、それは筆者の意図するところではない。本文中でも展開するが、筆者は従来の保体審答申類、「スポーツ基本計画」そのものに大きな批判があるわけではない。むしろそれらの提案に対して予算措置が為されないことについての、国の基本的なスポーツ観、福祉観を批判している。「スポーツ基本法」の具体化の処方箋とは新福祉国家の下での政策であることを敢えて強調しておきたい。

【スポーツ政策研究】

さて本書は、スポーツ政策論の研究である。とはいえ、狭い範囲でのものでは

なく、政策の背景に関する社会学的な考察や歴史的把握など、多分野からの成果も取り入れている。

　ともあれ、この分野の先行研究を概観しておかなければならない。

　ここで、先ず、スポーツ政策とスポーツ政策研究とを識別しておかなければならない。スポーツ政策とは、国家からのスポーツに関する政策を意味している。そしてスポーツ政策研究とは、まさにその政策とそれを取り巻く背景を対象とする研究である。

　前者で言えば、古代ギリシャのオリンピックのように国家行事として、国家福祉としてスポーツが提供され、ギリシャの特権階級はそれを享受した。その点では当時もスポーツ政策はあった。しかしスポーツ政策研究は無かった。近代社会においても、学校教育や企業や軍隊でスポーツを活用したり、あるいは国家としてスポーツの普及を支援したり、時には禁止したりするなど、国家としてのスポーツへの関わりは多様であった。その点では国家のスポーツ政策が存在していた。

　しかし、全国民の福祉の一環としての「スポーツ・フォー・オール政策」は高度経済成長政策によって、経済的基盤を確立した1960年代の西欧・北欧に歴史上初めて誕生した。

　だが、スポーツ政策の誕生と共にスポーツ政策研究も誕生したわけではない。イギリスで見るならば、「スポーツ・フォー・オール政策」は1965年のスポーツカウンシル（諮問機関）の誕生以降であり、スポーツ政策研究の確立はそれから20年弱を経た1980年代以降である[2]。

　日本ではどうであろうか。同じように、国家によるスポーツとの関連は学校、軍隊ではある程度の関連性もあり、また戦前の国際大会の開催、招致を含めてある程度のスポーツ政策は推進されていた。そして戦中には野球統制令の様な政策もあった。戦後すぐに国民体育大会が始まったが、これとて主要には中上流階級の参加が主流であった。しかし、国民全体のスポーツ参加を視野に入れたスポーツ政策は存在しなかった。その点で、国民全体のスポーツ促進を意図するスポーツ政策と呼べるものの誕生は1972年の文部大臣の諮問に対する保体審答申「体育・スポーツの普及振興に関する基本方策について」以降である。そしてその後の保体審答申は基本的に「スポーツ・フォー・オール」を基本的には志向している。

　それならば、日本におけるスポーツ・フォー・オール政策研究の確立とはどの時点であろうか。あるいはその成立時点とは存在するのだろうか。特に、このような疑問を呈するのは、今回の「スポーツ基本法」の成立を巡る諸論調の動向に、

その危うさを感じたからである。

　スポーツ政策研究の体系化を志向して既存の「スポーツ政策研究」の分類を行った「スポーツ政策における政策過程に関する文献研究」(武田丈太郎、『体育経営管理論集』No.1、2009、pp.57-68) でも、「スポーツ・フォー・オール政策」に焦点化された記述はない。しかし「スポーツ基本法」や「スポーツ基本計画」が提起された今、焦点とされるべきは「スポーツ・フォー・オール政策」とその研究がスポーツ政策研究の中心テーマとなるべきであろう。従って、以降での「スポーツ政策研究」とは「スポーツ・フォー・オール政策」に関わる、ないしそれを志向する研究を主要な対象とする。

　後にも触れるように、スポーツ権論が展開されたのは1972年末(永井憲一「権利としての体育・スポーツ」『体育科教育』1972年12月号) 以降、主に1970年代である。1972年12月とは、日本版「スポーツ・フォー・オール」を志向した保健体育審議会答申「体育・スポーツの普及振興に関する基本方策について」が出された時であり、単なる偶然とは言えない。これは明らかに、ヨーロッパにおける「スポーツ・フォー・オール政策」の進行と、日本における教科書裁判において国民の教育権を判決した「杉本判決」(1970.7.17) ないし、諸公害闘争における国民の「新しい人権」意識の高揚と軌を一にしたものである。そうした状況下で志向された「スポーツ・フォー・オール政策」研究の最初の集約として『スポーツ政策』(スポーツを考えるシリーズ第4巻、大修館書店、1978) を掲げたい。そしてスポーツ政策研究が強く意識されたのはイギリスの1980年代よりは若干早かったかも知れない。

　中村敏雄は「序章　スポーツ政策論の条件」(pp.10-33) の中で、次のように述べた。

　「国家論や政治学をベースにしながら、軍事・労働・経済、あるいは学校教育や地方自治の問題、さらには都市計画法や公園法、生活保護法等々が包摂している理論や思想までをもその主要な骨格としなければ、スポーツ政策論は、学問としての理論的体系を形成することができないのでは無かろうか。そういう意味で、スポーツ政策論の対象と領域、ならびに研究方法論が確立しているとは言えないように思うのである。」(p.11)

　ここで中村はスポーツ政策論の確立のために、対象と領域、研究方法論の確立

を自覚したが、中村自身は自らのスポーツ政策論を十分に展開することは無かった。とはいえ、当時のスポーツ政策の論じ方には次の3つの方法があると指摘した。

第1に、国家的な規模で展開されるスポーツ政策を批判するものである。これは国際特に西欧・北欧との比較によって日本の後進性が明確となり、また、西欧・北欧がスポーツ・フォー・オールのモデルとして先進化していたからである。

第2に、地方自治体のスポーツ政策の研究である。そこでは住民のスポーツ参加がどこまで住民自治に根ざしたかの分析が不可欠だが、現実にはなされていないと批判した。

第3に、国際比較の上での日本研究である。この場合、外来文化であるスポーツの日本固有の歴史的、土着的文化との相性の研究など文化論的な比較が、政策論の基盤として必要であると述べた。

中村は、スポーツ政策論の学的確立を「初めて」意識した人である。そしてそのための研究方法論の確立に言及した。しかし、既に国際的に普及したスポーツに対して、もっと日本の固有な、歴史的、土着的な文化との比較研究などが政策論の根底に必要だとの指摘、つまり上記の第3に関しては、中村の得意とする文化論に引きつけすぎる嫌いなしとしない。

その後、スポーツ政策論としての書籍は以下のようなものがある。
- 増田靖弘『世界の国民スポーツ』全3巻、不昧堂出版、1977年。
- 体育社会学研究会編『スポーツ政策論』体育社会学研究7、道和書院、1978年。
- 現代体育・スポーツ体系第4巻『体育・スポーツの振興』講談社、1984年。
- 内海和雄『スポーツの公共性と主体形成』不昧堂出版、1989年。
- 内海和雄『戦後スポーツ体制の確立』不昧堂出版、1993年。
- 関春南『戦後日本のスポーツ政策』大修館書店、1997年。
- 同志社スポーツ政策フォーラム『スポーツの法と政策』ミネルヴァ書房、2001年。
- 内海和雄『イギリスのスポーツ・フォー・オール―福祉国家のスポーツ政策―』不昧堂出版、2003年。
- 内海和雄『日本のスポーツ・フォー・オール―未熟な福祉国家のスポーツ政策―』不昧堂出版、2005年。
- 中村祐司『スポーツ行政学』成文堂、2006年。

・齋藤健司『フランススポーツ基本法の形成』成文堂、2007年。
・菊幸一編『スポーツ政策論』成文堂、2011年。

　ここで、スポーツ政策論の先行研究として、それらの総括的検討は必須である。特に単著としての諸労作には、課題論と同時に研究方法論としても多くの教訓が込められている。

　ただ本研究の視点からすれば、「スポーツ・フォー・オール」を主要な対象とするスポーツ政策研究は、拙著を除けば、ほとんど存在しない。ましてや、「スポーツ・フォー・オール政策」が福祉国家の一環であり、広義の福祉政策であるとの指摘、それに則った研究は存在しない。また、日本の「スポーツ・フォー・オール政策」研究の少なさの原因として以下の理由が考えられる。

　第1は、政策自体が貧困だったために、研究の対象となり得なかった。また、「スポーツ・フォー・オール」に関する単なるコメント程度のものは若干存在するが、それらはまさにコメントレベルであり、政策研究と呼ぶには不十分なものが多い。

　第2に、それでも対象としたものの多くは、当然にして政府（中央ならびに地方）の政策に批判的にならざるを得なかった。それは「スポーツ・フォー・オール」の先進である西欧・北欧諸国のスポーツ政策と比較すればするほどに、日本の政策の貧困さが浮き彫りになる。それを事実として指摘すれば、保守的な体育・スポーツ界にあっては反体制的と取られた。それ故に研究として牽制される分野でもあった。

　ところで、近現代社会の政策分析は、過去（歴史）分析の前提条件である。アマチュアリズムから「スポーツ・フォー・オール」に至るスポーツの階級的な性格は、スポーツの古代からの発展を見る上での分析視点を提示する。それによって分析されたのが「スポーツの所有史」である。

【注】
1）例えば、Richard Giulianotti, David McArdle, *Sport, Civil Liberties and Human Rights*, Routledge, 2006年の Introduction 他。
2）内海和雄『イギリスのスポーツ・フォー・オール―福祉国家のスポーツ政策―』不昧堂出版、2003年。

第 1 章

スポーツは福祉である

1．スポーツは個人の営みか

（1）自然権の誕生
　国家権力による無作為の権利、つまり国家による個人に強制されない権利は自然権（自由権）である。この自由権は、かつてイギリスの産業資本家階級（ブルジョアジー）が資本主義社会の確立の過程で、経済的、政治的実権を獲得すると同時に、文化的な主導権をも獲得する過程で、旧貴族層の覇権からもぎ取った権利であった。封建制社会において、「士農工商」（これは西欧においても基本的に同様）の身分制度、階級制度の下で、最も下位に位置付けられていた「商」人階級が、その経済的・政治的実権を掌握するに伴って、「ブルジョア民主主義」に基づく「民主主義革命」「ブルジョア革命」「資本主義革命」を遂行した。こうして、封建制の階級的、身分的束縛から解放された。これは権利論から言えば、自由権であるがその中心は「生命権」「財産権」であった。
　彼らは資本主義体制の下で、最大限の利潤を獲得した。そうした財を持てるか持てないかは、個々人の能力、資質、意欲に依拠すると考えられた。それらを有しない者は低能力、労働意欲の欠如した者と考えられ、国家福祉は、社会の安定や公衆衛生が脅かされるぎりぎりの線まで引き下げられた。最低限の福祉が与えられるときは、低能力者、労働意欲の欠如者などのレッテル、偏見を押しつけられた。こうして19世紀は個人の能力、責任にすべてが任される「自由主義、自然権の時代」と呼ばれた。

（2）アマチュアリズム—スポーツの自由権
　新興資本家階級は貴族たちのスポーツを学び、やがて主導権を持って享受し、スポーツの近代化を達成した。これは「スポーツのブルジョア革命」である。スポーツに必要な高価な施設・設備（土地や建物他）も自分たちの財で賄った。経済のみならず次第に政治的主導権をも掌握し始めた彼ら資本家階級自らが主催したスポーツ大会に、彼らの使用人たる労働者階級が大挙して押し寄せ、上位を独占し始めると、アマチュアリズムなるイデオロギーと規則で彼らをスポーツ大会から排除し始めた。このアマチュアリズムは「スポーツを享受することは他者からの援助を受けることなく、自らの財をもって行う」という「ブルジョア個人主義」が根幹に位置している[1]。スポーツを享受する上に、労働者階級にとって高

価な施設、設備などの条件を自ら提供することは出来ない。こうして「他者の援助でスポーツを享受してはいけない＝自らの財でスポーツを享受する」というブルジョア個人主義によって、労働者階級は排除された。つまりこれらの諸条件が無ければ国民はスポーツを享受することが出来ず、自由権も具体化されなかったからである。また、当時週6日労働日であり、日曜日は安息日としてスポーツなどが禁止されていたから、スポーツの競技会は概ね平日に行われた。ということは、そうした競技会に労働者階級が参加する場合、仕事を休まざるを得なかった。そのため休業補償が無ければ、彼らは大会での賞品や賞金を当てにせざるを得なかった。しかし、「試合での賞金や賞品を目当てにすること」はアマチュアではなくプロとされて厳しく排除された。こうして労働者階級は資本家階級の組織する一切の競技会からは閉め出されたのである。

　ともあれ、こうした実質的な参加抑制規範が設けられたとはいえ、財があれば参加は自由だったのである。こうしてアマチュアリズムはスポーツの参加は原則として自由であるという自由権を承認した。

（3）スポーツの公共性、社会権

　さらに、国民の権利として承認することは、その権利の内容に公共性がなければならない。私的な内容を公共性として承認することは出来ないからである。社会の共同性のうち、それが公共機関によって対処すべき事項であるときに、それは公共性に転化する。この点でスポーツもまた公共性を持った事項である。福祉国家での「スポーツ・フォー・オール政策」下では、スポーツは公共的な営為として見られた。

　しかし、先に見たように、ブルジョア個人主義下でのアマチュアリズムでは、スポーツは私的事項と見られた。こうした思考がその後、現在に至るも、スポーツの歴史観を規定した。そして古代オリンピック以降の歴史上のすべてのスポーツを個人主義的な視点で逆照射する歴史観を形成した。しかし、これは誤りである。現に古代ギリシャのオリンピック自体が国家行事という公共事であったのである。

　スポーツの歴史、それは人類史と共に古いが、古代からことごとく、国家的、公共的な営みであった。こうしたスポーツ史研究は圧倒的に少ないので、このことの歴史観、社会観を改めてここで強調しておかなければならない。ただこの場合、スポーツという範疇は単に個人の練習の範囲ではなく、競技会を頂点とする

文化体系の総体を意味する。古代ギリシャ時代が「スポーツ競技会の成立の時代」であり、オリンピックを含む4大大会を始め多くの競技会が国家行事であった。また、スポーツを行うか行わないかは個々人の選択によるが、競技会として集約される行事はたとえそれが宗教的奉納であったり、単にスポーツ競技会であったりしても、それらはことごとく、公共的ないし国家的な行事であったということである。それは現在でも多くがそうである。

　スポーツを個人的営為とする考え方は、19世紀の自由主義と20世紀末から21世紀初頭の新自由主義の時代だけであり、19世紀中頃から20世紀の第3四半世紀までを席巻したアマチュアリズムによるのであり、現在もその残滓が根強い。「スポーツ・フォー・オール」は福祉国家のスポーツ版であるが、アマチュアリズムのブルジョア個人主義を克服し、そうしたスポーツの自由権を前提としつつも、そのための公共的責任を問うスポーツの社会権が実現されつつある。

　しかし、崩壊したかに見えたブルジョア個人主義は、1980年代から現在まで続く新自由主義によって、社会に沈殿していたアマチュアリズムを再び舞い上がらせつつある。そして復権しつつあった公共性が再び個人主義に責め立てられている。そして「スポーツも金次第」となり、可処分所得と可処分時間に恵まれた者にとってはスポーツを享受することが出来るが、それらを所有出来ない者にとってはスポーツへの接近が実現出来ないのである。

　今こそ、スポーツの公共性が強調され、福祉政策の一環としてその公共的（国家的、自治体的）責任が強調されなければならない。

　公共性として国家による保障を得ることは、社会権として国家からの作為を得ることである。19世紀は失業や貧困は個々人の無能力や労働意欲の喪失と考えられてきたが、20世紀に入ると、戦争、不況、伝染病の流行などによって、失業や貧困が単に個人の資質によるのではなく、社会的な原因によるものだという思潮が主流を占め、個々人の資質を生かし最低限の生活を維持するために、そして個々人の生きる自由権を具体化し社会の安定を維持するためにも、国家による福祉（医療、教育、住居、労働他）が必須であるという国家の作為の必須性＝社会権が一般化した。特に、第1次世界大戦と第2次世界大戦の戦間期、そして戦後の福祉国家の実現の過程で、そうした見解は強固なものとなった。

（4）スポーツ＝基本的人権の成立
　「スポーツ・フォー・オール」を実現させた西欧・北欧の福祉国家では欧州審

第1章　スポーツは福祉である

議会（Council of Europe）が率先して「ヨーロッパスポーツ・フォー・オール憲章」（European Sport for All Charter: 1976）を採択した。この第1条は「すべての個人はスポーツに参加する権利を持つ」と謳い、その人権保障のために加盟国にその実現を求めた。その後、これらの国々では、スポーツ権論の議論、研究はあまり高まらなかった。政治が率先してスポーツ政策を実施し、スポーツ権を具体化したので、スポーツ権論をことさらに論じる必要も無かったからである。

こうして労働者階級を排除していたアマチュアリズムも、福祉国家の第2段階における「スポーツ・フォー・オール政策」下で崩壊した。それと同時に、各スポーツ競技連盟では、ますます高度化する競技力を維持するためには、選手たちはプロ化をして、より練習時間を増やさざるを得ず、トップレベルはことごとくプロ化をすることが必然となった。そうすると、トップレベルの競技会を維持して観客を動員し、収入を高めなければならない競技連盟にとってプロの容認は当然のこととなった。こうした側面からもアマチュアリズムは崩壊した。

「スポーツ・フォー・オール政策」は国家による福祉としてのスポーツの提供であるが、それはまた国民のスポーツを享受する権利＝スポーツ権の承認であった。むしろ国家が率先してスポーツ施設や指導者、教室などを提供し、国民のスポーツ参加を促進した。

（5）現代日本

一方、日本では、「スポーツ・フォー・オール」や「スポーツ権」が実現していないにも関わらず、1972年末からスポーツ権の法源が盛んに議論された。いや、実現していないからこそ議論されたのかもしれない。スポーツ権の法源は憲法25条の健康権、13条の幸福追求権、26条の教育権等々との関連で議論され始めた。このようになった背景には、「スポーツ・フォー・オール政策」を政府に実現させるためのアピールであり、自治体でのスポーツ運動上の必要があったからである。そして1973年は、「福祉元年」であると同時に、1970年代初頭は国民の教育権をはじめとする「新しい人権」運動の高揚期であった。

こうして、西欧・北欧諸国では「スポーツ・フォー・オール」が実現され、発展したのに比べ、福祉国家の生産基盤が確立していながら、その富の国民への分配が不十分で、消費的側面としての福祉が貧困なままに放置された日本では、多くの分野で権利獲得闘争が起きた。このスポーツ権もその運動、闘争の一環であった。

しかし、1980年代以降の新自由主義が影響力を増すにしたがい、福祉国家は最大の敵、打倒の対象とされ、攻撃されてきた。これまで蓄積されてきた社会権は抑圧され、再び自由権のみの方向へ移行しつつある。国民はスポーツの享受に必要な「暇、金、施設、仲間」が十分に得られず、特に若者、高齢者、女性、障害者そして一般の労働者がこれまで徐々に参加し始めたスポーツから引き剥がされている。その意味では19世紀の自由主義の自由権の段階に逆戻りをしている実態もある。

（6）広義の福祉
　これまでスポーツと福祉が関係づけられるとき、多くは「障害者スポーツと福祉」として、障害者問題として位置付けられてきた。近年の例で言えば藤田紀昭「スポーツと福祉社会―障害者スポーツをめぐって―」（『スポーツ文化を学ぶ人のために』世界思想社、1999年）、山崎貴史「福祉としてのスポーツの可能性」（『現代スポーツ評論』29、創文企画、2013.11）他がある。もちろんそれは狭義における福祉の一領域として間違いではない。しかし、本書で述べる事あるいは福祉国家として論じられる福祉とは、もちろんそれらの狭義を包含しながらも、もっと広義の福祉を意味している。スポーツの歴史を見ればすべての国民を対象とする「スポーツ・フォー・オール政策」は、スポーツはもっと広義の、あるいは西欧・北欧の福祉国家的な意味での福祉の一環として誕生したものである。そして福祉国家が誕生しうる経済的、政治的基盤を必要とする文化である。この点での理解が重要である。アマチュアリズムの全盛時代に「金持ち」たちが労働者階級を排除しながら行っていたスポーツと、現代の福祉国家における全国民を対象とする「スポーツ・フォー・オール」におけるスポーツとは、参加する個人への生理的効果は共通するとしても、そのスポーツが持つ社会的位置と意義は根本的に異なると言うことである。この点は、スポーツの社会科学的研究に入る上で先ず、その基盤として指摘しておきたい。

2．スポーツとは何か

　いま、スポーツは福祉の一環であると述べた。ここでスポーツとは何かを概観しておきたい。
　スポーツとは何かと問うとき、自分にとってスポーツはいかなる意義を有する

のかという主観的な意義を問う立場がある。そして一方では社会の中でスポーツが果たしている機能を捉える立場がある。前者では、「生き甲斐」「健康促進」「友達づくり」「ストレス解消」「楽しさの追求」あるいはより道徳的に「自己形成」「自己実現」「欲求充足」等々、スポーツを享受することにより主観的に感得する感覚、成果であり、スポーツに参加する動機ともなっている。一方、後者では、そのスポーツを享受することによる社会的な効果、例えば「緊張の無害化や社会規範の習得」「ナショナリズム（地域や愛校心）の高揚」「地域社会の統合」「経済振興」「国際交流・理解」「国民の体力向上」「非行防止」等々、スポーツないしスポーツイベントによる社会への客観的な影響を指摘するものである。たしかに両者共にスポーツとは何かという問いへの返答の一環に含められるものである。

　しかし、それらの主観的、客観的な効果はスポーツを享受することによって生み出された結果でありながら、実はそれらを生み出すスポーツそれ自体を問うてはいない。先のような主観的、客観的な効果を生むことが出来るのは、客観的対象としてのスポーツが他の文化とは異なるスポーツ特有の個性を持つからである。例えば、音楽を享受した場合、「生き甲斐」「友達づくり」「ストレス解消」「楽しさ」などは感じることは出来ても「体力・健康促進」を挙げる人はいない。更に社会的な効果として、一部の音楽によって「ナショナリズム（地域や愛校心）の高揚」等の効果は有り得るが、それも全面的ではない。さらに「地域社会の統合」「経済振興」「国際交流・理解」「体力向上」「非行防止」等の効果は無いとは言えないが、スポーツに依るほどの効果は期待出来ない。また、囲碁や将棋のような競争を競うゲームを楽しんだとき、同じように「生き甲斐」「友達づくり」「ストレス解消」「楽しさ」などを感じることは出来るだろうが、「体力・健康促進」や「地域社会の統合」「経済振興」「国際交流・理解」「非行防止」等を挙げる人はいない。このように、スポーツは他の文化と異なり、スポーツ独自の構造を持ち、それを享受することによって他の文化とは異なる効果と影響を持つのである。

　それではスポーツ独自の構造とはいったい何であろうか。ここで、認識論上の問題が発生する。スポーツそれ自体とは、「抽象的だが客観的な対象の無形文化財」であると規定出来る。それは祭りの「舞」などと同様なものである。スポーツという文化様式はそれ自体は絵画や彫刻等の芸術的作品や自動車、自転車などの工業製品とは異なり、一過性のものである。

　演劇や舞踊のようにある様式に則って行われる文化は、演じられるプロセスは可視化されるが、行われた瞬間に次々と消えてしまうものである。それ故に「抽

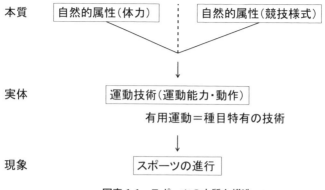

図表 1-1　スポーツの本質と構造
出典：内海和雄『スポーツ研究論』創文企画、2009、p.72

象的だが客観的な対象」つまり「無形文化財」であると述べた。更に、演劇や舞踊は最初から最後まであらすじは台本によって決まっており、結末も決まっている。しかしスポーツは基本的な技術、戦術を軸にしながらも、偶然の応酬によって成立し、筋書きがあらかじめ決まってはいない。それ故に「筋書きの無いドラマ」である点が面白さを増すという、独自な性格を有している。

スポーツは図表 1-1 のような「本質─実体─現象」という 3 層構造を持っている。

（1）スポーツの本質

スポーツを論じる上で、先ずスポーツとは何かを簡単に触れておかねばならない。スポーツは祭や他の文化行事と同じように、「抽象的だが客観的な対象」である。つまり無形文化財である。パフォーマンスとして展開されている現象を見て楽しむものであるが、そのパフォーマンスをする側では、その文化の持つ本質を踏まえて演じている。

スポーツの本質とは図表 1-1 に見るように「本質─実体─現象」として構造化され、スポーツとして現象する。簡単に触れておこう。

①本質レベル

先ず「本質レベル」では自然的属性（体力・身体面）と社会的属性という全く異なる属性が結合してスポーツの本質を構成している。しかしこの段階の結合を

直接に可視化することは出来ない。そして単に、自然的属性だけであればそれは意味の無い単なる無秩序な身体運動である。社会的属性としての競技様式（ルール、施設、用具など）を伴うとき、ある秩序を持った運動となる。一方、単に社会的属性の競技様式だけで自然的属性（体力・身体面）を伴わなければそれは将棋、碁、チェス、トランプなどの競争を楽しむゲームになる。こうしてスポーツは自然的属性と社会的属性が本質レベルで統一された文化である。

②実体レベル

実体レベルとは、本質の2つの側面が結合して具体化するものであり、「運動技術」である。つまり、運動技術とは自然的属性と社会的属性が結合されて我々の目に可視化される。運動技術は運動種目毎に異なり、種目特有の技術（有用運動）となる。自然的属性から見ればその運動種目特有の運動能力・体力を促進させる。そして社会的属性から見ればその運動種目特有のルール・競技様式の具体化されたものである。種目特有の技術とは、例えばサッカーと野球では同じ球技でありながら、全く異なる技術体系を持っているということである。しかし種目によっては、例えばバレーボールとバスケットボールのように同じくらいの大きさのボールを手で操作すること、あるいはテニスと野球の間ではバウンドするボールを斜前に見て、ラケットないしバットの芯（スウィートスポット）に当てるタイミングやスウィングなどの様に類似した技術体系を有する種目もある。この場合技術の移行が容易である。つまりバレーとバスケのどちらかが得意の人は他者も得意であり、同様にテニスと野球のどちらかが得意の人は他者も得意である。

日常の練習は主にこの実体レベルの技術体系の習得と予測される相手の戦術に対応するこちらの戦術、さらに相手には悟られないこちらの戦術の修練に注がれる。さらにそれらの技術・戦術の習得を可能とさせる体力の独自の養成が必要となる。これらの基礎技術と戦術の練習、そしてそれらを自分たちの頭で習得することによって、競技内の咄嗟の出来事（双方にとって偶然の出来事）に柔軟に、機敏に対応することが出来るようになるのである。

以上のように、運動種目はそれ特有の自然的属性と社会的属性から構成された実体としての技術を有していることが分かる。

③現象レベル

本質に規定されて実体としての運動技術が形成され、その運動技術が多様に織

りなされ、時には偶然性を含みながらスポーツとして現象する。我々はこの段階でトータルに、例えばサッカー、野球と呼び、スポーツを演じ、見ることが出来る。従ってスポーツとは本質—実体—現象が偶然性を含みながら競技として現象するものである。

　日常的にスポーツの練習とは運動技術の体系や戦術を習得することに多くを注ぐ。しかし試合になって相互にその体系だけのぶつかり合いだと、試合は極めてつまらないものになる。試合では相手の裏をかき、相手が予期しない戦術（相手から見ればフェイントであったり、予想外の戦術＝偶然）を擁した方が、そしてそれを可能にする体力的、技術的裏付けを有した方が勝つ。また体力的、技術的裏付けを有した選手、チームの方が時には自分たちにも偶然性のあるプレーを生み出すことが出来る。こうしてスポーツは演じる者にとっても、見る者にとっても「筋書きの無いドラマ」なのである。

　このスポーツはその生まれた社会、歴史によって、必要とされる身体的要求、ルールの厳しさ、用いられる施設・用具などがそれぞれに異なり、その社会に馴染むことになる。従って同じ種目でも時代や社会によって変化する。

　以上、「抽象的だが客観的な対象の無形文化財」としてのスポーツそれ自体は以上のような構造を持った文化財なのである。

　④スポーツの面白さ
　スポーツの面白さとは、上記の「抽象的だが客観的な対象」としてのスポーツを人々が「する」過程で、あるいはそれを「見る」過程で生じる主観的な感情である。本来、面白さを感じるとは人間の主観的な感情である。だから、同じ場面を見ても面白いと感じる人とそうでは無い人が存在する。これは時には同一人物においても起きることである。その意味で主観的なのである。しかし一方で、より多くの人が面白いと共通して感じられるように、ルールや競技様式も工夫される。そして美技に対しては誰もが共通して感嘆する。拮抗した試合には誰もが興奮する。そして敵味方の区別無く、賞賛を送る。これは演芸や演劇などでも同様である。名演技に対しては主役、敵役の別なく、賞賛を送る。観客がどこで泣き、笑い、怒るかを巧妙に組み込んだ演出と演技が面白いのであり、その点で面白さにも客観性が存在する。

　スポーツは種目特有の面白さを内包したルールや競技様式で構成される。これらを肉体の限界を尽くして競われるところに面白さ、美しさ、感動が生まれる。

ればかりではない。先の現象面で述べたように、相手の裏をかくような戦術面の戦い、それは相手にとって、そして時には自チームにとっても多くの偶然なプレーから構成される。これはさらにそれを見る人々にとっても偶然なプレーであるから、見てて美しく、面白く、興奮するのである。

　スポーツでは、「する」過程で体力、運動能力が向上し、技術が上達する。これは客観的に判断出来る。その過程で身体組成が向上することによる肉体的かつ精神的な快感を得ることが出来る。そしてこれはストレス解消、気分転換、生き甲斐の形成、友人形成などの感情に結合する。スポーツを「する」場合、前者から接近する人と後者から接近する人のそれぞれのルートがある。そしてスポーツの遊戯性、面白さとは身体活動をすることの快適性や、ルール、競技様式、用具操作や競争性等を楽しむことなどから構成された総合的な性格、心性である。「楽しい」とか「面白い」という感情的内容には、こうして身体的快適性とルールに則った精神的快適性、そしてゲーム中の偶然性、さらには友人たちとのチームプレー等の社会的快適性を含む多様な要素が混在しているのである。

　一方、「見る」過程では選手たちの頑張りから「勇気をもらう」とか「感動をもらう」などの感情を得ることが出来る。プロの試合だと、競技場の環境自体もエンターテインメント性を高め、よりスペクタクルに叶うように装っている。そうした環境で一緒に応援することもまた連帯感を得ながら、楽しむことが出来るのである。

（2）スポーツ的世界
　この文化財が社会に存在するとき、次のような「スポーツ的世界」としての存在となる。

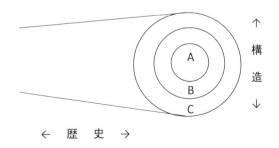

図表 1-2　スポーツ的世界
出典：内海和雄『スポーツ研究論』創文企画、2009、p.73

①スポーツそれ自体（チーム）

　スポーツの社会的存在は構造的には図表1-2のようにABCという層を成す。それが歴史的な経緯を辿るのである。先ずAであるが、それは今「本質と構造」で述べた内容がこのスポーツそれ自体である。そして、これを組織という側面から見ると、それは試合を戦う「チーム」である。チームは試合を行う集団を言う。チームワークとは試合におけるチーム内の意思疎通や技術・戦術の連携関係を意味する。従って、たとえ、技術的・戦術的・体力的には劣るチームであっても、チームワークがうまく行けばより上位のチームに勝つこともあるのである。

②スポーツと組織（クラブ）

　そしてBはクラブとその所属するリーグ、連盟（地域―国―国際）であり、組織そのものである。チームはそれ単独では試合を出来ない。チームを恒常的に維持しようとするとき、そこにはスポーツ組織としてのクラブが必要となる。日本の地域スポーツでは施設の不足から、競技場に集合して試合をし、そして即解散となるチームが多い。時にはその後にそば屋になだれ込んで、「反省会」を行うのが関の山である。クラブハウスが無いからである。この場合、チームとクラブが未分化である。日常的にはあるチームリーダーのリーダーシップの元に連絡を取り合い、試合に参集する。ここではチームワークは単に試合の中で発揮されるだけである。

　しかしスポーツの発展している福祉国家では、1つのクラブに複数のチームを抱えている場合が多い。それは年齢別であったり、能力別であったり、性別であったりである。そしてそのクラブはクラブハウスを所有し、日常的な集会やイベントなどにも使われ、会員の交流の場となる。ともあれ、それらの数チームが全体として1つのクラブを構成する。そしてクラブが連合してリーグや連盟が結成されることによって、恒常的にスポーツを楽しむ条件が形成される。こうしたリーグや連盟は上部団体としての全国連盟を、そして国際連盟を結成する。

　ここで要求される組織活動はクラブワークである。日本の運動部活動や体育科教育では、運動技術の指導、習得が中心となり、試合・ゲームに伴う範囲でのチームワークは強調されても、このクラブワークを蔑ろにしてきた歴史がある。それは社会の、あるいは地域のスポーツにはクラブハウスもないからクラブワークもあまり必要ないからである。しかしスポーツの発展にとって、このクラブワークの在り方がキーポイントになる。日常的な会員の動向の把握、年1回の総会に

よる諸決定に基づく活動、そして日常的には会員間の人間関係の修復等々、更に上部団体との連絡調整、対外試合の調整、役員派遣など、仕事は多い。こうしたクラブワークが無ければクラブは存続出来ない。当然チームも存続出来ない。これまでチームが、クラブが存在してきたのは、そうしたクラブワークを誰かが担ってきたからである。この点、日本の教育ではほとんど教えられることが無かったから、このクラブワークはやっかい者として嫌われる。クラブの年次総会が近づき次年度の役員を決める上で会員に打診すると、「役員をやらなければならないのならクラブを辞めます」と言って断る人も多い。また、こうした人の多くが、入会して2、3年と経つのに、未だに「はい月謝」と言って、会費を持ってくるのである。この人たちはスポーツ教室にお客として参加している意識であり、クラブに会員として参加している意識とはかけ離れている。この「お客」から「会員」への意識の深化の課題は多くのチーム、クラブが抱えている問題である。

　2012年末から2013年初頭に掛けて大きく暴露された日本のスポーツ界や運動部活動における体罰、暴力の背景にはこのクラブワークの弱さが露見している。そもそも人間社会はすべての場面で技術的側面（過程）とそれに対応した組織的側面（過程）から構成されている。それは運動場面に限らず、会社でも、国家でも、どこでもである。例えば、スポーツクラブで言えば、サッカークラブはサッカーという技術、試合を楽しむことを意図した集団であるが、それに必要な組織運営が求められ、テニスクラブであればサッカークラブとは異なる運営が求められる（もちろん共通する面も多くある）。また、会社でも営業部と製造部あるいは経理部とではそれぞれの対象とする専門性（技術）が異なると同時に、それに対応した組織の在り方は異なる。町会は町会としての課題（技術過程）に対応した組織運営がある。そして政府ではその省庁、役職（技術過程）に応じた組織の在り方がある。この技術的側面（過程）とそれに対応した組織的側面（過程）が適切に運営されるとき、その社会は円満に機能するのである。

　ところが、運動部活動やスポーツクラブでは往々にして技術的側面（過程）が重点化され、指導と習得が集中し、それに対応した組織的側面（過程）の指導と習得が疎かになる傾向にある。こうなると、組織運営における民主主義的要素は薄れ、コーチや指導者への絶対服従主義などの組織運営が入り込む。そうすれば、スポーツの指導、習得場面に体罰、暴力が容易に蔓延するのである。あるスポーツクラブの会長が次のように言っていた。「会長の仕事はいろいろな集まりでの『挨拶』とクラブ内の人間関係の調整が大半ですよ。」「だからノミニュケーショ

ンの機会も多くなります。」クラブの組織的側面（過程）を絶妙に言い当てている。

　③スポーツと社会
　さて、Ｃはそうしたクラブ、リーグ、連盟と社会の関係である。福祉国家においてスポーツを福祉政策の一環として重視し「スポーツ・フォー・オール政策」を実施していれば、国民の誰もが平等にスポーツを享受しうる条件下にある。しかし日本の様に、福祉国家化せずに「スポーツ・フォー・オール政策」も十分に実施されていなければ、スポーツ享受は「金次第」となって、決して容易なことではない。また国際的に見ても開発途上国では経済における生産力も、当然その分配力（福祉）も低ければ「スポーツ・フォー・オール政策」などは全く実現出来ない。さらに極端な場合、戦闘地域ではスポーツや競技大会等は開催出来ない。その点で平和はスポーツを享受する前提なのである。つまり、戦闘のない、福祉のある程度普及している国や社会は概ね民主主義もある水準で達成され、スポーツを当然のように享受しているが、一方で戦闘状況下では、あるいは福祉水準の低い国や社会、そして民主主義の低位のところではスポーツは享受出来ないのである。

　以上のように、Ａのスポーツそれ自体に接近するために、それを恒常的に享受するためにＢのスポーツのクラブ（リーグ、連盟）を結成し、運営するためにも、Ｃの社会、国家、世界平和の在り方が決定的に重要である事が分かる。本書での中心的な対象はこのＣの社会、特に国や自治体のスポーツ政策の在り方を問う事である。

３．福祉国家とは何か

　福祉国家とは何か、福祉とは何かについては、「第３章　スポーツ・フォー・オールと福祉国家」で詳述するが、ここでは概略について触れておきたい。
　古代社会より、社会構成員の生存に関して、例えば飢饉や戦争などで生存の危機にあり、もしそれが社会全体の存亡に影響する場合には、彼らが被支配階級であれ、国家あるいは社会全体からの補助、援助を受けることは常に存在した。これは国家によって与えられた福祉、「国家福祉」であり、現代の「福祉国家」とは異なる。今ここで述べる福祉国家とは、広義には国家福祉の一環であるが、資本主義社会の高度に発達した生産体制とそれを基盤とする分配体制の上に成り立

ち、国民から見ても権利として確立した福祉を意味する。まず、この点を明確にした上で福祉国家の説明に入る。

　第2次世界大戦中、当時のファシズム枢軸国（ドイツ、イタリア、日本）を戦争国家（Warfare State）と呼称する一方で、連合国側（特にイギリス）において戦後の社会を展望し戦争を乗り切り、戦後の国家理念として福祉国家（Welfare State）と命名されるようになった。特に戦後のイギリスに見る「揺りかごから墓場まで」の福祉の充実というスローガンはその典型的なものである。戦後は主に西欧・北欧諸国で積極的に採用されて現在に至っている。

　こうした政策が生まれてくる背景には、既に 1917 年に誕生したソ連の存在と戦後の東欧を中心とする社会主義化がある。福祉を重視する政治理念であるそれらの国々を隣国に置き、それに対抗するだけの福祉を充実させることが資本主義国内での大きな課題となったからである。さらに、次第に高揚する生産力（それはやがて大量生産、大量消費を意味するフォーディズム生産体制と呼ばれた）とそれによって得られた富の国民的な分配制度であるケインズ主義的分配体制に支えられた。

　こうして福祉国家とは国家の機能を安全保障や治安維持などに限定する新自由主義的な小さな政府、夜警国家ではなく、社会福祉、社会保障制度の整備を通じて国民の生活の安定を優先する国家である。この点で、社会福祉、社会保障は国民の権利として承認された。豊かな生活がこれまでの自由権から社会権となり、国家の責務がより強く強調され始めた。

　関連する事項として、先述した自由権・社会権について再度触れておこう。19 世紀、ブルジョア政権下、個々人（新興資本家）は、国家から理由無く拘束されない自由を獲得した。つまり封建制の身分拘束など、社会に残存していた諸拘束を破棄した。ブルジョア民主主義、ブルジョア個人主義の形成である。その典型が資本主義の基本である財産所有の自由である。そして理由無き身の拘束からの自由である。この自由は社会の諸事象に及び、例えばアマチュアリズムによってブルジョア個々人にとって、経済的余裕があれば、スポーツに参加するもしないも自由となった。結果として経済力を有しない労働者階級を排除出来たのである[2]。これは貧困問題にも適用された。貧困は個々人の低能力、労働意欲の低さ、怠慢などが原因とされ、多くは放置された。

　しかし 20 世紀に入ると、大きな度重なる世界戦争、局地戦争、世界的不況、伝染病の流行など、個々人の責任では対処しきれない多くの悲劇が貧困や失業の

社会的原因として認識されるようになった。こうして貧困克服のための国、地方自治体等の公共責任が自覚された。こうした公的責任を要求するのが社会権である。スポーツで言えば、スポーツに参加するためには広大な施設・設備を必要とする。それは個人の費用で賄うのは不可能である。従って、スポーツに参加するのは個人の自由（自由権）であると言っても、社会的な支援が無ければ不可能である。そこで国や地方自治体等の公共機関がスポーツ施設・設備を整備して住民に安く、時には無料で提供する、そうしたことを住民が請求出来る事を権利として承認し、国家がその義務を履行するのが社会権である。

　福祉国家の経済的、特に生産条件において、大量生産体制による経済力の向上が必須であると述べた。フォーディズム（Fordism）とは、フォード自動車会社で科学的管理法つまりベルトコンベアの流れ作業による製品の単純化、部品の標準化などによる量産システムである。戦後の高度経済成長は多くの産業でこの体制が導入されて可能となった。生産高に比例して賃金も上昇する生産性インデックス賃金が取り入れられたことで、労働者の士気が上がり、購買力も上昇した。一方、コンベアの速度が生産能率を決めるため、労働強化、労働災害、それらによる労働疎外の原因ともなった。後のトヨタ自動車の生産方式はフォーディズムにちなんでトヨティズムと呼ばれる。

　そうして生産された社会的な富を、日本の様により多くを大企業が独占する体制か、それとも大企業には利潤に対応した税を課し、国民一般により手厚く分配するかで福祉の在り方は大きく異なる。ケインズ主義（Keinsianism）とは後者の思考と行動である。市場は基本的に不安定であり、自己調整機能をもたないと考える。市場が円滑に機能し、持続的な経済発展（成長）を実現するために政府がマクロ経済政策（金融財政政策）を通じて有効需要を創り出す必要がある。技術革新等による生産性向上が必然的に需要拡大につながるわけではなく、政府が金融緩和や公共事業等によって需要を喚起し、生産性向上を経済成長に結び付け、さらなる生産拡大、労働力需要の伸展、完全雇用が実現する。それによって国民の福祉や消費能力が向上する。つまり国内総生産（GDP）が上昇する。先進資本主義諸国の間では政府の介入の度合いには差があるが、このようなケインズ主義的市場介入が戦後の合意となった。そしてこれが福祉国家の政策を支えた。

　こうしたケインズ主義を介して、コーポラティズム（Corporatism）も存在した。第2次世界大戦後、北欧などの民主主義諸国における政府と利益集団（主に労働組合など）のパートナーシップに基づく政策立案・政策運営・利害調整を

いう。「ネオ・コーポラティズム」(新コーポラティズム)や「社会コーポラティズム」、「民主的コーポラティズム」、「社会民主主義的コーポラティズム」などとも呼ばれる。

　上記のような福祉国家、社会権、ケインズ主義的福祉体制に根本的に対立し、1980年代からイギリス(サッチャリズム)、アメリカ(レーガノミックス)そして日本の中曽根行革から2000年代に入っての橋本6大改革等で採用されたのが、新自由主義(Neo-liberalism)である。フォーディズムやケインズ主義による福祉国家(修正された自由主義)の行き詰まりを、市場原理を中心とする古典的自由主義で解決しようとする思想と政策である。経済的自由主義・自由貿易・自由市場・民営化・規制緩和など、現代社会における民間部門の役割を拡大させようとすることを指し、今日ではこの用語は、政府の規制緩和と民間役割拡大の政策を意味する。国家の機能を安全保障や治安維持などに限定する夜警国家だけに絞り、後はすべて市場に委ねる。この点で、福祉国家の転覆を意図した。

　国民の福祉を市場化・民営化しようとするものである。この背後には、ケインズ主義の国家保護観とは異なり、国家は最低限のセーフティネットだけをすることと、警察・軍事だけに責任を持てばよいとする国家観、つまり小さな政府、夜警国家がある。つまり福祉国家における国家保護は国の経済を停滞させ国民を怠惰化するとして反対し、逆に市場化、自由競争こそが経済の発展を刺激し、国を富ませるという「新たな」自由主義なのである。

　この結果、世界経済は多国籍企業や国際的な投資マネーであるヘッジファンドが栄える一方で開発途上国はその搾取の対象とされ、いっそうの貧困化が進み、国家間の格差が拡大した。また国内でも、公的福祉を市場化することによって、それを享受するのは金次第という貧富の格差拡大が進んだ。

　第3、4章で詳述するが、福祉国家論の多くが国家論抜きの福祉国家を論じている。しかし、福祉は国民の側から見れば「勝ち取る」対象である。国家はその支配階級の福祉のために時には国家福祉を与えることもあったが、現代の国民一般つまり被支配階級も含めての福祉は、放置しておいて自ずと実現するものではない。その点で、被支配層の国民一般にとって、福祉とは国家ないし権力者から「勝ち取る」対象であった。それは現在の福祉国家においても例外ではない。まして日本のように生産体制は先進国であるにも関わらず、分配あるいは福祉においては開発途上国並みという国においては、福祉一般は広く階級闘争の一環である。そしてまさに、「スポーツ・フォー・オール政策」もまたその一環にある。

4．スポーツ・フォー・オール政策（Sports for All Policy）

　スポーツ・フォー・オールとは何か、過去にこの用語は以下のようにも活用された。

　第1に、近代オリンピックを復興させたクーベルタンは、1917年あたりからの労働者スポーツ運動の台頭、そして「ブルジョアオリンピック」がアマチュアリズムを盾にして労働者階級を排除したことに対する批判としての労働者オリンピックの開催という情勢の中で、労働者のスポーツ参加を期待しつつ、広く国民全体のスポーツ参加という趣旨で「スポーツ・フォー・オール」という用語を使用した。

　第2に、その労働者スポーツ運動も、ブルジョアオリンピックを批判しつつ、広く国民全体のスポーツ参加という趣旨で「スポーツ・フォー・オール」という用語を使用した。

　第3に、本稿で述べる「スポーツ・フォー・オール」の意味はもう一歩進んだ意味を持つ。それは1960年代以降の福祉国家が国民全体のスポーツ参加促進の政策として、国家的な財政的支援をもって国家主導で推進する政策のことである。確かに、広く国民全体のスポーツ参加という趣旨は同じであるが、それを国家が主導して推進するという点では全く異なった次元である。つまり、そうした政策がとれるだけの物的基盤や思想あるいは政策的必然性が社会的に成立するようになったということである。生産とその富の分配が福祉国家の誕生を物的にも思想的にも可能とさせた。医療、教育、住居、労働の保障など生命活動の基盤となる領域での福祉はいうなれば第1発展期である。そして高度経済成長はその福祉の領域をいっそう拡大させ、教育のさらなる充実、そして文化、スポーツの分野にも拡大させた。第2発展期である。この一環に「スポーツ・フォー・オール政策」が存在する。

　1960年代中頃から西欧の福祉国家では「スポーツ・フォー・オール政策」を採用し、国家が率先して国民全体のスポーツ参加を促進するための諸政策を推進し始めた。人類史上初めてのものである。ここでは国民のスポーツを享受する権利（スポーツ権）＝人権を承認し、そのための条件整備を国や地方自治体などの公共機関の義務とした。再度触れるが、こうした政策が可能となったのはそれを支える生産体制の高度化つまり高度経済成長とそこから得られた富の福祉国家と

しての国民への分配の制度がある。

　さらに、その高度経済成長は従来の肉体労働から機械化を促進させる事によって可能となった。それは労働場面ばかりでなく生活全般に及び、人々の労働と生活における省力化は大きく進んだ。そして食糧も高カロリー食品の大量摂取が伴った。これは人類史における体力のパラダイムを根本的に転換させることになった。つまり長い人類史の上で「少量摂取・大量消費」という欠乏の時代から、「大量摂取・少量消費」という飽食の時代へとパラダイム転換した[3]。こうした変化は、これまでにはなかった生活習慣病、つまり糖尿病やそれが引き金になりやすい血管系の疾患、脳出血、心筋梗塞などの病気を激増させた。これらは従来「成人病」として大人の病気と考えられてきたが、今や年少者にも蔓延し、「生活習慣病」とその名称さえ変えられる事態である。こうした病気の激増は、当然にして国家の医療費負担の激増となり、国家財政を大きく左右するまでになった。

　こうした背景が、福祉国家としての「スポーツ・フォー・オール政策」が施行される背景の大きな基盤であった。もちろん、他の背景として国民の「新しい人権」への権利意識の発展がある。そして戦後の東欧の社会主義圏での福祉の拡大、特に冷戦体制下での競技スポーツの重視は、東西の「代理戦争」とも目され、西側諸国でのスポーツ政策をも大いに刺激したからであった。こうして「スポーツ・フォー・オール政策」は西欧・北欧の福祉国家におけるスポーツ政策として誕生した。

5．平和とは何か

　スポーツは社会の安寧に貢献する。つまり敵対的な享受の仕方でなければ、人的交流を促進し、地域を活性化させ、国家間の交流を促進させる。こうした特性を持つことから、スポーツと平和が結び付けられる。近年ではスポーツが開発途上国援助の一環に組み込まれ、その国々の福祉、文化、平和の促進に大きな役割を持つものとして、国連やユネスコなどの国際機関でも重要視されている。IOCでも開発途上国のスポーツ活動支援に大きく貢献している。

　平和とは、以下のように積極的平和と消極的平和とに規定されている[4]。

　<u>積極的平和</u>とは直接的暴力が行使されていないのみならず、構造的暴力を含めた一切の暴力の不在状況、すなわち飢餓、貧困、政治的抑圧などから解放された平和な状況である。戦争への直接的、間接的な衝動となりやすい貧富の格差是正

や政治的抑圧からの解放などの営みなど、福祉の状態に直結する内容となっている。

一方、<u>消極的平和</u>とは、戦争のような直接的暴力の下にはないが、構造的暴力が存在するような国際関係の状況であり、休戦、友好促進など直接的な戦争を回避する状態や行動である。

こうして、平和を論じる時、特に国内においては平等な福祉、言論の自由などの人権の実現が大きな比重を持ち、国家間の平和では戦争回避の諸行動が重要な意味を持つ。

さて、以上のような平和概念を日本のスポーツに当てはめて考えるとき、「スポーツ権」あるいは「人権としてのスポーツ」として論じられる憲法第25条の「健康で文化的な最低限度の生活を営む権利」「生存権」「健康権」あるいは第26条の「教育を受ける教育権」そして第13条の「幸福追求権」、第27条の「労働、休息権」等との関連の議論が必須となる。

そればかりでなく、近年では「平和福祉国家」「平和的生存権」が強調されている。例えば、前者の推進者に二宮厚美がいる[5]。憲法前文には次の1節がある

「われらは、全世界の国民が、ひとしく恐怖と欠乏から免かれ、平和のうちに生存する権利を有することを確認する。」

ここには「恐怖と欠乏からの解放」、そして「平和のうちに生存する権利」という2つの文言が緊密に組み合わされている。「恐怖と欠乏からの解放」とは、第1に専制・暴虐・抑圧・暴力、何よりも戦争の恐怖からの解放である。第2に飢え・渇き、病い、衰弱、極貧、蒙昧など、要するに貧しさからの解放である。これら2つの解放理念を国民国家概念に即して一言で言えば、それは平和・福祉国家の実現と言うことになるだろう。

また、「平和的生存権」を主張する日野秀逸は次のように述べる[6]。

「憲法第9条と第25条とを合わせて『平和的生存権』ととらえることができます。「構造改革」路線は「平和的生存権」を脅かす戦略・政策に他なりません。ここで、生存権についておさえておきましょう。その際に、憲法第27条の勤労権（働くことが保障される権利）と25条の関係にも目配りをしましょう。」

以上のような憲法解釈は、いずれも福祉と平和の関係を問うものであり、憲法解釈の深化と言えるだろう。

「平和福祉国家」「平和的生存権」に基づく「スポーツと平和」論の構築こそ、

今後のスポーツ研究に問われた課題である。そしてそれは、「福祉」「人権」を両者の媒介として、「スポーツ―福祉―人権―平和」のように含むものである。

【注】
1) 内海和雄『アマチュアリズム論―差別無きスポーツ理念の探求へ―』創文企画、2007年。
2) 1)に同様。
3) 内海和雄「第4補論 人類史と『体力』:『摂取＝消費2200Kcal 法則』」『オリンピックと平和―課題と方法―』不昧堂出版、2012年、pp.572-587。
4) 白井久和、星野昭吉編『平和学』三嶺書房、1999年、p.112。内海和雄「第8章 オリンピックと平和」『オリンピックと平和―課題と方法―』不昧堂出版、2012年、pp.469-500。
5) 二宮厚美『憲法25条＋9条の新福祉国家』かもがわ出版、2005年、p.22。
6) 日野秀逸『憲法がめざす幸せの条件―9条、25条と13条』新日本出版社、2010年、p.34。

第 2 章

スポーツの所有史
―福祉的視点から

1．スポーツと所有

　「スポーツ・フォー・オール政策」は国家が率先して国民のスポーツ参加の条件整備（施設建設、指導者養成、クラブ育成、情報提示他）を行うための政策である。もちろんそのためには前提として国民がスポーツに参加するための可処分所得、可処分時間の保障が無ければならない。これらが保障されるのは、福祉国家においてのみ可能である。その点で「スポーツ・フォー・オール政策」とは福祉国家政策のスポーツ版である。しかしその福祉を国民がいかに獲得するかは先進諸国においても今なお極めて政治的、経済的そして文化的な課題である。

　人類史は生存にとってより有利な条件、より快適な生活を求めた歴史でもある。もし仮にこれを「福祉」と呼べば人類史はより良い福祉を求めた歴史でもあった。しかしその福祉がすべての人々に平等に行き渡った訳ではない。それは階級社会にあっては支配階級に独占されてきたし、資本主義社会においても国民の福祉獲得の闘いは、政治の中心的課題であったし、現在でも同様である。

　日本の場合、1950年代の後半から高度経済成長を遂げながら、その富の多くは大企業に集中して来た。2012年段階で、国民の貧困化とその弊害が多く指摘される一方で、約270兆円という大企業の莫大な内部留保金を維持しつつ法人税を減税し、税収は国民の生活を直撃する消費税アップで賄うという、福祉国家とは真逆の方向に進んでいる。「大企業が儲かれば、それはやがて国民に還元され、国民全体が栄える」という「トリクルダウン論」が大企業からも、政府からも、そしてマスコミからも大々的に流され、国民はそのお零れの一部に預かりながら、低い福祉水準に置かれてきた。日本の歴代保守政治は経済的条件はあるにも関わらず、国民の福祉を軽視してきた。OECD国の中でも最下位水準であった1980年代からはGDPが世界3位を誇る現在でも日本の福祉は中間水準である。つまり、これまでの福祉の「つけ」は決して解決していない。こうした経済政策と政治政策を採って来た政府の下で、国民の福祉実現は容易ではない。それは即「スポーツ・フォー・オール政策」の実現も容易ではないことを意味する。「スポーツ・フォー・オール政策」の実現のためには福祉全般を重視する政府の実現以外に方策はないことも事実である。

　ここで、現代における福祉の意味について簡単に触れておきたい。狭義には社会保険（医療保険他）、公的扶助（生活保護）、社会福祉（老人福祉、児童福祉、

第2章　スポーツの所有史―福祉的視点から

障害者福祉他）、公衆衛生などであるが、広義には国民の文化教養、教育など、生活のいっそうの充実策を含めている。後述する福祉国家の第2発展期とは、この後者をも含むようになった。「スポーツ・フォー・オール政策」もまた後者の一環に含められる。

　人類の歴史は福祉の獲得をめぐる支配層と被支配層との階級闘争の歴史でもある。これはスポーツの歴史を見る場合も同様で、スポーツがそれぞれの時代に「誰が、どのように所有したのか」という「スポーツ所有論」の視点が必要である。しかし、スポーツ史研究の多くは、それぞれの時代に「どのような種目」が行われたのかのみが詳細に描かれる。時には、どのような階級がどのような種目を行っていたか程度の記述もあるが、一般的に言えることは、所有論的視点が弱く、それぞれの時代に階級も無く、人々が皆平等にスポーツを享受していたかのようなイメージを抱かせるものが多い。これは歴史的事実とは異なる。歴史上、スポーツは他のすべての文化と同様に、その時代の支配階級によってほぼ独占されてきた。それ故、彼らに関する資料は比較的豊かである。しかし被支配階級の文化はむしろ抑圧の対象であり、資料さえ抹殺されてきた。

　現在の「スポーツ・フォー・オール政策」は、資本主義社会という階級社会における資本家階級と労働者階級のスポーツ所有のあり方をめぐる1つの方策である。このような視点から人類史におけるスポーツ所有の系譜を辿り、その発展形態と現代への継承を検証することはスポーツ史として必須の作業である。

　筆者はこの「スポーツ所有論」を拙著『スポーツの公共性と主体形成』[1]の中で初めて展開した。そこでは各階級社会における支配層の「スポーツの権利・公共性」としてのスポーツの所有史を提起した。そしてその研究方法論を同じく拙著『スポーツ研究論―社会科学の課題・方法・体系―』[2]で解説した。現在、その「権利・公共性」と「福祉」とがどのように関わるのかを深めて歴史を概括するスポーツ史観が求められている。そのために、スポーツの所有史を「権利・公共性」と「福祉」との関係を中心に以下、「原始共同体社会」「古代奴隷制社会」「封建制社会」「資本主義社会」の社会構成体として展開する。

　なお、福祉の保障主体は「政府」「市場」「家族（地域）」である（戦後日本の場合、これに「企業」が加わる）。歴史的に見れば、「福祉」とは資本主義社会特有の国家政策の呼称であるが、それ以前の歴史社会でも生活の快適化は常に存在した。あるいは人類の歴史はその追求の歴史でもある。未だ「市場」の発達していない封建制社会までの社会はその福祉の多くは家族ないし地域によって支えら

れるか、あるいは自ら支配する政府の力で自らの階級にのみ「国家福祉」として施した。ここに、支配階級の「権利・公共性」としての「福祉」が存在した。スポーツもまさにその一環であった。

2．労働と余暇とスポーツ

　人類史にとって労働と余暇活動は、それぞれの場面でどのような活動を、どのような組織で、どのような思想的、社会的状況の下に行われたかが決定的に重要である。人間性はこの両者の全体的過程を通して形成されるものであり、労働場面だけとか、一方余暇活動の中だけで形成されるものではない。労働と余暇を含む全生活過程で形成される。しかし、従来の社会的価値観では、労働は重視されるが、余暇は「単なる遊び」としての位置付けしか与えられず、人間性を形成する基盤とは考えられなかった。この点で、余暇研究は労働研究ほどには重視されてこなかった。これはスポーツにおいても同様である。スポーツが社会や個人の成長発達の上で大きな役割を果たしている割には、その役割の正当な評価は低いものであった。

　一方、スポーツ論ではホイジンガの『ホモ・ルーデンス―人類文化と遊戯―』[3]やその影響の下に書かれたカイヨワ『遊びと人間』[4]に依拠して、スポーツの遊戯起源論が大勢を占めた。前者では人類の諸文化の根底には「遊戯」があり、人間性の根幹に遊戯を位置付けた。これは、それまでの遊戯軽視、余暇軽視（スポーツ軽視）に対しては決定的に有効であった。しかし一方、人間の本性と文化（スポーツを含む）との関連を捉える上では表層的な議論である。

　スポーツに引き寄せてみれば、確かにスポーツの本質の1つとして「遊戯」性があるが、それだけに本質を求めることは間違いである。このスポーツの遊戯起源論には2つの根本的な誤りがある。第1に、スポーツの起源を遊び（遊戯）に求めることである。遊戯は人間の本質であるとも言っている。しかし人間は1つの生物として先ず生存しなければならない。動物一般が採取、狩猟によってつまり自然界から与えられるものによってその生存を支えるが、人間はそれに労働を誕生させ、自然界に働きかけ自然界を改造することによって自然界動物一般から抜け出した。従ってこの労働は人間生存の基底である。この労働がなければ人間は生きてゆけない。もちろんその労働はより良い快適性の追究、「福祉」的条件の改善の追求でもある。

第 2 章　スポーツの所有史―福祉的視点から

　人類化の大きな飛躍は小型動物狩猟から大型動物狩猟への生産力の発展である[5]。大型動物狩猟では動物によっては人間も逆襲されたから、人間としてはそれらの動物の特性を知り、その強所を知り、弱点を知りながら、その弱点を有効に攻めて、狩猟をより容易にするトレーニングが必須となった。こうしたトレーニングは次第に遊戯性を内包し、トレーニングへの意欲を高めた。こうしてトレーニングはやがて労働からは相対的に離反し、余暇活動の一環として自立し始めた。そして「福祉」の分野に仲間入りをしてきた。このようにスポーツの労働起源論として描くことが正当であり、遊戯性はその1つの側面である。つまり、人間にとってより根本的なことは、生命維持のために労働することである。もちろんその労働を遊戯的に改良した。それと同時に、その労働からスポーツをはじめとする多くの遊戯を生み出した。この点で、スポーツを含む遊戯の起源は労働起源論がより適切である。こうして遊戯性は排除されるものではなく、付随的な要素として貢献した。
　そして第2に遊戯起源論においては、現代社会の労働は苦役、必要悪であり、疎外の場である。その一方、スポーツや遊戯を楽しく、そこで疎外が解消され、人間性が全面開花するように描くことである。確かに現在の労働は資本主義社会という階級社会にあって、一般の労働者は多様な搾取と管理の下で、厳しい労働によって疎外されている。特に日本の労働実態は先進諸国の中でも悲惨と言われるほどである。だから、その指摘には一面の事実もあるが、彼らはその労働疎外の原因については一切深入りしない。本来、労働それ自体は決して苦しい、暗いものではなく、楽しいものであるが、資本主義社会における搾取の厳しい労働状態が「厳しく」「暗く」させているのである。それ故に、人間性の解放は単にスポーツをすれば達成されるのではなく、この労働疎外の原因（長時間労働、過密労働、低賃金等）を取り除く視点もまた必須である。その点でスポーツの遊戯起源論者は資本主義社会の現実的、深刻な疎外実態に正対することは無く、現状の無批判的肯定に近い。疎外の根本を注視し、それを除去するのではなく、それらから目を背けて、労働で得た疎外をスポーツ、遊戯で解放するという。確かに、スポーツや遊戯を楽しく行えば、労働による疎外をある程度は除去出来るが、これではスポーツや遊戯を現実の社会から切り離して、真空の状態でのスポーツ論、遊戯論となってしまう。
　スポーツの遊戯起源論にはこうした理論的弱点とそれが持つ現実社会からの逃避という社会的な役割があるのである。

人間性の形成は、労働に関わって言えば、部分的な作業にのみ従事するのではなく、どれだけ全体性を見渡せる創造性のある労働に従事出来るかが、そこでの人間性の形成にとって重要である。また、余暇もまた人間性の形成にとって決定的に重要である。国民全体にとって、過去の余暇所有の少ない時代に比べれば、現代はその所有をより拡大させてきた。そのことは人間性の形成にとってもより有効に機能してきた。今後、その余暇が全国民に差別無くより平等に、そしてより拡大して所有されることによって、国民の人間性はいっそうの発展を遂げる条件を形成する。

　さて、原始共同体社会を除けば余暇の所有は明らかに階級性があり、余暇はもっぱら支配階級の独占物となり、被支配階級はその恩恵に与れなかった。そのことは一方で労働が一日の大半を占めたと言うことであるが、その労働も抑圧された状態であったから、その労働過程が決して人間解放に全面的に有効であったというわけではなく、疎外要因であったことも事実である。従って、被支配階級も含めて国民のすべてがどれだけ余暇を獲得するかということは、どれだけ労働時間を短縮し、余暇を含めて人間性の解放を大きく発展させるかの基盤であり、人間性の解放度を測る試金石でもある。スポーツも余暇活動の一環であるから、スポーツの所有は余暇の所有の歴史と軌を一にしてきた。

3．権利・公共性・福祉・スポーツ

　結論を先に述べるとすれば、スポーツを享受することは時の支配階級にとって「特権＝特別の権利」であり、彼らの階級内での「公共的」な営為であった。それ故に「権利・公共性」という表現を用いたが[6]、これはまたその階級内での「福祉」の獲得と置き換えることが出来る。もちろん「権利・人権」「公共性」「福祉」とは近代社会以降の概念であるが、人類史のいかなる時代においても生活向上の政策的営みは行われていた。その営みは階級社会にあっては支配階級に有利なように運用されてきた。それはその時代の国家による福祉、「国家福祉」である。

4．原始共同体社会とスポーツ所有

　猿から現代人への人類形成の過程はその約200万年余の間に、大きく2つの飛躍期を経ている[7]。最初の150万年は前史であるが、第1の飛躍は約50万年前、

第 2 章　スポーツの所有史─福祉的視点から

オーストラロピテクス（前人）からピテカントロプス（原人）への飛躍である。4 足歩行から 2 足歩行への移行は 1400 万年前辺りから認められるが、この第 1 の飛躍期に掛けて完成する。その過程は、小型動物狩猟から大型動物狩猟への発展である。小型動物は敏捷だが行動範囲は狭い。人間の体型、体力もそれに対応して 4 足歩行で敏捷さを求められた。しかし、より生産性の高い大型動物狩猟へと向かった。この過程は人類の大脳が大きく発達し、認識、思考能力を発達させた。人間にとっても危険だが生産力の上昇（食糧の増産）である大型動物狩猟は集団的狩猟の必要性から言語などコミュニケーション手段や組織的狩猟を発展させた[8]。こうして前史からピテカントロプス（原人）以降の「形成されつつあった人類・社会」に発展し、労働をいっそう発展させ、環境を変革することによって、人間の適応力を飛躍的に高めた。そしてますます大型動物狩猟の精度を高めた。動物の習性を熟知し、その弱点を有効に攻めることによって自分たちの犠牲を最小限に抑え、最大限の成果を得ることが出来た。

　この時期は、未だ生物的進化の部分を多少残していた。それ故に「形成されつつあった人類・社会」と呼ばれるが、約 3 万年前にその生物的進化を止め、「形成された真の人類・社会」へと到達した。そして、古代奴隷制社会に至るまでの約 2～2.5 万年を原始共同体社会という。

　大型動物狩猟が可能になった背後には、狩猟のトレーニング化が不可避であった。動物の習性を熟知し、また自分たちの仲間の犠牲を最小限にするには組織的狩猟方法が必須であった。当時は食糧の獲得が未だに不安定な時代であり、他部族からの略奪も日常茶飯事であった。それ故、労働能力、戦闘能力のある者はすべて日常的な戦闘訓練も必須であった。こうしてスポーツは狩猟と戦闘のトレーニングの一環として開発され、やがてスポーツとして成立した。従って人類史の上で原始共同体社会は「スポーツの成立」の時代である。

　この時代、生産水準は低く、その水準に規定されて種族の集団規模は小さかった。ここでは生産手段（石器─労働用具、武器）は集団的に共有され、生産物も等しく分配された。一部のものが独占してしまうと集団それ自体の存続が危ぶまれたからである。スポーツは部族構成員の労働能力、戦闘能力のある者にとって参加することは権利であり、義務であった。その意味ではその社会の発展段階を反映して低位ではあるが、平等な機会であった。低位ながらの「権利」と「義務」そしてスポーツ自体がその社会の「公共的」な営為として存在した。そして部族全員がその恩恵に与ったという点では「福祉」を平等に享受しえた。

5．古代奴隷制社会とスポーツ所有

　原始共同体社会においてやがて農耕や牧畜が発展し、生産力が上昇してくると、他人を扶養することの出来る部分＝余剰生産物の生産とその蓄積をもたらすようになった。しかしこの蓄積は次第に私的所有・独占を生み出した。それは所有者と非所有者という階級を生み出した。所有者はその遺産相続の必要性から、男性にとって自分の子との親子関係があいまいな母系制からより明確な父系制へと移行した。これが人類史における女性の男性への従属の始まりと言われる。支配者と被支配者の関係はより鮮明化し、国家が誕生し始めた。国家は統治組織を形成し、警察・軍事機構も整備した。それは国内的には国民の不満を抑圧し、国外的には外敵との戦闘で防衛と侵略を行った。

（1）「奴隷主（貴族）のスポーツ」による「競技会の成立と発展」

　原始共同体社会が「スポーツの成立」の時代とすれば、古代奴隷制社会特に紀元前800年頃からの古代ギリシャ社会に至って「貴族（奴隷主）のスポーツ」による「競技会の成立と発展」の時代を迎えた。そして競技会を含むスポーツは他の文化と同様に、支配階級に独占された。奴隷を中心とする被支配階級は文化一般そしてスポーツ、オリンピックを始めとする古代の諸競技会に参加することは許されなかった。

　古代奴隷制社会とは奴隷が経済の基本である生産を支えた社会であるが、彼らは支配階級である貴族（市民）に所有された社会である。奴隷の多くは、戦闘で敗北した国家の住民である。紀元前450年代辺りのアテネではギリシャ市民とその家族がおよそ12～13万人、奴隷が8万人くらいと想定されている[9]。また別の資料ではほぼ同時期の紀元前431年に市民17万人、奴隷11.5万人、また紀元前313年にはそれぞれ8.4万人、40万人となっている[10]。いずれにしても多くの奴隷労働に支えられて都市国家（ポリス）が成立した。

（2）古代オリンピック：スポーツ競技会の成立

　古代ギリシャに先行して栄えた古代エジプトやメソポタミア地域は、すでに狩猟・採集だけの時代を終え、栽培・飼育を開始し、生産力が向上した。そして部族間の戦闘を繰り返していた。また、それらの地域では原初的なレベルではあっ

第 2 章　スポーツの所有史―福祉的視点から

たがスポーツは分散的に行われていた。そうした地域にギリシャ人は多く兵士として雇用されて行った。彼らはそれぞれの国の最先端技術、文化を持ち帰り、それが古代ギリシャの文化・経済・政治の発展を支えた。

　エーゲ海沿岸の古代ギリシャは痩せた土地にしがみつくように 1000 もの都市国家がひしめき合っていた。古代ギリシャの時代区分は以下のように考えられている[11]。

- 前 8 世紀前半〜前 6 世紀末（前古典期）
- 前 6 世紀末〜前 4 世紀末（古典期）
- 前 4 世紀末〜前 31 年（ヘレニズム期）
- 以降（ローマ時代）

　古代ギリシャの諸競技会の中で最も権威のあったオリンピックの開始は紀元前 776 年と言われ、前古典期に始まった。起源の理由には諸説あるが、疫病が蔓延し、戦闘の絶えない都市国家（ポリス）間の平和を祈念して、聖地エリス地域のオリンピアで競技会を開催した。

　ギリシャのペロポネソス半島の西の端にあるエリス地方のオリンピアまではアテネから 330km あり、当時徒歩では 1 週間を要した。それに途中の都市国家は常時戦闘状態にあったから、いつそれに巻き込まれないとも限らない。そのためにオリンピックの開催される期間（5 日間）とその前後の 1 ヵ月間（やがてオリンピックの後期にはそれぞれ 2 ヵ月間に拡大）は、選手や観客の移動の安全のために、そしてエリスを汚さないために一切の戦闘行為、裁判、処刑などが禁止された。こうして古代ギリシャのエケケイリア＝オリンピック休戦（Olympic Truce）は実施された。

　オリンピックは次第に名声を獲得し、ギリシャ地域のみならず、その植民地へも名声は轟いた。この点で、オリンピックは確かにオリンポスの神々への奉納行事であり、武勇と強健さの誇示の競技会であったが、特にギリシャ人意識の確認、高揚、連帯という「ナショナリズム」を高め、ギリシャ文化を普及させ、この地域をギリシャで統合するための一大イベントと化していった。

　このエリス地方のオリンピアは聖地であるがほとんど何もない田舎町であり、4 年に一度の大混雑を迎える。競技者やコーチ、親類などを始めとして 4 〜 5 万人の観客を受け入れるに十分な宿泊施設は全く無く、大半の人々は自ら運搬してきたテント生活であった。真夏のオリンピアの昼間は摂氏 40 度近い灼熱の地となり、雨はほとんど降らない。そのために水は極めて貴重品であった。従って

観客もまた競技者同様に過酷な状況の下での観戦である。食事も自ら運んで来たものを調理しながらの自炊であり、ごみは適当に空き地に放置された。公共トイレもなく、近くに流れる川はこの時期にはからからに干上がり、屋外トイレとなった。こうした調理とトイレ事情によって、オリンピア地方はハエと蚊そしてネズミとの闘いでもあった。長旅と非衛生で疲弊した人々は容易に熱中症を患い、伝染病を蔓延させ、死者も多かった。さらに大半の観客を占める男性を目当てにした売春も暗躍した。こうした過酷で喧噪の中でも競技は厳格に行われ、優勝者はオリーブの冠で祝福された。そして彼らは故国のポリスへ凱旋し、莫大な恩恵を与えられた。確かにオリンピックでの勝者はオリーブ冠ないし月桂冠だけで讃えられたが、ポリスに帰れば、祖国の英雄として莫大な金品、諸権利を与えられた。「当時の選手たちがアマチュアで、純粋にスポーツだけを楽しんだ」というのは、19世紀末の古代研究の未熟な段階での近代オリンピック復興時に、ブルジョアイデオロギーとしてのアマチュアリズムを冠せられた結果である[12]。

オリンピックはゼウス神への奉納行事の一環であったが、宗教的儀式とは無関係な競技会も多かった[13]。紀元前6世紀にはオリンピックを含めて4大祭(ピュティア、ネメア、イストミア)の他に、約300の競技会があった[14]。これらの競技会、スポーツ振興を支えたのは、日常生活での身体的要請ばかりでなく、軍事的、思想的、宗教的な背景も大きい。軍事的には常時戦闘状態にあったギリシャの各ポリスの状況を考慮すれば、貴族層といえども戦闘に敗れれば明日から奴隷に転落する運命にあったからである。

思想的ないし芸術的に見れば、ギリシャ人たちは神を徹底的に人間的に捉えた[15]。さらに精神と肉体を1つのものとして人間の全体性を対象とした。と同時に、彼らの理想美と比例性への信仰(比例というものへの崇拝)[16]や「力」の崇拝は、英雄と競技者とを結合し、単なる裸(naked)ではない、理想としての裸体像(nude)を追求した[17]。

哲学者プラトン(本名:アリストクレス)は、彼の肩幅が広い(platys)ことから体育教師がプラトンと名付けたと言われる[18]。プラトン自身はある競技会のレスリングの優勝者であり、彼の晩年の大著『法律編』の理想国家にはレスリングが奨励されている。このようにギリシャ市民の教養像は、理想美としての身体の追求、スポーツの位置付けの高さを特徴としている。従って、均整のとれたギリシャの競技者像はただの勝利記念ではなく、理想的身体の追求を示すものであった[19]。古代ギリシャからローマ時代のギムナシオン(体育場)はスポーツ

第 2 章　スポーツの所有史─福祉的視点から

をする場であるのみならず、三々五々に集まって運動したり、議論したり、彫刻家の日常的な仕事場でもあり、一大社交場であった[20]。

　だが、全盛を誇ったギリシャも紀元前 430 年の「アテネの疫病」以降の幾度かの伝染病の蔓延にも見舞われ、急速に国力を衰退させ、勢力はローマ勢に押されるようになっていった。ローマ時代になり、オリンピックはなおその名声を維持し、ローマの植民地からギリシャ人の資格がなくとも多くの支配者たちが参加をしてきた。しかしローマ帝国の衰退に伴う、古代地中海世界の枠組みの崩壊が、オリンピックへの求心力を弱め[21]、さらにキリスト教の急速な普及は「聖職者たちの絶え間ない運動が 394 年に功を奏し、キリスト教徒の皇帝テオドシウスはオリンピックを廃止」した[22]。古代ギリシャのオリンポスの神々（多神教）に捧げられたオリンピックは、キリスト教（一神教）にとっては異教徒の文化であったからである。

　オリンピックに参加出来る資格は、「ギリシャ人であること、犯罪歴のないこと」である。もちろん奴隷はギリシャ人としての市民権を持てない。もっとも同じギリシャ人でもオリンピックに参加するには、常時の練習時間、コーチの雇用、そしてオリンピアへの旅費の工面など、かなりの富裕層でなければ実質的に参加出来ないのも実態であった。特に莫大な経費の掛かる 4 頭立て馬車の戦車競技は、相当の富裕者でなければ出場は不可能であった。それでも、紀元前 5 世紀末には若い貴族が「下層階級の取るに足らない連中がオリンピックに溢れている」と不満を述べている[23]。

　出場するためには各ポリスで 10 カ月間のトレーニングを積み、1 カ月前にエリスに到着し、オリンピアに入る前にそこでさらに 1 カ月間の厳しいトレーニングを受け、審判から参加適格者資格を取得しなければならなかった。この段階で脱落する競技者も多かった。

　種目は当初、スタジオンでのランニングのみであったが、次第に増えて、レスリング、ボクシング、パンクラチオン（打撃技と組技を組み合わせた格闘技で、相手のギブアップで勝敗が決せられた。ルールは"目潰しと噛み付きの禁止"の 2 つのみで、肋骨や指、首などを折る行為も許された）、円盤投げ、槍投げ、走り幅跳び、4 頭立て馬車の戦車競技なども含まれるようになった。

　「古代オリンピック・ゲームは、もちろんギリシャの自由市民にのみ門戸が開かれていた。ギリシャの都市国家の全文明は、奴隷制度に依存していた。奴隷はスポーツに参加することを認められなかった。そして奴隷に依存していたことに

よって、自由市民である競技者が祭典毎にその直前の10ヵ月を訓練に打ち込む自由を持ち得たのであった。[24]」そして「1世紀のクラディウスの治下には、早くも159日の公休日として記録され、そのうち93日もが公共の費用で"ゲーム"をすることに当てられた。354年までには200日の公休日と175日の"ゲーム"の日があった。半年以上もが余暇であったし、仕事日ですら1年の内の大半は、夜明けに始まる仕事を正午過ぎには辞めてしまった。[25]」

以上のように、古代奴隷制社会の中でスポーツを享受出来たのは、ギリシャ市民という貴族（奴隷主）としての支配階級のみであった。ローマ時代になると単にギリシャ市民だけでなく、ローマ植民地の諸王たちも参加したが、いずれにおいても「貴族（奴隷主）のスポーツ」による「競技会の成立と発展」の時代であることに変わりはない。

こうして支配者としてのギリシャ市民にとってスポーツは「特権（特別の権利）」であり、また諸競技会は国家行事であり、まさに公共的な事業であった（権利・公共性）。しかし参加者がギリシャ市民（そしてローマ市民）権を有する人々、つまり支配階級に限定されていたと同時に、彼ら支配階級内での「福祉」の保障であった。

（3）なぜ古代ギリシャにのみ？

この古代ギリシャは「スポーツ競技会の成立と発展」の時期である。この古代ギリシャ以前にも、例えば古代エジプトでもスポーツ的な遊戯が享受された形跡はうかがえる。その他の古代文明にも同様なことが言える。それならばなぜ、古代ギリシャのみに「スポーツ競技会の誕生」が可能だったのだろうか。

実はこの点に応えたスポーツ史研究は未だに存在しないと言えるだろう。歴史的実証もないまま、仮説として見るならば、当時の身体の重要性をも重視する多神教的宗教の世界観、そして地中海における多数の都市国家が、それらの代表者としての競争者を支える基盤となって、オリンピックを含む多数の競技会を国家行事として成立させたのである。この段階ですでに競技者たちは個人として参加したのではなく、都市国家の代表として、国家間競争の一環としてまさに選手として参加した。こうした国家間競争が古代社会のオリンピックを支え、古代1200年にわたる継続をもたらした。

なお、この時代のスポーツは、そのルールも現在から見れば極めて残酷なものもあった。例えば、レスリングやボクシングなどでは相手が敗北を認めなければ

死に至る事も希では無かったし、勝者も罰せられることは無かった。そうしたルールが採用されたのはこの時代の暴力観（逆に見れば人権水準）が反映したものである。

　オリンピックはローマ時代に入り紀元 394 年まで継続されたが、その期間はローマ帝国における剣闘士の闘いも並行した時代である。時折、この剣闘士をスポーツ扱いする記述も見受けられるが、これは誤りである。剣闘士たちは奴隷であり、自由の身では無く、剣闘は生死を賭けた闘いであり、スポーツとは根本的に性格を異にするものである。

6．封建制社会とスポーツ所有

　封建制社会とは、古代奴隷制社会における奴隷階級の幾分かが若干の私的所有を認められて階層分化する一方、社会の基本は封土（土地）を所有し、それに付随する農奴や商人たちを所有する封建貴族の支配する社会である。その経済基盤はその封土に所属し、人口の圧倒的多数を占める農奴による農業生産を主とする。ここでは西欧でも日本でも「士農工商」という身分制度（階層）を採ったが、階級構成は支配層としての貴族（武士）とそれ以外の被支配階級から構成された。ここでも政治、経済、文化のすべてが支配層である貴族（武士）の独占となったが、封建制末期には商業活動で経済的基盤を強め、やがて資本主義社会の中心となる新興資本家階級（ブルジョアジー）の文化も芽生えた。

　封土内のすべてはその領主としての貴族の所有物であり、農奴を始めとする被支配階級の文化所有は極めて限定されたものであった。当時の身分制は厳格であり、階級間の結婚は禁止され、職業選択の自由は無く、生れついた親の職業を継承した。そして封土を越えた居住の自由も無かった。

　「自由人と不自由人の２つの区別しかなかったヨーロッパ社会に、騎士、農民という新しい社会的身分[26]」が確立するのは 12 ～ 13 世紀の頃である。このように、下級貴族が騎士に、農業社会への農奴の大量形成は緩慢であった。それは都市の形成を契機とすると言われるが、農奴人口が９割[27]を占め、階級としては生産手段（主に土地）と生産物は貴族によって独占される階級社会であった。被支配階級の農奴も若干の私的所有（生産手段としての犁、鍬、家畜、穀物を運ぶ車[28]、それに剰余生産物の一部）を与えられ、労働意欲そして生産力は漸増した。

生産力の発展は流通機構を発達させ、やがてブルジョアジー（新興資本家階級。日本では江戸時代の町人）が台頭した。経済的実権を持ち始めた彼らは貴族（武士）独裁の政治的制度が桎梏となり、次第に政治的実権の掌握へと動き出した。しかし、人間は生まれながらに神によってその階級を決められているという封建制の階級制度を擁護するイデオロギーである階級神授説（王権神授説）をもって、そしてそのために宗教界を巻き込みながら新興階級を抑圧した。

　ブルジョアジーは、すべての人間の「自由・平等・友愛」を掲げ、農奴、市民をも巻き込んで貴族の支配した封建制（旧体制＝アンシャンレジーム）を打倒し、資本主義革命（ブルジョア民主革命）を達成した。この典型が1789年のフランス革命である。日本の場合、この民主主義革命が不完全であった。つまり農奴や一般の町人は埒外に置かれ、旧幕府と大財閥に支えられた薩長同盟などが支配階級内の野合によって封建制度が崩壊した。これが明治維新である。従って日本では西欧における完全な資本主義革命＝民主主義革命を経て居らず、これが国民の権利意識の低さ、そして国民への福祉の低さの歴史的源流を形成している。

　さて、人口の9割を占める農奴も、若干の私的所有を認められることにより、奴隷よりは多くの自由を獲得出来た。余暇活動もその1つである。とはいえ、現実には年に1回の祭の機会に限定され、貧弱なものであった[29]。従って、「少ない機会にはめを外さない方が難しかった[30]」のであり、荒々しく、時には暴徒化する場合もあった。余暇はほとんど貴族やそのイデオローグである高級僧侶に占有されていた。また封建制の末期には都市の手工業者も経済的実権を基盤に余暇を組織した。しかし農奴はそうした余暇活動は村祭りなどの限られた機会に許されたのみである。日常的に余暇活動を組織するほどの余裕もなく、被支配階級である彼らは政治的、経済的実権も無く、そのための組織を結成すること自体、反体制の動向として徹底的に弾圧された。そればかりでなく、文字の習得は社会の矛盾を認識する手段ともなることから禁じられていた。こうしてスポーツ享受に必要な「時（余暇）、金、組織（仲間）」を農奴たちは確保出来なかった。

（1）封建制社会の健康

　ここで、当時の健康水準にも触れておこう。古代奴隷制社会のローマ帝国の都市と比べてヨーロッパにおける中世都市の健康状態は低く、給水も十分ではなく、特に下水システムが欠如した。トイレ自体が無く、人々は屋外の木陰で用を足した。女性の腰に大きく巻き付いたひらひらのスカートは、屋外での用足し時に覆

第2章　スポーツの所有史―福祉的視点から

いの役目を果たす為であった。また、屋内での排便・尿はバケツを用いた。一般家庭の家内は不潔で寿司詰めの超満員、部屋の換気も悪かった[31]。ゴミや用を足した汚物は窓から道路や庭にぶちまけられた[32]。そして都市においても庭で豚や鶏などの家畜が食用に飼われた。これは中世都市の一般的状況であった。従ってネズミが繁殖し、都市を荒らし、14世紀から17世紀までのペストの流行を頻繁に引き起こし、多くの生命を奪った（ペストはペスト菌による致死率の高い伝染病だが、ネズミに付着したケオプスネズミノミを媒介として蔓延する）。

　現に、「中世」は542年の「ユスチニアヌスの疫病」に始まり、1348年の「黒死病」に終わると言われるように[33]、不潔な環境と生活習慣のもとに、ペストは幾度か大流行し、ヨーロッパ人口の3割を犠牲にするほどの規模で蔓延した。また封建制下、13世紀のライ病（ハンセン氏病）、14世紀のペスト、16世紀の梅毒、17～18世紀の痘瘡・発疹チフスなどの伝染病が大流行し、社会的な生産力の低下を来すほどの深刻なものだった。

　日常的には先のように都市の不衛生状態の一方、頼るべき医療は一般庶民には高くて近づき難く、またその医療水準も高いものではなかった。12世紀辺りから大学に医学部が生まれたが、医学教育は理論的なものに傾斜し、科学的な解剖学や生理学、あるいは臨床経験に基づくものではなかった[34]。「19世紀初頭における病気の治療は、全体としてみれば、ヒポクラテスの時代よりほとんど進歩しなかった。[35]」こうした中で乳幼児死亡率は極めて高く、平均寿命も30歳ぐらいであったと推測されている[36]。

　当時の軍事的、思想的、宗教的な背景を見ると、地方分立的な国家成立の中で、貴族の軍事訓練は重要な位置を占めた。そして国土防衛への動員を意図した範囲で、農奴にも弓術が奨励された。キリスト教の思想的、宗教的思考により、身体的欲求（性欲、運動欲、食欲）は低く位置付けられ、スポーツが文化活動として公然と組織化されることは少なかった。これが中世の世界からスポーツ競技会が消失した理由である。

　ところで、古代ギリシャ以降、西欧ではスポーツを誕生させ、そのために入念なトレーニングを行った。そして封建制社会ではキリスト教によってスポーツが抑圧され、社会から消失したが、近代社会になって再び復活した。一方、日本を始めとする東洋ではスポーツは誕生しなかった。またトレーニングという思想も弱かった。稽古という技術の上達と精神の鍛錬はあったが、身体的能力の向上のためでは無かった。

55

この背景は西洋と東洋の生命観、身体観から見るとわかりやすい。つまり生命は「気」によるが、西洋ではそれは人間の外部から注入可能であり、トレーニングによって強化出来ると考えられた。しかし東洋では「気」は生まれながらに持っているものであり、その十全な活用が健康の源と考えた。従って、トレーニングによって外部から注入するという発想が無い。この典型が「養生論」である。「腹八分」にして「気をめぐらす」ことが重要と考えられた。とはいえ、近代化の中で西洋的生命観、身体観も導入された。

（2）騎士の軍事的な性格

　封建制社会におけるスポーツの特徴は、騎士の7芸（馬術、剣闘技、斧あるいは槍による馬上戦の心得、弓術、水泳、格闘、フェンシング、その他の技能訓練）に規定された軍事的性格を持っていた[37]。さらに、近代スポーツの誕生のための地域的、土着のスポーツの芽生えをなしていたことから言えば「近代スポーツの温床」とも言える。

　封建制社会のスポーツは普通、身分階層別に記述されるのが一般的である。先ずは階層と種目について概観しよう。

1）貴族・騎士のスポーツ

　先の7芸をはじめとして、狩猟が重視された。馬上槍試合では、ジュースト（一騎打ち）や騎馬戦での勝ち抜きであるトーナメントが広く行われた。これは生命と昇進を掛けた壮絶な闘いであり、模擬的な戦闘行為であり、スポーツの範疇を超えていた。現代の競技会における勝ち抜き戦をトーナメントというが、語源はここにある。テニスはジュ・ド・ポームと言われ、1150〜1200年辺りに誕生した[38]。

2）聖職者のスポーツ

　本来その教義から見てスポーツには否定的であるはずの聖職者たちも、現実には各種ボールゲームを享受した。教会でのスポーツ禁止令が幾度か出されていることは、スポーツがある程度普及していたことを証明している。

　同じ聖職者と言っても、その出身階層は多様である。そして体力育成は教会、修道院教育の目的の一部では無かったにせよ、厳しい毎日の労働が平(ひら)の修道士の身体的なトレーニングとなった。他方ではそうした重労働から離れ、もっぱら精

第 2 章　スポーツの所有史―福祉的視点から

神労働化した高僧たちが、頭痛や胃弱などの憂鬱を多く抱えていた[39]。

3）農奴のスポーツ

　農奴の場合、ダンス、フットボール、九柱戯（スキットルズ）、石投げ、幅跳び、競走などが行われた。特にフットボールの普及は特筆されるべきであろう。当時領主たちは農奴に対しても、国土防衛の必要性から弓術を奨励していたが、農奴、市民は祭にはフットボールを好んだ。しかもそれらは農奴の志気の激昂、鬱憤晴らしの場となり、しばしば領主の屋敷など、所構わず略奪し、暴徒化した。それ故、1314～1667年の間に、イギリスではフットボールその他の民衆ゲームに対して30回以上にわたって禁止令が出された[40]。それくらい、広く普及していたと言うことである。

4）市民のスポーツ

　手工業者たちは土着のフットボールや騎士の真似ごとをしていたが、13～14世紀辺りから主として手工業の親方衆を中心に「射手ギルド」、そして15世紀には職人や徒弟を中心に「剣士ギルド」を形成し、射的祭などに参加した[41]。

　おおよそ以上のように種目が描かれ、まさに「近代スポーツの温床」と言われるように多様な種目が多階層によって享受された。しかしその享受の質と量は、別の表現をすればスポーツ所有においては明確な階級性が存在した。その意味で封建制社会のスポーツは「騎士の軍事的な性格」（A・ヴォール）をその主要な特徴とした。人口の大部分を占める農奴の余暇、スポーツは貧弱なものであった。そして少しずつ経済的実権を形成しつつあった市民（商人、手工業者）が都市において自らの集団の利益擁護の立場から、独自のスポーツギルドを組織した。これはやがて来る資本主義社会におけるブルジョアジーのスポーツクラブの先駆的なものと注目される。

（3）近代スポーツの温床

　封建制社会では、農奴も若干の私的所有を認められ、古代奴隷制社会からは身分階層の分化した社会である。農奴の「原始的フットボール」の禁止令や狩猟禁止などは、貴族によるスポーツの独占の一方で、農奴が排除された。
　このように農奴のスポーツも誕生し、その享受のしかたは量的に多くはなかっ

たが、封建制社会末期全体が近代スポーツの温床となった。そして基本的には騎士の軍事的な性格を有しつつ、貴族のスポーツ所有社会であった。貴族階級によるスポーツの「特権的」な独占が生じた。そしてそれは彼らの階級内での公共事として行われた。彼らは鷹狩りや宮廷でのゲームを公共事として享受した。また下級貴族である騎士の武技は、権威の象徴としての代表的具現[42]、「公共性」であろう。こうして、封建制社会総体として、スポーツが貴族階級の「権利・公共性」の保障であると共に、彼らの「福祉」の充足であった。

（4）中世の「スポーツ競技会の消失」

　中世からの「スポーツ競技会の消失」の先駆けとして、古代オリンピックの紀元394年の消失は一神教であるキリスト教による抑圧の結果であった。またその他の宗教世界でも、既に多くのスポーツ文化の誕生を見ていたが、それらは「スポーツ競技会」としては確立しなかった。これらの原因として、既述のように身体を蔑視する宗教の影響があったことは自明である。そればかりでなく、古代ギリシャのポリス（都市国家）などの消失が国家代表として選手を送り出す基盤を崩壊させたり、あるいはその後送り出す基盤として形成されなかったことも考えられる。競技会の成立にはこうした競技者を支えるだけの社会的な基盤を必要としたのである。この中世の都市は、封建領における未熟な都市であったためにそうした都市文化を形成するには十分な人口、階層、競争観念を未だ形成し得なかったのである。

7．資本主義社会とスポーツ所有

（1）近代スポーツの誕生

　資本主義社会とは封建制社会における封土の所有制度の下で、商業の発達が先行し、やがて家内制手工業が工場制手工業へ、そして工場制機械工業へと発達し、それらに伴って物流が盛んになり、それを媒介する貨幣（資本）が支配する社会である。18世紀後半から19世紀の後半への100年にわたる産業革命は、まさに工業生産のための原料の輸入が必要となり、出来た製品の輸出もまた必要だった。主に開発途上国がその輸入元、輸出先の対象となり、次第に先進諸国＝帝国主義諸国の植民地化を余儀なくされた。そうした行為のすべては資本によって支配された。それ故、資本を多く手にした者が社会を制する社会であり、資本を制

第 2 章　スポーツの所有史―福祉的視点から

する資本家階級（ブルジョアジー）が中心となって封建制社会である旧体制を崩壊させ、資本主義革命を引き起こして、資本主義社会を統括するようになった。

＊帝国主義（imperialism）とは、ある国家が自国の経済、民族主義、文化、宗教などを拡大するために、軍事力をもって他の民族や国家を侵略して領土や天然資源などを略奪するための思想や政策である。

　資本主義社会は産業革命として工業化が促進された社会であり、それに伴い農民の多くは労働者として都市へ徐々に流入し始めた。その一方で、農村からは人口が流出した。この流入と流出はそれぞれの地において過密と過疎を引き起こし、社会的な不安定をもたらした。こうした中で、領主たちは社会統合策として村祭り（フェスティバル、フェア）や競技会などを頻繁に開催するようになった。それでも 18 世紀末から 19 世紀初頭のイギリスではその数は激減した。それは次第に家内制手工業から工場制機械工業への生産、労働の変化により、労働者階級の労働時間の延長による余暇時間の減少があり、一方農地の囲い込み（エンクロージャー）による空き地の激減があった。またそれら催し物のパトロンだった封建貴族の撤退などがある[43]。それでも、当初は労働者階級も多く参加した。17 世紀中頃以降、ヨーロッパでは「オリンピック」と名付けられた競技会が徐々に出現したが、その数は 19 世紀になると激増した[44]。

　密集した都市環境の中で、特に繊維産業（製糸や織布）ではこれまでの緩慢で時には重量のある農機具を操作する農業労働とは異なり、手先の器用さ、敏捷さを要する労働を、長時間にわたって従事する身体を求めるようになった。また、未だ重労働を要する多くの生産現場では配置転換の上からも、多様な現場に対応出来る労働力を必要とした。これらは、19 世紀末の近代公教育の誕生に伴って、新たな労働力育成政策として、教育の場で体育科の設置や放課後のスポーツ部活動などの設置として要請された。

　一方、こうした資本主義社会の確立は 19 世紀後半以降の国民国家の成立に連なるが、それは近代軍隊の成立過程でもあった。兵器の近代化に伴って、それらの兵器を知識としても、体力的にも操作出来る兵士の養成は、大きな国家的課題となった。その点からも体育科やスポーツ部活動は大きな役割を期待され、その任を果たした。そしてこれらの体育科やスポーツ部活動は、当時ヨーロッパで既に先行していた体操やスポーツ種目を活用した。

　資本主義社会のスポーツはノルベルト・エリアス[45]が指摘するように、近代

スポーツ発祥の地、イギリスの議会を中心とする近代化、つまり非暴力化を反映して、スポーツも非暴力化が大きく進んだ。交通、特に鉄道の発達による交流の促進は各地の独自なルールを持ったスポーツを交流させ、それはまたルールの共通化を促進した。スポーツはいっそう普及する条件を得たのである。こうして、古代社会ではかなり暴力的、野蛮なルールもこの近代化の過程では、相手への怪我を与える行為は次第に淘汰されていったのである。

（2）アマチュアリズムとスポーツ独占 [46]

イギリスでは、19世紀に入るとその帝国主義化はますます強化され、世界の植民地争奪も進んだ。こうして大英帝国はますます拡大した。国内の政治経済の統率はもちろんのこと、世界に拡大する植民地支配のための人材養成は喫緊の課題であった。これらに応えたのがイギリス伝統のパブリック・スクールであった。19世紀中頃のラグビー校はラグビーフットボールの発祥の地として有名であるが、ラグビー校をはじめとするパブリック・スクールのアスレティシズムが有名になったのは、19世紀後半にその学校生活を描き、未だにベストセラーを維持しているトーマス・ヒューズの『トム・ブラウンの学校生活』（岩波文庫）[47] が典型である。

こうしてイギリスの資本家階級（ブルジョアジー）を中心として、敬虔なクリスチャンであると同時に身体的にも壮健なスポーツマンを養成する「マッスル・クリスチャニティ」の観念と、スポーツを通じた人間形成観である「アスレティシズム」が確立され、やがてスポーツと共に世界中に普及した。アスレティシズムとは、アマチュアリズム精神に則ってスポーツを享受することによって、克己心、忍耐、連帯意識、利他心などの人間性が育成されるという、スポーツによる人間形成論である。

こうして、スポーツを享受することは「資産と教養のある」イギリス資本家階級の、まさに共通教養となっていった。陸上競技大会、ボートレースを始めとする多くのスポーツ種目組織が結成され、彼らによる競技会が多く開催されるようになっていった。

ところが、資本家階級である彼らの階級的象徴であるスポーツ大会に、なんと自らが雇用する労働者階級が参加するようになった。労働者階級は未だ重労働に従事し、日常の労働が一種の筋肉トレーニングを兼ねていた。それ故、ボートレースや陸上競技での投擲種目などでは常に上位を独占するようになった。また当時

普及し始めた郵便制度に伴う配達あるいは新聞配達も、自転車もない時代であるから、もっぱら駆け足での配達であった（その50年後には日本では人力車夫などがいる）。そうして日常的に足を生業とする職業にいる彼らが長距離競技に参加すれば、同じように上位を独占した。

　こうした「階級逆転」に業を煮やし、階級的屈辱を感じた資本家階級は、競技会から労働者階級を排除しようと思案した。そこで、アマチュアルールを作成し、資本家階級・貴族以外はアマチュアではなく、労働者階級（プロも含む）は競技会に参加出来ないようにさせたのである。逆に言えば、スポーツを資本家階級に独占した。このアマチュアルールに表現された資本家階級（ブルジョアジー）のイデオロギー全体を「アマチュアリズム」と呼んでいる。

（3）アマチュアリズムとは何か
　そこで、アマチュアリズムについてもう少し検討しよう。これはスポーツの権利・公共性ないし、福祉と密接に関連するからである。

　1）アマチュアルールの誕生
　アマチュアルールが初めて成文化されたのは、1866年の全英陸上競技選手権第1回大会の「参加者資格規定」である。「かつて賞金目当てにプロフェッショナルと一緒にあるいはこれに対抗して競技した者、生活費を得るために競技いかんを問わず練習を教えたり、それを仕事としたり、手伝いをしたことのある者、手元の訓練を必要とする職業（Trade）、あるいは被雇用者としての機械工（Mechanic）、職工（Artisan）あるいは労働者、これらはアマチュアとは認めない。」ここにはアマチュアルールの要素としていくつもの内容が含まれている。プロと競技をしないこと、賞金を目当てとしないこと、生活費を得るためにスポーツ指導をしないことがアマチュアの条件である。ましてや競技会に出場するために休んだ労賃の休業補償等は前提として禁止されていたから、規定にさえ上がっていなかった。そして機械工、職工等の職業の指定、労働者という階級規定さえ行っている。

　同様に、漕艇界で初めてと言われる全英ヘンレー・レガッタ委員会の1878年のアマチュアルールにも、より鮮明化されて継承されていった。「アマチュア漕手及びスカールを漕ぐスカラーは、陸海軍士官、文官、紳士たち（a member of the liberal professions）、大学の学生もしくはパブリック・スクールの生徒、ま

たは機械工あるいはプロフェッショナルを含まない既設のボートあるいはローイング・クラブの会員である。そして、懸賞金、金銭、入場料のために競漕し、かつて生活の手段としていかなる種類の競技においても訓練を生業として教えたり、手伝ったりし、造船の仕事に関係したりした者、また肉体労働者、機関工と職人と労働者は競技会に出場することは出来ない。」ここには1866年のルールに比べて、アマチュアの実質としての身分、職業が文頭に示されている。つまり陸海軍士官、文官、紳士たち、大学の学生もしくはパブリック・スクールの生徒などのエリート層である。こうしてアマチュアルールは、単にプロという意味での労働者階級を排除するのみでなく、労働者階級全体の締め出しを意図した。

ところが、その2年後の1880年、全英陸上競技連盟はその1866年のルールから職業と階級に関する規定、つまり「機械工、職人、労働者」等の表現を激論の末に削除した。その後、諸スポーツ組織の規約の中から露骨な階級規定、身分規定は見られなくなった。しかし1つだけ例外があった。それは全英ヘンレー・レガッタ委員会であり、1937年の規約改正まで、露骨な表現は維持された。19世紀末に多くの種目のルールから階級差別的表現が削除されたのは、労働運動、社会主義運動の高まりがあり、露骨な階級的差別表現は必要以上に労働者階級を刺激することから削除されたのである。一方、1937年まで露骨な表現を残したボート界はそれだけ階級差別が強烈だったと言うことである。

1860年代からイギリスでは各種スポーツ組織が結成された。これに少し遅れて大陸のヨーロッパ諸国やアメリカでも国内組織が結成され、そしてそれらを基礎に国際競技連盟が結成された。こうして、「アマチュアリズムに包まれたスポーツ」が全世界に普及した。それと同時に、1880年から第1回近代オリンピックの始まる1896年までは、「アマチュア論争が最も活発な時期」であった[48]。

2) アマチュアリズムの時期区分

以上のように成立したアマチュアルールに表現されたアマチュアリズムも、時代の変化に伴ってそれ自体が変化した。時代の変化とは、アマチュアリズムを決定づけている資本主義社会の資本家と労働者の階級関係の変化であり、スポーツそれ自体の発展である[49]。

①アマチュアリズムの成立・普及（第1期）

1860～1890年代が該当する。プロ（競技での出演料、賞金、商品で生計を

立てている競技者で労働者階級出身者が多い）の競技会での優位が、競技会開催主体の資本家階級（ブルジョアジー）の階級的見栄、プライドを傷つけ、階級関係を脅かすものとなった。その結果、アマチュアルールを設けて競技会（スポーツ）から労働者階級を排除し、資本家階級による独占化をした。しかしこの時期の後半には労働運動の高揚によって、露骨な労働者排除表現が削除された。

ともあれ、アマチュアリズムの成立は、封建貴族から資本家階級の手にスポーツを解放したという点ではスポーツのブルジョア民主主義革命を達成し、近代の人権の発展と共に、スポーツ参加の自由、つまりスポーツの私事性、個人の権利（自由権）を確立した。資本家階級によるスポーツの資本主義的な私的所有＝個人主義の完成でもあった。アマチュアリズムとは平易な表現をすれば「自分の金を使い、誰からも援助を受けず、自分のためにスポーツを楽しむ」ことである。これはスポーツに現れたブルジョア個人主義である。これはまた、スポーツをブルジョア内という少人数に閉じ込めるもの（大衆化への抑制）であり、資本主義の本性である市場化に矛盾する。こうしてアマチュアリズムは資本主義社会において資本家自らがスポーツの市場化を押しとどめようとする基本的な矛盾を内包した。

これらは資本家階級（ブルジョアジー）内でのスポーツの「権利」を「特権」として独占したのであった。そしてその享受はすべて私事的に行われたかというとそうでは無く、自らの政治的権力を行使して公共地を活用し、資本家階級内の「公共事」として行ったのである。そしてそのことにより資本家階級内での「福祉」でもあった。

②経済的規定の矛盾拡大（第2期）

第2期は1890〜1950年代であり、経済的規定の矛盾と倫理的規定の出現を特徴としている。近代オリンピック（1896〜）を始めとする各種競技の国際化と国内競技会の多数開催、そしてスポーツの普及に伴う経済的規定の矛盾の拡大である。

第1期の後半には「労働者階級の参加を認めない」などの階級的規定が削除された。しかしアマチュアルールに、「実費の支給・受領の禁止」「賞金・賞品の廃止」「休業補償の禁止」そして「出演料の禁止」などの経済的禁止によって、労働者階級の参加を排除出来た。それ故に経済的規定がアマチュアリズムの最も根底的規定である。

当時イギリスでは週6日労働日、休日は日曜日だけであった。キリスト教国の

日曜日は安息日であり、午前中は教会へ行き、午後は家族の団らんを採るという生活スタイルが理想とされ、日曜日のスポーツや競技会は禁止された。それ故に競技会は労働日である週日に行われた。これらの大会に労働者階級が参加しようとすれば、仕事を休まなければならない。そうすれば当然に「休業補償」が必要となる。それが出なければ、競技会での賞金や賞品が彼らの生活費となった。従って賞金・賞品そして休業補償の禁止は労働者階級の競技会への参加の首根っこを断つことであり、これによって彼らの参加を封じようとした。

　しかし、この時期は国内的そして国際的競技大会が増加し、多くの競技会や国際競技への参加による旅費や宿泊費の高騰化など、ブルジョアジーとしての選手たち自身も多額の経費を必要とするようになった。さらに、上位入賞のためには日常的なトレーニングも必須となった。そしてそのためのコーチを雇う必要性も出てきた。また、興行主からすれば数多くなる競技会の中で自らの競技会を興行として成功させ、大きな営利を生むためには有名選手の参加による多数の観客の獲得が必要になってきた。そのために次第に出演料が支払われるようになった。こうしてアマチュアリズムの根幹である経済的規定はスポーツの普及に伴って次第に内部から崩れ始めた。

　特に冬季種目のスキーはその典型を示している。1930年辺りからIOCとFIS（国際スキー連盟）との矛盾が激化した。スキーはそれまで北欧の距離種目が中心であり、入賞者も北欧勢で占められてきた。北欧では冬季積雪期間中はスキーが履き物であり、金銭を払って滑り方を倣う習慣もなく、従ってプロ教師も存在しなかった。ところがアルプスの観光化と共に、スイス、オーストリアなどの国々では旅館経営者が多数のスキー客を吸収し、アルペンスキーの講習会を開き、スキー教師を多く雇用した。スキー用具の生産とスキーツアーはやがて国の大きな産業となり、スキー教師たちはスキー選手として競技会に参加した。入賞したスキー選手の出身地は彼らを宣伝材料としてスキーリゾート地としてより多くのスキー客を呼び寄せることが出来た。スキー選手は旅館の、スキー場の、そして国のスキー産業の宣伝マンでもあった。こうしてスキー選手が大挙してオリンピックに参加した。当然にして、オリンピックを統括するIOCではこうした動向に我慢出来ず、再三にわたり警告を発した。FISも「スキー教師はアマチュアである」とするアマチュア規定の変更を要求したがIOCは受け入れなかった。これを認めれば、他の種目に飛び火することは必至であったからである。1924年には初の冬季オリンピックが行われたが、1936年第4回冬季オリンピック・ガルミッ

第 2 章　スポーツの所有史―福祉的視点から

シュパルテンキルヘン大会（ドイツ）にスキーが不参加を決定した。その一方でスキー連盟は翌年の 1937 年に第 1 回ワールドカップをフランスのシャモニーで開催し、翌 1938 年には IOC から脱退した。

　もう 1 つ FIFA の例を挙げよう。イギリスの FA（フットボール協会）の何かと独占的な傾向に対して、大陸の 8 ヵ国が FIFA を結成し、FA から独立した。1905 年である。1908 年の第 4 回オリンピック・ロンドン大会でサッカーが正式種目として加入した。しかしサッカーはイギリスの FA の結成、第 1 回 FA カップ（1871 ～）以来、他のスポーツ種目とは大きく性格を異にして、アマ・プロ混在のチーム編成を常としていた。オリンピック参加においても、当然各国はアマ・プロ合同チームを派遣した。IOC はこの点を厳しく批判して、アマ選手だけの参加を要求した。しかし 1928 年の第 9 回夏季オリンピック・アムステルダム大会（オランダ）へ向けて、IOC と FIFA はアマチュアリズムに関して決定的に対立し、FIFA はオリンピックから撤退した。そして 1930 年に第 1 回のワールドカップを南米のウルグアイで開催した。ここにも、IOC と FIFA のアマチュアリズムをめぐる対立が顕著であった。

　1930 年代になるとアマチュアリズムにおける経済的規定も破綻を来たし、最終的に「紳士たる者」「フェアプレイを遵守する者」などの倫理的規定が登場した。この規定によって「アマチュアスポーツのみが本物であり、プロ・スポーツは偽りである」というようなプロ（労働者階級）に対する攻撃が強まり、それは現在もなおスポーツ界の一部に沈殿している。そして「アマチュアリズムが無くなったからスポーツが腐敗（償金やドーピング、賄賂などで）しているのだ」というような素朴だが根強い感情として時折、舞い上がるのである。

　ともあれ、こうしてこの時期はアマチュアリズムの根幹である経済的規定が根本的な対立となり、多くの種目は時流に対応してプロ参加容認へと大きく転換していった。それは表現を変えれば、アマチュアリズムが当初から抱えていた基本矛盾である市場化への動向と、資本家階級（ブルジョアジー）のスポーツ独占が大きく崩れ始めたことを意味する。

③アマチュアリズムの崩壊期（第 3 期）
　この時期は 1950 ～ 1970 年代である。各種の国際スポーツ連盟はことごとくプロ容認へ移行していた。プロ化は歴史的必然である。つまり、スポーツ技術の高度化はアマチュアとして労働後の余暇にトレーニングする程度では追いつか

ず、常時トレーニングと試合で研鑽することを必須とし始めていた。その高度化を維持するためにはトレーナーを始めとする多くの関係者の支えが不可欠である。そして度重なる合宿や遠征は時間的にも金銭的にもアマチュアの限界を超える。つまり、プロ化以外に道はないのである。

　さらに、この時期は先進諸国における高度経済成長期、つまり福祉国家の第2発展期であり、「スポーツ・フォー・オール政策」が誕生した。国民の多くがスポーツに参加し始めた。これに伴って、より高度なプロ・スポーツ観賞の要求も高まった。これがプロ・スポーツがプロとして完全に自立して発展しうる基盤を形成したのである。

　なぜスポーツ界にだけこうした「スポーツで金を稼ぐ（生計を立てる）ことは卑しいことだ」というプロ批判あるいはアマチュアリズムが生まれたのだろうか。それは明らかに文化の階級性の1つの現れである。他の文化領域、例えば音楽、美術、演劇…等ではプロの深く洗練された技術が高く評価され、美術では高価格で売買され、そして音楽、演劇では高い鑑賞料でも入場券は売り切れる。こうしてプロの作品、パフォーマンスは社会的に高い評価を獲得し、尊敬の対象となる。しかし、なぜスポーツではプロは批判、軽蔑の対象とされたのだろうか。なぜ「アマチュアが貴く、プロは卑しい」というアマチュアリズム、労働者階級を蔑む階級的なイデオロギーが生まれたのだろうか。

　音楽、美術、演劇界などでのアマとプロの差は一般的に単純であり、明快である。もっともこの場合のアマ・プロの用語はスポーツ界から援用されたものだが、その意味はスポーツ界のアマチュアリズム以前の使用のように「アマはプロのようにそれ自体で生活出来る能力者ではなく、余技として楽しむ者、あるいは未熟者」という程度の意味である。

　当時の労働者階級にとって、その子どもたちに音楽、美術、演劇などの文化に接近することは、経済的に許されなかった。労働者階級が入り込む余地がほとんど無かった。従って、労働者階級を敢えて排除する必要は無かったのである。

　しかしスポーツは、肉体労働との連続面が多く、彼らが足を使う職業である郵便配達人や新聞配達人、あるいは陸と船の間を荷物を運搬する沖仲士や、工場労働者たちが陸上競技やボートレース大会などに参加すれば、日常の労働がトレーニングとなって、上位を独占した。それで、アマチュアリズムによって彼らを排除したのである。

　ところで、IOCは独自なスポーツ競技団体を擁しない。オリンピックにおける

競技は各種目競技連盟に依存する。それ故、先のスキー（FIS）やサッカー（FIFA）の例で見たように、プロの参加は各競技でバラバラとなっていた。しかし時流は全種目がプロ化容認へと移行していた。そうしなければ各種目連盟とも、アマチュアだけに頼っていてはトップレベル選手の参加を獲得出来なくなり、各競技会の魅力と権威は喪失することになるからである。

こうした背景の下に1974年のIOC総会ではついにオリンピック憲章から「アマチュア」という用語を削除して「エリジビリティ（参加資格）」という用語に変換し、アマ、プロのオープン化によって事実上プロ選手の参加を容認した。これによってアマチュアリズムは表面上の終焉を迎えた。

3）アマチュアリズムの本質

以上の検討で明快なようにアマチュアリズムとは、労働者階級を排除し、資本家階級（ブルジョアジー）によってスポーツを独占するためのルールとそれを支え、取り巻くイデオロギーである。明らかに資本主義社会の階級的差別のスポーツ分野で現れた現象である。古代奴隷制社会や封建制社会での被支配階級である奴隷や農奴たちは、そうしたスポーツを恒常的に享受することや競技大会に参加することは絶対的に閉ざされていたから、彼らを排除する特別なルールを作る必要もなかった。しかし資本主義社会になり、労働者階級も以前よりはより多くの自由（その一方で多くの制約は未だに存在したが）を持つようになり、スポーツにおいても徐々に参加する条件を形成した。アマチュアリズムとはそうした社会背景のもとで形成されたものである。こうしてみると、アマチュアリズムが形成されたということは、被支配階級にスポーツへの参加の条件が多少生まれてきたという点では古代奴隷制社会や封建制社会よりも社会的進歩を示すものであり、福祉の恩恵に与れる条件が拡大したと捉えられる。

ともあれ、アマチュアリズムはブルジョア個人主義（個人の財貨で、自分のために享受する）で粉飾された。そして社会的に見れば少人数の資本家階級の中にスポーツを囲い込もうとした。しかしこのことが、資本主義社会の中で根本的な矛盾を孕むことになった。つまり、「資本主義社会で資本家階級自身が、スポーツの市場化を排除した」からである。資本主義とはすべてのものを市場化（商品化）する。スポーツにおいてこれは大衆化をも意味する。資本家階級内にスポーツを囲い込んだと言うことは労働者階級へのスポーツ普及を制約することである。それはスポーツの市場化（商品化）を自らが止めようとしたのである。しかし、資

本主義の伸展はこうした根本的な矛盾を例外として温存することはありえない。労働者階級を中心とする国民全般へのスポーツの普及自体は歴史的、社会的必然である。こうしてスポーツの普及は市場化（商品化）を迫った。そして高度経済成長期になると、福祉国家の国々はその福祉政策の一環として「スポーツ・フォー・オール政策」を掲げ、国民のスポーツ参加を促進した。これはスポーツの持つ「権利・公共性」の復活であると同時に、福祉政策の一環として脱商品化を希求した（詳しくは後述する）。

　以上のように、アマチュアリズムは根本的な矛盾とその崩壊の必然性を内包したのであるが、その崩壊を完全に推進したのは次のような背景、要因による。

　①第1は、1952年の第15回夏季オリンピック・ヘルシンキ大会（フィンランド）以降、ソ連を中心とする社会主義国の参加と優位が、冷戦下の資本主義国への大きな圧力となった。つまり社会主義国での選手たちは国家や労働組合によって金銭的に支えられた「ステートアマチュア（スタマチュア）」であり、彼らは社会主義国家の宣伝要員として大きく位置付けられ、資本主義国のアマチュアを圧倒した。それ故、冷戦体制下において資本主義国内ではこれまでの経済的に余裕のある階層からのアマチュアだけに頼っていることは許されず、スポーツ能力があれば労働者階級の選手を、国家や企業や学校が支援をして送り出す必要に迫られたのである。多くの資本主義国でも国家的援助で養成された選手（スタマチュア）、日本の選手のように多くの企業所属の選手（カンパニーアマ）、そしてアメリカに典型的に見られるように大学のスポーツ奨学金で養成される選手（カレッジアマ）など、これまでアマチュアとは見なされず、プロとして批判されてきたような部類の疑似アマ選手を社会主義国の「スタマチュア」への対抗上、多く養成せざるを得なくなった。これは自らのアマチュアリズムを自壊させた。

　②1950年代からのテレビの普及により、スポーツ番組は重要な放送コンテンツとなった。それはまたより高度なプロの試合を求めるようになり、プロ化を促進した。そして「プロのスポーツは卑しい」というアマチュアリズムによる差別観を克服した。

　③「スポーツ・フォー・オール政策」は国家による国民への福祉としてのスポーツ普及策である。こうした公共によるスポーツへの援助は、個人の消費行動を基本理念とするアマチュアリズムを国家自体が否定したのである。

　④国民へのスポーツ普及に伴い、用具生産、販売、テレビ放映権などスポーツの市場化（商品化）が急速に伸展した。それに伴い、テレビコマーシャルを始め

選手、球団そして国際的スポーツイベントへの冠大会としての応援等々、産業界はスポーツ界へ大量に進出した。一方、スポーツ界もまた産業界への依存を強め、そこからの資金を基盤に組織の運営、選手の養成などに活用し、従来のアマチュアリズムの枠はスポーツ団体自らも破棄した。

⑤ 1960 年以来の旧植民地諸国の独立化とオリンピックへの参加は、東西両陣営からの援助合戦を引き起こした。政治的駆け引きが強まる中で、そして IOC が財政力を強める中で、IOC のオリンピック・ソリダリティ政策としてそうした開発途上国へのスポーツ振興のための諸援助が高揚した。こうして、国際的なレベルで、アマチュアリズムの「非援助」と言う観念は完全に否定された。この場合のスポーツ援助は、特に 1990 年代以降は国連自体も強調し始めるが、開発途上国の福祉向上の一環としてのスポーツ援助である。

以上のような背景のもとに、アマチュアリズムはスポーツ選手からも、スポーツ種目連盟からも、そして国家からも、更には企業からも拒否されて、崩壊し、消失した。それに代わって、スポーツ界ではブルジョア個人主義を乗り越えて、福祉国家における福祉としてのスポーツ、「スポーツ・フォー・オール」の時代へと到達した。

（4）「スポーツ・フォー・オール」と福祉・人権

アマチュアリズムの下で「スポーツ・フォー・オール」は存在出来ない。それは論理矛盾だからである。前者はいかなる他者からの援助を受けてスポーツを享受してはいけないというブルジョア個人主義から構成されているが、後者の「スポーツ・フォー・オール」は国家が率先してスポーツの諸条件を整備して、国民にスポーツを奨励する政策、「権利・公共性」そして「福祉・人権」の政策だからである。

戦時中の 1942 年、イギリスは戦後社会の復興を見越してベヴァリッジ・レポートに基づき、福祉国家を目指した。労働党、保守党、自由党も挙って賛成した。終戦後、医療・教育・住宅そして労働など、生活の基礎分野での福祉国家が始まった。

そして 1950 年代中頃から徐々に高度経済成長が始まった。これは国内総生産（GDP）を高め、福祉の内容を先の基礎部分から、生活のより広い文化領域までをも含意するようになった。つまり音楽、絵画、演劇そしてスポーツ等を含む文化領域にも福祉政策は及び、国民のそれらの活動への条件整備にこれまでにない

援助が支給されるようになった。この背後には、国民の諸権利の拡大があった。

さて、ここでのスポーツ政策高揚の背景を簡単に述べておこう。

第1に、高度経済成長は労働と生活の全般にわたって機械化を促進した。それは国民全般の運動不足を招来することとなった。

第2に、高度経済成長を成し遂げた先進諸国では、従来の食糧欠乏から飽食への時代へ移行した。つまり「少量摂取・大量消費」の欠乏時代から「大量摂取・少量消費」への飽食状態への移行である。これは体力の人類史的なパラダイム転換である[50]。

第3に、上記のことから、人々は過度の糖分、コレステロールを摂取することになり、肥満、糖尿病やそれらを原因とする多くの血管系の病気を誘発するようになった。と同時に感染疾患の減少もあり、平均寿命が伸びた。この背景と結果には医療費の増大が伴った。誰もが、医療技術の高度化は医療費の減少をもたらすと考えていたが、事実は逆であった。これまでの医療技術では発見されない、あるいは治療出来ない疾病にも対応出来るようになった。そのためにより精密な検査も付随し、それは医療費の増大をもたらした。こうして国家は医療費対策からも国民の病気予防策、健康維持・促進に多くを必要とした。ここで注目されたのが「スポーツ・フォー・オール政策」である。

第4に、先述したように国民の諸権利意識の高揚は、「スポーツを享受することは国民の基本的権利である」とする権利意識の高揚をもたらした。この点からも国民のスポーツへの参加を権利とする「スポーツ権」の承認と、そのための国の条件整備の義務が西欧諸国に一般化した。

以上のように、福祉国家とは国民への福祉を可能とさせる国家の一定水準以上の経済発展を必須の条件とする。その上で、その富を国民にどれだけ配分するかどうかで福祉国家になるかならないかが決定される。西欧諸国ではそれらを具体化させ、その一環に「スポーツ・フォー・オール政策」を実現させた。

このことが、国によるアマチュアリズムの否定であることは先述した。そればかりでなく、「スポーツ・フォー・オール」は福祉国家のスポーツ版として、スポーツをすべての国民の「権利・公共性」として認識すると同時に、すべての国民の「福祉・人権」として実現した。福祉国家とは富の再分配によって、国民の側もスポーツを享受出来る可処分所得、可処分時間の所有を徐々に可能とさせ始めていたことを意味する。

こうして、国民全体の福祉としてのスポーツ権は1960～70年代に大きく伸

展した。そしてその権利保障のために国もスポーツ施設の建設などを内需拡大の経済成長の一環として位置付けながら、その義務を遂行した。こうした施策が福祉国家のスポーツ政策の実際である。「スポーツ・フォー・オール」における国民の「するスポーツ」への参加が地域社会で大きく伸展した。「するスポーツ」の具体的な場所は地域社会であるから、地域に施設が建設され、多くのスポーツクラブが設立され、そして地域住民の多くが参加することは、一方で地縁関係が弱まり都市の人間関係が希薄化する中にあって、地域再生、地域形成の大きな位置を占めるようになった。このことはまた「見るスポーツ」としてのプロ・スポーツへの需要を刺激し、その発展を来たした。福祉国家が国民の「するスポーツ」「見るスポーツ」のいずれをも推進し、スポーツの領域からの国民、地域住民の福祉を充実させた。

　しかし、1980年辺りから始まった先進諸国での新自由主義政策は、こうした福祉の到達を再び削減し始めた。そして日本のように、高度経済成長をしたが福祉水準が低く抑えられ未だ福祉国家になり得なかった国においても、新自由主義政策の採用による福祉削減が進められた。このことは西欧諸国の福祉削減よりもいっそう深刻な影響を国民に与えることになった。西欧・北欧の福祉国家の新自由主義化に比べれば、日本の福祉は二重の貧困に苦しめられている。

【注】
1) 内海和雄『スポーツの公共性と主体形成』不昧堂出版、1989年。
2) 内海和雄『スポーツ研究論―社会科学の課題・方法・体系―』創文企画、2009年。
3) ホイジンガ, J., (高橋訳)『ホモ・ルーデンス―人類文化と遊戯―』中央公論社、1971年（原典：1938年）。
4) カイヨワ, R., (多田訳)『遊びと人間』岩波書店、1970年（原典：1958年）。
5) 1) の p.172。
6) 1) に同じ。
7) セミョーノフ, ユ, イ (中島他訳)『人類社会の形成』上下、法大出版局、1970年。
8) 渡辺仁『人はなぜ立ち上がったか―生態学的仮説と展望―』東大出版会、1985年。
9) 村田数之亮『ギリシャ』河出書房、1968年、p.249。
10) Willets, R. F., 'Social aspects of Greek physical education,' McIntosh, P. C., et al, *Landmarks in the History of Physical Education*, Routledge & Kegan Paul, 1957, p.21.
11) 桜井万里子他『古代オリンピック』岩波新書、2004年、p.5。
12) 内海和雄『オリンピックと平和』不昧堂出版、2012年、参照。
13) Harris, H. A., *Sport in Greece and Rome*, Thames and Hudson, 1972, p.17.
14) Finley, M. I. & Pleket, H. W., *The Olympic Games: The first thousannd years*, Chatto and Windus, London, 1976, p.24.

15）村田数之亮『ギリシャ』河出書房、1968 年、p.105。
16）クラーク，K.,（高階・佐々木訳）『ザ・ヌード―裸体芸術論・理想的形態の研究―』美術出版社、1971 年、p.39。
17）同上、p.17。
18）村川堅太郎『オリンピア』中公新書、1963 年、p.159。
19）ガーディナー，E. N.,（岸野訳）『ギリシャの運動競技』プレスギムナスチカ、1982 年、p.72。
20）同上、p68。同前，クラーク、p.249。
21）11）の p.197。
22）ヴァンダーレン，D. B., ベネット，B. L.,（加藤訳）『新版体育の世界史―文化的・哲学的・比較的研究―』ベースボールマガジン社、1976 年、p.101。
23）ペロテット，T.,（矢羽野訳）『驚異の古代オリンピック』河出書房新社、2004 年、p.69。
24）マッキントッシュ，p.,（石川訳）『スポーツと社会』不昧堂出版、1963 年、p.13。
25）同上、p.29。
26）阿部謹也『中世を旅する人々―ヨーロッパ庶民生活点描―』平凡社、1978 年、p.64。
27）ドークール，J.,（大島訳）『中世ヨーロッパの生活』白水社、1975 年、p.13。
28）クチンスキー，J.,（良知・小川訳）『労働の歴史』法大出版局、1970 年、p.104。
29）27）の p.14。
30）ブレティヒャ，H.,（関訳）『中世への旅・都市と庶民』白水社、1982 年、p.204。
31）シンガー他（酒井・深瀬訳）『医学の歴史 I』朝倉書店、1985 年、p.24。
32）30）の p.37。
33）立川昭二『病気の社会史―文明に探る病因』NHK ブックス、1971 年、p.48。
34）シンガー他、p.81。
35）シゲリスト『文明と病気　下』岩波新書、1973 年、p.59。
36）27）の p.125。
37）ヴォール，A.,（唐木・上野訳）『近代スポーツの社会史―ブルジョア・スポーツの社会的・歴史的基礎―』ベースボールマガジン社、1980 年、pp.11-15。
38）Armitage, J., *Man at Play-Nine centuries of pleasure making*, Frederick Warne, 1977, p.48.
39）ヴァンダーレン，D. B., ベネット，B. L.,（加藤訳）『新版体育の世界史―文化的・哲学的・比較的研究―』ベースボールマガジン社、1976 年、pp.103-4。
40）ダニング，E., シャド，K.,（大西・大沼訳）『ラグビーとイギリス人―ラグビーフットボール発達の社会学的研究―』ベースボールマガジン社、1983 年、p.28。
41）楠戸一彦「ドイツ中世スポーツ史の研究課題」『山口大学教育学部研究論叢』第 30 巻第 3 部、1980 年。同「中世ヨーロッパ」『体育・スポーツの歴史』現代体育スポーツ体系、第 2 巻、講談社、1984 年。同「中世の市民と農民のスポーツ・身体訓練」『体育史講義』岸野編、大修館書店、1984 年。
42）ハーバーマス（細谷訳）『公共性の構造転換』未来社、1973 年。
43）Tranter, N., *Sport, Economy and Society in Britain 1750-1914*, Cambridge University Press, 1998, p.4.
44）内海和雄『オリンピックと平和』不昧堂出版、2012 年、p.83。
45）エリアス，N., ダニング，E.,（大平訳）『スポーツと文明化：興奮の探究』法政大学出版、

1995 年（原典：1986 年）。
46) 内海和雄『アマチュアリズム論―差別なきスポーツ理念の探究へ―』創文企画、2007 年。
47) ヒューズ，T.,『トム・ブラウンの学校生活』岩波文庫、1952 年。
48) Savage, H. G., *Games and Sports in British Schools and Universities*, 1924, Chapter 7.
49) 内海和雄『アマチュアリズム―差別なきスポーツ理念の探究へ―』創文企画、2007 年。
50) 内海和雄「人類史と『体力』：『摂取＝消費 2200kcal の法則』」、同『オリンピックと平和』不昧堂出版、2012 年、第 10 章第 4 補論。

第 3 章

スポーツ・フォー・オールと福祉国家

1．福祉国家の系譜

（1）国家福祉

　前章では福祉国家成立以前の国家政策つまり国家福祉としての「福祉」行為について若干触れた。主要には時の支配階級が自階級の利益のために福祉を独占した。被支配階級の福祉が貧困な場合、それが労働力、戦闘力の再生に障害となる場合、あるいは伝染病蔓延（支配階級にも飛び火する）の脅威となる場合に限り、被支配階級にも最低限の保護が国家からの福祉（国家福祉）として提供された。そして封建制社会では、各個人の生活は、種々の地縁的・血縁的人間関係＝共同体的諸関係と結び付いた身分的な支配＝従属関係の中で「生かさぬよう、殺さぬよう」保障されていた。主君は家臣の、領主・地主は農奴・小作人の、親方は職人・徒弟の、それぞれの生活の面倒を見るのは階級的、身分的従属関係を維持するうえで必須であったからである[1]。

　しかし市民革命、産業革命を経て確立した資本主義社会（市民社会）は、封建的な身分的・人格的拘束から解放された市民たる資本家と賃労働者の間の形式的には「自由」な契約関係（実質は全く逆だが）を軸とした社会であり、資本が社会の展開の基本を規定する。そこでの生産は、生産手段（商品としての資本）を私的に所有し、資本増殖のために労働者を労働力商品として購入する資本家階級と、身分的拘束、封土への拘束から解放されて人格的に自由な市民となり、生産手段からも解放されて、自分を労働力商品として売る立場にある労働者階級との間の「労働力を巡る自由な交換関係＝雇用契約関係」を通じて実現される[2]。つまり、人口の多くを占めた農奴は労働者階級化して封建的な身分制からは解放されたが、資本主義社会の下では今度は資本家階級に支配されるようになった。資本主義社会の初期には、農村からあるいは移民労働者のあり余る労働力が有り、彼らの劣悪な労働条件や、居住する密集した都市の非衛生的な環境は放置された。しかしそうした状態はやがて深刻な労働力の枯渇を来たし、伝染病の温床となって労働条件の改善や、都市環境整備への国家福祉施策を必要性たらしめた。

（2）福祉国家の芽

　第1次世界大戦は総力戦であり、西欧の各国政府は国民全体の戦争への動員と士気高揚の「飴」として、福祉を重視した。その結果、第2次世界大戦まで

第 3 章　スポーツ・フォー・オールと福祉国家

の戦間期は女性の参政権を含む普通選挙権の実現を始めとして、国民の諸権利、福祉が相対的には大きく進展した。スポーツ分野では、これまでアマチュアリズムによってスポーツ参加や競技会からは排除されてきた労働者階級も労働組合が主導性をもって労働者スポーツ運動として多く参加するようになった。また女性の権利の拡大とともに、これまで「男性化する」などの性的な偏見も手伝って、スポーツからは遠ざけられていた女性たち（主に中産階級）も次第に参加し始め、その流れは国際女性スポーツ運動として結集された。

　第 2 次世界大戦も同じく総力戦であった。1942 年、イギリスのベヴァリッジ・レポートは、戦後の社会を展望して国民の福祉充実を提起した。これはやがて、ファシズム国の戦争国家（Warfare State）に対抗して福祉国家（Welfare State）と呼ばれるようになった。戦争によって疲弊した国民経済を再建するために、また顕在化した多数の国民の失業問題を解決するために、そして一方では東欧の社会主義国の福祉を睨みながらそれに対抗する為に、ケインズ主義的福祉国家は救世主的な政策であった[3]。

　ここで福祉国家の定義を明確にしておきたい。

　「福祉国家とは、労働者階級の政治的、社会的、経済的同権化を中核にして形成され、全国民的な広義の社会保障制度を不可欠の構成要素とする、現代資本主義に特徴的な国家と経済と社会の関係を表現する用語[4]」である。

　しかしそうした国家的な税収入の再分配を規定するのはそれに先行する生産体制の発展段階であり、その点から、この福祉国家を分配の視点である「ケインズ主義的福祉国家」（"Keynesian Welfare State"）よりも、それを可能にする条件である生産体制の側面を「フォード主義的安全保障国家」（"Fordist Security State"）と呼ぶ傾向もある[5]。それらの背後には、これまで先進国の人々の生活保障を担ってきた 20 世紀型福祉国家とそれを支えてきた国際的、国内的な社会関係がある[6]。

　ところで、「福祉国家の正当性は何か」と問うとき、財政の観点から考えて最も重要な論点は「公平性」である[7]。そして、福祉国家は、社会保障が施しや恵みではなく、社会権として確立していることに求められる。従ってどれほど豊かな施しが国家によってなされる社会であっても、保障に権利性が伴わなければ福祉国家と言うべきではない[8]。これは、時には軍事国家でさえも一時的に国家福祉を充実させることもあることを想定している。それ故福祉国家とは福祉が権利・人権（社会権）として国家と国民双方から認識され、そのための具体的な保障が

提供された国家を言う。「スポーツ・フォー・オール政策」におけるスポーツ権もまた、社会権の1つとして福祉国家に誕生した。

（3）イギリスの福祉国家

　1942年のベヴァリッジ・レポートの社会保険制度の充実によって戦後の福祉国家像を鮮明に打ち立てたイギリスは、福祉国家の出発点において1つの理想郷となった。しかし1950年代までは順調に進んだイギリスも、大量生産体制（フォード主義的生産システム）化は、1960年代から次第にその弱点を大きく露見しはじめ、イギリス工業はヨーロッパで最低の水準へ下降した。農業の近代化も大きな課題となっていた。イギリス国民の富は、絶対的にはわずかに増大していったが、他の成長国と比較すると相対的には減少していった[9]。一方、消費面では強力な労働組合にリードされて政府からの手厚い福祉制度を維持した。つまり拠出―給付均一主義による最低生活の保障、国庫補助、医療保障などが整備された[10]。こうしたベヴァリッジプランによる均一拠出、均一給付による最低限の生活保障が第1発展期の福祉国家である。そして1950年代末以降の高度経済成長による「豊かな社会」によって、中産階級や中層・上層労働者のより高度な要求への対応が求められた。住宅、医療、教育、高齢者介護等々、そして諸文化要求である。そこに高度経済成長に伴う身体的、体力的そして精神的変化に伴い、国民のスポーツ要求が高揚し、国家としてもそれに対応する必要に迫られた。これが第2発展期の福祉国家である[11]。

　こうしてイギリスのフォード主義的安全保障体制＝ケインズ主義的福祉国家は、前者の生産体制側の停滞から、後者の国民への再分配の資源枯渇という状態＝福祉国家の危機へと進んだ。そして、特に1979年のサッチャー政権以降の新自由主義的諸政策の下で、後者の福祉国家は生産の蓄積戦略の障害物として、あるいは勤労意欲と投資にとってのマイナス誘因として、攻撃された。つまり、手厚い福祉は国民の勤労意欲を低減させ、国民を怠惰にし、それは企業の成長の遅れを招来し、それは国内外からの投資を引きつけず、産業発展の停滞を招くと考えられた。完全雇用への政府の介在は拒否され、労働組合の諸権利は攻撃、剥奪され、福祉国家の様々な構成要素（国民にとっての既得権益）が縮減された。こうしてケインズ主義的総需要調整による「完全雇用」保障と、再分配方式中心のナショナル・ミニマムの社会保障を2本柱とする福祉国家保障体制が危機に陥った[12]。

2．福祉国家の類型

いまイギリスを福祉国家の典型としてその誕生を見たが、現在の福祉国家の状況はどうなっているのだろうか。福祉国家における所得や福祉は概ね次の3つの要素の総計として成り立っている。そしてその前提として、生産体制としての一定水準の発展を遂げている必要のあることは言うまでも無い。
　①家族の提供するサービス活動（子どもや年寄り、あるいは病人の世話など）
　②市場によるサービス活動（賃金や労働に結び付いた、市場で購入される福祉）
　③政府の提供するサービス活動（脱商品化された公的サービス）である。
　以上の3つの要素の結合の仕方が福祉国家のレジームを決定している。それらの単一の要素によって成立している事例はなく、結合の仕方で特徴的な点から類型に分類される。1990年段階の西欧・北欧の福祉国家の分類はエスピン・アンデルセンによる次のような3つの類型が一般的である[13]。

（1）社会民主主義型福祉国家レジーム

北欧型福祉国家とも言われ、まず雇用面から見れば、完全雇用を志向し、女性の雇用も男性と平等化している。子どもや老人のケアも家族（主に妻、娘、嫁）によるサービス供給にあまり頼らず脱家族化をし、さらに市場に任せることもせず脱商品化し、国家（公共）の支援と役割がより大きく、より平等性の高い普遍主義的な連帯の原理に立脚している。スウェーデン、ノルウェー、デンマーク等の社会民主主義的な勢力によって推進されている。ここでの社会民主主義勢力は最高水準の平等を追求する福祉国家を志向しており、ジェンダー的には、女性の社会参加を積極的に推進し、そのための社会的保障を追求する。

（2）保守主義型福祉国家レジーム

北欧諸国におけるような市民権（公的保障）だけに強く依拠するものとは異なり、保険原理を基礎にしてつくられ、平等よりもむしろ公平（契約上の公正）を強調している。しかし社会保険は職業上の地位によって極度に細分化されていることもあり、格差も前提としている。社会保険でカバーされるためには長期的な雇用キャリアが求められる。そのため男性稼得者に全面的に依存することになり、女性の福祉権は派生的で間接的なものに追いやられてしまう。つまり、女性は家

庭を守ることに専念し、社会民主主義型福祉レジームのように社会参加を積極的に促進するものでもない。そのため子どもの養育や老人の介護等は女性（主に妻、娘、嫁などの家族）あるいは地域の協同に依存し、脱家族化ではなく家族化が強い。次の自由主義的モデルのように市場の効率性や商品化を強く追求するわけではなく、他方、前者のような社会民主主義型福祉レジームのように国家責任を前面に出すものでもない。カトリックの社会的教義の根本である「補完性」という考え方に依拠している。これはキリスト教民主主義政党の政府が続いたことに由来しているとも言われる。オーストリア、フランス、ドイツ、イタリアなどがグループ化される。

（3）自由主義型福祉国家レジーム

　自由主義型福祉国家レジームは、社会民主主義型の公共的、保守主義型の家族主義的ではなく、むしろ個人主義的である。私的に購入した福祉（企業福祉、生命保険、高齢者のための市場化されたケア）が最適であると主張する。その結果、国家の役割は残余的となる。つまり国家の役割は規制政策や減免税を通じて市場の効率を最大限に高めること、よりいっそう商品化を促進することによって個人が市場に依存することを奨励する。これは脱商品化とは正反対の商品化である。ここでは給付額が低く社会権が弱いために国民はもっぱら自分の労働（賃金）に依存せざるを得ない。市場は開放的で自立性と勤勉性を育てる最善の制度であり、市場が円滑に機能しその自己調整的なメカニズムが作用すれば、労働意欲のある者は確実に就職が出来、自力で福祉を享受出来ると考えられた。そして公共による社会政策は真の困窮者に限定し、資産評価（ミーンズテスト）付きの、時には偏見（スティグマ）を伴って給付される、残余的なものである。「市場が失敗」した時にのみ公的な義務が発生すると考える。こうして商品化こそが最優先される。アメリカ、カナダ、オーストラリアなどが典型国である。1980年代のサッチャリズムから90年代中頃のイギリスはこの方向を志向した。ここでは完全雇用や女性の社会的地位への関心は市場への関心ほどは高くなく、最低限の社会保障である。

　以上が、エスピン＝アンデルセンによる西欧・北欧を中心とした類型であるが、彼の分類が男性雇用中心＝女性の家庭内幽閉化であるとのジェンダー論者からの批判、そして先の3つの類型には含まれない諸国からの批判が出た。そして後述するように日本の特徴を巡って、いくつかの試みもなされている。

第3章　スポーツ・フォー・オールと福祉国家

（4）南欧型福祉国家レジーム

　南欧型福祉国家レジームは上記3つのモデルとの関係では後発性の強いものであり、「後発福祉国家」として認識される。生産体制が十分に発展していないために、再分配の福祉体制も不十分ということである。イタリアを除く地中海諸国に該当する。ここでは家族的サポートが中心となっている。

（5）東アジア型福祉国家レジーム

　日本との関係で問題となるのが、日本を含む東アジア型福祉国家レジームといわれる範疇である。ここには日本、韓国、台湾、香港、シンガポール等が含まれるが、これらの国々は、ある程度の経済発展を遂げているが、先の西欧・北欧的な基準での福祉国家化をしていない。その点で、経済発展（生産）の度合いが福祉国家化を規定するという理論は必要条件ではあっても、必ずしも十分条件とはならない。つまりある程度のフォード主義的安全保障国家化をしながらも、国家的な利益の再分配においてより平等なケインズ主義的福祉国家化をしていない。

　これらの国々では西欧・北欧に比べて経済発展が遅れて、つまり日本の1960年代を除けばいずれも1980年代以降に成長した国々であり、経済成長は輸出経済を基本にした。つまり大企業への巨額の投資をして、国内産業基盤を形成し、海外輸出を条件づけた。その一方で、国民の生活基盤である住宅、公園、上下水設備、公共図書館、学校、スポーツ施設などの福祉的側面での施設建設が相対的には無視された。これは国民の諸権利の軽視である。こうした外需重視、内需軽視の経済発展と福祉の軽視は日本の高度経済成長以降の典型的な姿であるが、後進の経済発展を遂げた韓国、台湾なども基本的には同じ轍を踏んでいる[14]。社会福祉の第一義的な役割は、家族や地域共同体に依存し、その点では上記の保守主義型に似ているが、公的救済と公的扶助は、家族の支援の無い困窮者のために慈善という形態をとった。国は儒教や仏教の教義、例えば現世での忍耐などを通して、社会福祉に関してはその責任を回避した。GDPに対する福祉支出の割合を見ると、東アジア諸国はヨーロッパ諸国よりも非常に少なく、イギリスレベルの50％、スウェーデンレベルの35％でしかないと言われる[15]。また、日本、韓国、台湾の3ヵ国とも要介護高齢者の施設入所率が低く、その多くが家族、とくに妻、娘、嫁によって介護されている[16]。こうして、東アジア型福祉国家レジームは家族を中心として構築された福祉国家の形態、いわば家族中心福祉レジーム（Family-Centered Welfare Regime）だと言える[17]。

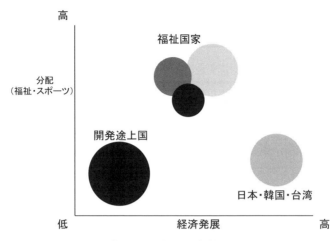

図表 3-1　経済発展と福祉の関係
出典：内海作成

　以上の経済発展と分配（福祉、スポーツ）の関係を図として可視化すると、図表 3-1 の様に描けるであろう。横軸には経済発展の度合い、縦軸には福祉、スポーツを含む分配の度合いである。開発途上国は両者共に低水準で、図の左下である。つまり生産力と福祉の絶対的な貧困がスポーツの普及にとって最大の障害となっている。一方、福祉国家はいくつかのパターンがあるが、経済発展もある程度高く、分配も高い。問題は日本、韓国、台湾である。いずれも経済発展を最優先させてきた国々だが、そこで得られた富の全体は高いにも関わらず、それらは大企業に独占され、国民への分配は低い。つまり、大企業が栄えれば国民も裕福になるという「トリクルダウン」理論が適用されないのである。

3．日本の福祉国家の推移

　2000 年代に入って、派遣切り、後期高齢者、ネットカフェ難民、格差社会、下層社会、ワーキングプア、貧困等々の用語が毎年のように生み出され、また流行語となるような事態は、現在の日本社会の福祉や社会保障が機能不全にあることを意味している[18]。この貧困状況にあって、若者と女性がいっそう深刻である。これは若者のスポーツ参加（する、見る、支える）の前提である「時間、金、場所、仲間」の獲得にとっても、危機的状況にあることを示している。しかし、

第3章　スポーツ・フォー・オールと福祉国家

このことを多くのスポーツ関係者はあまり問おうとしない。

　ここで、日本の福祉国家の推移について概略を見ておこう。とはいえ、この表現は厳密に言えば正しくないかも知れない。というのは、日本の社会保障制度の低水準ゆえに「日本が非福祉国家の典型国である[19]」とする意見もあるからである。もちろんこの場合、西欧基準での福祉国家観からの判断である。従って、ここに福祉国家概念をめぐる議論が成立するが、ここではひとまず「福祉国家化への志向」という程度の意味で理解して、とりあえず、その推移の概略を見ることにする。斉藤ら[20]は「発展期」（1940〜1970）、「縮減期」（1970年後半〜80年代）、「再編期」（1990年代以降）として時期区分をしている。また、横山[21]は第1期を高度成長の展開期（1955年から73年石油ショック辺り）、第2期を低成長への移行期、そして第3期を構造改革期としている。構造改革の本格的な確立と実行期は1996年から始まる橋本内閣の「六大改革」（経済構造改革、財政構造改革、金融システム改革、社会保障構造改革、行政改革、教育改革）からである。そして二宮[22]は次の4期に区分している。第1期は憲法制定から戦後教育・福祉改革、福祉3法（生活保護・児童福祉・身障者法）そして、1960年代初頭の医療・年金の国民皆保険体制の成立時までである。第2期は1960年代初頭から70年代半ばの革新自治体の高揚期である。この時期に日本型福祉国家の原型が成立した。革新自治体は公害規制、環境保全他、保育・教育・医療・福祉などの現物支給型サービスを大きく発展させた。第3期は1970年代後半以降、「企業社会プラス利益政治」が従来の福祉体制を否定し始めた時期である。そして第4期は1990年代から今日に至る時期であり、新たに新自由主義が強化され、福祉に関しても福祉国家派、企業社会派、そして新自由主義派がせめぎ合いをしている時期である。

　以上の3つの時期区分は大きくは異なっていないが、時期の政治経済的背景の分析において、前者がやや弱く、国家論の弱さに連結している。この点は後の新福祉国家論でも論じる。従ってここでは、後者2者の政治経済を基盤としつつも前者の区分に従って福祉国家的施策の展開を見ることにする。

(1)「福祉国家」の発展期

　終戦直後から1970年代初頭にかけては、日本においても「福祉国家」への発展期である。福祉国家を主導したヨーロッパ諸国では、様々な制度的相違を抱えつつも、①福祉国家・社会保障に向けられる予算の増加、②個別の福祉・社会保

障プログラムの増加、③それらのプログラムに包摂される人々の増加、へと福祉国家は拡充されていった。

　日本では、高度経済成長の展開期（1955 年から 73 年石油ショック辺り）は企業重視の生産基盤の整備を中心に土建国家化し、国民の労働条件や生活（福祉）を低く抑え、また政府も大企業に最大限の支援を行った。海外輸出製品の競争力を増すためであった。年率 10％という高度経済成長を達成したが、既述のようにそれは輸出支援を中心とした外需拡大の発展であり、内需拡大としての福祉は極力抑制された。この時期既に戦後日本の福祉、社会保障の低い在り方の原型が出来上がっていた。

　この時期の政治的、思想的背景を見ると、戦後改革は占領軍による「上から」、「横から」のものであり、戦時中までの古い制度、思想をある程度は払拭しながらも、民衆の能動的参加による徹底した意識改革や、権力担当者と民衆の双方による革命と新たな憲法原理の正当性の共有という体験を欠くものであった。これは明治維新での権力移行と同様の再経験であり、西欧が 18 世紀末から経験したような民衆参加の真の民主主義革命を日本は未経験であるという命題が生まれた。西欧の民主主義の発展との差異がここに現れている。そして国民の権利意識の弱さ、民主主義の不徹底、国民への再分配（福祉）の低さはその後の政府や企業への規制力の弱さをもたらし、本来はフォード主義的蓄積体制に対応するとされるケインズ主義的福祉国家的側面が弱いままに推移した。輸出中心の高度成長は国民生活、国民福祉を低位に置き、一方で公害、労働災害などの歯止めのない激化、独占禁止法の形骸化や消費者問題の続発などの大企業優遇策の推進、その一方での国民生活軽視、そして農業・食料の対米依存による工業重視、農業軽視という農工不均等の深刻化、などの日本的特殊性の決定的要因となった[23)]。

　それでも 1955 年に「経済自立 5 ヵ年計画」が策定されて高度経済成長が軌道に乗り始めると、国民の労働意欲を高揚させ、国家や企業への忠誠を維持し、経済成長を維持するためにも社会保障を整備し生活の安定化と近代化が求められた。現に 1961 年には国民皆保険・皆年金体制がスタートし、福祉国家への方向性を示すかに見えた。

　50 年代後半からの産業基盤（道路、港、航空、ダム他）優先、国民生活基盤（学校、保育所、図書館、文化ホール、病院、敬老院、スポーツ施設他の福祉施設）軽視の土建国家的、開発主義的経済成長は、企業内においては労働災害、長時間労働などの過酷な労働条件に支えられ、企業外に対しては汚染物質を処理せずに垂れ

流し放題で、水質、空気、土壌他へのあらゆる公害を発生させた。こうした労働者、地域そして国民の生活の大きな犠牲の上に、日本製品は国際競争力をつけて次第に海外市場を席巻して行った。その一方、多少のお零れの恩恵にあずかりながらも、国民の生活、福祉は大きく犠牲にされた。

　1960年代半ばから70年代半ばに掛けて、様々な住民運動、市民運動が展開され、60年安保闘争以後停滞していた革新運動が再興した。その背景は、高度経済成長をして日本経済が大きくなりながら、国民生活に直結する共同住宅、下水道・清掃施設、公園、都市交通手段、教育施設、保育所、病院、スポーツ施設等々の社会的共同消費（福祉インフラ）の欠如が顕著であり、それらを要求することが国民、地域住民の権利であるとの認識が高揚したからである。

　これらの住民運動、市民運動に支えられて、地方自治体の多くが革新化して住民福祉を志向した。1963年の一斉地方選挙における横浜、京都、大阪、北九州などで多くの革新市長が誕生し、その後急速に増加した。1975年の一斉地方選挙後には人口の40％強を包含するまでの広がりを見せ、東京から大阪までの革新ベルト地帯を誕生させた。

　これらに対応して、中央政治では1972年総選挙での与党自民党の後退（議席率62.3％から57.8％へ）、野党社会党の回復と共産党の急伸（両党合わせて議席率は21.4％から32.1％へ）、74年参議院選挙と76年衆議院選挙では国会の与野党が伯仲した。こうした動向を反映して、1973年前後には社会党の「国民連合政府綱領案」、共産党の「民主連合政府綱領案」、公明党の「中道革新連合政権構想」そして民社党の「革新連合国民政権構想」などの革新連合政権構想が次つぎに発表され、すべての野党が自らを「革新」として保守の自民党に対峙した[24]。

　これに対抗して自民党が「都市政策大綱」（68年）、新全国総合開発計画（69年）、そして総理大臣田中角栄も『日本列島改造論』（72年）を出して、従来の開発型政策を踏襲すると同時に、他方では先の国民運動や革新自治体の高揚の中で国民福祉を重視することを余儀なくされた。具体的には1970年の公害対策基本法の全面改正、1971年の環境庁設立、1973年の田中内閣における「福祉元年」の宣言と社会保障費の24％増等があげられる。1971年から73年までの「経済白書」も、「価値規範の一大転換」と評されるほどの福祉国家化への傾斜を示し、児童手当法（1971年）の新設、福祉6法や国民皆保険・皆年金体制など、既に整備されていた諸制度を財政的に充実させた。また社会福祉部門の相対的拡大も

重要である。「福祉元年」、「先進国並みの福祉水準」として宣伝された1973年度予算は70歳以上の老人の医療費無料化、健康保険の給付改善、月額「5万円年金」の実現などを盛り込んだ。この時期、社会保障は国内需要の拡大として位置付けられた。

とはいえ、これらの前進にも関わらず、日本の社会保障費の対GDP比は欧米諸国に比べると顕著に低いままであった。こうした若干の前進も、1973年のオイルショックに始まる不景気の中で、福祉は大きく停滞を余儀なくされた[25]。

この時期は先進諸国に共通して福祉国家が発展した。その背景としていくつかの経済的・政治的・社会的条件が規定要因として考えられる。まず経済的に見て、福祉国家は「ケインズ主義的（型）福祉国家」と呼ばれる性格を有したこと。政治的には、保守、革新の両陣営がいわゆる「コンセンサス政治」として、挙って福祉充実に賛同した。イギリスでは保守、労働の両党の大蔵大臣名を合体させた「バツケリズム」の存在や、スウェーデンなどでは、コーポラティズムと呼ばれる労使協調制度が成立し、福祉国家を支える制度として機能した。そして社会的次元としては、例えば人口統計学的な要素である。医療や年金では、若者層と高齢者、つまり財政的に見て主要な担い手である就労世代と受給が中心となる退職世代との間で、人口的なバランスがとれていたこと。また、当時は未だ家族の安定性も大きな背景であった。育児や介護など家族内での取り組みが可能とされた分野は、福祉国家・社会保障の対象から外され、整備が遅れた[26]。発展期の福祉国家は世界的に共通してこれらの時代的条件の上に成り立っていた。しかし日本ではそれらの動向に規定されながらも、自民党政権はあくまでも大企業の成長を優先させ、産業基盤重視の社会資本の投資を行い、外需拡大路線を突っ走り、国民の福祉を含む内需の拡大を疎んじた。

（2）福祉国家の縮減期

第2期は1970年代後半から80年代にかけての低成長への移行期である。ひとたび低成長期に入ると、社会保障費の増大が生産コストの上昇に反映されるために抑制が必要であるとの認識が大企業からの圧力となり、社会保障の理念や制度の退行的見直しが連続的に提起された。その完成版が1980年代初頭の臨調「行革」である。臨調（第2次臨時行政調査会）は5次にわたる答申で国民負担率（租税と社会保障負担の合計を国民所得で割った比率）の低位抑制、自立・自助と家庭・近隣・職場などの連帯と相互扶助、民間の活力を基本とした「活力ある福祉社会」

「日本型福祉社会」を提起し、各制度の見直し（後退）を提起した。今なお輸出型、外需拡大型の経済成長を優先し、内需拡大の中心である社会保障、国民生活の改善を冷遇した。残念なことに、臨調「行革」をもって戦後日本の福祉国家の政策的枠組は完全に放棄された[27]。とはいえ、政策的枠組みは放棄されても、これまでの政策のすべてを放棄することは出来なかった。その背後には福祉を維持しようとする国民の運動があったからである。

この時期、政府は 1974 年に総合研究開発機構（NIRA）を設立して、革新自治体の崩壊を画策した。1975 年以降本格化した革新自治体つぶしの指導理論となった「都市経営論」や「地方財政減量経営論」を提起し、行政の守備範囲論の提起や市民の「自治」という名での「自立・自助」の強調など、1980 年代の新自由主義的「行政改革」の先取りを提起した。

そして 1970 年代以降の福祉政策に対しては、自民党政府自らも 1973 年を「福祉元年」として位置付けたが、その年の後半のオイルショックによって「福祉 2 年」は存在しなかった。それどころか福祉、社会保障が経済成長の足枷であると攻撃し、1975 年の三木内閣のライフサイクル論における「ばらまき福祉」批判と「自助努力による福祉」を強調し始めて、先述した日本型福祉社会論が「活力ある福祉社会」として臨調答申に書き込まれて本格的な実行の段階に入った[28]。こうして福祉は攻撃され、再び個人責任化へと逆行した。

日本製品の世界市場の席巻に対して、G7 では 1985 年にワシントン・プラザホテルでの合意（プラザ合意）によって円高を推進した。これによって日本製品の輸出は大きく落ち込んだ。それを克服するために日本企業は 2 つの方策を採った。第 1 は次第に多国籍企業化をして、安い労働力を求めて韓国、中国などのアジア諸国へ進出し、生産現場を海外に移転し始めた。これによって国内の産業空洞化が始まった。第 2 は国内に残った企業においてもこれまで以上の労働条件の改悪を推進し、過労死などの深刻な状況が激増した。国民の福祉は新自由主義政策の下に市場化の一途を辿り、福祉も金次第となり、貧富の格差が拡大し始めた（こうした背景は後述するように、当然にして国民のスポーツ参加の基盤を掘り崩すことになった）。

この時期の「福祉国家」の在り方について大沢はジェンダー論からエスピン＝アンデルセンを批判して、「福祉国家」のジェンダーからの視点から見て次のような「男性稼ぎ主」型、「両立支援」型、「市場志向」型という 3 類型を提起した[29]。大沢によれば、1980 年時点の日本は、福祉関連支出の規模が OECD 諸

国の最低レベルであり（図表序-1参照）、社会政策が選別主義的で家族を支援する志向が弱く、商品化が促進され、個人に市場参加を強いるという点では「自由主義」的である。同時に社会保険の職域別分立と階層性（勤め先企業規模別の格差など）の面で「保守主義」的である[30]。そして 1980 年代の「日本型福祉社会」政策によって、「男性稼ぎ主」型がむしろ強化された。1990 年代の社会政策は、男女の就労支援と介護の社会化という両立支援（スカンジナビア）ルート、労働の規制緩和の面では市場志向（ネオリベラル）ルート、不況のもとで女性と青年を中心に非正規化が進み労働市場の二重構造が強まるという意味の「男性稼ぎ主」（保守主義）ルートを混在させながら、総じて「失われた 10 年」を送った[31]。つまり、福祉の停滞した 10 年であった。

（3）福祉国家の再編期

第 3 期は構造改革期である。構造改革はグローバリゼーションに対応した経済・社会の仕組みの転換であり、規制緩和は 2 つの側面をもって遂行された。第 1 の側面は多国籍企業（大企業）の利潤を最大限に保障することを基本とする市場と競争の強化・拡大策であり、大企業の進出を規制してきた「大型店舗進出規制法」などの拘束の解除、大企業への法人税の減税など最大限に優遇した。例えば「大型店舗進出規制法」の撤廃により、郊外に大駐車場を付置した大型スーパーマーケットの無制限な建設は、旧商店街の多くを「シャッター通り」化させ、町の活性化を一気に奪い、地域崩壊、生活破壊を来した。

第 2 の側面は、社会保障を構造改革に組み込んだことである。これまで多少とも蓄積してきた国民を保護する社会保障の成果は、規制緩和によって次第に切り崩され、企業参入が可能なビジネスチャンスの場に変えること、つまり市場化と営利化が促進された[32]。これは当然に福祉の格差拡大を引き起こした。

グローバリゼーションによって、大企業は国際的経済競争の激化に打ち勝つために、福祉国家的合意からのいっそうの離脱をめざし、企業内福祉（福利厚生）もまた弱体化した。この背景には、日本的労使関係そのものの見直しがあった。つまり 1995 年に日経連による終身雇用放棄として注目を集めた「新しい時代の『日本的経営』」が出され、その後相次ぐ労働市場規制緩和策は、雇用の流動化・柔軟化を加速し、非正規雇用が拡大し、正規雇用を浸食し始めた[33]。

この時期においても日本では未だに公共投資の規模が大きい。小さな福祉政府でありながら、大きな土建政府である。例えば 1997 年には、公的資本形成の

8割を地方政府が執行しており、地方政府支出に占める公的資本形成の割合は4割以上と、中央政府での3割を上回る。日本の地方政府は中央政府以上に土建政府である[34]。

構造改革の本格的な確立と実行期は1996年から始まる橋本内閣の「六大改革」（経済構造改革、財政構造改革、金融システム改革、社会保障構造改革、行政改革、教育改革）からである。これ以降は、国民の既得権益をいっそう敵対視し、社会保障を徹底的に削減し、その一方で福祉の市場化、営利化を推進した。介護保険制度のように、介護の家族負担解消（脱家族化）を標榜しつつも、保険化によって商品化、高価化し、さらに介護労働の厳しさの一方で介護者の手当を低く抑えた為に、介護者不足を来している。

1990年代に入ると福祉レジームに新たな変化が生じた。80年代の福祉削減を継承しながらも、家族主義が弱体化したことである。家族による介護・保育が限界に達し、高齢者介護や児童保育において政府が社会サービスを拡充する方向へと転じた。これは1986年の男女雇用機会均等法以来の女性の労働力化（主にパート労働）の促進と家庭が貧困化した必然的結果でもある。こうしてケアの社会化が進み、女性の労働力化が高まることによって、脱家族化が進行した[35]。

後述するように、1995年以降に開始された総合型地域スポーツクラブもこの新自由主義路線の一環に位置付けられた。つまり最も必要な公共スポーツ施設の建設を行わず、クラブへの入会費や会員費の有料化を理念として推進した。それ

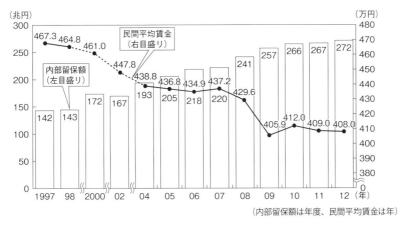

図表 3-2　大企業の内部留保額と民間平均賃金の推移
出典：内部留保額は『2014年国民春闘白書』、民間平均賃金は国税庁『民間給与実態統計調査』から

で対応しきれない分は、民間企業によるスポーツ産業を期待した。しかし90年代以降の国民生活の逼迫は、可処分所得、可処分時間の減少となり、国民、地域住民のスポーツへの参加を減少させている。

図表3-2が示すように1997年から2010年の資本金10億円以上の大企業の内部留保金は、不況との宣伝の一方で、142兆円から266兆円へと右肩上がりに約2倍に増え続けた。一方民間労働者の平均年収は、1997年の467.3万円から2011年には409万円へと14年間で58万円も下落した。

さらに、新自由主義的諸政策の下で、年収200万円以下の下層は図表3-3に見るように、1999年の約800万人（23％弱）から2006年には1023万人と1000万人を超え、その後は減少せず、2012年段階までその大台を継続している。2009年には1100万人（約25％）へと増加しており、なお右肩上がりで上昇中である。

年間200万円以下の層を仮に「ワーキングプア」と銘々すれば、それは1999年の労働者派遣法の改定によりそれまで限定されていた派遣対象が原則自由化されることによって、2000年代に入って一気に上昇した。さらに、同時期に年収400〜800万円の労働者は0.86倍に、800〜2000万円の労働者も3分の2に減少した。こうして低所得層が増加すると同時に、それは中間層からの脱落を含むものである。

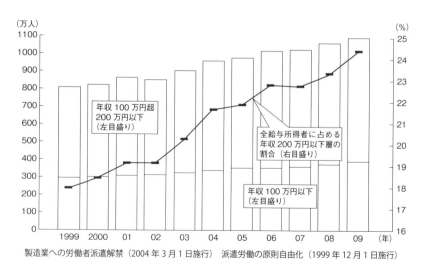

図表3-3 急増する年収200万円以下層
出典：国税庁「民間給与統計実態調査」から作成

第3章 スポーツ・フォー・オールと福祉国家

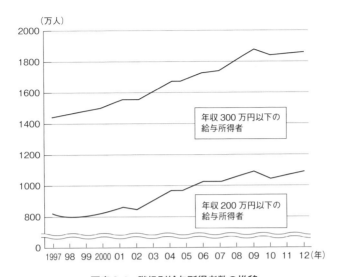

図表 3-4　階級別給与所得者数の推移
出典：国税庁の民間給与実態統計調査結果から作成

　同じく、図表3-4によれば、年収200万円以下の給与所得者はその後もほぼ高止まりの状態であり、年収300万円以下で見ると約1870万人で、40％近くとなる。特に200万円以下の中では若年層が多く占める。

4．日本のレジームはなにか？

　日本はエスピン＝アンデルセンによる西欧・北欧型の3つのモデルに入らないことから、いかなる福祉国家類型に属するのか、あるいは日本を福祉国家と呼べるのかどうか、という疑問が提起されてきた。ともあれ、福祉国家研究者の間では、日本の福祉は多くの領域で未だ経済発展に対応せず、相対的には後進的ではあるが、何らかの福祉国家の範疇に入ることが模索されてきた。そしてその範疇とはいかなるものなのか。
　日本は、終身雇用制度の下で企業が雇用の拡大と完全雇用とに強く関わってきたことでは社会民主主義型的であり、家族主義や分立した社会保険制度においては保守主義型的である。そして残余主義や私的な福祉に強く依存することでは、自由主義型とも共通している。もちろんそれらはそれぞれに不完全なものではあったが、こうして3つのレジームの各要素を組み合わせているように見える

図表 3-5　福祉レジームの 4 類型

		脱商品化	
		高	低
脱家族化	高	社会民主主義	自由主義
	低	保守主義	家族主義

出典：新川敏光『福祉レジームの収斂と分岐』ミネルバ、2011、p.17

36)。この点で、宮本らは日本型福祉の在り方は先の「3 つのレジーム」と「東アジア型福祉国家レジーム」の間に位置付けている37)。また、大沢のように、ジェンダーの視点から「男性稼ぎ主」型、「両立支援」型、「市場志向」型という3類型を提起した38)。

そして、日本を福祉国家レジームに位置付けるために新川は図表 3-5 に示すように、家族主義レジームに近似するものと捉えている。ここではエスピン＝アンデルセンのレジーム論を踏襲しながら、縦軸に「脱家族化」を、横軸に「脱商品化」を置いている。そして両者が最も高いものとして北欧などの「社会民主主義レジーム」を、そして両者の最も低いものとして「家族主義レジーム」を位置付ける39)。

ただ、ここで言えることは「どういう経済的社会構成体によって、その『新しい社会』が可能になるのか40)」とかの追究が弱い。そしてその分類は言及しても総体としての福祉水準については触れない。また我が国の福祉国家論の大半(その実態はポスト福祉国家論)が、福祉は語っても、平和についてはほとんど口にしない、つまり憲法第 25 条については触れても第 9 条にはほとんど触れない国家像に留まっている41) などの指摘のように、福祉の細目は語っても、それらがいかなる国家の権力構造、政治構造の中で可能かという国家論的視点を避けているように見える。

5．スポーツ・フォー・オールの誕生

(1) 西欧・北欧のスポーツ政策―スポーツ・フォー・オールの誕生―

第 1 次世界大戦は西欧先進諸国でも国力のすべてを掛けた総力戦となった。それ故、資本家階級の支配するそれぞれの国家にとっても労働者階級を中心とする全国民からの協力、特に兵力や後方支援としての生産体制への労働組合や女性全般からの支持は大きな課題であった。それ故に、戦時中、戦後の疲弊した時期

第 3 章　スポーツ・フォー・オールと福祉国家

であったが女性の諸権利を含む国民の福祉・権利が相対的には大きく進展した。この一環に労働者スポーツ運動、女性スポーツ運動も誕生した。前者についてドイツでは労働組合の文化活動の一環としてのスポーツ運動が一時 200 万人の会員を擁するまでになった。また、1936 年のオリンピック・ベルリン大会に対抗して開催予定であったバルセロナ（スペイン）での第 3 回労働者オリンピックは、ベルリンの「ブルジョアオリンピック」を凌駕するほどの参加者規模が予定されていた。また、オリンピックが女性を差別し、排除してきたことから女性オリンピックも開催された。これらのスポーツ運動はその後、ヒトラー率いるナチスドイツによって抑圧されたが、彼らのスポーツ参加は歴史的事実として国民の中に蓄積され、戦後の「スポーツ・フォー・オール政策」に具現された[42]。

　1950 年代後半から始まった高度経済成長は西欧先進国にも多くの変化をもたらした。つまり、戦後の福祉国家は福祉理念を高く掲げてはいたが戦争での疲弊が影響し、その福祉内容も教育、医療、住居そして労働保障など極めて生活基盤に限られていた。しかし経済成長によって国民、地域住民の福祉内容が拡大した。つまり諸文化領域もその一環に含められ、条件整備を国家が推進した。地域の公民館、ホール、病院、学校、図書館などの建設は確かに福祉の一環であり、内需拡大という経済成長の一環に位置付けられた。もちろんスポーツ文化もその一環に含められ、各国は国民のスポーツ要求を実現するためのスポーツ施設建設に多大な予算と労力を費やした。

　国や自治体がスポーツ普及を率先したのは単に生産体制的に可能になったからだけではない。スポーツそれ自体が本来的に公共的な性格であり、アマチュアリズムによって抑圧されていた公共性が発現したものである。つまり国家による「スポーツ・フォー・オール政策」がアマチュアリズムを否定し公共性をいっそう発現させた[43]。さらにこの高度経済成長による国民の労働と生活形態が、従来の人類史的に継続されてきた体力の「少量摂取・大量消費」という欠乏状態から「大量摂取・少量消費」という飽食状態へと変化したことである[44]。労働、生活の機械化に伴う省力化、ストレスの増大、一方で食糧事情の改善により、以上のような人類史的な体力のパラダイム転換が起きた。これに伴って、人々は飽食ゆえの困難に直面することになった。肥満や糖尿病やそれらによって引き起こされる血管系疾患（心臓病、脳障害など）等の生活習慣病の激増である。

　そして医科学技術の進歩は、医療費の減少ではなくむしろ増加をもたらした。これまでであれば発見されず、あるいは治療不可能で死亡していた病気や患者が

治療され、延命される機会が増えた。そのため、諸検査費・治療費・療育費・薬剤費・看護費も増大した。こうして、医療費対策は国家的な課題となった。さらに社会の急速な発展に伴う国民のストレス、犯罪対策等々から、スポーツの多面的な価値が国家として認識され始めた。

　以上のように高度経済成長は国民の労働・生活条件の根本的変化をもたらし、さらに国民の諸権利を拡大させた。その一環にスポーツもまた存在した。こうして「スポーツ・フォー・オール」という人類史上初めて、国家が国民の「スポーツ権」を社会権として保障する時代に到達した。その前提としての経済発展、つまり生産体制としての「フォード主義的安全保障国家」、そして富の分配体制としての「ケインズ主義的福祉国家」の成立によって可能となったスポーツ政策である。

　この高度経済成長期は福祉国家政策の伸展を推進した国民の諸権利の伸展でもあった。ここには戦間期からの女性の諸権利の発展を始めとする、労働権、福祉権、文化権の発展があった。この一環に国民のスポーツ権の誕生がある。国民がスポーツを享受することを権利として認め、そのための条件整備を国家・自治体の公共機関が中心となって保障する義務が生じた。スポーツが国民の権利・人権となったということは、人間の尊厳を保障する上で、スポーツが必須な文化として承認されたと言うことである。「スポーツ・フォー・オール政策」は、先のような国家的必要性と共に、国民のスポーツを享受する権利との結合の下に生じたものである。

（2）欧州審議会（Council of Europe）

　「スポーツ・フォー・オール」とは、国家・自治体が国民、住民のスポーツ参加を促進させるために、スポーツの条件整備（施設建設、教室の開催、指導者養成そして地域クラブの育成等）を率先して行い、国民のスポーツ権（スポーツを享受する権利）を保障する政策である。これは1966年に欧州審議会（Council of Europe）で提案があり、加盟国がその政策を推進するよう求めた。この背景には高度経済成長が始まっていたこと、そして加盟各国でスポーツの価値が政策的にも認知され、先行的にいくつかの国で試みられ、それらを集約し、また未実施国での推進を要望して提起されたものである。その後の経験を集約して1975年には欧州審議会として「ヨーロッパスポーツ・フォー・オール憲章（European Sport for All Charter）」が成文化され、76年の閣僚評議会で正式に採択された。

その内容はその後の世界のスポーツ界にとって極めて重要な意義を持った。憲章は以下の8条から成る。

第1条　すべての個人はスポーツに参加する権利を持つ。
第2条　スポーツは人間性の発展の上で重要な要因と考えられ、適切な支持が公的資金からなされるべきである。
第3条　スポーツは、社会文化的発展の点から見れば、教育、健康、社会事業、都市・農村計画、自然保護、芸術・レジャー活動のような分野の政策作成と決定過程に、地域、地方、国のレベルで関連を持っている。
第4条　各国政府は、公共機関とボランタリー組織の永続的かつ友好的な共同関係を育成し、スポーツ・フォー・オールの発展や共同のための国家的な組織を設けることを奨励する。
第5条　スポーツそれ自体やスポーツマンが政治的、商業主義的あるいは財政獲得上の追求から、あるいは薬物の不正使用や誤用から保護される方策が必要である。
第6条　スポーツ参加状況は施設の量、質それに利用しやすさに関わっており、すべての施設建設計画は公共的事業として受け入れられるべきであり、地域、地方、国のレベルでの必要性が考慮されるべきであり、既存と新施設の両方が十分に活用されるように方法がとられるべきである。
第7条　レクリエーションを目的とする田園や水域への接近を保障するために、法令も含めた適切な方策がなされるべきである。
第8条　スポーツ発展のいかなる計画においても、行政的かつ技術的な管理やリーダーシップやコーチングのすべてのレベルにおいても、有資格者の必要性が認識されるべきである。

この第1条では、「すべての個人はスポーツに参加する権利を持つ」と謳った。そしてこの「スポーツ権」を保障するために第2、3、4、6条のように国をはじめとする公共の責務を強調した。特に第3条は「教育、健康、社会事業、都市・農村計画、自然保護、芸術・レジャー活動のような分野の政策作成と決定過程に、地域、地方、国のレベルで関連を持っている。」と述べている。これはスポーツが他の福祉領域の政策作成と決定過程と密接不可分なものであり、スポーツそれ自体もまた広義の福祉の一環であることを表明したものに他ならない。ここでは

福祉という用語は使用されていないが、この憲章全体はスポーツを国民の人権、基本的権利として、つまり社会権として認識し、その保障のために公共の責任・義務を最大限に強調している。これが西欧福祉国家がリードする福祉としての「スポーツ・フォー・オール」の1つの到達点である。

この理念と政策はすぐに UNESCO に継承され、1978年の「体育・スポーツ国際憲章(International Charter of Physical Education and Sport)」として採択され、ヨーロッパの範囲から世界基準へと広げられた。そしてその第1条は「体育とスポーツの実践はすべての人にとっての基本的権利である」と規定した。とはいえ、UNESCO では発展途上国が多く加入しているから、それらの国々でのスポーツ権、「スポーツ・フォー・オール」の実現は到底不可能であるが、スポーツ普及の理念として採択された。

1989年の東欧社会主義圏の崩壊と資本主義化、そして欧州審議会への多数参加（参加希望国も含めて）の中で、1992年には76年の欧州審議会「ヨーロッパスポーツ・フォー・オール憲章」は改訂されて「ヨーロッパスポーツ憲章」と「スポーツ倫理法典:フェアプレイ―勝利への道―」として改訂され採択された。これは「スポーツへのすべての人々の参加」を促すために設けられたものだが、76年の憲章との違いが2点ある。第1は「権利」の規定がなくなり、単に「すべての人が参加する」となっている。これは権利規定の明らかな後退である。そしてそれは第2の点と連動している。つまりスポーツの条件整備の責任主体を未だ自治体などの公共機関を中心に位置付けてはいるが、私的機関や商業部門も同程度に置き、公的責任の後退＝福祉の後退を示している。これは新たに参入した東欧諸国の福祉の貧しさ、それ故に公的責任を遂行出来ないことを考慮したものであり、また西欧諸国での新自由主義的な商業化、市場化への移行が反映されたものである。

（3）欧州連合（The European Union: EU）

欧州審議会が文化連合であるとすれば、欧州連合は政治・経済連合である。直接的な契機は1957年の「欧州共同体を設立する条約（EU 条約またはローマ条約）」を発端とする。

当初は6ヵ国であったが、2012年現在東欧や地中海の南欧も含めて27ヵ国になっている。

1957年の EU 条約の採択時、そしてその後の追加によって「文化」や「公衆衛生」

第 3 章　スポーツ・フォー・オールと福祉国家

等の項目は含まれたが、スポーツは含められなかった。1985 年のアドニノ・レポート『人民のヨーロッパ』になって、やっと「地域の多くの人々の生活必需品」として認められた。また、「ヨーロッパ人」になる上で、スポーツの持つ統合力が認められた。

しかし EU として本格的にスポーツ政策を推進し始めたのは 92 年の『EC とスポーツ』以降である。この中でスポーツはヨーロッパ統合にとって人的、社会的統合のコミュニケーションであり、さらに市場統合の手段としても位置付けられた。これ以降、EU でのスポーツ政策活動が活発化した。EU のスポーツ政策担当部門は欧州委員会（Commission）の Directorate-General I 〜 XXIII（1 〜 23）の DG-X（10）である。93 年に『欧州共同体のスポーツへのインパクト』を発表し、欧州でのスポーツ問題の多く、例えばフーリガン対策、ドーピング対策、環境政策、補助金、外国人選手の制限他を検討した。一方、EU 地域における大規模イベントへの特別援助も始めた。例えば、1991 年のユニバーシアード（シェフィールド市：イギリス）や 92 年のオリンピック（バルセローナ：スペイン）等への補助も行った。

2007 年には『スポーツ白書（White Paper on Sport）』（European Commission, July 2007）と、それを作成した委員会のメンバーによる行動方針『アクションプラン " ピエール・ド・クーベルタン "』（Action Plan "Pierre de Coubertin", July 2007）』がある。これはスポーツと社会の関連について総合的に検討され、統合ヨーロッパ社会にとって、スポーツが社会的に、経済的にいかに重要であるかを描いている。激増する肥満や糖尿病などの健康対策、ドーピング対策、教育や職業訓練、ボランティアや活動的な市民の育成、社会参加や機会均等、人種差別・暴力対策、他の世界との価値観の共有、そして持続可能な社会の発展にとってスポーツの果たす役割が検討され、それらの項目に応じた行動が提起されている。

以上のように、EU でのスポーツは 1980 年代までは福祉国家の一環としての「スポーツ・フォー・オール」を推進した（1979 年以降のイギリスにおけるサッチャー政権による新自由主義的政策による福祉の逆行が始まっていたが）。しかし東欧の崩壊、西欧の新自由主義化の煽りを受けて、従来のような手厚い福祉国家的スポーツ政策はやや後退した。一方 EU 圏の開発からヨーロッパ規模あるいは世界規模の大会などの大きなスポーツイベントへの支援も行っている。ますます重要になる EU 統合の上で、スポーツの持つ社会統合的機能の重要さはますます強まり、それとともにスポーツへ注目度は増している。

6．福祉国家とスポーツ・フォー・オール

　以上は西ヨーロッパ諸国全般の「スポーツ・フォー・オール政策」の誕生を見たが、ここで個々の福祉国家の具体的な「スポーツ・フォー・オール政策」の誕生を見てみよう。その場合、先のエスピン＝アンデルセンの福祉国家類型で挙げた北欧の社会民主主義型としてスウェーデン、保守主義型としてドイツ、そして自由主義型のイギリスを事例に「スポーツ・フォー・オール政策」の歴史と現状について概観する。

　それぞれの国はその歴史的、政治的、経済的そして社会的な差違から国家としてのスポーツ機構やクラブ形態も異なる。従って、スポーツ政策とその運営形態も大きく異なっている。しかしここでの焦点は福祉国家でのスポーツ政策の現状の追究ではなく、むしろ福祉国家化の中でそうしたスポーツ政策がいかに遂行され、福祉国家として国民の福祉を重視する姿勢、その中でスポーツ政策それ自体をどのように重視、包摂してきたかを明らかにすることである。従って、対象の焦点は1960年代から1980年代である。この点では多くの共通性を有している。

（1）社会民主主義型：スウェーデン
1）スウェーデン福祉国家の概略

　北欧の貧しい農業国であったスウェーデンは20世紀初頭から互助精神の強さ、福祉論や平等論へのマルクス主義等の影響[45]によって、他の資本主義国ほどの貧富の格差を許してこなかった。しかしこの国が世界最高の福祉国家に発展したのは、直接的には戦後の高度経済成長以降である。

　1932年以降、1976年、1979年そして1991年の保守政権への交代を除いて政権を取り続けてきた社民党（社会民主主義）と、それに連携してきたスウェーデン労働組合総連合（LO）が大きな役割を果たした。この場合、マルクス主義を克服した福祉国家として記述される傾向が一部にあるが、それは正しくなく、1917年に成立したソ連とその福祉政策は聴濤弘の指摘するように、社会民主主義政党の綱領からも明らかに、マルクス主義の影響による福祉重視策を志向した。そして戦後のスウェーデン型福祉国家の理念型の特徴は次のような諸点に認められる。

　第1に、資本主義の特徴である生産手段の私有制と自由市場システムを基本

としながら、社会主義経済の計画性と公共関与をより広範に行う混合経済システムを採っている。そして所得の再分配のための公共関与の比重が高い。

第2に、社会保障を始めとする福祉政策（社会政策—住宅政策、環境政策、教育政策などを含む）が広範かつ普遍的に行われている。

第3に、完全雇用の維持が政策の目的として重視されている。

第4に、労働組合が強く組織され、企業レベルでも国と自治体でも労働者の経営と政策への参加が広範に行われている。

第5に、国際的には非同盟中立で平和主義をとるが、国際問題に対して積極的に貢献している[46]。

こうした理念の下に、終戦直後から1960年代初頭までに主要には以下のような福祉政策を遂行した。

・1946年、国民年金法の大幅改訂
・1947年、傷害保険法の制定
・1955年、強制加入健康保険法の実施
・1956年、公的扶助の制定
・1958年、付加年金法の制定
・1960年代から70年代にかけて住宅保障、ニュータウン計画
・1962年、国家教育法、教育改革

1960年代に入ってからは、急速な都市化、大衆化現象の下で青少年非行の激増やアルコール中毒者問題、高齢者や障害者などの孤立等々、先進諸国に共通する社会問題がスウェーデンをも襲った。そして、それらへ対応する社会政策の在り方として、ノーマライゼーションに始まり、経済的保障から人間的福祉への模索、福祉の量から質への転換、マクロ的な政策とミクロ的な個々のサービスとの関連など、きめ細やかな福祉がいっそう重視された。

1970〜80年代の経済不況時にも福祉を削減することなく、危機を乗り切って今日に至っている。特に1973年秋の第1次オイルショック（石油危機）は、石油輸入国の経済、世界経済に大きな打撃となり、先進国の多くは労働者解雇を含む減量経営や、労働条件を厳しくさせながら生産性の維持・上昇を計った。しかしスウェーデンはこの事態を一過性と判断し、逆に積極的な財政金融政策によって政府支出拡大や在庫投資への助成などを通じて総需要を維持した。これによって実質の経済成長率も、1973年の3.8％に対して74年には4.1％と上回った。また工業生産指数（1968年＝100）は、1973年の127に対して74〜76

年に 133、131、130 と高水準を保ち、さらに失業率は 73 年の 2.5% が 74～76 年に 2.0%、1.6%、1.6% とむしろ低下を続けた[47]。

因みに 1983 年における北欧各国の GNP（国民総生産）に占める社会保障費はデンマーク 27.1%、フィンランド 19.8%、ノルウェー 21.4% そしてスウェーデン 32.6% であり、北欧諸国の中でもスウェーデンは突出している[48]。1976～82 年の 6 年間にわたる保守・中道政権下、巨額の財政赤字が続く中でも、福祉の見直しは、若干の変更はあったが、いずれも小さいものであった。充実した社会保障が国民生活に深く根付いたこの国では、保守勢力といえども、もはやその抑制をすることは不可能となっている。しかもこの社会保障が単に生活の維持・安全だけでなく、同時にすでにこの国の思想としても定着している平等化を促すべき手段として位置付けられた[49]。

国民の労働時間に目をやると、第 1 次世界大戦直後に新生ソ連の影響を多分に受けながら導入された週 48 時間制が 1957 年に 45 時間へ、66 年に 42 時間半へ、そして 70 年に 40 時間へ短縮された。さらに、1938 年に導入された 2 週間の有給休暇（年間）は 51 年に 3 週間へ、63 年に 4 週間へ、そして 77 年には 5 週間に延長された[50]。こうした自由時間の増大は、所得と消費の安定的増大、生活の物的豊かさの上に成り立っており、経済と時間の平行した余裕を獲得し続けている。当然そのことが人々のスポーツを含めた自由時間活動のための基礎的な条件となった[51]。つまり、福祉国家として国民の可処分所得、可処分時間を十分に保障した上で、スポーツ施設建設やクラブ設立などの公共的な条件整備を保障した。

ここで、スポーツと同様に広義の福祉の一環であるスウェーデンの文化・芸術政策を垣間見てみよう。それら文化・芸術政策への対応は、同じ福祉領域の一環としてのスポーツ政策の在り方も容易に推測出来るからである。

スウェーデンの福祉は安全、健康、社会保障、雇用保障など、人間の安全と生活のための基礎的ニーズの充足に先ず力を入れた。次いで住宅・住環境・労働環境を改善した。そして近年では文化・芸術政策が積極的に採り入れられてきている。最低生活費、医療、教育、住宅にナショナル・ミニマムを設定して、所得、医療サービス、教育、住宅の平等化を図ったように、文化・芸術に関してもそれへのアクセス（利用機会）のナショナル・ミニマムを確保し、アクセスの機会均等化を目指している[52]。

例えば、1988 年段階の「国家予算の中の文化・芸術予算額」を日本、フランス、

イタリア、西ドイツそしてスウェーデンを比較したものが図表3-6である。

　先ず人口比を見ておきたい。日本は約1億2千万人でフランス、イタリア、西ドイツはその半分であり、スウェーデンは853万人で、日本の15分の1である。しかし、予算を見ると、日本が約426億円しかないのに、フランスは約2000億円、イタリア約900億円である。そしてスウェーデンは約644億円であり、絶対額としても日本より多い。そしてそれを対人口比で見れば、スウェーデンは日本の20倍の文化・芸術予算額を国家から補助されている。特に労働者教育は労働組合の重要な活動の一環であり、種々の学習活動を行い、広範に人々が参加する。そして費用のかなりの部分が公的補助で支えられている。

図表3-6　国家予算の中の文化・芸術予算額（1988年度）

国名	予算額	人口（万人）
日本	378億2318万円（1988年） 426億500万円（1990年） ・芸術文化の振興 　　103億6200万円 ・文化財保護の充実 　　308億3200万円 ・その他 　　14億6600万円	12362 （1990年）
フランス	1978億640万円	5600
イタリア*	884億円	5600
西ドイツ**	182億2500万円	6177
スウェーデン	643億5,000万円（1990年） （29億7100万クローナ） ・芸術活動助成 　　37% ・新聞などマスメディア助成 　　22% ・図書館・図書・ビデオ・CDなど 　　7% ・歴史的建造物の保全など 　　26% ・全般的文化・芸術活動 　　9%	853

注）＊歴史的建造物保全のための予算を除く。
　　＊＊西ドイツは州制であり、文化芸術への公的助成は主に州と自治体によって行われる。
出所）文化庁「我が国の文化と文化行政」ぎょうせい1988年刊。ただしスウェーデンは、The Ministry of Finance. The Swedish Budget による。1990年度の日本の数字は「財政金融統計月報」による。

出典：丸尾直美『スウェーデンの経済と福祉』中央経済社、1992、p.233

このような福祉の充実と平等化は 43 万人の定住する移民及び 27 万人の市民権を獲得した外国人（1978 年度、併せて全人口の約 10％）にも、学習に関して何らの差別も設けていない[53]。

　児童手当は、家族福祉の一環であり、教育費の家計負担は皆無で、学習には費用が掛からなくなったが、「だれでも、いつでも、どこでも、只で学べる」社会の確立には、幾多の紆余曲折と闘いの歴史のあったことも理解されなくてはならない[54]。

2）スポーツ政策の組織と政策概略

　平等思想に基づく福祉政策は、当然スポーツ政策にも及んでいる。日本でのスウェーデン福祉国家に関する研究は、福祉国家の典型国としての位置付けゆえに、最も多い。しかし対照的に、スウェーデンのスポーツ政策研究は極めて少ない。そして、スウェーデン福祉国家の一環としてのスポーツ政策研究は、それ以上に乏しい。従って、ここでは上記の福祉国家の大まかな動向に、スポーツ行政の概略を重ね合わせて論じざるを得ない。

　スウェーデンの政治の基本は、国、企業、労働組合間での協議と合意が基本、つまりコーポラティズムであり、それぞれは他者の自主性を尊重する。税収も国ばかりでなく、市町村が徴収出来る部分もあるから、相対的には自主性が維持されやすい。それ故、自治体の諸政策の自主性も高い。

　そうした基本姿勢はスポーツ政策の策定においても貫徹されている。図表 3-7 に見るように国（文化省）は国民へのスポーツ補助をスウェーデン・スポーツ連合（RF）を通して行い、その連合が全国的なスポーツ政策の基本を作成して実行している。そして同連合傘下の各地域競技団体と自治体とが協議しながら、地方自治体レベルでのスポーツ政策が決定される。もちろん、その場合、自治体からスポーツ競技団体への補助も提供される。また、各連盟内でのクラブとの関係なども、すべて信頼関係を前提としている。

　スウェーデン・スポーツ連合（RF）は 20 世紀初頭からスウェーデンのスポーツ統合組織として活動し、2011 年には 70 の種目連盟（国内統轄団体）を組織している[55]。つまり、RF には 70 種目連盟が加盟し、その 70 の全国連盟にはそれぞれ県連盟とその下には地域連盟がある。それぞれ県、地域では自治体と連盟による政策策定の協議会があり、そこで政策が策定される。こうして住民の政策策定への参加が保障されている。

第 3 章　スポーツ・フォー・オールと福祉国家

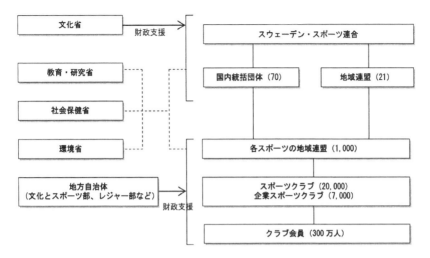

（スウェーデン・スポーツ連合資料（2011）などより作成）
図表 3-7　スウェーデンのスポーツ組織体制図
出典：笹川スポーツ財団『スポーツ政策調査研究』2011、p.208

　1969 年にはスウェーデン経済省、RF 及び国会が共同して「スウェーデン・スポーツ調査」を行い、報告書『みんなのスポーツ』を出した。ここにはスウェーデン版の「スポーツ・フォー・オール政策」が示された。しかし、既述のようにスウェーデンでは国レベルでのスポーツ政策は他の福祉国家─例えばドイツやイギリス─のように、主導的でもない[56]。それ故に、スウェーデン内でも国家レベルのスポーツ政策研究は僅少である（この点は、スポーツ政策研究の中心的存在であるイギリスの知人を通して打診と、2011 年 2 月の筆者自身のスウェーデン調査時においても同様であった）。従って、その後の成果の過程は自治体レベルでの概略として以下の様である。特にストックホルム近郊のヴェステロース市の実態から検討しよう。

　3）ヴェステロース市の事例
　ヴェステロース市はストックホルムと湖を挟んだ対岸に位置し、人口 12 万人弱である。これは 1988 年の数字だが、それ以前から大きな変動はない。
　まず、テニス施設は 1970 年段階で市内に 8 ヵ所であった。しかし 1982 年には 54 ヵ所に、そして 1985 年にはさらに 68 ヵ所に増加した。1970 年から 15

年間に約8倍近い増加をした。テニスコート数から見ると1985年にインドアコート20面、アンツーカーコート約50面、アスファルトコート約100面、合計約170面である。特にアスファルトコートは市民の居住圏内に数多く点在し、「いつでも」「簡単に」使用することが出来る。そして長い冬にはアイススケート、アイスホッケー、バンディ（フィールドホッケーに類似する氷上球技。ルールはサッカーに類似し、スコットランドのシンティから派生したとも言われ、アイスホッケーの起源との説もある）の施設に転換され、冬季、市民の重要なスポーツ活動の拠点となっている。テニス人口は5,000人であり、市民の4％強が参加している[57]。

市のスポーツ・公園局及び諸スポーツ団体で、著しく増加したのはサッカー場である。1982年の26ヵ所に対して、1989年には78ヵ所となった。

ところで、市のスポーツクラブは、RF加盟の競技スポーツクラブが151、健康つくりやレクリエーションを対象としたコルペン加盟のクラブが312、1988年12月末現在で合計463クラブが存在する[58]。スウェーデン・スポーツ連盟（略称RF）に加盟する種目中、サッカーのメンバー数が最大である。これは世界中の諸地域に共通することである[59]。ヨット、モーターボート用の港や付帯施設も相当数あり、1982年にはヨットが約2,800艇、モーターボート約1,200隻が市民によって所持されている[60]。

市総予算に占めるスポーツ・レクリエーション関係の経費については、スポーツ施設、健康促進用施設、余暇公園、余暇用港、クラブ活動振興などで市総予算の10％を占めている[61]。

市には46のスポーツ協会、195のスポーツクラブ、約75,000名のスポーツクラブ員を持っている。人口12万弱のヴェステロース市民は100世帯で1ヵ所以上のスポーツ・レクリエーション施設を有していることになる[62]。

4）近年の動向

以上のように、福祉国家成立の過程でスポーツはそれ自体が福祉の1つとして、さらに福祉国家の重点政策である国民の健康促進や社会的平等の保障、青少年の健全育成政策の推進手段としても重視されてきた。

2010年段階で見ても女性のスポーツ参加の前提とも言うべき女性の社会参加も高く、母親の80％が働いている。女性の管理職割合40％を目指すことをガイドラインとしている。そして国営企業では51％、地方自治体では52％となって

いるが、民間企業については未だ20％である（日本では30人以上の民間企業で5％）[63]。

国の下に20県（1980年代は24県）があり、その下に290市町村がある。スウェーデンの地方自治体は国からの独立性、自治性が高く、独自な市民税制度があり、比較的豊かである。国の補助は直接的に市町村レベルが大半であり、県レベルへは僅少である。

市町村のスポーツ部門は「文化とスポーツ部」「レジャー部」等多様である。各部署には人口3,000人あたり5〜10人程度スタッフがおり、住民の諸要求にしっかりと対応すべく自治体がスポーツ政策に力を入れていることがわかる。

地域スポーツの振興は自治体に委ねられており、スポーツ政策は自治体と地域スポーツ連盟との協議で策定される。自治体間で格差が見られるが、その政策の内容は概ね施設整備、指導者養成、活動促進などである。全国のスポーツ施設のおよそ7割は自治体が所有している。これは明らかに福祉国家政策の一環としての「スポーツ・フォー・オール政策」に基づくものである[64]。

RFは法律によって文化省から権限委譲された独立行政法人である。政府からの補助を受けてはいるが、自立した組織であり、スウェーデンのスポーツ全体を統括している。そしてRFが政府中央統計局の協力の下に、国民（7〜70歳）を対象に毎年実施している調査によると、1回20分以上の運動・スポーツを週1回以上実施している人は、2010年段階で77％と全体の3/4を占めている。週3回以上も46％となっており、スウェーデン人の運動・スポーツ実施率が世界的に見ても高いレベルであることがわかる。300万人以上のスウェーデン人が競技者、愛好者、指導者、トレーナー、支援者など、様々な形でスポーツクラブに所属している。2008年の16〜84歳の全人口に占めるスポーツクラブ加入率は31.1％で、労働組合の80.3％、年金組合の41.5％に次いで3番目に高い[65]。

（2）保守主義型：ドイツ（西）[66]

ドイツは日本と同じように、ファシズム国、後進侵略国として大きな被害を周辺国に与えたが、第2次世界大戦を敗戦で迎えた。戦後ドイツは世界経済の覇者となったアメリカの対共産圏の拠点、防波堤政策として日本と共に大きな支援を受けた。そして日本と同様に高度経済成長を遂げ、勝利国である連合軍諸国よりも大きな経済発展を遂げた。しかし、国民の福祉についてドイツは日本と大き

く異なり、この点では他の西欧諸国のようにフォード主義的蓄積体制での産業発展と同時にケインズ主義的福祉国家を採用した。福祉国家としては保守主義型であるが、スポーツはその福祉の一環に組み込まれ、西ヨーロッパの「スポーツ・フォー・オール政策」を先導した。2000年代に入って、日本の文部科学省が推進する「総合型地域スポーツクラブ」のモデルとされるドイツの総合型スポーツクラブの大半は、この福祉国家の「スポーツ・フォー・オール」における国や自治体の多大な支援によって拡大し、成長したものである。日本ではこの点がほとんど看過されているから、改めて強調しておきたい。

　ドイツは第1次と第2次世界大戦の戦間期において世界の労働者スポーツ運動の中心としてリードした。それはナチス政権によって抑圧されたが、国民のスポーツ参加への意欲は強かった。そうした歴史的遺産を基盤として、1950年代後半からの高度経済成長は国民の福祉を大きく向上させ、その一環としてスポーツ参加への大きな胎動を形成した。

　先ず、ドイツのスポーツ行政機構を見ておきたい。図表3-8のように、連邦内務省からは独立してドイツオリンピックスポーツ連盟（DOSB）が統轄団体とし

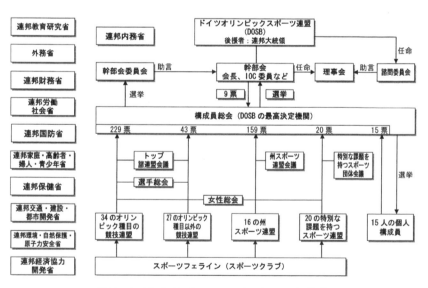

(12. Sportbericht der Bundersregierung (2010). S. 127. より作成)

図表3-8　ドイツのスポーツ組織体制図
出典：笹川スポーツ財団『スポーツ政策調査研究』2011、p.81

であり、その最高決定機関に構成員総会がある。ここには下部の各連盟から評決権を持った代表が集まる。そしてそれらの各連盟にはスポーツフェライン（クラブ）が存在する。

　1)「第2の道」と「ゴールデン・プラン」
　1959年にドイツスポーツ連盟は選手スポーツ（第1の道）ではなく、より多くの国民のスポーツ参加（第2の道）を提起した。これまでスポーツ参加に恵まれなかった子ども、婦人、高齢者、障害者などいわゆる社会的弱者も含めた一般市民のスポーツ参加の理念と方策である。その方針を具体化するべく、1960年にはドイツオリンピック協会が「保健・遊戯・レクリエーションのための施設建設」（＝「ゴールデン・プラン」）を提起した。もちろんこうした施策は一人民間の組織で出来ることではなく、連邦政府、州政府、自治体等、公共機関の主導的な施策が無ければ実現し得ないものである。
　こうした施策が採用出来た背景には、高度経済成長期に入り、生産と分配の条件が形成され始めていたこと、新たな心身の健康、体力問題、非行などに直面し始めていたこと、その上に戦前からのドイツの体操やスポーツ運動の歴史的、社会的な蓄積がある。つまりツルネン運動の伝統、労働者スポーツ運動、ナチス時代の反省、国際的スポーツ競技力を急速に強めていた東ドイツとの対抗関係などである。
　政府と自主的スポーツ組織との「パートナーシップの原理」が強調された。政府からの援助は手厚く保障されたが、「金も出すが口も出す」のではなく、「援助すれども統制せず Support but no control」の思想を堅持し、スポーツ組織は公共の福祉のためにスポーツ運動を推進した。もちろん、スポーツ組織が公的財源から援助を求める上で、スポーツ運動が「公的」にいかなる意義を持っているかを立法・行政府に理解させなければならなかった。つまりスポーツの権利を主張する上で、スポーツの社会的意義と公共性の証明が求められたのである。こうして、福祉国家の第2発展期が始まった。
　「ゴールデン・プラン」は、子どもの遊戯場、グラウンド（運動場）、スポーツホール（体育館）、プールなどの各施設を、地域の人口規模にしたがい1人当たりの基準面積と標準規模を示した。そして需要調査によって各市町村（あるいは州）に、どの施設がどれだけ不足しているかを算定し、目標数までの施設建設を、15ヵ年掛けて実現するものである。1955年以来、建築、都市計画及び行政関

係そしてもちろんスポーツからの専門家が加わって、施設の形式、数量、規模、建設地の基準となる標準値を人口 5,000 人を単位として作成した。そして 1959 年にはドイツオリンピック協会と諸都市議会の共同調査を行い、全国の施設不足数を次のように明らかにした（もちろん各施設の必要面積も算定されている）。

- 子どもの遊戯場—31,000
- 一般及び学校の運動場—14,700
- ギムナスティック・ツルネン体育館—5,500
- ツルネン・スポーツ体育館—10,400（主に学校体育のため）
- 講習用屋内プール（小型）—2,625
- 屋外プール—2,420
- 屋内プール（大型）—435

これらの施設建設の資金は連邦政府が 10 分の 2、州政府が 10 分の 5、自治体が 10 分の 3 をそれぞれに負担するものであり、完全な公共援助である。これは明らかに、この時期のドイツの高度経済成長政策に組み込まれた。それは国民、地域住民への福祉政策であると同時に都市建設であり、内需拡大を重視した経済政策の一環でもあった。こうして高度経済成長は都市の福祉を十分に勘案しながら進められた。日本の場合、国民、地域住民の福祉を軽視しつつ、都市には住民の福祉を考えずに詰め込めるだけ詰め込み、大企業の海外輸出の生産基盤を重視した外需重視政策で突進したのとは対象的である。ここにドイツと日本の高度経済成長の内容の根本的相違がある。

なお、「ゴールデン・プラン」による 1972 年までの施設建設状況は図表 3-9 に示すように、体育館（ツルネン・ギムナスティック・スポーツホール）は 1975 年の目標値が 35,492 であり、1960 年の現在数が 9,440、1972 年までの不足数（建設必要数）が 12,500 である。そして 1960 〜 1972 年の新設数が 10,540 で倍以上に増え、面積では 3 倍以上となったが達成率は 84.3％ である。室内プールの新設数は 1,850 で 1960 年の 539 から 3 倍以上となった。そして運動広場（グラウンド）の新設数は 9,506 で 58.5％の増加である。

第 1 次プランの終了時（1976）の計画達成率は、運動広場 87％、体育館 178％、屋内プール 172％、子どもの遊戯場 194％である。これが高度経済成長の福祉としてのスポーツの普及、経済の内需拡大の大きな部分を占めたことが分かる。「ゴールデン・プラン」（1960 〜 1975 年）の 15 年間の施設投資は約 173 億 8400 万マルク（約 1 兆 2342 億円：1 マルク≒ 70 円）であり、多目的

図表 3-9　西ドイツゴールデンプランの進捗状況

施設名	① 1975年施設設置目標数	② 1960年現在施設数	③=①-② 1960年における施設不足数	④ 1960年～72年までの新設数	⑤=③-④ 1972年における施設不足数	④÷③×100 1972年までの達成率
運動広場	35,492	19,238	16,254	9,506	6,748	58.5%
体育館	21,940	9,440	12,500	10,540	1,960	84.3%
室内プール	2,616	539	2,077	1,850	227	89.1%
屋内プール	3,701	1,705	1,996	983	1,013	49.2%
合計	63,749	30,922	32,827	22,879	9,948	69.7%

注1　本資料は、「ドイツ・ゴールデン・プランの新しい基準と実施状況」（昭和50年5月、経済企画庁国民生活局国民政策課）に記載資料から推計したものである。
注2　本資料の原本は、第3回スポーツ施設及びプール建設国際会議（ケルン、1973年9月11日）にてドイツ・オリンピック協会専務理事ゲルト・アーベルベック氏の講演と、ゴールデンプランのための総理大臣諮問専門委員会の「州の実績を特に中心とした、ゴールデン・プランの実施状況報告」（1961年～1972年、1974年9月）による。
注3　屋外プールの①1975年施設設置目標数の数値は、②+④+⑤によって導き出されたものである。

出典：内海和雄『日本のスポーツ・フォー・オール』不昧堂出版、2006、p.43

施設9,000ヵ所、国営競技場19ヵ所を建設し、その他連邦段階のスポーツ組織の運営費、活動費への援助も行った。

「ゴールデン・プラン」は途中からは上記の諸施設の他に新たに「その他の施設」として、ボート、ヨット、乗馬、自転車、スキー、スケート、アーチェリー、ローラースケートなどの特別施設を加えており、それの必要度は一般施設の5～10%としている。国民の新たな要求に積極的に対応したものである。

一方、国民のスポーツ参加数、クラブ結成数の動向を見ると、ドイツには1954年のクラブ数は23,073であった。そして「第2の道」「ゴールデン・プラン」が開始されて10年後の1969年には38,284と、15年間に1.6倍に増加し、毎年1,000以上の増加状況が続いた。そのスポーツクラブの90％以上が公共施設を全面的に、あるいはそのプログラムを一部で利用している。こうした公共的な支援を基盤に施策が進められた。つまり、国民のスポーツ参加を促進するためには前提として増加を受け入れるに十分な施設、クラブ、指導者、プログラムなど多様なハード、ソフトが必要であるが、西ドイツはそれを福祉政策の一環として行った。

「第2の道」は、新たな会員拡大のために既存のクラブにも会員の受容を求め、クラブ側は従来のメンバー以外の幼児、婦人、壮年、老人などこれまでスポーツ

からは遠かった人々、そして多くの一般市民の参加を受け入れた。これが総合型クラブ化を促進した。こうして総合型クラブは「スポーツ・フォー・オール」の一環として、まさに福祉向上の一環として発展した。それを可能にしたのは多くの施設を公共によって提供され、クラブ運営への多大な支援があったからである。

「第2の道」が開始された5年後から、クラブ数の増加率を超える会員が殺到し、1クラブ辺りの会員数が増加してきた。「ゴールデン・プラン」による施設建設と「第2の道」によるクラブの拡張、プログラムの拡大など、国民、住民が参加しやすい状況が大きく拡大し始め、一方で彼らの労働・生活条件が徐々に改善され始めたからである。

1972年オリンピック・ミュンヘン大会以後、ドイツスポーツ連盟はマスタープラン「80年代のスポーツ・プラン」を宣言し、1980年までに全国民の50％、3,000万人をスポーツに参加させることを目標とした。こうして、「第2の道」と「ゴールデン・プラン」というソフトとハードの施策がマッチし、そして前提としての労働と生活条件の改善が伴ってスポーツ人口が急激に増えた。1960年のスポーツクラブ加入者は全国民の9.5％だったが、1975年には21％に達した。

図表3-10はドイツスポーツ連盟への参加クラブ数と会員数であるが、1950年のクラブ19,874で会員数は3,204,005人である。それぞれを指標として100とすると、1980年にはクラブ数は53,451で269、会員数は16,924,027で528、そして2009年にはクラブ数90,897で457、会員数27,553,516で

図表3-10　DSB会員、クラブ数

年	クラブ数（指数）	会員数（指数）
1950	19,874（100）	3,204,005（100）
1960	29,486（148）	5,267,627（164）
1970	39,201（197）	10,121,546（316）
1980	53,451（269）	16,924,027（528）
1990	67,984（342）	23,777,378（742）
2000	87,717（441）	26,812,757（837）
2003	89,307（449）	26,909,924（840）
2006	90,467（455）	27,315,184（853）
2009	90,897（457）	27,553,516（860）

出典：クリストフ・ブロイアー（黒須充訳）『ドイツに学ぶスポーツクラブの発展と社会公益性』創文企画、2010、p.4に追加

860 と、一貫して右肩上がりで発展してきた[67]。

　スポーツへの参加者の増加は、自然に増加したわけではない。もちろんスポーツ団体、スポーツを司る行政などの積極的な働きかけもあったが、労働組合とのタイアップは、多くの労働者の健康や体力、スポーツについての関心を高めた。かつて戦間期の労働者スポーツ運動では 200 万の労働者を組織し、世界の労働者スポーツ運動を牽引したドイツであるから、労働組合もまたスポーツには強い関心を寄せていた。それは州レベル、市町村の各自治体レベルで遂行された。

　こうした政策は、ナチス政権のスポーツの政治的利用への反省から、戦後は「スポーツ憲章」（1966）によって「自由なる市民のイニシアティブ」や「スポーツは党派的に中立」であるとの理念の下に進められた。そして既述のような「パートナーシップ」によって、政府は「援助すれども統制せず」を堅持し、スポーツ界の自主性を保障した。またこの年、欧州審議会（Council of Europe）では、「スポーツ・フォー・オール」政策を採択し、加盟各国での推進を奨励した。ドイツの政策はこの点で欧州審議会をリードした。

　2）「トリム運動」

　「ゴールデン・プラン」による施設建設と「第2の道」によるハードとソフトの諸施策が進行する中、ドイツスポーツ連盟は 1970 年に「第2の道」の延長として「トリム運動」を提唱した。トリム（Trimm—英語では Trim）とはノルウェーで誕生した。船の出航時の「バランスをとる」の意味から、健康を得るための体の準備—からだつくりを意味する広範な言葉として登場したものである。

　従来のスポーツ参加策がクラブへの参加を強調してきたとすれば、今回はその基盤の上に、1 人でも手軽に参加出来るプログラムを多く設け、細かい政策を推進した。TV や新聞などで積極的に宣伝し、パンフレットの無料配布、トリム賞の制定、ジョギングコースの設置や走法指導、トリム大会の開催、公園や森にトリムコースの設置などなど、徹底した宣伝、普及、育成策を推進した。ドイツスポーツ連盟はそのために多様なプログラムを提供し、新たな施設の建設と指導者の養成・派遣を行った。そのために連邦政府は「トリム運動」を推進するドイツスポーツ連盟本部にも相当の援助を行った。

　これらのスポーツ（福祉）政策の背後には、それを可能にさせる労働時間の減少、所得の拡大など、国民の可処分所得、可処分時間の保障の上で大いに政治的事項が介在している。そして 1980 年までにドイツでは国民スポーツの要求に対

応するに十分なスポーツ施設が建設された。それがスポーツ人口の爆発的な拡大を受容した。それ故に 1980 年代は多くのスポーツ指導者を必要とし、指導者養成の時代に入った。

　1980 年に筆者は留学中のイギリスから、ケルン体育大学を訪問したが、その時対応してくれたある教授は「我が国では既に国民の求めるスポーツ施設建設は 100％達成した。これからの 10 年はスポーツ指導者の養成である。」と述べていたことが、その情景も含めて未だに脳裏に鮮明に焼き付いてる。日本の貧困な施設状況に苦慮していた筆者から見れば、それ程に強烈な印象であった。と同時に、それらの施策に伴うスポーツ施設、研究機関、スポーツ製品産業などではスポーツの専門家を多く雇用した。こうして、戦後ドイツは戦間期からの成果を継承しながら、戦後の「スポーツ・フォー・オール」へと発展させた。ドイツオリンピック協会はオリンピック運動への資金援助を目的に、1952 年に設立されたものだが、この趣旨から見て、既にこの時点でアマチュアリズムを克服していたことがわかる。

　1976 年から 1999 年までは「第 2 次ゴールデン・プラン」の時期であり、2000 年からは新たなスポーツ施設建設計画「ゴールデン・プログラム」である。第 1 次「ゴールデン・プラン」が施設数を増やすために画一的な施設の建設であったとすれば、この「ゴールデン・プログラム」は地域ごとの多様な施設要求に対応しようとして現在に至っている。

　図表 3-9 でも見たように、戦後一貫したクラブ数と会員数の増加を生んだ。そこにはすべての年齢層の人々が参加した。異なった年齢層、性、社会層が参加した。当然にして、大規模のクラブでは専任のスタッフが雇用され、会員の要求に対応するサービスを提供した。そしてそれらの会員を受容するにはクラブの側としては、公共の援助を受けて十分な施設設備を整備した。こうして公共性を持ったスポーツクラブは図表 3-11 に見るように、多様な形態での公的援助を受けており、公共スポーツ施設を利用しているクラブも 55,500 クラブで、全体の 61.4％である。

　以上、同じ敗戦国でありながら、ドイツが「スポーツ・フォー・オール」でもリードし、日本と比べたときの差違は、戦前の経験・蓄積の差、そして国民の権利擁護、福祉への根本的な思考の相違がある。さらにドイツの「スポーツ・フォー・オール」は福祉国家の一環として実現され、それは今に至るもしっかりと継承されていることを確認しなければならない。

図表 3-11　公的な助成金を受け取っているスポーツクラブ

（n.e.：2005 年はこの項目のデータをとっていない）

	クラブの割合（％）	クラブ数	増減率（2005 年＝ 0）
公的機関からの助成金（全体）	76.2	69,000	
…スポーツ連盟または各種スポーツ団体からの助成金	51.6	46,000	-12.9**
…州からの助成金	19.3	17,500	-22.1*
…市町村または郡からの助成金	54.3	49,100	＋ 11.5*
…ヨーロッパ振興基金からの助成金	0.6	100	n.e.
…その他の振興プログラムからの助成金（例：労働局）	4.6	42,00	

出典：クリストフ・ブロイアー（黒須充訳）『ドイツに学ぶスポーツクラブの発展と社会公益性』創文企画、2010、p.108

　この「ゴールデンプラン」は隣のフランスにも大きな影響を与え、フランスではスポーツ施設建設の「第1次5ヵ年計画（1961〜65）」「第2次5ヵ年計画（1966〜70）を推進した。フランスでは「非営利社団契約に関する1901年7月1日の法律」によって、集会及び結社の自由が保障され、スポーツ団体の自由な結成と増加をもたらした。このような伝統がある。この精神は今日まで継承されている。戦後も福祉国家の中で、欧州審議会のスポーツ政策と併行しながら進展したが、1975年にはスポーツ振興法が、1984年にはその経験を発展させて「スポーツ基本法」が制定された（ここで言うドイツとは1990年の東西両ドイツの再統合まで、主に旧西ドイツを指す）。

(3) 自由主義型：イギリス

1) アマチュアリズムの弊害

　イギリスは近代スポーツ発祥地であり、現代世界へのスポーツの「輸出元」でもあった。それは世界各国にスポーツを普及させ、世界中の文化を豊かにさせた発信国である。やがて各国のスポーツ連盟が、そして各種の国際的スポーツ連盟が設立され、近代オリンピックの復興をもたらす基盤となった。

　しかしイギリスはアマチュアリズム発祥国でもあった。近代スポーツの発祥を担った新興資本家階級（ブルジョアジー）が、それを自らの階級に独占し、スポーツから労働者階級を排除するために生み出したのがアマチュアルールであり、そのルールや思想体系全体をアマチュアリズムと呼ぶ[68]。従って、世界に発信されたスポーツは「アマチュアリズムに包まれたスポーツ」であった。

アマチュアリズムはブルジョア個人主義であり、スポーツは自らの楽しみのために、他人からの援助ではなく自らの財で行うものと考えた。そしてスポーツで金品を稼ぐことは労働者的なことであり、卑しいこととして批判した。他人からの援助や金品を稼ぐことはアマチュアリズムに悖(もと)ることとされ、スポーツ界から排除された。それ故、イギリスではスポーツに国家や自治体などの公共機関の介在も控えられてきた。この点は、戦後のドイツやフランスで国家・自治体が率先して国民、地域住民への福祉の一環としていち早くスポーツ普及のための施策を講じてきたこととは大きな差となった[69]。

　戦後のイギリスは福祉国家の典型国として出発したが、スポーツ界においては未だアマチュアリズムが災いして、他の西欧諸国のような「スポーツ・フォー・オール政策」の推進、つまりスポーツを福祉の一環としては包摂しえなかった。オリンピックや諸国際大会では、他の西欧先進諸国は「スポーツ・フォー・オール政策」の推進によって、労働者階級を含む広い国民層から優秀な選手を発掘・育成して多く派遣した。また1952年のオリンピック・ヘルシンキ大会以降、ソ連を始めとする社会主義国の参加と、そこで養成された「ステート・アマチュア（スタマチャア）」の多数参加は、資本主義国のアマチュアを凌駕し始め、他の資本主義国も国家的支援の下で選手を養成し始めた。こうした中でイギリスの国際的なスポーツ競技力はますます低下していた。それは近代スポーツ発祥国として、あるいはつい最近までの大英帝国としてのナショナリズムの決定的な弱体化をもたらしていた。

　一方、国内的には1950年代中頃からの高度経済成長の始まりと共に、他国と同様に若者文化が混乱し、若者対策が大きな課題となっていた。この頃政府レベルを含め多くの若者対策が施行された。こうした折、民間のスポーツ連盟の統括的組織である「身体レクリエーション中央評議会（Central Council for Physical Recreation: CCPR）」が1958年にウォルフェンデン委員会を設置した。委員会は地域での若者対策と国際的スポーツ競技力の向上を目指して、1960年に『スポーツと地域社会（Sport & Community）』（ウォルフェンデン・レポート）を作成した。ここでは他の西欧諸国のようにスポーツを促進する政策機関の設立を提言した。これによって、イギリスもまた国家自体がアマチュアリズムを放棄した。

2）スポーツ・フォー・オールの始まり
　それに基づき、1965年にはスポーツカウンシルを設立したが、諮問機関であ

り権限も無く、スポーツの実態調査などを行った。1972 年には執行機関としてのスポーツカウンシルを設け、スポーツ政策の作成、推進、予算執行の権限を付与した。他の西欧諸国のようなスポーツ省やスポーツ庁ではなく、カウンシル（独立行政法人）方式を採用したのは、時の政権党政府の意向で政策を振り回すのではなく、それとは一歩距離を置いて独自にスポーツ政策を推進しようという思惑からである。これはイギリスなりのコーポラティズムの現れであり、芸術の福祉としての普及と支援を行う芸術委員会（Art Commission）や田園・自然の享受を促進する田園委員会（Countryside Commission）も同様に、政府の直属機関ではなく、政府からの全面的な財政援助を受けながらも組織それ自体としては自立した、いわば独立行政法人的なものである。遅ればせながらイギリスも福祉国家の一環として、スポーツ政策が実現し始めた。

　ここでイギリスのスポーツ行政機関の概略を見ておこう。図表 3-12 のように、現在のスポーツの所官庁は文化・メディア・スポーツ省（DCMS）である。もちろん健康省や教育省とも多少関わる部分もある。特に学校教育における体育・スポーツでは教育省との連携はかなり密接である。

　さて、1965 年に設立されたスポーツカウンシルは諮問機関であり、イギリスを構成するイングランド、スコットランド、ウェールズ、北アイルランドのそれぞれに独自のカウンシルが設立された。当初は諮問機関であるためにスポーツ政策の策定、予算執行の権限は一切なかったが、今後の政策策定の基盤となるスポーツ施設の実態調査やスポーツ政策の構想を検討し始めた。1972 年には執行機関となり、スポーツ所管省と連携しながら、より詳細な政策を立案し、執行している。もちろん予算の執行権も有している。ここでは主にイングランド・スポーツカウンシル（現在は SportEngland と呼称される）の内容を展開する。

　1968 年にはスポーツカウンシルが音頭をとり、自治体、教育科学省、住宅・地方自治省、全国プレーイングフィールド協会などの参加を得て合同ワーキンググループを結成し、『スポーツ計画（Planning for Sport）』を作成した。そこではドイツのゴールデンプランなどに学びながら、対人口 6 万比でのスポーツ施設必要数を算出した。図表 3-13 に見るように、サッカー場は 22 面、ラグビー場 2 面、クリケット 6 面、ローンテニス 30 面他である。もちろんサッカー場はすべて芝生である。この段階で、イギリスのスポーツ施設建設も、先のスウェーデンやドイツと同様に、日本との比較で言えば信じられないほどの数のサッカー場が建設されている。

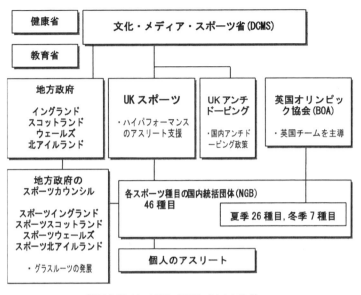

(英国オリンピック協会（2009）をもとに作成)

図表 3-12　イギリスのスポーツ組織体制図
出典：笹川スポーツ財団『スポーツ政策調査研究』、2011、p.45

図表 3-13　スポーツ施設数の必要数（イングランド）

	必要コート数	サイズ（エーカー）	全面積（エーカー）
サッカー	22	2.25	49.50
ラグビー	2	2.78	5.56
クリケット	6	3.60	21.60
	5	4.75	23.75
ローンテニス	30	0.15	4.50
ホッケー	2	1.52	3.04
グラスボール	10	0.60	6.00
ネットボール	1	0.15	0.15
			(114.10)

出典：内海和雄『アマチュアリズム論』創文企画、2007、p.220

　筆者のフィールドワークとしているイングランド・レスター県・チャーンウッド郡は典型的な田舎都市であるが、ラフバラ大学を擁する5万人のラフバラ市を中心に、小さなヴィレッジが点在する人口18万人の地域である。ここに先の必要数を当てはめるとサッカー場は 22 × 3 ＝ 66 面である。しかし1990年代後半の実数は134面あり、さらに21面が必要と言うことであった[70]。つまり、

人口18万人にサッカー場が155面必要であると言うことであり、実際にその数が設置されている（なお、日本では18万人都市のスポーツ施設を見れば、最も多いのは野球場であるが、サッカー場と合計しても10面には及ばない）。

同じく、図表3-14はイングランド全体のスポーツ施設建設の実態（1988年段階）である。スポーツセンター（体育館）でみると、1969年前の設置数は0で、1971年までの既存数はたったの12館であった。しかし1974〜75年の短期に一気に137館が建設された。そして1972年に立てた81年段階での目標数759館に対して81年の到達数は461館であり、到達率は61％であった。そして1982年には88年までの新たな目標値を800館とした。そして88年の実際の到達数は650館で、目標達成は81％に上昇した。

一方、水泳プールを見ると、1960年代から急増し、1981年の目標値857に対して実際には964であり、到達率は112％と、超過達成をした。さらに、1988年までに144のプール建設を目標としている。

これらのスポーツ施設は施設だけが独立して建設されたわけではなく、そこでのスポーツ指導員の養成や、スポーツ教室の数多くの開催をも伴っている。そして、施設の建設はドイツと同様に国内需要の一環として、経済政策の中にも位置付けられた。イギリスの場合、現在のスポーツ施設がスポーツの伝統の古さから100年以上前からのものと考えられているが、プロサッカーチームが所有する球場やブルジョアジーが自らの土地をスポーツフィールドに転用した若干のもの

図表3-14　施設建設の実態

	スポーツセンター	プール
1945〜59（設置数）		2
1960〜69（設置数）		166
1970〜71（既存数）	12	440
1970〜77（設置数）		394
1974〜75（設置数）	137	190
1981（72年の目標数）	759	857
1980〜81（到達数）	461	964
到達率	61%	112%
1983〜88（設置数）		144
1988（82年の目標数）	800	
1988（到達数）	650（81%）	

出典：内海和雄『アマチュアリズム論』創文企画、2007、p.105

は別として、地域住民の行うサッカー場、テニスコート、体育館、プールなどのスポーツ施設の大半は既述のようなスウェーデンやドイツと同様に、70年代以降の福祉の一環としての「スポーツ・フォー・オール政策」によってもたらされたものである。こうしてイギリスは70年代に他の大陸諸国の「スポーツ・フォー・オール」に急追した。

3）新自由主義の逆襲

しかし1979年に成立し、1980年代を統括したサッチャー政権はサッチャリズムという新自由主義政策を採用し、これまでの福祉政策を目の敵とした。

新自由主義とは、極端に言えば公共政策は国防と警察ぐらいに抑えようとするものであり「夜警国家」ないし「小さな政府」と呼ばれる。他の公共事業はすべてを民営化し、市場化・営利化をしようというものである。これによって、20世紀に入って各国に蓄積されてきた、あるいは労働者階級からすればそれまでに獲得してきた福祉を堀崩し、それを市場化した。それ故、多くが市場化されることにより、すべてが金に換算され、富者はより良いサービスを受けられるが、貧者はそうしたサービスからは排除されていった。それ故、各国で貧富の格差が拡大した。

これは国際的に国家間でも言えることである。戦後は直接的な植民地は激減したが、独立した旧植民地の大半はその政治的な独立にも関わらず、経済的には大半が開発途上国であり、旧支配国に依存した。そして1980年代に入るとアメリカを中心とする多国籍企業や莫大な投資会社であるヘッジファンドによって、大きく搾取されてきた。これは1960年代以来続く新植民地主義をいっそう促進させた。

イギリスでは1979年に政権を奪取した保守党サッチャー政府は、この新自由主義を採用し、単に経済政策に止まらず、教育を含む社会のあらゆる分野に浸透させたことから、「サッチャリズム」と呼ばれた。労働組合の権限が大幅に縮小され、国営企業のいくつかが民営化され、教育分野では教師の教育条件が大きく制約され、子どもたちへの競争主義も導入された。福祉の一環であるスポーツ予算も大幅なカットが目されたが、急激な福祉カットの影響で都市部の低階層の不満が爆発し、ロンドン、マンチェスターを始め多くの大都市で1981年に暴動が発生した。結局、スポーツはこれらの暴動を沈静化させるための手段として重視され（「アクション・スポーツ」政策）、かえって予算は拡大したが、暴動が沈静

化した 80 年代後半からは、自治体の強制競争入札（CCT）の導入による民営化、市場化などによって、スポーツは大きく縮小されていった。これは地域スポーツだけでなく、トップ選手養成にも及んだ。

　これは学校グラウンド（都市部以外の学校には Dual usage として学校と地域が共用するため、複数のサッカー場、ラグビー場などが設置されていた）の企業への売却、教員の労働条件（教育条件）の低下による部活動からの撤退、そして教育の競争化による受験科目の重視による体育授業の削減などをもたらし、週 2 時間の体育の授業を行っている学校が 25％まで低下していた（イギリスはカリキュラムの執行権が校長にあった）。こうして、学校の体育授業と部活動は瀕死の状態であった。子どもの体力を取り巻く社会的状況は、電子ゲームの普及によって運動不足を来たし、ジャンクフードの普及は肥満の増大へと連なった。それはまた、子どもたちの精神衛生にも波及し、人間関係におけるコミュニケーション能力を低下させ、いじめをはじめとする破壊活動や犯罪へと連なった。地域レベルのスポーツでは、グラウンドの売却による運動施設の減少、国民の貧富拡大によるスポーツ離れが進行した。そしてトップレベルでも深刻で、オリンピックでは従来 10 位水準にいたイギリスが 1996 年のオリンピック・アトランタ大会では 36 位に低下した。これは「アトランタショック」として、イギリスのナショナリズムの危機となった。この前年の 1995 年にサッチャー政権を継承した同じく保守党のメジャー首相は自らの意向も含めた『スポーツ：ゲームを盛り上げよう（Sport: Raising the Game）』を、スポーツ政策の政府文書として歴史上初めて提起し、地域スポーツを軽視しつつ学校スポーツとトップスポーツの強化方針を強調した。これは前年に成立した国営宝くじ（National Lottery）収益金のスポーツへの配分を睨んだものだったが、アトランタ大会には間に合わなかった。

　4）スポーツ・フォー・オールの「再来」
　1997 年に誕生したブレア政権（労働党）は 1980 年代以降の格差の深刻化を克服するために、「社会的包摂（Social Inclusion）」政策を推進した。つまり新自由主義政策によって国民の、地域住民の貧富の格差拡大は深刻化していた。それによって貧困層は多くの社会的な事象から排除され、国内が、地域が分断されていた。こうした状況を「社会的包摂」によって再建すべく、多様な方策を採用した。また、ブレア政権は国民の意識向上と職業能力の育成のために教育政策を重視したが、その一環にスポーツが大きく位置付けられることになった。もちろん

ここにはスポーツ関係者の多大な努力があり、子どもを含む学校スポーツ、地域スポーツそしてトップスポーツのすべてにわたって、空前絶後と言われる予算を投入しながら、スポーツを通した学校、地域そして国づくりを目指した。そしてそれぞれの領域で、世界一のスポーツ推進体制づくりを目指している。70年代以上の福祉国家的な「スポーツ・フォー・オール」の実施である。

因みに、こうした背景の1つとして国民の肥満問題を挙げてみると、成人の肥満者数は1993年の15％から2007年の24％へと増加し、子どもの肥満者数では1974～1984年の間は変化が無かったものの、1984年の5.4％から1994年には9％へ、そして2007年には16％へと増加した。もちろんこの背後には多くの過体重者が存在する[71]。

2000年代に入ってのイギリス（主にイングランド）のスポーツ政策は図表3-15の様である。

図表3-15 イングランドの2000年代のスポーツ政策

	2000	01	02	03	04	05	06	07	08	09	10	11	12
EU	①				②								
DCMS	①		②ⓐ				③	ⓑ	④	⑤			
Sport England							①	②	③				
DCSF					ⓐ			ⓑ					
Youth Sport Trusut													
EU：	① The Nice-Declaration（2000） ② White Paper on Sport（European Commission., July 2004）												
DCMS：	① Sporting Future for All（2000） ② Game Plan: a strategy for delivering Government's sport and physical acitivity objects（Decembar 2002） ③ School Sport Links（2006） ④ Playing to win: A New Era for Sport（June 2008） ⑤ International Sport Strategy（June 2009）												
Sport England：	① The Framework, for Sport in England-Making England an Active and Successful Sporting Nation: A Vision for 2020（2004） ② Planning for Sport & Active Recreation: Objectives & Opportunities, Interim Statement（2005） ③ Sport England Strategy 2008-2011（June 2008）												
DCMS, DCSF：	ⓐ Prime Minister, National Physical Education. School Sport and Club Links Strategy-PESSCL（2002） ⓑ Prime Minister, the new Physical Education and Sport Strategy for young People: PESSYP（2007）												

出典：内海和雄作成

第3章　スポーツ・フォー・オールと福祉国家

　EU は欧州連合であり、2000 年に各国のスポーツ高官の会合による「ニース宣言」を出し、2007 年には『スポーツ白書』を出して域内のスポーツ政策を率先した。
　そして DCMS「文化・メディア・スポーツ省（Department for Culture, Media and Sport）」はイングランドのスポーツ所管庁である。2000 年に『すべての人のスポーツの未来』を出し、2002 年と 2007 年には首相自ら、子ども・若者の体育・スポーツ政策を出して、世界一の学校スポーツ体制の確立のための予算と体制つくりに努力している。2008 年には『勝利を楽しむ：スポーツの新時代』を出して 2020 年までの課題を展望した。特に直近の 3 年間に新規参加者を 100 万人増加させる計画を策定し、46 競技連盟に 3 年間で 8,000 万ポンドを補助した [72]。
　このように、2000 年代に入って空前とも言われる画期的なスポーツ政策が、子ども・学校スポーツ、地域スポーツ、トップスポーツの各領域で追求されている。そのさ中の 2005 年には 2012 年の第 30 回オリンピックのロンドン開催権を獲得した。これによって、イギリスのスポーツ界はいっそうの活気を呈している [73]。
　スポーツの推進は、国民のスポーツ享受のために推進されることは理想である。しかし現実の社会では先にも指摘したように、学力向上やいじめ克服などの教育問題、肥満や糖尿病などの健康対策、地域崩壊の克服、民族的な融合策などの多くの課題を解決する手段としてスポーツが活用されている。そのためにスポーツが大きく飛躍している。いわばスポーツが目的的ではなく、手段的に推進されている。これはこれで重要なことである。
　そして地域スポーツ推進の地域での実態について触れるとすれば、既述のようにイングランド中東部（East Midland）のレスター州チャーンウッド郡（その中心にラフバラ市がある人口 18 万人）のサッカー場数は約 150 面である。日本の 20 万人規模の都市の自治体所有の野球場そしてサッカー場がどれくらい存在するだろうか。野球場が 5 面、サッカー場が 3 面でもあれば、それはかなり多い方の事例となるだろう。ここに、日本とイギリスのスポーツ施設の比較が見て取れる。これもまた、福祉の違いの反映である [74]。なお、日本の実情については次章でより詳しく展開する。
　ところで、2008 年から 3 年間で 100 万人の新規スポーツ参加者を増加させるという政府の政策に対して、それを現場で担うスポーツクラブの実態を調査し

たものがある。つまり、スポーツへの参加者の増加は最終的には地域の、末端のスポーツクラブが担うことになるが、そこでは政府方針への無理解、不信あるいは反抗など多様であり、トップダウンの方針決定ではあまり効果がなく、むしろボトムアップの、より民主主義的な政策決定でないと実効性は期待出来ない旨が指摘されている[75]。

　以上、西欧・北欧の類型の異なる福祉国家における「スポーツ・フォー・オール政策」の具体化を見てきた。それらは共通して福祉政策の一環として、スポーツを福祉として、権利として保障する過程であった。これらは決して強調してし過ぎることはない。というのは、日本で特にドイツやイギリスの「スポーツ・フォー・オール」が触れられるとき、こうした福祉国家としての背景をかなぐり捨て、「スポーツ・フォー・オール」があたかも独立して実現されたかのような記述が多いからである。それはまた、日本のスポーツ政策を論じるときに、スポーツ政策を独立して実現出来るかのように、福祉政策や、政治経済的な背景との関連は全く無視して論じる傾向があるからである。外国研究、比較研究から学ぶと言うことはこうした社会背景、政治経済背景もしっかりと視野に入れなければならないということである。

　さて、西ドイツの「第２の道」「ゴールデン・プラン」の遂行で見たように、住民の参加増を受け入れるためには、その受容のための施設、指導者、プログラムが必須であり、そのための国家からの補助は不可避である。またスウェーデンの場合、地域レベルでは自治体と地域スポーツクラブ連盟が協議して地域のスポーツ政策を策定している。もちろんそこには施設建設、指導者育成、クラブ補助などが含まれる。イギリスの場合、政策的にドイツやスウェーデンと比較するとややトップダウン的な傾向もあるが、イギリスなりのスポーツ普及策が政府の補助を伴って推進されている。そうした中での末端のクラブの「悩み」は日本のスポーツ実態から見れば雲の上の悩みの様である。

　最後に次の点に触れておかなければならない。それは「スポーツは政治的に中立である」という思想である。これはかつて資本家階級が自らのスポーツに政府からの干渉を排除するために主張した論点である。これは国家による不作為の請求であり、スポーツの自由権、自然権である。しかし、福祉国家における「スポーツ・フォー・オール政策」では、スポーツへの多大な支援を必要とする。つまり国家による作為の請求である。この意味では国家の強力な関わり、政治的支援を

求めており、スポーツの社会権である。そうすると、一方では国家、政治からの自立を求めつつ、他方で国家、政治の援助を必要とする。ここに「援助すれども統制せず（Support but no control）」の原則が求められるようになった。こうして、政治的中立の概念もスポーツの置かれた社会的条件の変化によって、大きく異なってきた。

【注】
1）工藤恒夫『資本制社会保障の一般理論』新日本出版社、2003 年、p.22。
2）1）の p.23。
3）横山寿一『社会保障の市場化・営利化』新日本出版社、2003 年、p.179。
4）田口富久治編『ケインズ主義的福祉国家』青木書店、1989 年、p.15。
5）4）の pp.13-14。
6）宮本太郎「6―社会保障の再編構想と新しい争点」（斉藤、宮本、近藤編『社会保障と福祉国家のゆくえ』ナカニシヤ出版、2011 年、p.117。
7）斉藤、宮本、近藤編『社会保障と福祉国家のゆくえ』ナカニシヤ出版、2011 年、pxiii。
8）新川敏光編著『福祉レジームの収斂と分岐―脱商品化と脱家族化の多様性―』ミネルヴァ書房、2011 年、p.6。
9）4）の p.98。
10）足立正樹編『福祉国家の歴史と展望』法律文化社、1988 年、p.28。
11）後藤道夫「資本主義批判の現在と変革イメージ―新保守主義革命への対抗戦略のパースペクティブ」『新たな社会への基礎イメージ』ラディカルに哲学する 5、後藤他編、大月書店、1995 年、p.41。
12）4）の pp.23-24。
13）エスピン・アンデルセン（岡沢憲芙・宮本太郎監訳）『福祉資本主義の 3 つの世界―比較福祉国家の理論と動態』ミネルヴァ書房、2001 年（原典：1990 年）、iv。
14）エスピン・アンデルセン編（埋橋孝文監訳）『転換期の福祉国家：グローバル経済下の適応戦略』早稲田大学出版部、2003 年、p.227。
15）14）の p.247。
16）14）の p.306。
17）14）の p.303。
18）7）の pi。
19）橘木俊詔『格差社会　何が問題なのか』岩波新書、2006 年、pp.202-203。
20）7）の時期区分。
21）3）の p.182。
22）二宮厚美『憲法 25 条＋ 9 条の新福祉国家』かもがわ出版、2005 年、p.87。
23）4）の pp.204-205。
24）4）の p.209。
25）3）の p.182。

26) 7）の i。
27) 3）の p.186。
28) 4）の p.221。
29) 大沢真理『現代日本の生活保障システム―座標とゆくえ』岩波書店、2007 年、p.38。
30) 29）の pp.44-45。
31) 29）の p.89。
32) 3）の p.190。
33) 新川敏光編著『福祉レジームの収斂と分岐―脱商品化と脱家族化の多様性―』ミネルヴァ書房、2011 年、p.317。
34) 29）の p.110。
35) 18）の新川敏光「4．日本月福祉レジーム論を巡る対話」、p.88。
36) エスピン・アンデルセン（岡沢憲芙・宮本太郎監訳）『福祉資本主義の3つの世界―比較福祉国家の理論と動態』ミネルヴァ書房、2001 年（原典：1990 年）、vi。
37) 宮本太郎、イト・ペング、埋橋孝文著「補論　日本型福祉国家の位置と動態」、エスピン・アンデルセン（岡沢憲芙・宮本太郎監訳）『福祉資本主義の3つの世界―比較福祉国家の理論と動態』ミネルヴァ書房、2001 年（原典：1990 年）、p.295。
38) 大沢真理『現代日本の生活保障システム―座標とゆくえ』岩波書店、2007 年、p.38。
39) 8）の p.17。
40) 聴濤弘『マルクス主義と福祉国家』大月書店、2012 年、p.136。
41) 二宮厚美『新自由主義からの脱出―グローバル化のなかの新自由主義 vs. 新福祉国家』新日本出版社、2012 年、p.243。
42) 内海和雄『オリンピックと平和』不昧堂出版、2012 年。
43) 内海和雄『スポーツの公共性と主体形成』不昧堂出版、1988 年。
44) 42）と同じ。
45) 40）の p.80。
46) 高島昌二『スウェーデンの家族・福祉・国家』ミネルヴァ書房、1997 年、p.108。
47) 戸原四郎「福祉国家スウェーデンの生成と展開」『福祉国家の形成』福祉国家　第1巻、東京大学社会科学研究所、東京大学出版会、1984 年、p.325。
48) 北欧スポーツ研究会編『北欧のスポーツ―スポーツは共有財―』道和書院、1993 年、p.90。
49) 47）の p.329。
50) 47）の p.322。
51) 増田靖弘「スウェーデンの国民スポーツ」『世界の国民スポーツ（上）』不昧堂新書、1977 年、p.187。
52) 丸尾直美『スウェーデンの経済と福祉―現状と福祉国家の将来―』中央経済社、1992 年、p.233。
53) 中嶋博「教育・文化政策―『自由』と『福祉』のために―」『スウェーデンの社会政策』スウェーデン社会研究所編、成文堂、1981 年、p.262。
54) 53）の p.264。
55) Nils Asle Bergsgard and Johan R. Norberg, 'Sport policy and politics - the Scandinavian way', *Sport in Society*, Routledge, Vol. 13, No. 4, May 2010, p.570.

56）55）に同じ。
57）48）の p.50。
58）桑原一良他「北欧福祉社会におけるスポーツ・レクリエーション施設について（第4報）」『新見女子短期大学紀要』Vol. 10、1989 年、p.15。
59）48）の p.43。
60）三宅克彦他「北欧福祉社会におけるスポーツ・レクリエーション施設について（第2報）」『岡山大学教養部紀要』Vol.21、1985 年、p.203。
61）60）の p.216。
62）60）の p.205。
63）「スウェーデン」『スポーツ政策調査研究　報告書』笹川スポーツ財団（文部科学省委託調査）、2011 年、p.197。
64）63）の p.200。
65）63）の p.199。
66）以下を参考文献とした。
　・笹川スポーツ財団『「スポーツ政策調査研究」報告書』、平成 23 年 7 月。文部科学省委託研究。
　・唐木國彦「西ドイツのスポーツ政策─『パートナーシップの原理』について─」『スポーツ政策』スポーツを考えるシリーズ④、大修館書店、1978 年。
　・福岡孝純、谷本都栄「ドイツにおけるスポーツ・フォー・オール施策とスポーツ施設整備計画─ゴールデン・プランからゴールデン・プログラムへ─」『帝京経済学研究』第 42 巻第 1 号（通巻 61 号）、2008 年 12 月。
　・増田靖弘「西ドイツの国民スポーツ」『世界の国民スポーツ（下）』不昧堂新書、1977 年。
　・増田靖弘『国民スポーツのプログラム─西ドイツの"第 2 の道"─』不昧堂出版、1973 年。
　・斎藤健司『フランススポーツ基本法の形成』成文堂、2007 年。
67）クリストフ・ブロイアー（黒須充監訳）『ドイツに学ぶスポーツクラブの発展と社会公益性』創文企画、2010 年、p.14。
68）内海和雄『アマチュアリズム論─差別無きスポーツ理念の探求へ─』創文企画、2007 年。
69）内海和雄『イギリスのスポーツ・フォー・オール─福祉国家のスポーツ政策』不昧堂出版、2003 年。
70）68）の p.220。
71）NHS, *Statistics on obesity, physical activity and diet: England*, NHS Information Centre, 2009.
72）内海和雄「イギリス（主にイングランド）のスポーツ政策と子どもスポーツ政策の概要」『平成 21 年度　財団法人日本体育協会　公認スポーツ指導者海外調査研究事業報告書』日本体育協会、2010 年 3 月 31 日。
73）71）に同じ。
74）69）の pp.213-236 参照。そして日本の実態については内海和雄『日本のスポーツ・フォー・オール─未熟な福祉国家のスポーツ政策─』不昧堂出版、2005 年参照。

75) Huggins, M., *Sport policy and community sport in England in the twenty-first century: changes, challennges and key themes*, 日本生涯スポーツ学会第14回大会基調講演、2012年10月27日、広島経済大学。Skinner, J., et al., 'Development through Sport: Building Social Capital in Disadvantaged Communities, *Sport Management Review*, 2008, No. 11, pp.253-275. Harris, S., et al., 'Great Expectations: Voluntary Sports Clubs and Their Role in Deliverling National Policy for English Sport,' *Voluntas*, 2009, No. 20, pp.405-423.

第4章

戦後日本の福祉とスポーツ

1．戦後日本のスポーツ概観

　前章の「スポーツ・フォー・オールと福祉国家」ではスポーツの所有史の視点から戦後の福祉国家における「スポーツ・フォー・オール政策」の誕生と推移について、西欧・北欧を中心に述べた。そして日本の「福祉国家」に関しても触れ、日本は福祉国家の前提である生産体制（フォード主義生産体制）では十分に条件があったにも関わらず、その富の分配ではもっぱら大企業にのみ集中し、国民一般への分配つまり福祉水準は低く、福祉国家とはなっていないと述べた。

　本章は、その戦後日本のスポーツ政策を福祉の視点から検討する。戦後のスポーツ政策については既に拙著『戦後スポーツ体制の確立』『イギリスのスポーツ・フォー・オール―福祉国家のスポーツ政策―』『日本のスポーツ・フォー・オール―未熟な福祉国家のスポーツ政策―』（いずれも不昧堂出版、1993、2003、2005）で詳細に展開した。本章ではそれを更に福祉とスポーツとの関連について焦点化する。その場合、文部大臣の諮問機関である保健体育審議会（以下、保体審と略す）の答申の推移とそれが目指した総合的なスポーツ振興政策と現実に施行された施策とのギャップを検討する。特に1960年代の高度経済成長期の福祉政策の在り方が、西欧の福祉国家における福祉、その一環としての「スポーツ・フォー・オール政策」とは根本的に異なり、国民福祉軽視そしてスポーツ軽視が特徴的である。1990年のバブル経済崩壊以降の貧困化、あるいは国や地方自治体への新自由主義的政策の導入による格差拡大は国民のスポーツ参加に更なる深刻な影響を与えている。

　スポーツ政策は、真空の中でのそれであるわけではなく、国の政治経済や国民の貧困問題、福祉問題と関連して存在するのだから、スポーツ政策研究もそれらとの関連で追究しなければならない。国民のスポーツ参加それ自体が国民福祉の一環だからである。

　さて、明治期の近代公教育の発足とともに、体育が教科として誕生し、国民の体力、健康促進に活用された。そこでの教育内容・教材は費用のかからない体操が主であった。残念ながら、体育は運動を国民の教養として重視するための目的としての教育ではなく、体力、健康促進の一助の為、つまり手段としての体育であった。一方、当時の中上流家庭の子どもたちが通った旧制中学以上では、欧米からのスポーツの導入による運動部活動が発展した。ここでは先のような体力、

健康の為もあったが、スポーツを享受することは西洋文化に触れるというステータスシンボルとする雰囲気もあった。

　こうして教育の場においても階級的なスポーツ所有の差が存在した。一般国民の子どもたちには費用のあまりかからない体操を、富裕層の子どもたちにはより上級の学校で費用の掛かるスポーツが提供された。

　因みに日本では地域スポーツは発達しなかった。これは自治体へスポーツ施設他を要求するほどに、住民のスポーツが普及していなかったこと、そしてアマチュアリズムに規定されて公共機関が施設を提供するという思考が未成熟であったからである。もっとも、先の富裕層の子どもたちが運動部活動で行った種目を、卒業後に地域に帰って仲間を集めて多少は享受していた。しかし、第2次世界大戦後、体操に加えてスポーツもまた義務教育の体育科の教育内容・教材として導入され、すべての子どもがスポーツを国民的教養として学習出来るようになった。スポーツを学習することによってアメリカ流の民主主義が形成されると考えられたからである。運動部活動もまた新制の公立中・高校で広く享受されるようになった。そうしてスポーツを経験した卒業生のスポーツ的教養が、地域や企業、上級学校でスポーツに参加する国民的基盤を形成した[1]。

　ここで結論的に、戦後日本のスポーツ普及を概観すると、その中心は学校の体育科であり、運動部活動である。これは現在に至るも変わらない。一方、1950年代後半からの高度経済成長以降、大企業内の福利厚生の一環として職場スポーツ(*)が振興された。1948年からは労働省が主管して「労働組合体育大会」が開催された[2]。それとて一部の大企業の労働組合が対象であるから、圧倒的多数を占める中小零細企業の労働者たちには縁の無い話であった。これは一方で、厳しさを増す労働条件に対抗して高まる労働運動への対策として、労働者管理としての側面も持った。そして高度経済成長の中で、企業宣伝の一部を企業スポーツが担い、それはまた大学スポーツとともに日本のトップスポーツを担った。こうして日本のスポーツは学校と一部の企業によって担われた。とはいえ、大半の国民にとって「するスポーツ」は未だ蚊帳の外であった。欧米のスポーツが学校と地域を中心に発展してきたのとは逆に、日本では国民のスポーツ参加の中心となるべき地域スポーツはほとんど発展しなかった。これは国民福祉の低位水準と無関係ではない。いや、スポーツもまた福祉の一環として、福祉国家政策の一環を占めている一方で、福祉国家化が不十分である日本では、地域スポーツの振興もまた不十分ということになる。

＊職場スポーツとは企業内において、従業員を対象とする福利厚生としてのスポーツである。一方、企業スポーツとはそれから発生はしたが、次第に高度化を志向し、高度経済成長の下で、企業の宣伝と同時に労働者の企業意識の高揚のために企業を代表するチーム、スポーツである。1960年代中庸から多くの企業チームが集まって種目毎の日本リーグを結成した。企業スポーツは日本のトップ水準のアップと維持に努め、日本代表チームの中心を構成した。

戦後のスポーツ振興の法的根拠は、社会教育法（1949.6.10）の第2条「社会教育の定義―この法律で『社会教育』とは、学校教育法に基づき、学校の教育課程として行われる教育活動を除き、主として青少年及び成人に対して行われる組織的な教育活動（体育及びレクリエーションの活動を含む）をいう」である。括弧の中に挿入された経緯を含めてこの第2条の成立過程については『戦後スポーツ体制の確立[3]』で詳しく論じた。条文としてではなく、挿入程度の扱いであったが、それは1961年の「スポーツ振興法」というスポーツの独自法が制定されるまで、地域スポーツの法的位置付けはこの社会教育法だけであった。

1946年に第1回国民体育大会（国体）が京都を会場に開催された。当時国民の娯楽が乏しい中で、国体への関心は高かった。しかし、そこに参加出来たのはこれまでスポーツを享受してきた社会的上層に属する人々であり、多数の一般国民にとっては新聞やラジオニュースによって自らの都道府県選手の活躍を「ローカル・ナショナリズム＝ローカリズム」に支えられて「見る（聞く）スポーツ」が大半であった。それはアマチュアリズムによる排除にも規定された。

1950年代後半に始まり1970年代初頭まで続いた高度経済成長は、日本においても国民の労働と生活を大きく変化させた。社会のあらゆる分野で機械化とそれに伴う省力化が進んだ。労働密度の強化はストレスを生み、社会的な人間関係の希薄化も多く生じ始めた。そして栄養の高カロリー化が進んだ。先進諸国では人類史的な「体力のパラダイム転換」が起き、「少量摂取・多量消費」の欠乏の時代から「大量摂取・少量消費」の飽食の時代へと転換した。こうして過剰摂取による栄養過多問題が深刻化した。運動不足やストレス解消に有効なスポーツ参加の要求が高まったが、地域でのスポーツ施設が十分に整備されず、その要求は満たされなかった。特に日本では、高度経済成長はしたものの、それは国民のかなりの犠牲の上に成立したものであり、そこで得られた富が十分に国民に分配されなかった。こうした福祉国家政策の欠如が決定的であった。その状態は基本的に1960年代以降、現在まで継続している。

1990年代初頭のバブル経済崩壊以降、現在まで続く不況の中で、福祉国家化

第 4 章　戦後日本の福祉とスポーツ

をしなかった日本では、「スポーツ・フォー・オール政策」もまた不発であった。さらに 1990 年代以降は、そうした状態の中で 1980 年代からの新自由主義政策による国民の貧富の格差拡大と若者層の貧困化、スポーツの市場化、民営化によって、国民、地域住民のスポーツ参加がいっそう冷え切っている。

　本章は、そうした戦後日本のスポーツとスポーツ政策を、文部大臣の諮問機関である保体審答申類を中心に、時代的課題、答申の意図、答申の客観的意義そして実際の政策実施の経緯を振り返りながら、スポーツを通した福祉の実態を検証する。

2．東京オリンピックまでのスポーツ（1945 〜 1964）

　戦後、保体審は 1949 年に体育・スポーツ、健康、給食などの政策を検討するために文部大臣の諮問機関として設けられた。1951 年に「保健体育並びにレクリエーションの振興方策について」を初めて答申した。それ以降、保健体育、レクリエーション、給食、そしてスポーツに関する答申、建議、要望、報告を行って来た。2000 年 5 月の省庁再編に伴い、中央教育審議会のスポーツ・青少年部会に合併改組されるまで活動した。

（1）高度経済成長のはじまり

　日本における「社会体育」はこれまで、国民の可処分所得、可処分時間の不十分さと、アマチュアリズムの影響によって公共的な施設も少なく、スポーツは未だ地域社会の中上層部の楽しみとして行われてきた[4]。国民体育大会もその一環である。確かに戦後教育で体育科の教育内容・教材としてスポーツが活用され、また運動部活動の普及による国民全体のスポーツ経験は増えたが、中学校卒業後のスポーツ参加は、大企業内の福利厚生でのスポーツ経験（職場スポーツ）を例外とすれば、圧倒的多数の中小零細企業における労働者が依存せざるを得ないのは地域自治体であった。とはいえ、スポーツ参加の前提となる彼らの生活での可処分所得、可処分時間は十分ではなく、自治体のスポーツ政策も未だ貧困であり、多少は有ったとしてもそれは実質的に地域エリートたちのものであった。その証拠に、その後結成された地域体育協会も地域の経済的、政治的優位者によって組織されてきた。

　1950 年代後半からの高度経済成長は、アメリカの対社会主義圏への対抗、防

波堤として、ヨーロッパにおいては西ドイツ、アジアにおいては日本を重点的に支援した結果の経済成長である。70年代初期のオイルショックまで続いたが、当初は戦後復興を目指したものである。

1964年の第18回オリンピック・東京大会は、戦後からの復興を世界へ知らしめ、日本製品の世界市場への輸出の伸展を背後に控える中に位置付けられた。それ故、オリンピック招致はスポーツ界の悲願であったが、それ以上に大企業を中心とする財界の強い意向であった。と同時に、このような国際的なビッグイベントを招致する上では、開催都市、国の常套であるが、都市インフラの整備、政権党の意図するナショナリズムの高揚策の一環としても期待された。それらは、オリンピックの組織過程の中に、開催中に、そして開催後にしたたかに組み込まれた[5]。

(2) スポーツ政策

戦後、学校での体育科の充実や運動部活動の普及によって、スポーツは国民の共通教養として形成され始めた。

1948年11月13日には財団法人日本体育協会が前身の大日本体育会から改組され、それ以前の1946年に開始された国民体育大会を担うようになった。また、1948年3月19日には戦時中の日本厚生連合が解消され日本レクリエーション協会が発足した。さらに1947年5月にはテニス(硬・軟)、卓球の3種目でのマッカーサー元帥杯競技大会や、1948年に労働組合体育大会(陸上競技、軟式野球)も開始された。とはいえ、これらの大会もまだまだエリート主体であった[6]。

東京都のオリンピック開催権は1959年のIOC総会で決定されたが、オリンピック開催国がスポーツ関連法を何も持たないということは恥ずべきことであるとして、1961年に「スポーツ振興法」が議員立法で制定された。これによって、一番大きなインパクトを得たのは、地方自治体のスポーツ行政であった。次第に高まる地域住民のスポーツ要求に対応するにも、法的根拠が社会教育法の第2条だけではあまりにも弱かったから、この独自法の制定によって、大いに活気づけられた。しかし、国レベルでは議員立法という性格上予算規定を何も持たない法であるがゆえに、執行上の実質的な権限は何も無い状態であった。

保体審答申として「スポーツ振興のための必要な立法措置及びその内容について」(1958年12月18日)が出され、「スポーツ振興法」へのバックアップを

したが、国民へのスポーツ普及の具体策には欠けていた。さらにオリンピック直前の1964年7月に「スポーツの振興に関する基本計画について」の中間報告が提起された。この段階で保体審委員の中には既に西ドイツで開始されていた国民のスポーツ振興策である「第2の道」(1959)、スポーツ施設建設計画である「ゴールデンプラン」(1960)をはじめとする欧米の動向も伝わっており、単なる表面上の政策だけでなく、基盤形成からの根本的な施策への探究が始まった。しかしより深い議論はオリンピックの終了を待たなければならなかった。

1962年には外遊びをしなくなり始めた子どもたちを鍛え、将来のトップスポーツ選手を養成する目的で、「日本スポーツ少年団」が設立された[7]。しかしこの間、オリンピックの開催に追われ、国民のスポーツ振興の政策はない。

(3) 福祉論から

1950年代後半から高度経済成長が始まり、1960年の医療保険制度、1961年の国民皆保険・皆年金体制のスタートなど、日本は福祉国家への方向性を示すかに見えたが、高度経済成長の利潤と税金はもっぱら外需拡大を志向する大企業のための生産基盤の建設に活用され、国民の福祉にはそれに見合って再分配されなかった。ここに日本が、生産としては先進国入りをしながらも、国民への分配（福祉）では不十分にしかもたらされず、福祉国家化をしなかった原因がある。

それはスポーツの分野でも言えることである。敗戦後の社会の中で、学校教育でのスポーツは別として（もちろん学校施設も不十分であったからスポーツが十分に享受されたわけではない）、地域社会でのスポーツは施設条件も無く、貧困なままに放置された。それは高度経済成長期に入っても同様であった。国民のスポーツ要求は徐々に高まりつつあったが、それはアマチュアリズムも介在して、公共機関が積極的に援助することも無く、個々人の対応に任された。60年代が近づくにつれて、オリンピック開催へと世論は誘発されたが、国民のスポーツ要求を充足させるべき施策は貧困だった。従って、この段階までに「スポーツ・フォー・オール政策」の思考と志向は無かった。

3. 東京オリンピックと高度経済成長（1965～1971）

(1) 政治経済的背景

1964年の東京オリンピックは、1940年東京大会の中止以来、日本スポーツ

界の悲願であった。また敗戦からの復興を世界にアピールし、高度経済成長を続ける日本の工業製品を世界へ輸出させる絶好の機会とされた。そのためにこのオリンピックを目指して東京―大阪間の東海道新幹線を開通させ、都内の交通網他の都市インフラが大きく新設ないし改善された。これらもオリンピック経費に計上され、総額1兆円に上った。直接オリンピックに要した費用はそのうちの3％であり、他の97％は都市インフラ経費であった。ここにオリンピックに対する財界の意図が読み取れる[8]。こうした都市インフラ整備のためにオリンピックを招致することはその後の世界のオリンピック招致運動の典型の1つになった[9]。

　東京オリンピックの政治的利用から見れば、以下のような文脈の下に置かれた。1960年の日米安全保障条約の改定に伴う保守政治の危機は、ナショナリズム高揚や、明治以来の日本を一貫して発展したとする近代化論によって、回避策が取られた。つまり、1968年を明治100年祭として、この近代の100年を華々しい発展史として描き、日本の侵略戦争や天皇制の抑圧を隠蔽した。そこにオリンピックが最大限に活用された。日の丸の掲揚、君が代の斉唱が全国的に推進された。とはいえ大会自体はきめ細やかな演出が随所に散りばめられ、ブランデージIOC会長から賛辞が送られた。

　1960年代の高度経済成長は戦後復興からの脱出を目指したものであり、62年10月閣議決定された「全国総合開発計画」（全総）による大規模な拠点開発方式は公共事業に支えられた。しかし、この段階で既に公共投資における生産基盤（大企業進出のための道路、電源としてのダム、港湾、空港など）と生活基盤（都市生活者のための病院、学校、図書館、公民館、スポーツ施設などの諸福祉施設）の割合は2：1となり、欧米の福祉国家における1：2とは対照的な構造であった[10]。「新産業都市建設促進法」(1962)、「工業整備特別地域整備促進法」(1964)はそのために制定され、その結果、大都市への人口の集中による住宅不足、公害、労働災害など多くの都市問題、労働問題が起きる一方で、過疎問題等が深刻化した。

　こうした政府の福祉軽視の中で、地方自治体は革新化し、東京から大阪までは60年代後半から70年代初期には革新ベルト地帯と呼ばれた。老人医療費、老人のバス料金や子ども医療費の無料化、図書館、文化施設の建設等々の住民福祉を、中央政府が行わない代わりに革新自治体が促進した。こうした革新自治体を誕生させた勢いは中央政府にも及び、国政レベルでも革新勢力による連合政府が展望され始めた。この時期はまた、戦後の住民運動が最も高揚した時期である。

終戦直後の衣食住での貧困つまり「古典的貧困」を引きずりながら、公害、労働災害、都市環境整備の遅れ、住民福祉諸施設の不足等々の「現代的貧困」も深刻化した。明らかに「高度経済成長の矛盾」が住民にしわ寄せされた結果であった。

こうした自治体の革新化に脅威を感じた政府は、大企業の外需拡大路線だけに走ることは出来なくなり、内需拡大特に国民生活向上、福祉を重視せざるを得なくなった。これが1973年の「福祉元年」である。

その政策的基盤が『経済社会基本計画─活力ある福祉社会のために─』（経済企画庁編、1973年2月13日閣議決定）である。ここでは「従来のようなGNP等の経済指標に加えて、国民福祉をより総合的に表現する指標（例えば国民福祉指標NNW: Net National Welfareなど）について開発に努めることが必要である」(p.27)と述べた。これが「福祉元年」の基礎となった。この中にはコミュニティ・スポーツの充実も記述されていた。この基本計画の作成と併行して1972年12月の保体審答申（後述）も作成されつつあった。

これらに先だって首相より東京オリンピック直後の1964年11月、国民生活審議会へ「経済発展に伴い確保されるべき望ましい生活内容及びそれを達成するための基本的政策如何」が諮問され、答申『将来の国民生活像─20年後のビジョン─』(1966.11)が提起された。そこでは「食生活と保健」「住宅と生活環境」「教育と文化」そして「余暇」についての充実を提起した。これを引き継いで同審議会は1972年12月に『レジャーへの提言─消費者保護の立場から─』を発刊し、「1億総スポーツマンの実現」(p.11)のために公共スポーツ施設の建設促進はもちろん、学校体育施設及び事業所施設の開放の促進とスポーツ指導体制の整備を指摘した。これはほぼ同じ時期に文部大臣の諮問に対する保体審答申「体育・スポーツの普及振興に関する基本方策について」(1972.12)と多くを共有する認識であった。つまり、この時期、革新自治体の福祉の進展からの影響によって、中央政府においても福祉が強く意識されたのである。そしてその一環にスポーツ政策も包含されていた。

（2）スポーツ政策

1964年の東京オリンピックにおける日本チームの「敗北」は、日本人の体力不足と総括された。そのための施策が1964年12月の閣議決定「国民の健康・体力増強対策について」となり、翌65年3月に関連省庁11他、168の民間関連団体も加わって、「体力つくり国民会議」が総務庁主管で結成された[11]。学校

教育も 1969 年の学習指導要領の改訂で、体力主義へ傾斜した。体育科の授業がスポーツの面白さを無視して、体力の要素である筋力、持久力、瞬発力などに分類し、それぞれの要素の形成のためのサーキットトレーニング化され、「スポーツは好きだが、体育の授業は嫌い」などの体育嫌いを生んだ。また、行間の休憩は本来は授業での疲れを取り、リフレッシュする時間帯であるが、午前中の 2 時間目と 3 時間目の間の休憩を少し長く取り、「行間体育」として、全校で一斉に生徒を校庭で走らせたり、全員に縄跳びをさせたりと、学習指導要領の総則の第 3 が体力項目として設けられ、単に体育科教育内でのことではなく、学校全体での課題とされた [12]。

　それらの体力の強調の背後には、高度経済成長に必要な国民の体力・健康問題が控えていた。長時間労働に耐えうるために、「24 時間戦えますか」というドリンク剤のコマーシャルも生まれた。この時期は日本製品が国内の低賃金と低い労働条件、そして産業廃棄物の工場外への放出（公害の深刻化）によって低価格を維持し競争力を増し、世界の市場を席巻した。

　オリンピック敗北後、文部大臣より若年層からの選手育成策を諮問されて 1967 年 7 月に保体審が招集された。しかし、単に選手育成策だけを考えても「花だけ咲いて実がならない」との指摘があり、改めて「体育・スポーツ振興の基本方策について」諮問された。国民のスポーツに関する資料の少なさも指摘され、1969 年 7 〜 8 月には文部省体育局始まって以来の大規模な「社会体育実態調査」を行った。これは 1960 年の西ドイツの「ゴールデンプラン」の基礎調査や「第 2 の道」計画、そしてイングランドスポーツカウンシルの『スポーツの計画』（1968）などから学んだものであった [13]。

　高度経済成長における企業内での労働条件の悪化、賃金の伸び悩みは労働者の権利意識を高め、労働組合を強化させた。そのために大企業の人事課では、労働組合対策の一環として職場の人事管理対策上、福利厚生として職場スポーツを組織した。この場合、そのための施設・条件をそろえていたのは大企業が大半であり、労働者人口の大半を占める中小零細企業の労働者はこうした恩恵にも与れなかった。彼らは自治体にも依存出来ず、結局彼らのスポーツ参加要求は実現されず、ただ、普及し始めたテレビを通してトップ選手たちの競技を見るだけで満足しなければならなかった。

　その一方で、スポーツの国際大会も、オリンピックを筆頭に徐々に増加してきた。戦前であれば、アマチュアの代表として大学生が大半であったが、1964 年

のオリンピックを前後して、企業チームが高度化し、それがやがて国内リーグを結成し、国際大会の選手養成の温床となった。こうして企業スポーツが誕生した。企業チームは当初はその企業に社員として雇用され、実質は企業宣伝のために、そして労働者の企業意識の高揚のために企業を代表した。日本のトップスポーツは大学生からこの企業スポーツ選手の比重が大きくなっていった。

（3）福祉論から

　高度経済成長により、国民のスポーツ参加要求は高まりつつあったが、政府のスポーツ政策はもっぱら東京オリンピック開催に焦点化され、国民福祉の軽視と相俟って、国民参加のスポーツ政策は注目されなかった。

　オリンピックを過ぎて、高度経済成長も本格化し、それに伴って国民の体力問題も深刻化した。そして体力対策は国家的な課題となった。それと同時に国内の革新自治体からの福祉重視の圧迫という現実があった。それに欧米の福祉国家的スポーツ観、スポーツ政策に後押しされ、72年答申へと連なった[14]。

4．福祉国家への志向と挫折（1972～1980）

（1）政治経済的背景

　上記のように、諸課題の解決のために政府も1973年を「福祉元年」として福祉を重視せざるをえなかった。しかし、1973年秋の産油国の生産制限による「オイルショック（石油危機）」は世界経済を激震させ、一気に世界恐慌を来した。それまで続いてきた日本の高度経済成長も終息した。そして、「福祉2年」は叫ばれなかった。

　ただ、1960年代の日本の急激な高度経済成長と海外輸出に対する欧米諸国の不満は、それを支えた日本の労働者の劣悪な労働条件への批判となって押し寄せた。これと共に、一方で進む革新自治体の福祉推進からの圧力、国民の体力・健康の低下、あるいは公害や労働災害などの矛盾を覆い隠す「吸収装置」として、政府としても余暇政策をとり、日本の労働条件を改善しているというポーズを取らざるを得なくなった。決して、国民福祉の促進を主目的とした施策では無い[15]。

　とはいえ、「新全国総合開発計画」（新全総、1969)による大規模な公共投資と「経済社会基本計画」(1973)による「活力ある福祉社会のために」、内需を拡大さ

せる必要があった。ここにおいて公共投資と福祉の結合点の1つとしてスポーツ施設建設が位置付けられ、オイルショック以降も関連省庁の余暇政策推進体制とスポーツ施設建設は絶対数は圧倒的に不足であったが、相対的には進展した。

(2) スポーツ政策

　既述のように、政府によるレジャー政策の必要性が求められた。1973年には通産省に「余暇開発室」を設け、さらに外郭団体として「余暇開発センター」を設置して、余暇政策の策定と推進の主体とさせた。

　こうした中にスポーツ政策も含められ、1972年12月の保体審答申「体育・スポーツの普及振興に関する基本方策について」が出された。この答申は1968年9月30日に文部大臣から諮問されたものであるが、この1968年は今後の体育・スポーツ政策、健康促進政策など、今後の政策作成の上で重要な時期であり、諮問ラッシュとも言うべき状態であった。その作成過程で、既述のように大規模な「社会体育実態調査」を行った。

1) 1972保体審答申「体育・スポーツの普及振興に関する基本方策について」

　この答申は序文で、「これまでの体育・スポーツは学校を中心に発達し、また、選手を中心とする高度なスポーツの振興に重点が置かれ、一般社会における体育・スポーツを振興するための諸条件は、必ずしも整備充実されるに至らず、今や広く国民の要請に応じ得ない状況にある」との認識から始まる。その前提として先の「社会体育実態調査」を行った。そして「国民の健康状態（疾病状況）」「国民の体力」「生活時間構造の変化と自由時活動」「スポーツ活動の実施状況」「体育・スポーツ施設の現状」「体育・スポーツ団体」「体育・スポーツの指導者」そして「社会体育行政の現状」を検討して参考資料として付した。それらを基礎に、施策としては「1．体育・スポーツ施設の整備」「2．体育・スポーツへの参加の推進」「3．体育・スポーツの指導者の養成・確保と指導体制の確立」「4．学校体育の充実」「5．研究体制の整備」「6．資金の確保とその運用」そして「7．関係省庁の協力体制の確立」について、スポーツ政策策定の上で前提となる諸資料を先の「社会体育実態調査」を踏まえて確保し、現状の実態をしっかりと踏まえて、今後の国民スポーツとして取り得る施策を、そこで政府・自治体等の公共機関の責務を基本として、ほぼ全面的に展開した。これだけの準備と全面性を示した答申は空前絶後である。それだけ保体審も、文部省も力が入っていたという事である。

特に体育・スポーツを行う上で基盤となる施設について、「すべての国民が、日常生活の中で体育・スポーツ活動に親しむことが出来るようにするためには、人々の興味や関心、技術の程度などに応じて身近で、手軽に利用出来る公共の施設を数多く作ることが大切である。」と公共の責任を強く自覚した。そして、ドイツ、イギリスなどの先行例に学びながら、図表4-1のような「日常生活圏域における体育・スポーツ施設の整備基準」を策定した。

この数値の算定基準はそれぞれの人口の20％が週1回スポーツに参加することを前提として、人口1、3、5、10万人を基準に、「運動広場」「コート」「体育館」「柔剣道場」「プール」に関して必要数を示したものである。例えば、人口5万人の地区では面積10,000㎡（縦横約100m四方、具体的には野球場やサッカー場の規模。周辺の関連施設は含まない）の運動広場を3ヵ所以上必要とするものである。

ただ、この施設設置基準について一言しておかねばならない。確かに日本のスポーツ政策史上、スポーツを広義の福祉の一環として視野に入れたという点では画期的な試みであり、その価値はいささかも失われるものでは無いが、日本の高度経済成長よりも低い水準であった西欧・北欧におけるその福祉度（ここでは、

図表 4-1　日常生活圏域における体育・スポーツ施設の整備基準

施設	人口規模	1万人	3万人	5万人	10万人
屋外運動場	運動広場	面積10,000㎡の運動広場 1か所	面積10,000㎡の運動広場 2か所	面積10,000㎡の運動広場 3か所	面積10,000㎡の運動広場 6か所
	コート	面積1,560㎡のコート 2か所	面積2,200㎡のコート 4か所	面積2,200㎡のコート 6か所	面積2,840㎡のコート 10か所
屋内運動場	体育館	床面先720㎡の体育館 1か所	床面先720㎡の体育館 2か所	床面先720㎡の体育館 3か所	床面先720㎡の体育館 5か所
	柔剣道場	床面積200㎡の柔剣道場 1か所	床面積300㎡の柔剣道場 1か所	床面積300㎡の柔剣道場 1か所	床面積400㎡の柔剣道場 1か所
	プール	水面積400㎡のプール 1か所	水面積400㎡のプール 2か所	水面積400㎡のプール 3か所	水面積400㎡のプール 6か所

出典：保体審答申「体育・スポーツの普及振興に関する基本方策について」（1972）

対人口比スポーツ施設数）に比べると、あまりにも低水準である。それと同時に、「人口の20%が週1回」参加という基準もまた控目すぎる。

　ドイツのゴールデンプランではスポーツ広場に関しては人口1〜1.5万人に対して約40,000〜60,000㎡の競技場3〜4面、小競技場6〜9面を提起していた。このスポーツ広場の基準は日本の基準に置き換えると、10,000㎡の運動広場の4〜6倍×3〜4＝12〜24面を、対人口5万人では5〜3.5倍、つまり12〜24×5〜3.5＝60〜84面となる。イングランドの場合、人口6万人に対してサッカー場22面、テニスコート30面他が提起されていた。1984年段階の完成された段階の数値であるが、ウェールズ（イギリス）のカーディフ市では人口28万人に対してサッカー場98面、ラグビー場45面、クリケット場20面、テニスコート77面他、イングランドの先の基準に近い実態となっている。スウェーデンのヴェステロース市の場合でも、人口12万人弱に対して1985年段階でテニスコート約170面、サッカー場89面（1989年）であり、それを人口5万人比で換算すれば施設の充実度が容易に理解出来る。

　さて、この答申の末尾での「資金の確保とその運用」では以下のように述べている。「体育・スポーツ施設は広く一般の人々の利用する公共的施設を中核として整備するものであるから、施設の整備は、基本的には国、地方公共団体の行政課題として進められなければならない」。さらに具体的には「日常生活圏域における体育・スポーツ施設については、地域住民の福祉をいっそう増進するという見地から原則として市町村が主体となり、広域生活圏域における体育・スポーツ施設については、関係市町村の適正な分担または都道府県もしくは国の負担により、その整備を行うものとする。なお、地方公共団体の整備する体育施設に対しては国はスポーツ振興法の趣旨に則り、十分な補助を行わなければならない」（下線：内海）と、スポーツを福祉の一環として位置付け、国の責任を強調した。

　このように日本全体の余暇、福祉重視政策の一環として、スポーツの権利高揚を背景として初の「スポーツ・フォー・オール」志向の政策がこうして誕生した。そして、この時期国民の余暇管理の必要上から通産省に「余暇開発センター」を設け、1973年を「福祉元年」と位置付けたように、政府も革新自治体の勢いに押されて福祉を充実せざるを得なかった。この保体審答申はこうした背景の下に、日本のスポーツの発展を、意図したかしないかは別として、内実としては福祉国家的な理念と政策を提起した。この点で戦後、いや日本の歴史上初めて本格的なスポーツ政策が提起された。そしてその提起の背後には「スポーツ・フォー・オー

ル」を志向し、またその政策を科学的に成立させる基礎調査と研究が存在した。これらの点で西欧の福祉国家におけるスポーツ政策に、政策内容としても、政策立案の研究基盤としても、大きく接近する条件を形成した。

　後述するようにその後も多くの保体審答申が出され、施策の領域としては本答申を踏襲している。全面的な政策を提起しようとすれば本答申を踏襲せざるを得ないが、その多くはより表層的であり、これだけ科学的で全面的な答申は出現しなかった。

２）体力つくり・スポーツ予算

　体力つくりに関わる全14省庁の予算は図表4-2に見るように1973年のオイルショックによる福祉の削減にも関わらず、1975年以降急速に上昇し、1981年の約3,300億円まで上昇した。この背後には、「新全国総合開発計画」(1969)による大規模な公共投資と「経済社会基本計画」(1973)による「活力ある福祉社会のために」、内需を拡大させる必要があったからである。そうした公共投資の一環としてスポーツ施設建設が位置付けられた。オイルショック以降も関連省庁の余暇政策推進体制とスポーツ施設建設は相対的には進展したのである。しかしその後は一気に下降を続け1986年には2,500億円まで下がった。1970年代初頭は事業振興が施設整備を上回っていたが、1972年以降の施設整備の急上昇に伴い、その関係が逆転すると同時に、予算の大半は施設整備費となった。

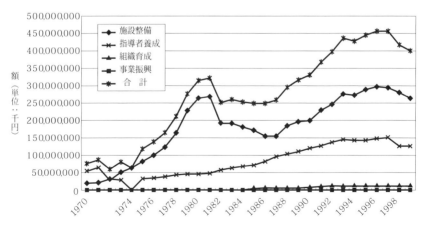

図表4-2　全省庁体力つくり関係予算調（総務庁）
出典：総務庁「体力づくり関係予算調」各年度より作成

1986年にその低下はボトムとなったがその後バブル経済に乗って再び上昇し始め、1997年の4,561億円まで上昇した。そして再び減少した。

同じく図表4-3はその後の全省庁体力つくり関係予算の動向であるが、バブル経済の下で、1997年の4,561億円を頂点にその後は低下の一途を辿り、2010年には428億円で、1997年の約1/11である。これは対GDP比で見ても、1997年の0.089%から2010年には0.009%に大きく低下している。こうした体力つくり関連予算の減少からも、2000年代の日本の体力つくり・スポーツ関連の予算、政策の低調さが理解出来る。これは福祉低下政策全般の一環である。

次いで、図表4-4は2005年と2010年の予算の施策別内訳の比較であるが、絶対額としても2,691億円から428億円へと1/6に減少しているが、その中でも「施設に関する施策」の割合が激減である。こうして国民にとって、体力つく

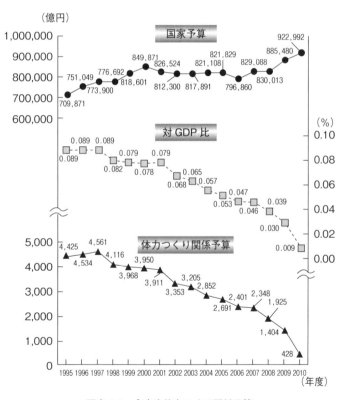

図表4-3　全省庁体力つくり関係予算

出典：総務庁、文部科学省、体力つくり国民会議「体力つくり関係予算（案）調」（1995～2010）

第4章　戦後日本の福祉とスポーツ

図表 4-4　体力つくり関係予算の施策別内訳
出典：総務庁、体力つくり国民会議「体力づくり関係予算（案）調」（20005、2010）

りを含むスポーツ施設の減少は決定的に危機的状況である。

3）全国市町村体育予算

　住民のスポーツ要求に直接的に対応する全国市町村の体育・スポーツ予算の推移は図表4-5のように、1970年代は着実に伸びた。1972年の総額は約500億円から1982年には約3,000億円と、10年間で6倍に到達した。その後1980年代の不況期は後半のバブル経済まで漸増を維持した。そしてバブル経済期に再度急上昇し、1990年代初頭のバブル崩壊後も1996年の7,700億円まで上昇した。そしてその後低下した。

　ここでも、オイルショックによる停滞は無かった。資本的支出（主に施設建設費）は着実に伸び、それは債務償還費と併行している。つまり多くの自治体は自治省などからの借金をしつつも、体育・スポーツ施設を建設したのである。一方、消費的支出（事業費他）は1980年代は少々低下傾向にあり、バブル経済で再び上昇したが、1990年代初頭のバブル経済の崩壊と共に急速に低下した。これは自治体でのスポーツ教室や施設それ自体の運営費の削減を意味する。

　同様な傾向はスポーツの主導的所管庁である文部省（2001年より文部科学省）体育局のスポーツ関連予算の推移（図表4-6）を見ると分かりやすい。

　1974年には100億円であり、その大半は全国の自治体の施設建設への補助であった。1978年から急上昇し、1982年には300億円に達した。その後不況期の80年代は大きく低下し、87年には合計180億円にまで低下した。施設建

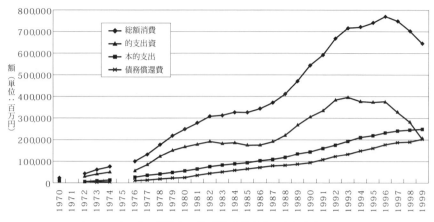

図表 4-5　全国市町村体育予算（「地方教育費調査報告書」（文部省））
出典：文部省「地方教育費調査報告書」（1970～1999年）より作成

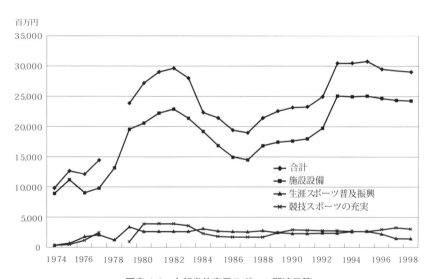

図表 4-6　文部省体育局スポーツ関連予算
出典：文部省体育局スポーツ関連予算

設費は150億円である。その後バブル経済によって再び上昇し、1990年代初頭には再び300億円を回復したが、その後は低下した。この図は1998年で切れているが、後の図表4-21で見るように、予算項目に「施設建設費」自体が無くなるという状態であり、文科省としても自治体のスポーツ施設建設への補助を

第4章　戦後日本の福祉とスポーツ

事実上解消したと言うことである。これと併行して、中教審答申などでは「施設整備」との表現が時々出てくるが、その位置付けは極めて弱いものとなっている。

　この時期、スポーツ予算の上昇に伴って、スポーツ施設の建設も進んだ。それは図表4-18を見れば分かるように、1969（昭和44）年に15万弱の施設数（そのうち2/3が学校体育・スポーツ施設）であったが、1980（昭和55）年に約22万に、約7万施設が増加した。そして頂点は1985年の約30万である。公共スポーツ施設や民間スポーツ施設の数が増したので、学校体育・スポーツ施設の占める割合は50％程度まで下がった。ともあれ、1970年代は、到底十分とは言えないがスポーツ施設数は増加した。

（3）福祉論から

　既述のように1960代の高度経済成長による諸障害の克服として1973年には「福祉元年」が強調された。そしてその年のオイルショックにも関わらず、70年代は全省庁の、そして全国市町村の体力つくり、体育・スポーツ関連予算は上昇した。それは住民の要求に対応すると同時に、不況対策としての内需拡大策の1つとしてスポーツ施設建設を若干進ませたからである。その結果、スポーツ施設数は従来よりは増加傾向にあった。

　こうした福祉の強調の中で、国民のスポーツを享受する権利＝スポーツ権の研究も1972年の12月の『体育科教育』誌の特集を契機として活発化した[16]。時、まさに保体審答申「体育・スポーツの普及振興に関する基本方策について」の発表と同月であった。

　既に西欧の「スポーツ・フォー・オール政策」の動向も多く紹介されはじめ、文部省の海外研修もそれらの地への訪問が多くなった。

　スポーツ権の法源として、憲法第25条の健康権を中心に置く論理と第13条の幸福追求権ないし第26条の教育権を中心に置く論理とがあるが、全者に共通することは、スポーツを享受することは国民の権利であり、その条件整備は国の義務であるとするものである。これは1970年の家永教科書裁判における国民の教育権の主張に多くを依拠している。国民がスポーツを享受するかどうかは個々人の自由であるという自由権から、その自由権を保障するためにも国家が条件整備をする義務がある、国民はそのために国家に請求する権利つまり社会権の保障へと進む権利論の進化があった。それは背後に教育権、健康権、文化権あるいは環境権等の「新しい人権」の高揚があった。

1970年代中頃に、このスポーツ権論の進展に大きなインパクトを与えた国際的な動向がある。1975年にスポーツ大臣会議に提起され、1976年に採択された欧州審議会（Council of Europe）の「ヨーロッパスポーツ・フォー・オール憲章」やそれを継承した1978年のユネスコ（United Nation's Educational, Scientific and Cultural Organization: UNESCO）「体育・スポーツ国際憲章」がある。前者は西欧・北欧の福祉国家における「スポーツ・フォー・オール政策」の理念を具現化し、その第1条に「スポーツに参加することはすべての人の権利である」（スポーツ権）と規定した。そして加盟国はこの理念に基づいて国民へのスポーツを保障するように呼びかけた。その2年後、ユネスコがその理念、スポーツ権思想を継承し、全世界へ呼びかけた。ユネスコは開発途上国を多く抱えるから、即座に欧州審議会におけるようなスポーツ権の実現は望めないが、それぞれの国の目標理念として提起したものである。国際法上、条約の批准国はその条約に従って国内法を訂正しなければならない。しかし憲章にはその効力はなく、批准してもそれは各国にとって精神的事項であり、実行しなくても罰則は加えられない。そうした緩い規定であるにも関わらず、日本政府はこのユネスコの憲章を先進諸国の中ではほぼ唯一、批准しなかった。それくらい、スポーツ権の承認を拒否してきたのである。

　このスポーツ権論は1980年代に入ると、行政改革などの新自由主義の思想や政策に押されて下火となった。また高揚した70年代においても、スポーツ権論は公共性論や福祉国家論との関わりで論じられることは無かった。

5．スポーツ政策空白の時代（1980s）

（1）政治経済的背景

　1980年代は世界的不況の時代であった。アメリカやイギリスではその原因として福祉国家における「競争の欠如」「市場化の欠如」が攻撃された。「福祉が高いと国民は怠惰になり、経済停滞に陥る」というものである。そのため、新自由主義化を志向し、大企業の進出のための障害となる規制を緩和して自由化し、一方、既存の国民福祉を保護してきた規制を緩和して市場化させ、福祉を後退させるという2つの規制緩和によって、「自由化」を促進した。つまり、規制緩和とは大企業（多国籍企業）の活動の自由を保障し、他方では国民の福祉を保障していた規制を破棄するものである。イギリスではサッチャー首相率いるサッチャリ

第 4 章　戦後日本の福祉とスポーツ

ズム、アメリカではレーガン大統領の率いるレーガノミックスが吹き荒れた。これらは先進諸国の多くに波及し、福祉国家の危機が叫ばれた。

　1978 年の第 2 次オイルショックを日本の大企業は減量経営、「合理化」、リストラ、労働条件の低下、給与の低下などを労働組合を巻き込みながら推進し、労働者を序列化し、競争を激化させ、大企業を中心とする社会規範を促進した。これは「企業社会」化である[17]。それらの動向、意向を受け、1982 年に成立した中曽根内閣は「戦後政治の総決算」を掲げ、第 2 臨調行革（臨時行政改革調査会）を組織して、「社会保障や教育」「軍事力と経済協力」「国土とエネルギー」の各領域について福祉国家とは逆方向への政策を推進させた。1983 年には「地方行革大綱」として同様な方針を地方自治体へと下ろし、改革を迫った。

　「社会保障や教育」では社会的責任よりも、「個人の自立・自助」や「民間活力の活用」によって、国や自治体の責任を解き放ち、その分市場化、民営化を推進した。

　日本の輸出の「集中豪雨」対策として、1985 年 G5 のワシントン・プラザホテルにおける「プラザ合意」は円高政策を採用し、日本からの輸出を牽制した。これによって日本の輸出は大きく落ち込んだ。しかし、香港のイギリスへの借款の終了（1997.7.1）による中国政府への返還に伴い、それまでニューヨーク、ロンドンと並んで世界の 3 大金融市場の 1 つであった香港への危機意識から、多くの外資が撤退し、その分東京に流れ込んだ。この結果、東京を中心とした日本全体がバブル経済へと突入した。東京のオフィスが不足し、その建設のために土地の買収が各地で強引に行われた。いわゆる「地上げ屋」の横行が起き、1990 年末まで続いた。その結果、80 年代後半から 90 年代前半に掛けてバブル経済が起き、お零れとして体力つくり、スポーツ関係予算も上昇した。

　さて、1974 年に総合研究開発機構法によって総合研究開発機構（NIRA）が設立された。官民からの出資によって設立された組織である。1978 年には『事典 日本の課題』を出した。そこでは日本型福祉社会によって、福祉概念の拡大解釈と曖昧化そしてそれによる公的責任の後退を意図した。それらに基づき、1979 年には『新経済社会 7 ヵ年計画』が閣議決定され、公的な福祉援助が不十分なまま、福祉の市場化を始める転換点となった。

　NIRA は 1980 年に『社会サービスの産業化』を出版した。

　図表 4-7 は NIRA の『社会サービスの産業化』（1980）からである。この図は上下に見て、斜線の上が純粋私有財であり、受益者負担の度合いから見れば高負

担である。民間セクターで運営される。ここには有料道路、流通センターそしてスポーツ・レジャーセンターが位置付けられる。一方、下は純粋公共財の低負担であり、公共セクターで運営される。学校、病院、公共住宅、駐車場などが位置付けられる。

これ以降、政府や全国の自治体の政策の中でもスポーツは純粋私有財として扱われ、現状の公共財としての位置付けから外され、公共施設の民営化、使用料金のアップが画されるようになった。しかし、スポーツがなぜ純粋私有財に近いのかの議論は全く無い。これまでの保体審答申などでの公共的な位置付けとそれに伴う公共的事業からは大きく離反するものである。

1987年には「第4次全国総合開発計画」（四全総）が提起され、その一環に「総合保養地域整備法」（リゾート法、1987年）が通過した。これはリゾート元年生まれの1卵性双生児であり、その父は民活論の政府であり、その母は金余り企業である。しかしリゾート振興の最大の敵は日本の勤労者、つまりリゾートの客となるべき国民の長時間労働という産業界にとっての大きな矛盾が横たわっ

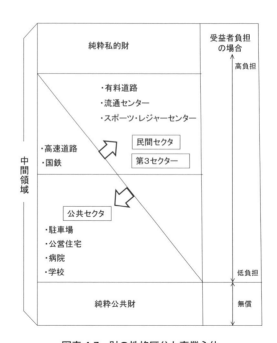

図表4-7　財の性格区分と事業主体
出典：総合研究開発機構（NIRA）「社会サービスの産業化」、1980

ていた。国民の長期休暇を前提とするリゾートなのに、国民は長期休暇を取れず、むしろ長時間労働で追われた。さらに「企業部門での金余りと家計部門での金不足が鋭く対立している『富社貧員』の国で、時ならぬ豪華リゾート開発が進行している[18]」異常な状態であった。

政府の政策がこのリゾート計画と連動し、国民のレジャーはそれらのリゾート施設で代替させる意図が明白であった。1989年の保体審答申「21世紀に向けたスポーツの振興方策について」も、民間依存の方針がより強く表れた。

（2）スポーツ政策

1980年の世界のスポーツ界は前年末に勃発したソ連軍のアフガニスタン侵攻と、それに対抗するアメリカとその同盟国のオリンピック・モスクワ大会のボイコット騒動に始まった。多くの国々で世論を二分する議論が展開された。そして、続く1984年のロサンゼルス大会ではソ連とその同盟国が報復的なボイコットを行った。こうして「平和の祭典」のオリンピックが東西両陣営の政治的駆け引きの道具にされ、「もはやオリンピックの終焉か」との危機感も世界のマスコミを賑わせた。しかし1988年のソウル大会で両陣営が揃って参加し、オリンピックの危機は回避された[19]。

1989年にはソ連を始めとする東欧の社会主義国が崩壊し、混乱の後、資本主義化を志向した。日本国内では、1970年代後半からの不況で、全省庁の体力つくり予算は図表4-3で見たように横ばい、文部省のスポーツ関連予算は図表4-6で見たように1987年の180億円まで低下した。政府の行革、「地方行革大綱」などによって、文部省も体育・スポーツ振興方策を持ち得ず、保体審への諮問も行われずに、スポーツ政策の空白期間となった。

しかし、全省庁の体力つくり予算や、文部省のスポーツ関連予算が大きく低下する中にあっても、住民と直接的に接する自治体では、図表4-5のように漸増を維持しながら努力が続けられた。ここに国と自治体との差が見て取れる。

スポーツ施設建設数で見ると、図表4-18で見るように、1985年には約30万施設となり、16年前の調査開始時1969年の約15万施設の2倍に増加した。この数値は歴史的な頂点となった。しかし、その頂点は1972年の保体審答申におけるスポーツ施設の設置基準をどれだけ達成していたのだろうか。それは1987年段階で、運動広場62.9％、体育館40.2％、柔剣道場35.7％、プールに至っては21.0％でしかない。しかもこれらの設置基準値は西欧・北欧の福祉国家の

基準値と比べると、遙かに低水準であることは先述した。その低水準をも達成せずに、その後の日本はスポーツ施設数を減少させて行ったのである。

（3）1998年保体審答申

　こうした中で、1972年答申から16年ぶりに、21世紀を見通したスポーツの振興方策の必要性から保体審に諮問され、「21世紀に向けたスポーツの振興方策について」（1989）が答申された。1980年代の生涯スポーツをめぐる状況を、答申は次のように認識した。

　「身近な施設の不足、適切な指導者が見いだせないこと、時間的、経済的な制約等様々な理由からスポーツ活動の機会に恵まれない人々も依然として多く、施設の量的・質的充実、指導者の養成など種々の改善が求められている。こうした現状を踏まえつつ、だれもが、いつでも、どこでも気軽に参加出来る『生涯スポーツ』の種々の条件整備を計ることが重要な課題である。」

　こうして、生涯スポーツ、競技スポーツ、学校体育・スポーツの振興に関する振興方策が提起された。しかし、ここに示された課題は、単にスポーツ領域でのみ成立するものではなく、生活全般、つまり可処分時間と可処分所得を可能とさせる労働条件と地域的な福祉基盤の整備などの生活条件とがある程度保障された条件の下で可能な内容である。この視点は今後の答申類を検討する上で常に認識しておかなければならない。というのは、スポーツ政策を議論する上で、単にスポーツ政策のみを議論すればそれで政策が実現するかのような記述が強く、国民のスポーツ参加がどのような基盤、背景に支えられているかの視点が極めて弱いからである。

　さて、特に量的・質的に不足しているスポーツ施設の建設では、「地域住民が日常的に身近に利用出来るスポーツ施設は、基本的には、各都道府県・市区町村において整備が進められることが望ましい」として、「市区町村の人口規模別と言った画一的なものでは無く、用地取得に困難を伴う都市部から過疎に悩む地域までのそれぞれの態様などに応じ、地方公共団体が実情に即して計画的な整備を行うに当たって参考となるもの」、つまり「スポーツ施設の整備の指針」を提起した。

　本答申は、大まかには以下のような特徴を有している。第1に、70年代、80年代の政治経済情勢を経過して、明らかに72年答申のような福祉国家的な、国や自治体の責任を強調することは無くなり、もっぱら自治体にすべてを肩代わり

第 4 章　戦後日本の福祉とスポーツ

させようとした。施設数は質量ともに足りないと指摘しながら、国の責任は放棄した。第 2 に、民間活力を導入し、バブル経済絶頂期の企業献金へ大きく併存し始めた。「スポーツ振興基金」の創設を始めとして、そうした運営を自治体行革で締め付けた。「福祉路線の終焉」宣言でもある。第 3 に、1986 年のソウル・アジア大会、1988 年のオリンピック・ソウル大会で、中国に続き韓国にも敗北し、アジア第 3 位へ転落した「ソウルショック」は日本の政界、財界にも激震を与え、88 年の文部省体育局内の機構再編によって、競技スポーツ課を誕生させた。そしてこの答申は競技スポーツの向上を、学校スポーツ、生涯スポーツ振興以上に重視した初めてのものである。

　この答申は、1972 年答申の精神、内容から、人口規模別の設置数基準を外して、単に施設の規模をそのままに多く引用しているだけである。スポーツ施設数が絶対的に不足する中で、そうした事実に頬被りし、施設設置における国の責任を完全に放棄し、福祉向上の一環としての視点も弱まった。72 年答申の基本精神の放棄である。こうして、72 年答申の福祉主義は放棄され、新自由主義政策への転換が始まった。

　国は単に政策の基本方向を指し示すだけで、実質的な実行は地方自治体にすべてを押しつけ、あるいは期待した。そうではあるが、再度ここで福祉の視点から見ると、提案の全体は地方自治体がもしそれを網羅的に全体的に忠実に実行すれば、それはかなりの福祉国家的な内容となるものである。それらの提案内容の体系と実現は公共の主導を期待しており、決して民間ではない。その意味で、全体のスポーツ振興策とは本質的に福祉国家的な傾向を持たざるを得ないものなのである。しかし、今回の答申はそのための国あるいは自治体の財政的責任を明記することが出来なかった。従って、答申自体が福祉国家的スポーツ政策、「スポーツ・フォー・オール政策」を網羅しながら、その財政的保障を曖昧にせざるを得ない矛盾を抱えた。夢は描いたがその具体的実行策は持ちえなかった。

（4）福祉論から

　1980 年代の後半からは中曽根行革により、これまでひ弱ながら続いてきた福祉路線からより受益者負担や民営化を意図する「日本型福祉社会」へ、つまり新自由主義[*]的政策へと大きく転換した。そして全省庁の体力つくり予算と、文部省のスポーツ関連予算が大きく減額した。そうした中で、地域住民に直接的に接する全国市町村体育予算だけは漸増した。スポーツ施設数も 1985 年の約 30

万を頂点として増加した。

＊新自由主義（Neoliberalism）：1980年代からイギリス（サッチャリズム）、アメリカ（レーガノミックス）等の先進諸国で多く採用された。ケインズ主義やフォーディズムによる福祉国家（修正された自由主義）の行き詰まりを、市場原理を中心とする古典的自由主義で解決しようとする思想と政策である。経済的自由主義・自由貿易・自由市場・民営化・規制緩和など、現代社会における民間部門の役割を拡大させようとすることを指す。国家の機能を安全保障や治安維持などに限定する夜警国家だけに絞り、「小さな政府」を志向し、後はすべて市場に委ねる。この点で、福祉国家の転覆を意図した。この結果、世界経済は多国籍企業が栄える一方で開発途上国はいっそうの貧困化が進み、国家間の格差が拡大した。また国内でも、公的福祉の市場化によって貧富の格差拡大が進んだ。

6．新自由主義の時代（1990〜2011）

（1）政治経済背景

　1989年の東欧の崩壊と資本主義化による世界経済のメガコンペティッション化が進み、世界の多国籍企業は市場獲得を目指してしのぎを削る時代となった。その一環として先進諸国の製造業は安い労働力を求めて中国や東南アジアそして東欧へと進出し、国内の産業空洞化をもたらすようになった。これは国内の失業と内需の縮小をもたらし、深刻な経済不況となった。

　1980年代中頃から続いてきたバブル経済も90年代初頭に崩壊し、産業空洞化とのダブルパンチとなり、大失業時代へ突入した。バブル期の過剰設備投資、過剰生産、さらに金融機関の不良債権問題、そして引き続く円高によって、93年を底に景気が低下した。96年に若干回復したが、1997年の消費税の3％から5％へのアップは庶民の生活を直撃し、消費が低下した。こうした中でも一方では不況を煽りながら、多国籍企業化した大企業は、年々その内部留保金を拡大させてきた。2000年代に入ると、ワーキングプア、非正規雇用の増大が深刻化した。

　こうした中で図表4-18で見るように職場スポーツ施設の多くが閉鎖され、減少した。また図表4-8に見るように、トップ水準を維持してきた企業スポーツクラブの多くが休・廃部に追い込まれた。90年代だけで上位の210チームが消失した。2009年までの累計では339にまで及んでいる。2010年代に入っても若干の報告があり、概ね350である[20]。こうしたトップチームの消失は、大学生や高校生選手の就職先の減少ばかりでなく、日本のトップレベルの国際的競技力

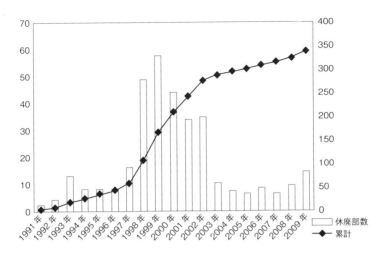

図表4-8　年次別・企業スポーツ休・廃部
出典：スポーツデザイン研究所編『企業スポーツの撤退と混迷する日本のスポーツ』創文企画、2009

の低下をもたらし、それはさらに国民からの関心の低下という、相互にマイナスに連鎖する国民のスポーツへの興味関心の衰退へと連なった。

　この休・廃部の多くは経費の多くかかる集団種目が多く、その種目のトップを形成する日本リーグに所属して日本の競技水準を牽引してきたチームが多い。それ故、日本リーグ自体のレベルが低下すると同時に、必然的に観戦の魅力も低下した。

　2000年代に入るとスカイテレビやインターネットの普及により、多少の費用は掛かるが、世界のトップクラスの試合を見ることがより可能となった。それもまた、日本リーグの魅力の低下に拍車を掛けた。こうして、企業スポーツは今や、企業の宣伝手段としても効力を低下させ、またもう1つの効用であった企業内労働者の企業意識の高揚策も、終身雇用制の下でならいざ知らず、非正規雇用の増大や派遣社員の増大などで、企業意識の高揚策には直結しなくなり、企業チームを維持するメリットが企業の側から薄れている。不況下で、今なお企業チームを維持している企業には、「贅沢だ」などの雑音が入り、それ故に企業チームを休・廃部する傾向もあった。

（2）スポーツ政策

　スポーツ分野の新自由主義つまり市場化万能論はスポーツ分野全般の低下を招

いている。こうした中で一人気を吐いたのは1993年に発足したサッカーのJリーグである。発足は1993年と、景気低迷の底からであったが、準備は80年代中頃のバブル経済期に始めていたことから、めでたく発足の運びとなった。

1990年代は世界のサッカー界が大きく進展した時期であった。Jリーグ発足と同年、アルジェリア、中国でも国内プロリーグが発足した。その他いくつかの国でもプロリーグは続々と発足し、92年にはイングランドでもプレミアリーグが誕生した。またイタリア、スペイン、ドイツなどでもトップリーグが急成長した。こうしてサッカーのグローバル化によってサッカー選手の国際的な労働移動も顕著になってきた。選手獲得での国家間の競争も激しさを増し、ヨーロッパの人気チームは世界中から選手、ファンを集め、営業も世界戦略として展開され、それと共にサッカーのワールドカップの人気も急上昇した。

さて、Jリーグは既存のプロ野球が企業密着であるとして、自らは西欧のサッカー、アメリカのメジャーリーグのように地域密着路線を採用した。もちろん未自立の組織として未だ多くをこれまでの親会社に依存したが、自立化を強く意識した。それは地域の活性化を願う地域住民から「おらがチーム」として支持された。新生チームの応援体制も新生であったから、各チーム独自の応援態勢を形成し、これがまた地域住民の連帯感を高め、「おらがチーム」としての地域の連帯感を高めた。彼らは、プロ野球のファンとは異なって、サポーターと呼ばれ、プロ野球とは異なる応援組織、方法を追求している。そうした背景を持ちながら自治体もまたJチームが萎み行く自治体、地域の活性化に有益と判断し、その公共性を承認して、資本、現物、人材、情報などでの便宜を図り、支持し始めた。

しかし、1997年の消費税の3％から5％への引き上げによる国民の消費能力の低下はJリーグをも例外とはしなかった。Jリーグブームも冷め始め、客足が遠のき、そしてゴールデンタイムでの地上波テレビ放映も無くなった。

(3) 1997年保体審答申

こうした折、文部大臣の諮問に基づき、1997年に保体審答申「生涯にわたる心身の健康の保持増進のための今後の健康に関する教育及びスポーツの振興の在り方について」が提起された。

まず最初に指摘すべきことは、答申前文に「適切な行財政措置が必要であることを特に強調しておきたい」と明記した。これまでの答申が、大蔵省からの財政支援を得られずにことごとく「無視」されてきたことへの怨念とも受け取れる指

第4章　戦後日本の福祉とスポーツ

摘である。

　本答申は21世紀を目前にして、国民の健康の保持増進のための健康教育とスポーツの振興とを結合させたものである。その点ではスポーツ振興は健康促進の一環に含められている。生涯を6段階に区分し、それぞれの段階での課題と方策を示している。それを学校、家庭、地域、そして競技スポーツ、スポーツ医・科学及び健康科学の研究・活用について論じている。

　特に地域のスポーツ環境づくりでは、国の役割として「全国的観点に立って、スポーツ施設の整備、指導者の養成・確保、スポーツ団体の育成、先導的な事業の実施などの基盤整備を行いつつ、地方や民間の活動を支援・促進し、生涯スポーツのいっそうの推進を図る必要がある」と述べている。そして「市町村の施設整備や学校施設の利用促進を図るためのクラブハウス、夜間照明等への助成も含め必要な支援措置を講ずる」との自覚と意気込みを述べている。

　しかし、ここで述べられた内容もまた財政的支援を得られずに実現性がないことは、審議会メンバー自身が感じていたことであろう。だからこそその前文となったのである。

　ところで、この答申の健康の保持増進とスポーツ振興の内容を答申の指摘通り国と地方自治体が主導性を持って具体的に推進することは、日本が福祉国家化していなければ不可能な内容である。保体審答申が特にスポーツの振興のための全面的な政策を描けば描くほど、その実現は福祉国家での施策とならざるを得ないことは今回もまた証明している。

（4）2000年保体審答申

　1998年の「スポーツ振興投票法」（通称「サッカーくじ」）の成立に伴い、その配分のための計画として諮問されたが、基本的な内容として「生涯スポーツ」「競技スポーツ」「学校スポーツ」の振興に関して提案された。それが2000年の保体審答申「スポーツ振興基本計画の在り方について―豊かなスポーツ環境を目指して―」である。

　「国民のスポーツへの主体的な取組みを基本としつつ、国民のニーズや期待に適切に応え、国民一人一人がスポーツ活動を継続的に実践出来るような、また、競技力の向上につながるようなスポーツ環境を整備することは、国、地方公共団体の重要な責務である」との認識を持ちながら、具体的な施策の策定とそのための予算計画はすべて自治体任せである。この点で、1989年の答申と基本的に同

じスタンスである。しかし、もし自治体が提起された施策を網羅的に実行出来たとすると、それもまた極めて福祉国家的な施策となる。この点でスポーツ政策の全面的な、しかも公共責任の視点から提起されたものは、福祉国家的なものとならざるを得ないことは再度確認されなければならない。

　さて、そうした背景での含みを持ちながら、今回の答申の中心は「生涯スポーツ」領域での「総合型地域スポーツクラブ」の推進である。その点での到達目標は第1に「2010年までに、全国の各市区町村において少なくとも1つは総合型地域スポーツクラブを育成」し、第2に「2010年までに、各都道府県において少なくとも1つは広域スポーツセンターを育成する」となっている。これだけがまさに到達目標となっている。それだけ、政策の重点だと言うことである。しかし、他の到達目標はことごとく具体的到達点の見えない方向目標である。例えば「スポーツ指導者の養成・確保」では「ニーズに対応した質の高いスポーツ指導者を養成・確保する」である。これは単に方向性を示しただけであり、どの分野の、どれだけの人数を、誰が、どのように、いかなる予算で、いつまでに実現するのか等々の具体的な到達目標は全く示されていない。こうして全編がこの方向目標である。厳しい表現をとれば、具体化する方策を全く持たないのである。

　その具体例として、スポーツ普及の基盤である「スポーツ施設の充実」の項で見てみよう。「身近で利用しやすく親しみやすいスポーツ施設の不足感は現在も大きい」としながらも、今後10年間の具体的な施策展開では学校施設開放の有効利用しか述べず、施設の建設については全く触れていない。あとは勝手に自治体で行えと言うわけである。こうしたスタンスは「競技スポーツ」でも「学校スポーツ」でも同様である。

　これではスポーツの振興など出来るわけがない。新自由主義政策の採用によって公共のスポーツ振興事業もまた市場化され、そうした中で、会員の有料化を強調した総合型地域スポーツクラブつくりが強調された。トップスポーツの振興を除けば、国のレベルでのスポーツ政策として、この総合型地域スポーツクラブを強調すること以外に方策が見当たらない。とはいえ、総合型地域スポーツクラブの育成費の予算措置は次年度以降、若干付けられた。なお、2010年のスポーツ立国戦略以降の動向については、次章で展開する。

7．日本の福祉とスポーツ

　以上、戦後の福祉政策とスポーツ政策との関連を見てきた。生産体制では発展しながらも、その富の分配が国民に還元されてこなかった事実の一端としてスポーツ政策の貧困があった。ここで、スポーツ政策に関わる貧困化問題との関連、そしてスポーツ参加に直結するスポーツ施設、スポーツ予算、スポーツ参加数に焦点化して検討したい。

（1）貧困化とスポーツ

　国民、地域住民がスポーツに参加する上で、スポーツ施設などの客観的な条件とは別に「金、暇、仲間」などの主体的条件が必須である。特に金は可処分所得を、暇は可処分時間を意味する。そして、仲間はその両者が保障される中で作られる。

　図表 4-9 は家計の衰弱化の背景の 1 つ、非正規雇用労働者の増加である。近年のグローバリゼーションの中での雇用の流動化、低賃金化によって、派遣労働者が製造業を含めて多くの業種に拡大された。これは多国籍企業などの大企業の

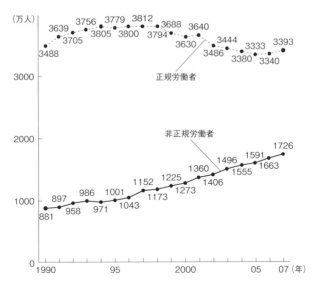

図表 4-9　雇用形態別雇用者数の推移
出典：湯浅誠『反貧困―「すべり台社会」からの脱出』岩波新書、2008、p.22

雇用調整、低賃金政策などコスト削減によるものであり、労働者の労働基本権の侵害の上に成立する。1999年、2004年の労働者派遣法の改正によるものである。

　正規雇用者は1997年の3,812万人まで漸増していた。しかし雇用政策の改定によりそれ以降は漸減の一途である。それに反比例して、非正規雇用者数が増加の一途を辿っている。2007年には1,726万人で、正規雇用の3,393万人の半数以上、つまり全体の1/3以上が非正規雇用である。非正規雇用とは給料の低さばかりでなく、労働条件も劣悪であることを意味する。こうして、2000年代は国民の貧困化が非正規雇用者の実態からも分かる。そればかりでなく、正規雇用者の給料、労働条件もまた非正規雇用に牽引されて低下していることも忘れてはならない。

　その結果、図表3-2で見たように、年収200万円以下の層が急増し、2009年には1,100万人、全給与所得者の25％にもなっている。これは2013年現在、もっと増加していると考えられる。こうして、国民の生活力、消費力は低下の一途を辿っている。これでは生命を維持するのがやっとで、文化的な生活への余裕など出てくるはずも無い。若者たちにとって結婚も出来ず、ましてやスポーツ等

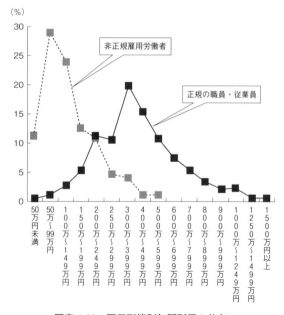

図表 4-10　雇用形態別年間所属の分布
出典：総務省「2012年就業構造基本調査」から作成

への余裕は全く無いと言っても良い。

　同じ事は図表4-10の総務省「2012年就業構造基本調査」によれば正規雇用者の年間平均所得のピークは300～399万円で19.7%である。以下、400～499万円が16.2%、500～599万円が10.8%である。一方、非正規雇用者の場合、50～99万円が29.0%で最多であり、ついで100～149万円が23.8%、150～199万円が12.6%、50万円未満が11.3%となっており、非正規雇用者の76.7%が、何と年収200万円未満となっているのである。これらを見れば、彼らにスポーツへの接近を可能とさせる可処分所得の余裕が無い事が明白である。

　図表4-11は日本の経済構造を特徴的に示している。近年、政府は企業法人税を下げれば日本経済が活性化して、国民の給料も上昇するとする「トリクルダウン論」を展開しているが、事実は全く逆である。1997年から2012年までの指標で見ると法人3税負担率（法人3税負担額が事業収益に占める割合）は1997年の43.7%から27.7%に減少させた、つまり企業への税負担を大幅に免除したが、資本金10億円以上の大企業（金融・保険業を除く）では内部留保金が142兆円から272兆円と約2倍に増え、株主配当も3兆円から10.6兆円と3倍強へ、そして役員一人当たりの報酬は1,526万円から1,736万円と上昇した。その一方で、従業員1人当たりの賃金は604万円から556万円へと50万円近くも減少した。こうして大企業が栄えれば国民の生活が潤うという「トリクルダウ

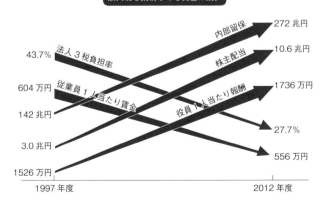

図表4-11　法人税と賃金
出典：財務省「法人企業統計」から作成

ン論」は日本には妥当しない。平成 23、24、25 年の『労働経済白書』にも「現金給与総額の低いパートタイム労働者の比率の上昇が一貫して現金給与総額の減少要因となっている」等を指摘している。いずれにせよ 2000 年代に入って国民の賃金は一貫して低下したのである。

　図表 4-12 はそれ故の可処分所得の推移を見たものである。可処分所得とは実収入から社会保険料や直接税など非消費支出を除いた部分であり、次のスポーツ支出の背景を見る上では最適である。1997 年の約 50 万円から 2011 年の 42 万円まで、約 8 万円の減少である。これは明らかに収入減によるものである。

　そして労働時間を見ると、図表 4-13 のように週 60 時間以上働く労働者の割合は 1997 年にも高い割合であるが、2007 年には更にそれよりも 3 〜 5 割も増している。それは全年齢わたっており、特に 30 〜 55 歳代で大きい。ここから国民の可処分時間は明らかに減少していることもまた明白となる。こうした諸指標は、スポーツへの要求自体を萎縮させ、あるいは要求自体が存在しても具体化し得ない背景となっている。

　図表 4-14 は家計に占める諸文化支出であるが、1999 年の 48,000 円を頂点に 2003 年の 43,000 円まで 5,000 円の低下であった。しかしその後徐々に回復している。これは後で見るが、実収入が低下しているにも関わらず、大きくは低下せず、健康や趣味や自己啓発に費やすお金は削減しないという家計

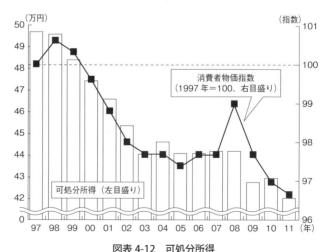

図表 4-12　可処分所得
出典：総務省「家計調査」「消費者物価指数」（各年度）から作成

第4章　戦後日本の福祉とスポーツ

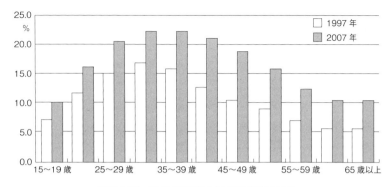

図表 4-13　週 60 時間以上働く労働者の割合
出典：井上他『新たな福祉国家を展望する─社会保障基本法・社会保障憲章の提言』旬報社、2011、p.72

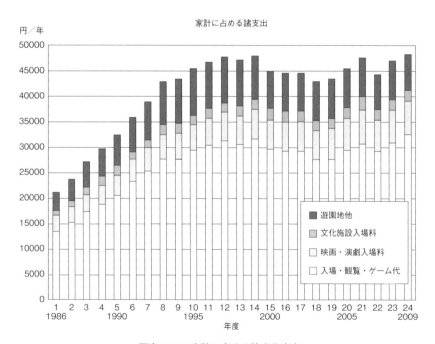

図表 4-14　家計に占める諸文化支出
出典：総務省統計局『家計調査年報』（各年度）より作成

の哲学の表れ[21]であろうか。

　図表 4-15 は同じく家計に占めるスポーツ予算の推移を見たものである。1980 年以降、バブル経済を通じて一貫して増加した。80 年の年間約 2 万円か

161

ら93年には約5万円までである。しかしバブル経済の崩壊は家計に占めるスポーツ予算にも影響し、それ以降2010年まで若干の変動はありながらも低下傾向にあり、2010年には約4万円となっている。

またその内訳を見ると、1993年の頂点以降「スポーツ月謝」はほぼ横ばい、「スポーツ施設使用料」は若干の増加である。しかし「スポーツ用品」の低下が著しい。つまり、国民がスポーツ用品を買わなくなった、買えなくなったということである。「スポーツ観覧料」は低額のままであり、野球やJリーグなどのプロの観戦が伸びない背景である。

とはいえ、この図は推移は理解出来るが、絶対額の評価は出来ない。2010年が約4万円であるが、これは月額にすると3,333円である。西欧・北欧の福祉国家での同様のデータが無いので比較は出来ないが、あまりにも少ないと言うのが筆者の実感である。

また、資本金10億円以上の大企業が同期間にその内部留保金を142兆円から267兆円の約2倍弱に増加させている一方で、年間の民間平均賃金は467.3万円から409万円と58万円も減少させていたのである。

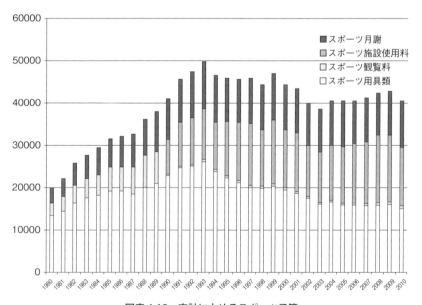

図表4-15　家計に占めるスポーツ予算
出典：総務省統計局『家計調査年報』（各年度）より作成

これらの個人消費の反映でもある、余暇市場やスポーツ市場の動向についても見ておこう。図表 4-16 は余暇市場の推移である。グラフは下から観光・行楽部門、娯楽部門、趣味・創作部門、そしてスポーツ部門から構成されている。これで見ると、全部門総合では 1996 年の 90 兆 9,070 億円を頂点にして、2010 年の 60 兆 9,410 億円まで低下の一途を辿っている。明らかに不況の実態が余暇市場にも示されている。特に大きな減少となったのは娯楽部門のパチンコ・ゲーム領域であり、96 年の 2/3 程度である。スポーツ分野もまた減少してきた。

そこで図表 4-17 ではスポーツ市場の推移を見ている。スポーツ市場は 1992 年には総額で約 6 兆円であった。しかし 2011 年には約 3 兆 8 千億円まで、1/3 強の減少である。明らかに国民のスポーツ参加の制約がこの推移からも理解出来る。そのうち最も顕著な減少はスポーツ施設・スクール領域であり、1992 年の約 3 兆 2 千億円から 2011 年には約 1 兆 8 千億円へと大きく低下した。これは次に見る日本のスポーツ施設の減少に直結している。こうして、国民のスポーツ参加は大きく狭められたのである。

以上から分かるように、2000 年代に入っての国民の貧困化そして貧富の格差拡大は明確であり、その貧困化はスポーツ参加の経済基盤を崩している。特にそれは 1990 年代から本格的に導入された新自由主義的政策によるものであり、世界を席巻した思想と政策であるが、それがヨーロッパ諸国とは異なった、日本に現れた特殊性がある。つまり日本の新自由主義がこれまで指摘してきたように福祉国家を経てその再編として生まれたものではなく、社会保障や所得再分配の脆弱な「開発主義国家」から急速な展開であり、それだけ日本の労働者階級、国民

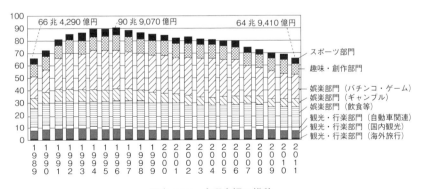

図表 4-16　余暇市場の推移
出典：日本生産性本部『レジャー白書』(2012) から作成

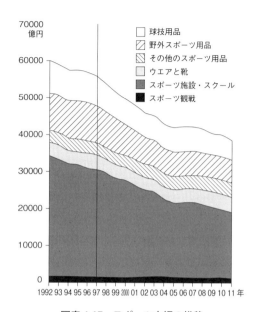

図表 4-17　スポーツ市場の推移
出典：日本生産性本部『レジャー白書』(2012) から作成

一般そしてその家族は新自由主義の破壊的な影響に直撃されたのである[22]。この点はヨーロッパ諸国への影響との根本的な差である。

そうした中で、公共のスポーツ政策はいかなるものなのか、次に見てみよう。

(2) スポーツ施設

図表 4-18 は我が国の体育・スポーツ施設数の推移である。1969 (昭和 44) 年以来の定期的な調査によるものである。調査開始時の 1969 年には学校施設、公共施設、大学高専施設、職場施設そして民間施設 (営利) の総計は 148,059 であったが、その後 1980 (昭和 55) 年までには 218,631 に伸び、諸施設全体が漸増した。そしてその 5 年後の 1985 (昭和 60) 年には公共施設と民間施設が大きく伸び、291,117 となり、約 30 万となり頂点に達した。1990 (平成 2) 年には企業関係の資料が集まらずに図からは欠けている。1996 (平成 8) 年には 90 年のバブル経済の崩壊によって総数 258,026 と 85 年の頂点から約 35,000 が減少したが、その内実は主に職場施設と民間施設である。これは企業がリストラの一環として従業員の福利厚生施設をスクラップしたこと、また国民、

第 4 章　戦後日本の福祉とスポーツ

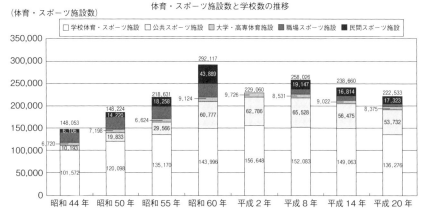

図表 4-18　我が国における体育・スポーツ施設数の推移
出典：文部科学省調べ（2008）

　地域住民の消費能力の低下によって先に見たように民間施設も大きく減少（倒産）した。そして 2008（平成 20）年には学校の統廃合や公共施設の閉鎖なども加わって、全体として 222,533 となり、85 年の頂点から約 7 万、30％ という恐るべき減少となった。
　そもそも、頂点直後の 1987 年段階で、数値自体が 1972 年の保体審答申の提起のどれくらいの達成率であったのかを見たのが図表 4-19 である。「E」は基準以上の施設充足率を見たものだが、運動広場では 62.9％、体育館 40.2％、柔剣道場 35.7％、プールに至っては 21％ でしかない。
　日本の施設数とその達成率がいかに低いかを見る指標として、西ドイツとの比較を見てみよう。西ドイツの「ゴールデン・プラン」（1960）による 1972 年段階の達成率は前章「スポーツ・フォー・オールと福祉国家」で見たように、運動広場 58.5％、体育館 84.3％、室内プール 89.1％、屋外プール 49.2％（合計 69.7％）であった。が、図表 4-20 は西ドイツの設置状況を日本の保体審答申の（控えめな）基準に照らした場合、どれくらい達成しているかを見たものである。これによると体育館では 9,410、水泳プールが 417、それぞれに過剰達成されている（因みに、控えめなと言ったのは、この査定の基盤となった人々の週毎のスポーツ参加数が日本の場合週 1 回を 20％ と算定し、イギリスやドイツと比較して控

図表 4-19　公共スポーツ施設の設置状況（1987 年段階）

	Ⓐ 必要設備数（カ所）	Ⓑ 現有施設数（カ所）	Ⓒ（＝Ⓑ／Ⓐ）充足率（％）	Ⓓ 基準以上の施設数	Ⓔ（＝Ⓓ／Ⓐ）基準以上の施設充足率
運動広場	9,007	12,712	141.1	5,666	62.9
陸上競技場		716		716	
野球・ソフトボール		4,777		2,430	
球技場		499		268	
運動広場		6,720		2,252	
体育館	8,321	5,589	67.2	3,349	40.2
プール	8,725	3,528	40.4	1,830	21
柔剣道場	3,540	1,932	54.6	1,263	35.7

（注）
（1）Ⓐの数値は、「整備基準から見た体育・スポーツ施設の現状」（文部省体育局『健康と体力』1981 年 8 月号、第一法規出版）より。
（2）ⒹとⒺの「規準」とは昭和 47 年保体審答申の「日常生活圏域における体育・スポーツ施設の整備基準」（面積）をいう。
（3）本表における「プール」は、屋内と屋外のものを合計した数である。
（4）本表における「柔剣道場」は、柔道場、剣道場、柔剣道場を合計した数である。

出典：文部科学省体育局『我が国の体育・スポーツ施設』（昭和 62 年 1 月）より

図表 4-20　西ドイツのスポーツ施設設置状況

	施設の種類	西ドイツにおける現有施設数および 1975 年までの建設予定数			日本の保体審答申の整備基準により算出した西ドイツの必要建設数（西ドイツの人口を 6180 万人（1972 年）として）	差引余剰数
		1961 年から 1967 年までの 7 年間に建設した数	1968 年から 1975 年までに建設する予定数	合計		
A	体育館	7127	5373	12500	3090	9410
B	水泳プール	1723（このうち屋内プール 1001）	2402（このうち屋内プール 1152）	4125	3708	417

（注）
（1）西独ゴールデンプランの数字は、昭和 45 年 7 月 24 日付日本スポーツ少年団本部発行の「西ドイツの体育・スポーツの現状」を参考とした。
（2）西独人口は 1972 年 6,180 万人とし、保体整備基準人口 10 万人の欄により算出した。

出典：文部科学省体育局『我が国の体育・スポーツ施設』（昭和 62 年 1 月）より

目だからである）。

（3）スポーツ予算

先の図表 4-6 は文部省体育局のスポーツ関連予算を見た。例えば 1998 年には

総額で約300億円であったが、そのうち施設整備として約250億円を占めていた。しかし、この図表4-21に見るように、2002（平成14）年には122億円にまで低下した。それ以降2011（平23）年まで漸増したが、約230億円止まりである。しかも2002年からはスポーツ施設費目は全く無くなっている。こうしたことが、文科省のスポーツ振興計画にスポーツ施設の建設については記述されなくなった背景でもある。その一方で競技スポーツが多くを占め、2011（平成23）年にはスポーツ予算約228億円のうち、67.8%を占めている。生涯スポーツに関しては、地方自治体に放り出しており、8.9%でしかない。この額もまた西欧・北欧に比べたら遙かに低い値であることが分かる。

　更に、図表4-21での2008（平成20）年、2009（平成21）年の競技スポーツの落ち込みは、サッカーくじの売り上げが伸び、収益金が増えた時期でもある。図表4-22のようにサッカーくじは成立時は多くの批判に対して「対面販売とする」「19歳未満には売らない」などの規制を強く維持していた。しかし売れ行きが激減するとその制約をかなぐり捨てて、インターネット販売などを開始して、更にくじの種類も8種に拡大して現在に至っている。そして売り上げも大きく伸ばしている。今後、スポーツ振興資金は売り上げの不安定なサッカーくじ依存が強まるだろうと言われている[23]。

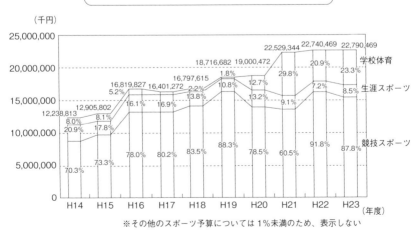

図表4-21　文科省スポーツ関係予算
出典：文部科学省調べ（2011）

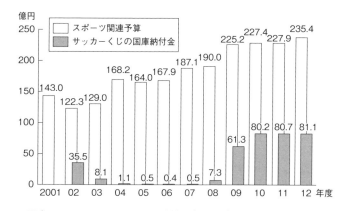

図表 4-22　サッカーくじの国庫納付金とスポーツ関連予算の推移
出典：広畑成志「サッカーくじがゆがめた日本のスポーツ振興」『前衛』2013 年 2 月号

　国民、地域住民のスポーツ振興は地方自治体が負担しなければならない構造になっている。図表 4-23 は図表 4-5 以降の動向である。自治体もまた予算不足の状態であり、バブル経済の影響が出始めた 1996 年以降、それまで一貫した上昇から、減少傾向となった。頂点の 1995 年には総額 1 兆 0084 億円となった。これは全予算の 1.02% で、そのうちの普通建設事業費は 6,016 億円であった。しかしその後は減少し、2009（平成 21）年には合計 5,015 億円で 1995 年の半分となり、全予算の 0.52% に低下し、そのうちの普通建設事業費は 1,432 億円で 1995 年の 1/4 に減少した。こうしたことが公共スポーツ施設の減少となっている。

　図表 4-24 は諸外国のスポーツ関係予算の比較を見たものである。まず、予算額（円換算）で見ると、各国の絶対額が分かる。それを図にしてみると視覚的に明確となる。図表 4-25 に見るように、絶対額においても日本の低さが一目瞭然である。

　上記の予算額は人口を無視した絶対額を示したものだが、これを各国の国民 1 人当たりの予算額（円）に換算し直すと、差がいっそう明確となる（図表 4-26 参照）。そしてこの差は、各国の福祉の考え方と強い相関があると思われる。日本（人口 12,280 万人：以下同様）145.2、イギリス（6,157）1217.6、ドイツ（8,175）322.2、フランス（6,545）1476.7、イタリア（5,987）155.6、スウェーデン（925）2764.9、デンマーク（551）2440.5、カナダ（3,413）504.5、オーストラリア（2,129）283.3、ニュージーランド（445）876.4、韓国（4,833）309.2、中国（134,575）

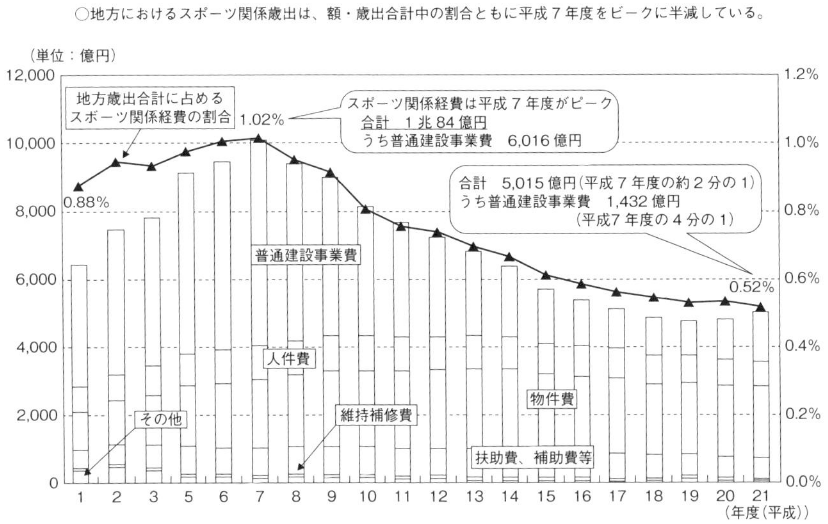

第4章 戦後日本の福祉とスポーツ

○地方におけるスポーツ関係歳出は、額・歳出合計中の割合ともに平成7年度をピークに半減している。

図表4-23 スポーツ関係予算（地方）
出典：文部科学省作成（2009）

図表4-24 スポーツ予算の国際比較

○スポーツ関係予算の対GDP比について諸外国と比較すると、日本は低い水準になる。

	予算額（円換算）	予算額（自国通貨）	GDP額（自国通貨）	対GDP比	対日本比	(年度)
日本	185億6000万円	185億6000万円	479兆1725億円	0.0039%	1.00	(H22)
イギリス	749億6500万円	5億7666万ポンド	1兆4536億ポンド	0.0397%	10.24	(H22)
ドイツ	263億3800万円	2億2903万ユーロ	2兆3971億ユーロ	0.00955%	2.47	(H21)
フランス	996億4800万円	8億6650万ユーロ	2兆95億ユーロ	0.0431%	11.13	(H23)
イタリア	93億1656万円	8101万3560ユーロ	1兆5488億ユーロ	0.00523%	1.35	(H22)
スウェーデン	255億7500万円	17億500万SEK	3兆4843億SEK	0.0502%	12.97	(H23)
デンマーク	134億4700万円	7億9100万DKK	1兆6561億DKK	0.0478%	12.33	(H21)
アメリカ	―	―	15兆2270億ドル	―	―	(H23)
カナダ	172億2000万円	2億500万カナダドル	1兆7115億カナダドル	0.0146%	3.77	(H22)
オーストラリア	50億8400万円	6200万豪ドル	1兆2483億豪ドル	0.005%	1.28	(H21)
ニュージーランド	39億円	6191万NZドル	1859億NZドル	0.0333%	8.6	(H21)
韓国	149億4500万円	2135億ウォン	1063兆591億ウォン	0.0201%	5.19	(H21)
中国	304億8400万円	25億4038万元	1兆6215億元	0.0064%	1.65	(H22)

出典：文部科学省委託調査「スポーツ政策調査研究」（笹川スポーツ財団、平成23年度7月）に基づき文部科学省作成
各国GDP額の出典：「World Economic Outlook Database, April 2011」(IMF, 2011)

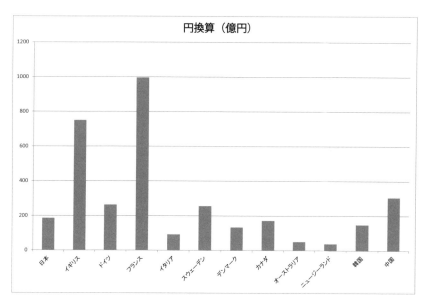

図表 4-25　各国のスポーツ関連予算
出典：図表 4-24 より作成

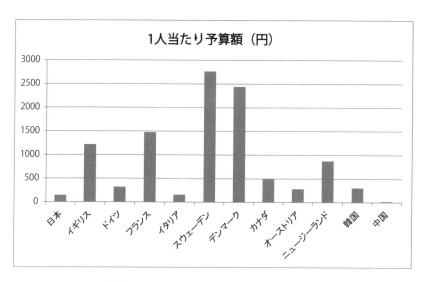

図表 4-26　人口一人当たりのスポーツ予算
出典：図表 4-24 より作成

22.7である。これで見ると、中国の22.7円は開発途上国であり世界一の13億4600万人という膨大な人口を抱えていることから、なお多くの貧困を抱えているが、その他の国々はすべて日本よりも多くの支出をしており、スウェーデンは日本の19倍、イギリスは8.4倍、ドイツは2.2倍である。

次いで、対GDP比で見ると日本は2010（平成22）年には0.0039％であり、イギリスは0.0397％である。こうして、対日本比を見ると、日本を「1」とすると、スウェーデン12.97、デンマーク12.33、フランス11.13、イギリス10.24、ドイツ2.47…という状況であり、韓国5.19、中国1.65であり、10倍以上の国もある。この点から見ても、日本のスポーツへの国家的支出の少なさが明白である。

（4）スポーツ参加

これまで、日本の貧困化、家計に占めるスポーツ予算、スポーツ施設数、自治体のスポーツ予算等々の減少について述べてきた。

そうした中で、図表4-27のようにスポーツ施設数が減少すると同時に近年「場所や施設が無いから」スポーツに参加しないと応える人が5.4％へと上昇している。もちろんこのグラフからだけでは両者の因果関係は不明であるが、スポーツ施設の絶対的不足と減少傾向の中にあって、場所、施設不足は国民の実感としても強くなっていることは事実である。

同じ出典によっても、運動・スポーツを行わなかった理由として、1976年以降、

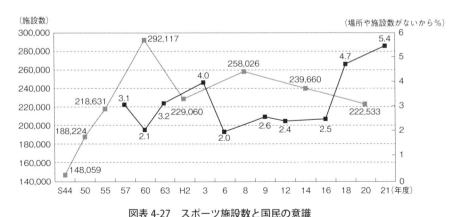

図表4-27　スポーツ施設数と国民の意識
出典：内閣府「体力・スポーツに関する世論調査」及び文部科学省「体育・スポーツ施設現況調査」に基づき文部科学省作成（2010）

「仕事(家事・育児)が忙しくて時間がないから」という可処分時間の不足を述べる人が40%以上(1988年には52.6%)もいる。

図表4-28は「週1回以上」と「週3回以上」運動・スポーツを行った者の割合の推移である。2009(平成21)年度では「週1回以上」は45.3%、「週3回以上」は23.5%である。それぞれに1988(昭和63)年以来ほぼ一貫して上昇している。

しかしここで大きな疑問に遭遇する。これまでの展開で、国民のスポーツ参加を巡る環境の貧困化を丁寧に指摘してきた。しかしこのグラフでは逆に参加者数は大きく増加している。なぜなのか。その秘密はその参加した「運動・スポーツ」の内容にある。その内容(複数回答)「ウォーキング」「体操(ラジオ体操、職場体操、美容体操、エアロビクス、縄跳び)」「散歩(ぶらぶら歩き)」「ジョギング」「筋力トレーニング」等が大半を占め、それに「ボウリング」「水泳」「ゴルフ」が多少含まれる。つまり、一方での健康意識や運動要求の高揚の中で、公共施設などの使用を可能な限り活用しながらも、施設数の減少の中で、多くの人々は個人で出来る、しかも使用料金の要らない道路や自宅を活用し、健康運動にその要求の出口を見出している。

従って、これまでのスポーツ参加を巡る環境とこの「運動・スポーツ」の参加の増加を結び合わせて考えるとき、この参加の上昇は、一面では国民の健康意識・運動要求の明らかな上昇を示すと同時に、狭い健康運動や個人種目に「追いやられている」国民の実態を読み取るべきであろう。

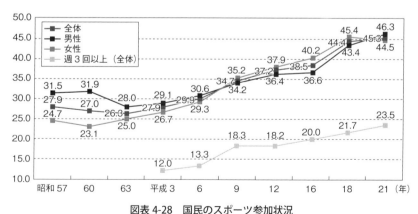

図表4-28　国民のスポーツ参加状況
出典:内閣府「体力・スポーツに関する世論調査」に基づき文部科学省作成

8．まとめ

　以上、保体審（保健体育審議会）答申類を中心に戦後のスポーツ政策を概観した。そこでは、スポーツ振興策の全面的な構想を描き、それに国や自治体の責任を中心に描けば描くほど、その全体像は福祉国家的な政策の下でなければ実現は不可能な内容であるということが明確である。つまり、答申の描いたスポーツ振興像は、スポーツの公共性にも規定されて、公的な責務を必須とし、福祉国家的な志向性を持たざるを得ないものである[24]。

　しかし、現実にはそれらのスポーツ振興策への財政的保障はごく一部を除けば、ことごとく政府（大蔵省、財務省）に拒否されてきた。それは内容的に福祉国家的な性格を内包したものだったから、他の福祉的施策と肩を並べて低く抑えられた結果である。その一方で、民間資本に依存したり、サッカーくじ売上金からの配分に期待するようになった。これらは部分的には妥当であっても、基本はスポーツの公共性を踏まえ、国民のスポーツ権を保障するためにも、公共的な支援を大きくしなければならないことは、世界の趨勢である。

　西欧・北欧の諸福祉国家が健康対策、地域社会再建策、国内需要の拡大等々の諸対策に「スポーツ・フォー・オール」を手段として採用するほどには、日本でのスポーツ政策は、国レベルにおいても地方自治体レベルにおいても、重視されてはいない。それ故に、広義の福祉の他領域との関連性も薄く、スポーツ政策が孤立して存在している状態である。

　こうした中で「スポーツ基本法の処方箋」を描くとすれば、それは日本の福祉国家化以外に方策は無いこともまた事実であろう。

【注】
1）内海和雄『部活動改革―生徒主体への道―』不昧堂出版、1998年。
2）内海和雄『戦後スポーツ体制の確立』不昧堂出版、1993年、p.153。
3）2）に同じ。
4）内海和雄『アマチュアリズム論―差別無きスポーツ思想の探究―』創文企画、2007年。
5）内海和雄『オリンピックと平和』不昧堂出版、2012年。
6）2）に同じ。
7）内海和雄『がんばれスポーツ少年』新日本出版、1987年。
8）2）に同じ。

9) 5) に同じ。
10) 宮本憲一『社会資本論』有斐閣、1967 年。
11) 内海和雄『日本のスポーツ・フォー・オール―未熟な福祉国家のスポーツ政策―』不昧堂出版、2003 年。
12) 内海和雄『体育科の学力と目標』青木書店、1984 年。内海和雄『体育科の「新学力観」と評価』大修館書店、1995 年。
13) 2) の p.35。(11) に同じ。
14) 11) に同じ。
15) 2) の p.27。
16) 内海和雄『スポーツの公共性と主体形成』不昧堂出版、1989 年、p.116。
17) 渡辺治『「豊かな社会」日本の構造』労働旬報社、1990 年。
18) 佐藤誠『リゾート列島』岩波書店、1990 年、pp.95-96。
19) 5) に同じ。
20) 杉山他編『企業スポーツの撤退と混迷する日本のスポーツ』創文企画、2009 年。
21) 馬場康彦『生活経済から見る福祉―格差社会の実態に迫る―』ミネルヴァ書房、2007 年、p.108。
22) 渡辺治「日本の新自由主義―ハーヴェイ『新自由主義』に寄せて」『新自由主義―その歴史的展開と現在』デヴィッド・ハーヴェイ、作品社、2007 年、p.327。
23) 広畑成志「サッカーくじがゆがめた日本のスポーツ振興」『前衛』2013 年 2 月号。
24) 16) に同じ。

第5章

スポーツ基本法の処方箋
―新福祉国家

1．再度、スポーツは個人的な営みか

　第1章の冒頭で、「スポーツは個人的な営みか」を述べた。前章までを踏まえて再度この課題を問うてみたい。
　未だに「スポーツは個人的な事項だ」「公共的な提供などあまり必要でない」と考えてる人がいる。これは個々人のレベルだけではなく、国や自治体等の行政レベルでも言えることである。それが日本の「スポーツ・フォー・オール政策」を極めて貧しいものにしている原因である。それには大きく次の理由が考えられる。

（1）アマチュアリズムとブルジョア個人主義
　第1は長い間のアマチュアリズムの影響である。アマチュアリズムの諸要素の1つに、スポーツを享受する上で、他人の援助を受けたりしてはならず、個人の財で対処しなければならないとするブルジョア個人主義の思想がある。これはスポーツのための諸条件を公共(国家や自治体)が提供することへの障害となってきた。それは福祉国家には批判的な立場に立つ現代の政治家の多くにも未だ影を落としている。そうした人々はスポーツの公共性や国民の権利という視点を嫌い、スポーツの振興のための公共の責任を嫌い、自由市場に任せておけばそれで良いと考える。
　アマチュアリズムは資本主義社会にあって、資本家階級が労働者階級へのスポーツの普及（大衆化）を止めて、あるいは諸競技会への参加を阻止して、自らの階級にのみ囲い込んだ。それ故に、資本主義の本性である市場化、商品化をスポーツから閉め出そうとした。しかし資本主義の進展はそうした逆流を許さなかった。従ってアマチュアリズムは資本主義の進展に伴って自己崩壊する内的矛盾を成立時点から抱えたのである。アマチュアリズムはまた、スポーツの高度化に伴うプロ化の必然的傾向によって、1つ1つ崩されてきた。と同時に、外部からもアマチュアリズムは崩壊への作用を受けた。つまり戦後、西欧の福祉国家において「スポーツ・フォー・オール政策」が誕生し、国家が率先して国民へのスポーツを提供し始めたのである。これは他人から援助を受けてスポーツを享受してはならないというアマチュアリズムの根本的精神に反するものであり、アマチュアリズムは国家からも否定された。そして当然にして国民の「スポーツ権」はそう

第5章　スポーツ基本法の処方箋―新福祉国家

した労働者階級排除の階級的制約を許容しなかった。国民の側からも否定されたのである[1]。

このアマチュアリズムはその発祥国であるイギリスと、「カンパニーアマ」の強かった日本でより強く影響した。しかしイギリスでは1960年代以降に「スポーツ・フォー・オール政策」の施行で国家的援助を推進し、国家自体がアマチュアリズムを破棄した。しかし日本では「スポーツ・フォー・オール政策」は実現せず、国家的援助の思想も政策も貧弱であった。そうした中で、アマチュアリズムは根強く残存した。そこに、各競技種目のプロ容認の国際動向や1974年以降のオリンピックでのアマ、プロのオープン化によるアマチュアリズムの放棄という、外部からの圧力によって日本国内のアマチュアリズムは抑制された。しかしアマチュアリズムは完全には払拭されておらず今なお社会に沈殿しており、時折表面に表れる。

（2）福祉国家の未成立

第2は前者とも関わるが、福祉国家の未成立に依る。前章まで述べて来たように、スポーツの普及、「スポーツ・フォー・オール」は福祉政策の一環としてのみ可能な政策だが、福祉とはそもそも国家による公共的な生活保障の営みである。しかしその福祉を重視しない人々にとって、国民の生活の諸困難はあくまでも個人の怠慢、無能力、無気力に帰せられてしまう。これは19世紀の自由主義の考え方である。しかし20世紀に入ると、貧困は個人の責任ばかりでなく、不況、戦争あるいは伝染病の流行などの社会的な原因によって無理矢理に貧困に追いやられた沢山の人々が生じることにより、社会権によってある程度の生活を社会的に、国家的に保障する時代に入った。第1次世界大戦を経て福祉重視の傾向は強まり、第2次世界大戦とその後の高度経済成長を経て、そして一方での社会主義国の福祉重視の影響を受けながら、西欧の資本主義国では国家、企業、労働組合がコーポラティズムという協働体制をとりながら、福祉国家の実現に奔走した。しかし日本では福祉は未だに貧困な状態であり、福祉国家とは呼べない、あるいはそう呼んだとしても「東アジア的」などの特別な修飾語を冠にして称される状態である。こうした福祉全般の貧困さが、「スポーツ・フォー・オール」の実現を妨げている。それ故、スポーツが社会的、公共的事業という思考が十分には成熟していない。それはまた、アマチュアリズムに依るスポーツの個人主義が時折舞い上がる基盤でもある。

そして1980年代以降は新自由主義思想と政策により、福祉のいっそうの削減、自治体業務の民営化・市場化の促進によって、公共のスポーツ政策が縮減され、スポーツ享受が再度、個人責任化して来た。それ以前に、ただでさえ僅少であった国の国民スポーツ普及政策が極端に削減されたのである。それと併行して、国民の消費能力の低下と共に、国民のスポーツ参加も確実に減少している。これを危機的状況と言わずに何と表現するのか。

（3）企業選手（カンパニーアマ）の存在
　第3は、日本のトップスポーツを担った主体の特性に依る。戦前の中心は大学生であった。彼らは中・上流階層の出身として同年齢の5％程度のエリート層であり、スポーツを享受するのも親や後援会、あるいはOB会などからの寄付に依存した。こうして寄生的ながらアマチュアリズムを頑なに維持した。戦後、トップスポーツは企業に雇用された選手（カンパニーアマ）に担われた。高度経済成長の中で、彼らは企業の宣伝と労働者の愛社精神の高揚のために位置付けられた。同類のチームが日本リーグを結成し、日本のトップレベルを形成した。彼らは従業員として雇用され、給料はもちろんトレーニング費、派遣費など企業から支援された。こうした「カンパニーアマ」は本来のアマチュアリズムに抵触する。アメリカの大学でも同様であった。スポーツの優秀な学生は多くの奨学金をもらいながら競技選手（カレッジアマ）として大学の宣伝のために、あるいは大学経営の収入源として貢献した。
　アメリカは商業主義の最先端国であり、イギリス発のアマチュアリズム遵守の傾向はもともと強くはなかった。しかし日本ではカンパニーアマが多く存在しながら、アマチュアリズムは維持された。そしてアマチュアリズムの倫理的要素として「フェアプレイ精神」があるが、近年のドーピングや商業主義化の弊害が現れると、そうした原因はアマチュアリズムが無くなったからであるとの、短絡的なノスタルジアも未だに浮上するのである。

（4）スポーツ研究の狭さ
　第4は、スポーツ研究の狭さである。西欧での「スポーツ・フォー・オール政策」の推進は、決してスポーツ文化の普及それ自体だけで進展しているわけではない。福祉国家の抱える多くの問題点、例えば健康促進、医療費削減、教育の促進、地域住民の結合、人間関係の促進、青少年の非行・犯罪防止、民族的融和

第 5 章　スポーツ基本法の処方箋──新福祉国家

あるいは内需拡大政策（スポーツ分野の消費と雇用の促進）等々の解決のための手段としても重要視されている。そしてそれ相応の公共的支持を得ている。またスポーツ政策の普及は、社会的に多くの職種を生み出し、そこでの雇用を促進している。これが欧米におけるスポーツの社会学、産業論、経営論、国際化論を始めとする社会科学研究やスポーツの自然科学研究の促進など、多くの研究領域を刺激し、発展の基盤となっている。こうした動向は、スポーツの個人主義を克服し、その公共的な生活と思想を確実に推進している。

　果たして日本ではどうだろうか。もちろん、スポーツ政策文書の前文には近接領域への波及効果について記述はされるが、現実の施策は国レベルでも自治体レベルでも、その前文の意図する内容に抵触出来るほどの具体的な政策は実行されていない。もっと現実的に言えば、行政のセクション間でのスポーツ領域と近接領域との調整が必要なほどの政策が遂行されておらず、スポーツ政策はただ孤立したままに行われているのが実情である。こうした状態ではスポーツ研究の必要性も極めて低いものになる。また、研究成果のアピール度も低くなりがちである。研究としては、もっと近接の福祉領域と連携しながら、スポーツの意義、効率を強くアピールしつつ進むような戦略、戦術が必要である。こうした過程でこそ、スポーツの持つ公共的な性格がより広く認知され、その個人主義的思考を克服することが可能となる。その点で、「スポーツは福祉の一環である」というテーゼはこうした協同を推進する上での大きな理論的基盤を形成するであろう。スポーツ研究はその狭さを克服しなければならない。スポーツは独自の主張だけで政策を実現出来るほどのアピール性や実力を、残念ながら未だに形成してはいない。近接の福祉領域との連携を取りながら、他領域の力を借りてでも、旺盛にその主張を展開する必要がある。

2．スポーツ基本法とスポーツ基本計画

　こうした動向の中で、2011 年に 50 年ぶりに「スポーツ振興法」が「スポーツ基本法」として生まれ変わり、スポーツの公共的意義と政策推進の国家責任の発展が期待された。次いで、その制定過程を見てみよう。

（1）スポーツ基本法の制定過程
　スポーツ基本法の制定過程の動向を、大まかには次の 3 期に分けて展開する。

１）『「スポーツ立国」ニッポン―国家戦略としてのトップスポーツ―』（2007 年 8 月）

これは遠藤利明文部科学副大臣（自公政権）の私的諮問機関「スポーツ振興に関する懇談会」の報告書であり、いわゆる「遠藤レポート」と言われるものである。史上最高の 37 個のメダルを獲得した夏季オリンピック・アテネ大会から 2 年目の 2006 年の冬季オリンピック・トリノ大会では、荒川静香選手（フィギュア）の金メダル 1 個という惨敗であり、まさに天国から地獄への転落であった。これに諸々の危機感を覚えた遠藤副大臣は早速、同年 12 月にスポーツ担当大臣として「スポーツ振興に関する懇談会」を設置し、報告書を作成した。「国力としてのスポーツ力、とりわけ、オリンピック競技大会におけるメダル獲得数などが構成要素となる国際社会対応力に乏しく、真の先進国が備えるべき国力のバランスが取れていない」。そして「日本人選手が活躍することは、国際社会における先進国としての我が国の国力を明示し、真の先進国『日本』のプレゼンスとアイデンティティーを高めることになる」と位置付けて、トップスポーツを国家戦略によって高め、スポーツ立国を建設しようというものである。トップ選手の国際大会での活躍が、日本の安全保障を高め、国際平和に貢献し、国内経済の活性化をもたらすと考える。そうした政策を推進するために、スポーツ庁の設置、新スポーツ振興法の制定等を提起した。特に、財政基盤の確立においては「真の先進国が備えるべき国力として、文化力とスポーツ力は同等、両輪である。当面の目標として文化庁予算と同等の 1,000 億円をスポーツの育成に投資する。将来的には、国家予算の 1 ％（8,000 億円）の投資を目的とする」と意気込んだ。

その後、この報告書を権威づけるために、遠藤議員は自民党内に「スポーツ立国調査会」を設置（2007.10）して、審議を始めた。

また、国会の超党派スポーツ議員連盟もその翌月に「新スポーツ振興法制定プロジェクトチーム」を設置した（その後 15 回の審議を行った）。こうして、1961 年に制定された「スポーツ振興法」から既に半世紀も経過し、社会情勢も大きく変化しているなかでその改定なり新法の制定なりの必要性が自覚されつつあった。そして 2016 年のオリンピック大会の東京招致をめぐる動きも活発化し始めた時期でもあり、世論の支持を得る千載一遇のチャンスでもあったのである。

自民党の「スポーツ立国調査会」は 2008 年 6 月 10 日に『「スポーツ立国」ニッポンを目指して～国家戦略としてのスポーツ～』（中間報告）を発表した。ここでも基本は先の遠藤レポートと同様の基調である。「先ず競技力の向上に重点的

第 5 章　スポーツ基本法の処方箋―新福祉国家

に取り組み、スポーツの頂点を高めることによりスポーツの裾野を広げ、基盤を整備するとの視点」に立って、以下の戦略を推進しようとするものである。
　戦略 1：競技力の向上に国を挙げて取り組む
　戦略 2：国際競技大会の招致に国として積極的に取り組む
　戦略 3：地域のスポーツ環境の整備を支援する
　ここで、スポーツ振興法を抜本的に見直し、「新スポーツ法」の制定が意図された。そして「スポーツ予算が文化予算と同水準の規模になることを目指す」とあるが、国家予算自体からの増額ではなく、スポーツ振興くじ事業やスポーツ振興基金の活用など、多様な財源の確保となっている。

　2）「スポーツ基本法案」（2009 年 7 月 14 日、自公の議員立法で衆議院へ提案）
　先のように 2007 年 10 月には超党派スポーツ議員連盟が発足し、いろいろと調整をしていたが、自民党・公明党と民主党との政策の違いが対立して合意に至らなかった。つまり自公は先に見たようにトップレベルを引き上げ、それによって裾野も広がるとする「トップダウン方式」であり、一方民主は裾野を広げてトップを上げる「ボトムアップ方式」である。総選挙が近づき、与党の自公の劣勢が予想される中で、自公は 2009 年 7 月 14 日、第 171 通常国会に「スポーツ基本法案」（平成 21 年衆法第 52 号）を提出した。
　その法案とは、既に提起されてきた「遠藤レポート」や自民党の「『スポーツ立国』ニッポンを目指して～国家戦略としてのスポーツ～」と比べても、スポーツ庁の設置に言及するでもなく、スポーツ予算の確保のための体制を整備するでもなく、1961 年の「スポーツ振興法」と大差ないものであった。
　ところで、遠藤レポートや先の自民案は、トップスポーツの世界的水準での地盤沈下によるナショナリズムやナショナル・アイデンティティの低下とそのことによる世界への発信力の低下を危惧して、国家的戦略としてトップダウンで引き上げようというものであった。「スポーツのトップが高まれば、裾野も広がる」という考え方は、往々にして競技スポーツ関係者から多く聞く話である。立場がそう言わしめることもあろう。つまり直近の周辺を強化することがまず整備される必要があるという発想がそう言わしめるのである。しかしそれはスポーツの普及にとっては部分的な視野である。それは大衆化に必要な社会的政策の必要性、つまり福祉としてのスポーツ政策の必要性を理解していないからである。世界中には、国策からトップスポーツだけを強調している国は沢山有る。例えば、開発

途上国や近隣では韓国、中国などが国策として高度化を進めているが、その大衆化の水準、福祉としてのスポーツ政策は極めて貧困である。もちろん、トップ水準が上がり、国際的にも活躍すれば大衆の中にそのスポーツに参加するという影響もあることは事実である。しかしそれは既にある福祉水準の範囲内でのことであり、それを超えて普及することは無い。従来、この点での認識が実践的にも研究的にも不十分な視点であった。

逆に、大衆化したからといって自動的に高度化が達成されるわけでもない。現在、国際的なトップ選手は大衆化から自然発生的に生まれる水準ではなく、特別な訓練を必要とする。例えばスウェーデンでは福祉国家としてスポーツの普及は大変に優れているが、高度化には大きな力を割いてはいない。それ故に、スウェーデンの国際競技力水準は決して高いとは言えない。

従って、高度化の強調だけによって大衆化を期待する自民案は、スポーツ政策の無理解によるものであり、政策としての実効性も不可能である。

2009年7月21日に衆議院が解散となったために法案は審議されずに廃案となった。

同年9月16日、民主党政権へと代わった。民主党は翌2010年の5月に党内スポーツ議員連盟を設立してスポーツ基本法の検討を始めるが、こうした動きを牽制するかのように、その6月11日に自民党・公明党・みんなの党が合同で「スポーツ基本法案」を再提案した。これは1年前に審議されずに廃案となったものを一部修正したものである。

これに対して、民主党政権の下で、文部科学省は鈴木寛文部科学省副大臣の主導の下、「スポーツ立国戦略―スポーツコミュニティ・ニッポン―」を提起した。これが「スポーツ基本法」制定への直接的な起点となった。

以上のように、「スポーツ振興法」から50年が経ち、スポーツをめぐる状況も大きく変化しておりいろいろと改定が求められていたこと、2016年のオリンピック東京招致をめぐって情勢が高揚していたことも「スポーツ基本法」制定への背景となって規定していた。さらに、自公と民主の政策をめぐる主導権争いもこれらの動向を促進させた。

3）文科省「スポーツ立国戦略―スポーツコミュニティ・ニッポン―」
（2010年8月26日）以降
この「スポーツ立国戦略―スポーツコミュニティ・ニッポン―」を受ける形で、

第 5 章　スポーツ基本法の処方箋―新福祉国家

2011 年の 5 月 16 日には民主党スポーツ議員連盟が「スポーツ基本法案」をとりまとめた。そしてその翌日、超党派スポーツ議員連盟が「スポーツ基本法制定プロジェクトチーム」を開催し、自公案と民主案の両者の検討に入った。10 日後の 5 月 27 日にはプロジェクトチームの「スポーツ基本法案」を了承した。同 31 日に超党派（衆議院 8 会派共同）で「スポーツ基本法案」が第 177 通常国会に提出され、これを受けて継続審議となっていた自公案は翌日撤回された。

衆議院では 6 月 9 日に、参議院では 6 月 17 日にそれぞれ全会一致で可決され、6 月 24 日に交付された。その第 3 条（「国は、前条の基本理念にのっとり、スポーツに関する施策を総合的に策定し、および実施する責務を有する」）の規定を受けて、「スポーツ振興に関する特別委員会」が招集され、2012 年 1 月 30 日の中間報告を経て、3 月 30 日に「スポーツ基本計画」が文部科学省から発表された。

以下、「スポーツ立国戦略―スポーツコミュニティ・ニッポン―」、「スポーツ基本法」、「スポーツ基本計画」の特徴と問題点を検討する。

4）「スポーツ立国戦略―スポーツコミュニティ・ニッポン―」
（2010 年 8 月 26 日）

既述のように、自公の「スポーツ基本法案」の再度の国会提出（2010.6.11）に対抗して、民主党政権下の文部科学省は今後の 10 年間を展望した「スポーツ立国戦略―スポーツコミュニティ・ニッポン―」を作成した。

「新たなスポーツ文化」の確立を目指して、地域、スポーツ産業の振興、そして国際交流の促進の意義などを強調した。それと同時に、「スポーツを通じて幸福で豊かな生活を実現することは、すべての人々に保障されるべき権利」として「スポーツ権」を初めて認める一方で、「新しい公共」という、新自由主義における個人責任の強調・公共責任の後退の施策をも内包した。この両者は基本的には対立するものであるが、両者が併用されているところに本施策の曖昧さが最初から内包されるものとなった。

「スポーツ基本法」を視野に入れながら「人（する人、観る人、支える（育てる）人）の重視」「連携・協議の推進」という 2 本柱を「基本的な考え方」として、実施すべき 5 つの重点戦略、政策目標、重点的に実施すべき施策や体制整備の在り方などを提起した。

5 つの重点戦略目標の第 1 は「ライフステージに応じたスポーツ機会の創造」である。出来る限り早期の目標として、「成人の週 1 回以上のスポーツ実施率が

3人に2人（65%程度）、成人の週3回以上のスポーツ実施率が3人に1人（30%程度）」が提起された。総合型地域スポーツクラブを住民自身の費用や企業献金、そして最後に公共の支援を得て「新しい公共」を担い、学校体育施設を分け合って振興する。しかしここにはスポーツ施設の建設は全くコメントされていない。

さらに、この目標達成のための具体的施策、財政等については全く触れて居らず、政策としての体を成していない。単なる作文である。つまり、例えば「成人の週1回以上のスポーツ実施率が3人に2人（65%程度）、成人の週3回以上のスポーツ実施率が3人に1人（30%程度）」を実現するためには、「誰を対象に、誰が推進主体となり、誰が指導するか、どこで、どの種目でどれだけの参加計画を作るか、どれだけの施設が必要か、10年間の計画でそれらを推進するにはどれだけの予算が必要か、それは国と自治体がどれだけ出費するのか、それらの計画、推進状況は誰が統括し、どのように評価するのか…」などの体制が必須である。そしてこのような視点は次項でも同様に問われることである。しかし、こうした具体化のための方策は何もなく、単に目標だけが空論的に述べられている。

第2は「世界で競い合うトップアスリートの育成・強化」である。国際競技での日本選手の活躍は、「日本人としての誇りと喜び、夢と感動を与え、国民の意識を高揚させ、社会全体の活力となると共に、国際社会における我が国の存在感を高める」ために強調されている。そのために今後の夏季・冬季オリンピックでは過去最多（夏季37（アテネ）、冬季10（長野））を超えるメダル数の獲得を目指すものである。

トップレベルの養成は大衆的スポーツへの多くの知見を提供する先導的試みであり、その国際的交流は平和活動の一環でもある。そうした点で、公共的な営為である。その上での公共的援助であれば問題は無いであろう。しかし単にナショナリズムやナショナル・アイデンティティの高揚などの政治的な意図での重視であれば、それは単なる政治的利用でしかない。

第3は「スポーツ界の連携・協同による『好循環』の創出」であり、そうしたトップ選手の引退後の指導者として道を確保し、それはまた地域スポーツの振興をもたらすというものである。理念としては素晴らしいことである。スポーツ以外の多くの芸術、技術分野では、かなりの高齢まで年齢を重ねるに従ってその知見と技術水準は向上する。しかしスポーツの場合、身体的要素が大きいだけに30歳を過ぎれば下り坂となり、早々に現役引退を余儀なくされる。そしてその後の長い人生をどのように生きるか、そのための準備をいつどのような形で行うかは、

個人の問題であると同時に、社会的にも、国家的にも大きな課題である（国際的にも課題となっている）。その点で、トップ選手のセカンドキャリアを指導者として保障するかどうかは単にその選手の生活上の問題ばかりでなく、日本のトップスポーツ、大衆スポーツの発展にとっても重要である。そのためにも彼らの専門性を生かせる職場を確保する必要がある。

　しかし、地域スポーツ振興の基盤が脆弱なのに、こうしたトップ選手の引退後の指導者としてのポストをどれだけ確保出来るのだろうか。ここにも具体的な政策は何も見当たらない。また、それが単に1年限りや同様の短期の限定的な雇用の場合、あまりにも不安定であり指導者にとっても、地域住民にとっても、多くの効果を期待することは出来ない。

　第4は「スポーツ界における透明性や公平・公共性の向上」である。近年、大相撲におけるギャンブル事件や補助金の不正使用、2013年に入ると、全日本柔道連盟における体罰・暴力問題あるいは補助金の不正使用などが明らかになった。スポーツ団体のガバナンスの在り方への疑問や批判が多く出されている中で、新たに提起された政策である。初めてであるが故に、政府による民間スポーツ団体の統制であると危惧する声もあった。しかし、公共資金の援助を得た組織が、その使用実態を定期的に公表し、報告することは義務であろう。従来スポーツ団体側も、それを援助する公共側もそうした行政評価を正しく行ってこなかった。その点を明確にして、その体制を確立することは当然のことである。しかし、今後そうした行政評価を行いつつ「援助すれども、統制なし（サポート・ノーコントロール）」をどのように維持出来るかは大きな課題となるであろう。

　最後の第5は「社会全体でスポーツを支える基盤の整備」である。地域スポーツ活動の推進により「新しい公共」の形成を促すものである。地域スポーツ振興の具体案が単に総合型地域スポーツクラブを強調する以外に何も無い状態で、スポーツ振興基金・スポーツ振興くじの仕組みなどを活用した寄付文化の醸成など、人々のスポーツへの興味・関心を高めるための国民運動（企業・スポーツ団体・NPO法人・国民等を巻き込んだ「スポーツ・プロモーション・ムーブメント」）を展開し、オリンピック・ムーブメントと連携しつつ広く社会全体でスポーツを支える機運を高めようとする。

　以上が5つの重点戦略の概要であり、そのため国が体制整備を行う。その第1は財源の確保と効率的な活用である。そのためにスポーツ振興基金の原資拡充、スポーツ振興くじの売り上げ向上、国費の充実が必要だが、肝心の国費はナショ

ナルチームの強化、地域スポーツの基盤整備、学校体育の充実などが述べられるだけである。2007年段階で遠藤レポートが述べていたように、当面は国の文化予算1,000億円と同等な要求（やがてGNPの1％、8,000億円）という強い信念は、もはやこの段階では民主党には響かない。今は野党化した自民党がかつて提起していた政策であるならば、この段階で民主党が、そしてその政権下にある文部科学省がそれだけの予算を請求しても国会内での大きな反対は無かったはずである。

　体制整備の第2の中心は「スポーツ庁」の在り方の検討である。ともあれ、年間予算1,000億年の文化庁の水準に引き上げる、あるいは多省庁に分散しているスポーツ関連の施策を一元化して統括したいという意図である。

　そして第3は「スポーツ基本法」の検討である。

　全体的に見るならば、本政策は第1に、現在の国民の生活実態あるいはスポーツ参加における障害の分析などが全く無い、真空の中での政策立案となっている。「スポーツ基本法」の制定やスポーツ庁の設置を構想する計画であるならば、そうした基盤調査は必須である。かつて、1972年に保健体育審議会答申「体育・スポーツの普及振興に関する基本方策について」の作成時に、当時の文部省体育局が大きな「社会体育実態調査」を行い、欧米各国の先進例を参考にしつつ画期的な政策提言をしたような熱意と科学性は感じられない。もちろん、それ以降いくつかのスポーツ統計が継続的に作成されているが、スポーツ政策の基本となるべき生活実態などの分析は回避されている。現在、世界の先進国では福祉国家へのいくつかの逆風の中でも、スポーツ政策は福祉の一環としてしっかりと推進されている。そうした世界の動向の基礎調査も行われているが、そうしたものが十分に活用されてはいない。第2に、政策文面としては広く網羅されているが、その推進のための国や公共の責任体制が曖昧で、空論の部分が大半を占める。第3に、それらの原因としてこれらの諸施策を推進する予算的措置が極めて弱いことである。従って政策の個々を具体化する意欲も、方法も、責任体制も全く見えないものとなっている。しかし第4に、こうした政策は文部科学省としても推進したいと望んでいることである。しかしそのための政治経済体制は、政治経済が福祉をよりいっそう重視する中でしか実現しえないものである。そして第5はスポーツ政策論としての未成熟さである。例えばイギリスの政策では、執行予算も明記する。当然にその具体的な推進の方策も要求される。政策とは本来こうしたものであるべきである。日本の場合、既述の保体審答申のように、そうした

第5章 スポーツ基本法の処方箋─新福祉国家

提案はなされなかったし、そうすることは許されなかった。ここに日本の政策論の未成熟さがある。ともあれ、この「スポーツ立国戦略」の提起が、その後の展開と内容を大きく規定することになった。

この提案を受けて各政党ではそれぞれの「スポーツ基本法」案の検討に入った。与党の民主党はスポーツ議員連盟によって翌2011年5月16日に「スポーツ基本法案」を作成した。これは、自公のトップダウン方式に対抗して、住民参加の地域スポーツからボトムアップを志向した。もっともこの案とて単なる机上プランでしかないのだが。

こうして超党派スポーツ議員連盟も諸々の案を検討し、ついに2011年5月31日に衆議院8会派が共同で「スポーツ基本法案」を第177通常国会に提出した。その後6月9日に衆議院で、6月17日に参議院でそれぞれ全会一致で採択し、6月24日に交付され、8月24日に施行された[2]。

次いで、「スポーツ基本法」それ自体をみてみよう。図表5-1はスポーツ基本法の成立までの経緯を見たものである。

図表5-1 「スポーツ基本法」成立までのスポーツ政策過程

年　月　日	主　要　事　項
平成18（2006）年 12月	「スポーツ振興に関する懇談会」（遠藤利明・文部科学副大臣の私的諮問機関）を設置。
平成19（2007）年 8月	「スポーツ立国ニッポン─国家戦略としてのトップスポーツ」（「スポーツ振興に関する懇談会」レポート） 「国家として取り組む以外に，世界のトップスポーツの中で日本が成功する道はない」
平成19（2007）年 10月	上記レポートを受けて，自民党が政務調査会の1つとして「スポーツ立国調査会」を設置。 ・麻生太郎会長（自民党・前幹事長）　・事務局長　遠藤利明氏 ・最高顧問　森喜朗・元首相（日本体育協会会長）
平成19（2007）年 11月	スポーツ議員連盟（超党派）が「新スポーツ振興法制定プロジェクトチーム」を設置。以後15回に亘り審議
平成20（2008）年 4月	「新スポーツ振興法制定プロジェクトチーム」に有識者で構成される「アドバイザリーボード」を設置。　以後9回にわたり審議。
平成20（2008）年 6月	自民党政務調査会スポーツ立国調査会『「スポーツ立国」ニッポンを目指して～国家戦略としてのスポーツ～』（中間報告）を発表。 戦略1・競技力の向上に国を挙げて取り組む 戦略2・国際競技大会の招致に国として積極的に取り組む 戦略3・地域のスポーツ環境の整備を支援する　3本柱 「新スポーツ法の制定」「スポーツ省（庁）の設置とスポーツ振興組織の整備」「スポーツ予算の拡充」といった取り組みが示される。
平成21（2009）年 4月	アドバイザリーボード「答申（中間まとめ）」で，スポーツ振興法を全面改訂して「スポーツ基本法（仮）」を制定することが提言される

平成21（2009）年 6月20日	自民党文部科学部会，スポーツ立国調査会合同会議で「スポーツ基本法案」が承認される。
平成21（2009）年 7月14日	自民党・公明党が「スポーツ基本法案」（平成21年衆法第52号）を第171回国会（常会）に提出。衆議院解散により審議未了・廃案。
平成21（2009）年 9月16日	自民党政権から民主党政権へ。
平成21（2009）年 10月2日	2016年オリンピック・パラリンピック競技大会の開催都市はリオデジャネイロに決定。
平成22（2010）年 5月	民主党がスポーツ議員連盟を設立。
平成22（2010）年 6月11日	自公が「スポーツ基本法案」（平成21年衆法第52号）を一部修正し，第174回国会（常会）に提出（平成22年衆法第29号）。
平成22（2010）年 8月26日	文部科学省が日本のスポーツ政策の基本的方向性を示す「スポーツ立国戦略」を策定。
平成23（2011）年 5月16日	民主党スポーツ議員連盟（谷 亮子会長）が「スポーツ基本法案」をとりまとめる。自公案ともすり合わせる形で，スポーツ基本法案を取りまとめる。自公案がトップレベルを重視していたのに対し，民主党案は住民参加型の地域スポーツの意義を強調。
平成23（2011）年 5月17日	スポーツ議員連盟（超党派）の「スポーツ基本法制定プロジェクトチーム」を開催。自公の「スポーツ基本法案」（平成22年衆法第29号）と民主党の条文案を以後3回に亘り各党間で検討。
平成23（2011）年 5月27日	衆議院文部科学委員会にスポーツ関係者を参考人招致し，意見聴取，質疑。
平成23（2011）年 5月27日	スポーツ議員連盟（超党派）総会でスポーツ基本法制定プロジェクトチームのスポーツ基本法案を了承。
平成23（2011）年 5月31日	超党派（衆議院8会派共同）の提案で「スポーツ基本法案」が第177回国会（常会）に提出される（平成23年衆法第11号）。
平成23（2011）年 6月1日	平成23（2011）年6月1日 継続審議となっていた自公の「スポーツ基本法案」（平成22年衆法第29号）が撤回される。
平成23（2011）年 6月9日	衆議院で「スポーツ基本法案」（平成22年衆法第11号）を全会一致で可決。
平成23（2011）年 6月17日	参議院で「スポーツ基本法案」（平成22年衆法第11号）を全会一致で可決，成立。6月24日「スポーツ基本法」（平成23年法律第78号）公布，8月24日施行。
平成23（2011）年 7月25日	「スポーツ基本計画」策定をめざして，「スポーツ振興に関する特別委員会」第一回会合。
平成24（2012）年 1月30日	文部科学省，「スポーツ基本計画の策定について（中間報告）」を公表。
平成24（2012）年 2月13日	東京2020オリンピック・パラリンピック招致委員会が立候補申請ファイルをIOCに提出。
平成24（2012）年 3月30日	「スポーツ基本計画」が文部科学省から発表される。同計画は今後10年間の日本のスポーツ政策の基本方針。五輪の金メダル獲得数の順位では「夏季大会は5位以内，冬季大会は10位以内」を目標。

出典：友添秀則「『スポーツ立国論』をめぐって」『現代スポーツ評論』26、創文企画、2012、p.17

第5章　スポーツ基本法の処方箋―新福祉国家

5)「スポーツ基本法」(2011年6月24日)

　「スポーツ基本法」は衆参両議院を全会一致で通過した。その概要は以下の通りであるが、その紹介と同時に1961年の「スポーツ振興法」との比較をしながら、今回の基本法の特徴、課題などについて述べる。先ず、基本法の骨格は次の通りである。

　前文
　第一章　総則（第一条－第八条）
　第二章　スポーツ基本計画等（第九条・第十条）
　第三章　基本的施策
　　第一節　スポーツの推進のための基礎的条件の整備等（第十一条－第二十条）
　　第二節　多様なスポーツの機会の確保のための環境の整備（第二十一条－第二十四条）
　　第三節　競技水準の向上等（第二十五条－第二十九条）
　第四章　スポーツの推進に係る体制の整備（第三十条－第三十二条）
　第五章　国の補助等（第三十三条－第三十五条）
　附則

　先ず振興法には無かった「前文」であるが、スポーツは世界共通の人類の文化、人間の心身の健全な発達にとって不可欠であり、「スポーツを通じて幸福で豊かな生活を営むことは、すべての人々の権利」であると、スポーツの普遍性と発達に不可欠の文化として規定し、その享受を「スポーツ権」として規定した。スポーツは心身の発達にとって不可欠であること、人間関係、地域形成においても同様であり、またトップ選手の国際競技を通じた国際交流、国際相互理解、更には我が国の国際的地位の向上にとっても必須であるから、スポーツの普及、トップの競技力向上を含む総合的な視点でスポーツ立国の実現を目指し、国家戦略として、スポーツに関する施策を総合的かつ計画的に推進する必要があると述べる。

　ここにはかつてのスポーツ振興法の様にスポーツの定義は述べられていない。むしろ広い概念としてのスポーツ理解が意図されている。そして同じように「スポーツ立国」の概念も無いが[3]、「スポーツの大衆化と高度化によって国民を活性化させようとする国家」と言うくらいには理解しておいてよいだろう。あるいはスポーツの概念といい、微妙な概念は広義なままに置いておいても良いかもしれない。しかし、この「スポーツによって人々を活性化させる」ことの出来る施

策、法体系となっているかどうかが問題なのである。また、「スポーツ権」が新たに挿入され、基本法の基本理念とされていることも新たな発展である。これまでその対極にあった新自由主義的な市場化と、公共責任の後退を意味する「新しい公共」の表現が退けられた点も前進である。

　次いで、「第1章　総則」である。第2〜8条で構成される。特徴的な点を挙げよう。第2条（基本理念）には前文と同様の「スポーツ権」が新たに記されている。この点は振興法には無かったことである。この50年間の社会とスポーツの世界的、国内的発展が反映されたものである。そしてスポーツの社会権への飛躍が期待される。しかし問題はそのための財政がどれだけ保障されるかである。スポーツ振興法と同水準のスポーツの自由権レベルに留まるのかどうか。その他「国の責務」、「地方公共団体の責務」が規定されるが、社会権としてどれだけの保障が実現されるのだろうか。「スポーツ団体」も「責務」ではなく新たに「努力」として規定された。スポーツ団体も責任は軽減するが共に努力せよということである。

　「第2章　スポーツ基本計画等」は第9〜10条であり、国として「スポーツ基本計画」を、地方自治体として「地方スポーツ推進計画」の作成を規定している。

　「第3章　基本的施策」は3節から構成されている。先ず、「第1節　スポーツの推進のための基礎的条件の整備等」は「指導者等の養成等」（第11条）、「スポーツ施設の整備等」（第12条）、「学校施設の利用」（第13条）、「スポーツ事故の防止等」（第14条）、「スポーツに関する紛争の迅速かつ適正な解決」（第15条）、「スポーツに関する科学的研究の推進等」（第16条）、「学校における体育の充実」（第17条）、「スポーツ産業の事業者との連携等」（第18条）、「スポーツに係わる国際的な交流及び貢献の推進」（第19条）、「顕彰」（第20条）である。このうち、第17、18、19条は振興法には無かったものである。第17条は、以前のスポーツ振興法では学校教育を含めなかったが、今回はそれをも含めて総合的なものとなり、第18、19条はこの50年間でスポーツが社会で占める役割が大きくなったことを反映した。「第2節　多様なスポーツの機会の確保のための環境の整備」は、「地域におけるスポーツの振興のための事業への支援等」（第21条）、「スポーツ行事の実施及び奨励」（第22条）、「体育の日の行事」（第23条）、「野外活動及びスポーツ・レクリエーション活動の普及奨励」（第24条）である。「第3節　競技水準の向上等」は「優秀なスポーツ選手の育成等」（第25条）、「国民体育大会及び全国障害者スポーツ大会」（第26条）、「国際競技大会の招致または開

第 5 章　スポーツ基本法の処方箋―新福祉国家

催の支援等」（第 27 条）、「企業、大学等によるスポーツへの支援」（第 28 条）、「ドーピング防止活動の推進」（第 29 条）である。このうち第 27、28、29 条は新たなものであり、この間のスポーツと社会の関連の進展を反映したものである。特に第 27 条は近年のオリンピックをはじめとする国際的なスポーツイベントの招致が、単にスポーツの振興上のみならず、政治経済的にも、外交的にもその比重が増していることの反映である。

「第 4 章　スポーツの推進に係わる体制の整備」は「スポーツ推進会議」（第 30 条）、「都道府県及び市町村のスポーツ審議会等」（第 31 条）、「スポーツ推進委員」（第 32 条）である。

「第 5 章　国の補助等」は「国の補助」（第 33 条）、「地方公共団体の補助」（第 34 条）、「審議会などへの諮問等」（第 35 条）である。

「附則」の「スポーツに関する施策を総合的に推進するための行政組織の在り方の検討」（第 2 条）として「スポーツ庁」等の検討を行うとなっている。

以上が「スポーツ基本法」の概略である。以下、問題点を検討しよう。以前の「スポーツ振興法」に有ったものでも、この間の社会の変化を反映してより精緻になったり、調整されたりして、適正化された。また、無くなったものとして「職場スポーツの奨励」（第 9 条）がある。これは特に 1990 年のバブル経済崩壊以降の職場スポーツ施設の激減と、職場スポーツ自体の減退により、もはや国民のスポーツ振興の一環には考慮し得なくなったことの反映である。更に「施設の整備」（第 12 条）「国及び地方公共団体は、体育館、水泳プールその他の政令で定める施設（スポーツの設備を含む）が政令で定める基準に達するよう、その整備に努めなければならない。」はむしろ現在の方が以前にも増して重要な規定であると考えられるが、その規定は除外された。この点に今回の基本法の弱さがある。

1961 年の「スポーツ振興法」は 1964 年の第 18 回オリンピック東京大会の体制整備の一環として作成された。しかし当時の国民のスポーツ参加は未だに低いものであり、テレビでのスポーツ放映も同様であった。まして国際試合のテレビ放映自体も少なく、あるいは国内での国際試合の開催も希であった。こうした情勢下で「スポーツ振興法」は制定されたのである。そして西欧を中心とする福祉国家の「スポーツ・フォー・オール政策」も徐々に始まりかけてはいたが、ヨーロッパでの水準と同レベルでの共通話題とはなりきれていなかった。欧州審議会（Council of Europe）が加盟国に「スポーツ・フォー・オール政策」の作成を呼びかけたのは 1966 年のことである[4]。

そうした内外の動向を反映して、スポーツを国民の権利として考える思考は未だに熟していなかった。それ故に、スポーツを国や自治体が保障する思考と体制も十分ではなかった。この点でスポーツの参加の自由を保障する「自由権」の段階であるとされた[5]。

　この法律によって国はオリンピック後に、高度経済成長に必要な国民の体力育成の必要性からスポーツを多少重視するようになった。しかし最も影響を受けたのは地方自治体であった。高度経済成長によって徐々に高まる地域住民のスポーツ要求に直接的に対応するのは地方自治体であり、その高まる要求を無視、拒否することはもはや出来なくなっていた。これまでの法的な根拠は社会教育法第2条に挿入された「体育・スポーツ」の規定だけであるから、法的根拠として強いものではなかった。しかし、「スポーツ振興法」によって、スポーツ固有の初めての法律が成立したわけであるから、もっと強くその政策的な基盤が形成されたのである。

　そしてこの法律は1972年の保体審答申「体育・スポーツの普及振興に関する基本方策について」で最大限に生かされることになった。しかし1973年のオイルショック以降、その答申内容と「スポーツ振興法」の目指す方向は次第に無視され、歪められて行ったのである。

　1980年代後半のバブル経済の時期に、国や自治体のスポーツ政策はそれまでの無視から少し上昇したが、1990年のバブル崩壊以降、ますます強まる新自由主義的な傾向の中で、現在に至るまで国民の福祉とその一環としてのスポーツ参加は低下を辿り、国の政策も特に施設建設に関しては国の責任を完全に放棄したまま地方自治体の判断にすべてを委ねるという責任回避である。そうした中で、唯一、総合型地域スポーツクラブとトップレベルの政策だけがソフトとして強調され、現在に至っている。

　そうした中での「スポーツ基本法」の制定であるから、国民のスポーツ振興に多くの期待が寄せられた。既述のように、2007年8月に遠藤レポート「『スポーツ立国』ニッポン〜国家戦略としてのトップスポーツ〜」で高らかに宣言していた文化庁と同額の1,000億円（やがてはGNPの1%の8,000億円）と大胆な発展的な意見も出されたが、落ち着いたところでは、福祉としてのスポーツ権の保障の臭いなどもせず、以前からの「無視」の状態に近いものとなった。せめてサッカーくじの収益金によるギャンブル頼みである。

　しかしここに示された諸施策もまた、これまで保体審の多くの答申がその時代

第 5 章　スポーツ基本法の処方箋―新福祉国家

に応じた必要策を述べたのを踏まえて、基本的な視点として包含した。これは基本法であるから、予算処置などの具体的な施策は含めず、それは次の「スポーツ基本計画」で展開されるべきものかも知れない。ただ、ここに描かれるスポーツ立国の国家戦略が、その意図を実行するためには、確実な予算確保が不可欠である。従って、基本法の中にも予算支出に関わる何らかの規定、例えば「前年度 GDP の 1 ％等」が存在すべきであると考える。現在の福祉軽視の政治では基本法の理念の具体化は現実的には不可能であり、日本が福祉国家へと展開したときにのみ可能な鳥瞰図であることの認識もまた必要である。

　日本体育協会、日本オリンピック委員会も創立 100 周年を記念して、「スポーツ基本法」施行の直後に『スポーツ宣言日本―21 世紀におけるスポーツの使命』（2011 年 7 月 15 日）を表明した。「既にユネスコは、1978 年の『体育とスポーツに関する国際宣言』において、スポーツがすべての人々の基本的な権利であることを謳っている。」とスポーツが基本的権利である事を協会としても承認したことは重要であるが、それに伴う国や地方公共団体などの公共の責務をどれだけ問うているかとなると、極めて腰砕けの実態である。

　6)「スポーツ基本計画」（2012.3.30）
　スポーツ基本法に基づくスポーツ基本計画の骨子は以下のとおりである。
　はじめに
　第 1 章　スポーツをめぐる現状と今後の課題
　第 2 章　今後 10 年間を見通したスポーツ推進の基本方針
　第 3 章　今後 5 年間に総合的かつ計画的な推進のために必要な事項
　第 4 章　施策の総合的かつ計画的な推進のために必要な事項
「スポーツ基本法」第 9 条の規定に基づき、基本計画作成委員会が招集され、2012 年 3 月に文部科学省から「スポーツ基本計画」が発表された。今後 10 年間を見通したスポーツ推進の基本方針と今後 5 年間に総合的に取り組むべき施策を示した。

　今後 10 年間を見通したスポーツ推進の基本方針と今後 5 年間の短期方針は 7 項目で共通する。従って、第 3 章の「今後 5 年間に総合的かつ計画的に取り組むべき施策」の検討で概要は理解出来る。そして第 3 章は以下の 7 項目で構想されている。

「1．学校と地域における子どものスポーツ機会の充実」は近年の子どもの体力をこれまでの頂点であった昭和60（1985）年頃の水準を上回れるようにするというものである。

具体的には、以下の3点で推進される。
・幼児期からの子どもの体力向上方策の推進
・学校の体育に関する活動の充実
・子どもを取り巻く社会のスポーツ環境の充実

以上の項目を推進するために「施策目標」「現状と課題」「今後の具体的施策展開」として多くの事項が提起される。特に、「今後の具体的施策展開」では国と地方公共団体として行うべき項目が「羅列」される。

後にも総括的に検討するが、この時点で先ず「政策とは何か」という基本的な問題に直面する。つまり、思いつく課題を羅列しただけで、それが政策としての提起となるのかという問いである。

例えば、「学校の体育に関する活動の充実」において、新たに提起されている

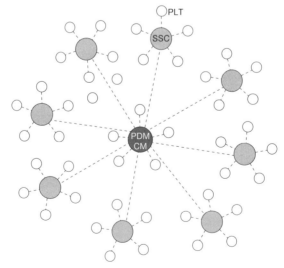

図表5-2　「学校スポーツ連携」のファミリー図
出典：内海和雄（引用文献6より）

第5章　スポーツ基本法の処方箋―新福祉国家

ことの1つに、「担任とティームティーチングで体育の授業に取り組む人材（小学校体育活動コーディネーター）の派遣体制の整備」をするために国は支援するとある。これはこれで大いに結構である。この案はイギリスの経験から摂取している。しかし、基本計画での内容はその指摘だけで終わっている。従って、ここでイギリスの実態を簡単に紹介しておこう。イギリス（主にイングランド）では、「スクールスポーツコーディネーター（School Sport Coordinator：（SSC））」制度を推進するための具体的体制「学校スポーツ連携（School Sport Partnership）」を世界各国の経験を詳細に検討して確立し、予算措置を伴って提起して実行している。

　図表5-2「学校スポーツ連携 School Sport Partnership」のように、1つの中等学校（日本の中高校一貫校）の周囲に4～5校の小学校を配置し、中等学校の体育教師1名が体育専科の無い小学校の教師の体育を指導をする。その1名の体育教師は週2日、自分の授業を離れて、小学校を指導したり、自分の中等学校の授業や部活動の活性化を推進したり、さらに地域のスポーツクラブとの調整のために専念する。この教師が「School Sport Coordinator: SSC」と呼ばれる。その2日間は代用教員を採用することになるが、その講師料はこの「School Sport Partnership」予算から支出される。そうした4、5校の小学校（そこには代表として各学校に1人、プライマリーリンクティーチャー Primary Link Teacher: PLT がいる）を抱えた中等学校が7、8校が集まって1つの大きな集団を作る。その中心となる中等学校にはその集団全体を統括し、指導する「Partnership Development Manager: PDM」が1人着任し、その集団全体の進捗状況や問題状況を把握する。このマネジャーは教員でなくてもよい。こうした1つの「School Sport Partnership」には小・中等学校合わせて約50校が集い、中等学校の指導の下に小学校の体育、部活動も推進されている。「School Sport Partnership」はイングランドに約450あり、すべての学校が加入している。従ってPDMは約450人、「School Sport Coordinater」は3,200人、そして「Primary Link Teacher」が18,000人存在する。こうして小、中等学校で合計50校程度から構成される1つの「School Sport Partnership」には年間平均4,320万円が援助される。つまり、それを450倍すれば、この「School Sport Partnership」だけで、年間4,320万円×450＝194億4,000万円の財政を援助している。こうした政策を推進しながら、学校スポーツ、そして子どもの地域スポーツを具体的に奨励している[6]。

イギリスと異なり、日本の場合、政策提言が予算的裏付けを何も持たないので、その実施の可能性は全く分からない状況であり、無責任である。こうした提案の形式が日本の政策提案の在り方とすれば、それは克服されるべきと言わなければならない。

　「2. 若者のスポーツ参加機会の拡充や高齢者の体力つくり支援等ライフステージに応じたスポーツ活動の推進」の特徴的な点は、「出来る限り早期に、成人の週1回以上のスポーツ実施率が3人に2人（65％程度。現在45.3％）、週3回以上のスポーツ実施率が3人に1人（30％程度。現在23.5％）となることを目標」とする。そして以下の2点で推進される。
・ライフステージに応じたスポーツ活動等の推進
・スポーツにおける安全の確保
「国は、スポーツ実施率の低い比較的若い年齢層（20歳代、30歳代）のスポーツ参加機会の拡充を図るため、これらの年齢層のスポーツ参加が困難な要因を分析する。」とある。本来この世代はスポーツ参加の中心を占めるべき世代である。それが低いのはなぜか。
　「国は…分析する」とあるが、この傾向はこれまでも継続してきたことであり、大きな課題である。今回突如として発生したわけではない。それなのに、これまでなぜ分析してこなかったのか。この点は、これまで分析してこなかった国の怠慢を指摘する格好となった。
　現在、本書の第3章で見たように日本の若者の労働実態は深刻である。非正規雇用の増大、年間200万円以下の収入者の激増等々、たとえ正規雇用になっても長時間労働と低賃金を覚悟しなければならない。こうしたワーキングプアーの増大が、20歳代、30歳代のスポーツ離れの最大の原因であることぐらい、誰にだって分かることである。そうした背景さえ曖昧化して、「要因を分析する」などと言って、回避している。計画策定の前に、それくらいの実態はすぐに調査出来るはずである。それ自体を曖昧化している。地方自治体のスポーツ施設を増設し、スポーツ教室を増やし、スポーツクラブへ支援を行う、あるいは自治体施設の使用料を下げ、そのために国からもそれなりの補助金を出すなどの参加促進の具体的な政策が必要である。しかしそうした提案は一切なく、「分析する」とだけある。1972年の保体審答申「体育・スポーツの普及振興に関する基本方策について」の作成においては、大々的な「社会体育実態調査」を行い、諸外国の「ス

第5章　スポーツ基本法の処方箋―新福祉国家

ポーツ・フォー・オール政策」に学びながら、住民のスポーツ要求に対応したスポーツ施設数の基準の作成など、極めて科学的な政策が提案された。それに比べれば、今回のそれは「スポーツ基本法」に則った「スポーツ基本計画」であるにも関わらず、その計画策定の水準は極めて低いものである。

「3．住民が主体的に参画する地域のスポーツ環境の整備」は以下の4点で推進される。
- コミュニティの中心となる地域スポーツクラブの育成・推進
- 地域のスポーツ指導者等の充実
- 地域スポーツ施設の充実
- 地域スポーツと企業・大学等との連携

である。このうち、公共の援助をあまり期待せず、自己財源力を持つ総合型地域スポーツクラブの強調だけが目につく。そうして自助をする。これが「新しい公共」の姿である。また、地域スポーツ振興の基盤であるスポーツ施設に関して、近年、減少傾向にあること、特に全体の6割を占める「学校体育・スポーツ施設」もピーク時（1990年）の156,548カ所から、2008年の136,276カ所へ、2万カ所以上が減少している。これは学校の統廃合などによるものだが、もちろんこの他にも企業施設の閉鎖、公共スポーツ施設の閉鎖、そして国民の福祉削減の煽りを受けた消費の低迷による民間営利スポーツ施設の倒産などによって、日本のスポーツ施設数は激減しており、これが国民、地域住民のスポーツ参加率を大きく低下させている。そうであればこそ、福祉を充実させ、公共スポーツ施設を多く建設することが必要である。しかし基本計画の施策ではこうしたスポーツ施設建設における国の役割、リーダーシップについては何も触れず、ただただ少なくなりつつある学校施設の開放のみが強調されるだけである。この点からだけ見ても、この基本計画がその目標に掲げる「出来る限り早期に、成人の週1回以上のスポーツ実施率が3人に2人（65%程度。現在45.3%）、週3回以上のスポーツ実施率が3人に1人（30%程度。現在23.5%）」の達成など最初から不可能である。さらに、この数値の達成のためには、いかなる政策により、どの主体がリーダーシップをとって、どれだけの予算を伴って、いつまでに実施するのか等々、政策としての具体性は何もなく、これまでも再三指摘しているようにただ架空の目標を提起しているだけである。

この点で、再度イギリスの事例を挙げておきたい（図表3-15参照）。「文化・

メディア・スポーツ省」が2020年までの長期方針として2008年に提起した『勝つためにスポーツする：スポーツの新時代（Playing to win: A new era for sport)』では、「子どもスポーツ」「地域スポーツ」「エリートスポーツ」の3領域を推進するが、先ず16歳以下と60歳以上の自治体プール使用料金を全面無料化した。そのために政府は自治体に対して毎年224億円を支援している。こうして若者と高齢者の水泳への参加促進を行った。今後それを全年齢に拡大して1兆6,000億円を計画している（最も、2010年の総選挙でこれまでの労働党に代わって保守党が政権に着き、福祉予算は大幅に削減されると言われており、現在どの水準で維持されているかは不明）。

また、イングランドのスポーツ政策の作成と実施の組織であるSport Englandはその長期方針『勝つためにスポーツする：スポーツの新時代』を受けて「Sport Englandの戦略：2008-2011」を作成した。この中で「世界最高の地域スポーツ体制」を確立するために、新たに100万人のスポーツ参加者を増加させる計画を立てた。この計画を推進するためにスポーツ施設の80％を占める自治体や実質的な推進組織であるスポーツ種目団体との協議を行った。そしてどの種目がどれくらいの新規加入者を増やすのかを具体的にリストアップした。こうして46種目団体に総額768億円の補助金が支給された。例えばサッカー協会には41億160万円である。こうして、各種目団体は目的とする拡大人数とそれに見合う政府からの補助金を得て、本気で新会員の拡大を行っているのである[7]。

この点で、前章の図表4-20（文科省スポーツ関係予算）で見たように、地域スポーツ活動（この予算項目では「生涯スポーツ」に近い）への参加者を増加させることは、文科省としてはほとんど考えていない。「出来る限り早期に、成人の週1回以上のスポーツ実施率が3人に2人（65％程度。現在45.3％）、週3回以上のスポーツ実施率が3人に1人（30％程度。現在23.5％）となることを目標」としたが、平成24年度のスポーツ予算総額が238億円で、その内の68.2％が「競技スポーツ」へ、22.2％が「学校体育」へ、そしてたったの9.6％が「生涯スポーツ」へ支給されているのに過ぎない。生涯スポーツ振興はすべて地方公共団体で勝手に行えということである。これでは地域スポーツの振興とはならないことは、誰にでも分かることである。つまり、政策として文面上に掲げはするが、国としては実際の実行は全く考えていないのである。

このような生涯スポーツ振興を軽視し、もっぱらトップスポーツのみを強調することは、これまでも、そして現在も開発途上国に見られる一般的傾向である。

特にアフリカ諸国での長距離走選手のODA等による援助での重点強化や、あるいは韓国、中国などのトップレベルの強調、更に遡れば旧東ドイツなど、その事例には事欠かない。こうした政策の基本的なねらいは国民のスポーツの振興ではなく、あるいは一方でそうした経済的基盤が十分にはないので、もっぱらナショナリズムの高揚のための方策である。それ故、こうしたトップスポーツだけの突出した強調をここでは「開発途上国型」ないし「ナショナリズム高揚型」と規定しておきたい。日本や韓国のように福祉充実の経済的生産水準は十分に達成しているのに、それらの富はもっぱら大企業に占有され、十分には国民には還元されない国でも、同じ現象は起きている。この点で今回の「スポーツ基本計画」もまた、これまで保体審答申類と同様に、その願望は福祉国家的スポーツ政策でありながら、現実には「開発途上国型」ないし「ナショナリズム高揚型」の予算実態に堕しているのが実態である。

「4．国際競技力の向上に向けた人材の養成やスポーツ環境の整備」は以下の3点で推進される。
- ジュニア期からトップレベルに至る戦略的支援の強化
- スポーツ指導者及び審判員などの養成・研修やキャリア循環の形成
- トップアスリートのための強化・研究活動等の拠点構築

国際競技大会における国の戦績は国民意識を高揚させ、あるいは国際社会でのその国の存在感を高める。この点で、日本も同様であり、図表4-21に見たように少ない国の補助金の内、競技力の向上に力点が置かれてきた。ナショナルトレーニングセンター（NTC）や国立スポーツ科学センター（JISS）の活用が大いに期待され、また2012年の夏季オリンピック・ロンドン大会における史上最高の38個のメダル獲得の背景にはこれらのセンター活用の成果であると指摘されている。

「5．オリンピック・パラリンピック等の国際競技大会の招致・開催等を通じた国際交流・貢献の推進」は以下の2点で推進される。
- オリンピック・パラリンピック等の国際競技大会等の招致・開催等
- スポーツに係わる国際的な交流及び貢献の推進

大規模な国際大会の招致・開催は単にスポーツ団体のみで対応出来ることでなく、関係省庁・地方公共団体・スポーツ界そして時には協賛企業などの連携、情

報交換が不可欠である。また社会的気運の醸成なども必須であるが、日本ではこうしたことが十分とは言えず、今後いっそうの努力を促している。

「6．ドーピング防止やスポーツ仲裁等の推進によるスポーツ界の透明性、公平・公正性の向上」は以下の3点で推進される。
・ドーピング防止活動の推進
・スポーツ団体のガバナンス強化と透明性の向上に向けた取り組みの推進
・スポーツ紛争の予防及び迅速・円滑な解決に向けた取り組みの推進

国際試合における競技水準の高度化は、特にトップ選手にとっては極限状態でのトレーニングを不可避としている。そのためにドーピングの魅力に負けてしまう選手、指導者も出てくる。それは選手個人の健康への危機であるばかりでなく、青少年への影響も大きい。また、そうした違反を犯した選手にとって、精神的なダメージも大きく、その精神的なケアは重大である。国内では日本アンチドーピング機関（Japan Anti-Doping Agency: JADA）が、世界的な水準でも世界アンチドーピング機関（World Anti Doping Agency: WADA）が取り締まりを強化している。

また近年、スポーツ団体における不正経理、不法賭博、体罰等が噴出している。これらはスポーツ団体としてのガバナンス（統治）の崩壊、未成熟の結果である。特に国や自治体の援助を受けた組織はその使途を明確に報告する義務があり、それらを含めたガバナンスの強化、透明性の確保が強く求められている。今回、特に強調された点の1つである。伝統的に、スポーツ団体の役員はその競技経験者が現役を降りた後に就任するパターンが大きい。それ故組織自体が先輩後輩の雁字搦めの状態であり、科学的なガバナンスは入る余地は少なかった。しかしもはやこうした非科学性は組織内としても、公的資金を得る組織として対外的にも、放置出来ない課題となったのである。

最後の「7．スポーツ界における好循環の創出に向けたトップスポーツと地域におけるスポーツとの連携・協働の推進」は以下の2点で推進される。
・トップスポーツと地域におけるスポーツとの連携・協働の推進
・地域スポーツと企業・大学等との連携

これはトップアスリートのセカンドキャリアとして、地域スポーツ組織に指導者として職を保障することによって、トップスポーツと地域スポーツの連携・協

働を推進しようというものである。こうした政策が実行されれば、確かにトップ選手たちも現役時代に将来への不安をあまり気にせず、選手として専念出来る。そして地域スポーツでも、かつてのトップ選手に指導されることによって、技術の上達のみならず、スポーツへの関心がいっそう高められる。

しかし問題は、「3. 住民が主体的に参画する地域のスポーツ環境の整備」で見たように、日本の地域スポーツは貧困であり、1990 年代からはむしろ衰退の一途を辿っている。これではかつてのトップ選手が活躍する場が確保出来ない。その点で、現在は宝の持ち腐れ、文化の浪費が生じているとも言えよう。このように、政策文面としての理想には大変素晴らしいものがある。しかし、こうしたトップ選手の引退後の地域指導者としての活躍という政策１つとっても、その背後には国全体の福祉としての住民参加への手厚いスポーツ施策があって初めて実現し得る課題なのである。以上が、「第３章　今後５年間に総合的かつ計画的に取り組むべき施策」の概要と問題点である。

そして「第４章　施策の総合的かつ計画的な推進のために必要な事項」は次の点が指摘される。
・国民の理解と参加の推進
・関係者の連携・協働による計画的・一体的推進
・スポーツの推進のための財源の確保と効率的・効果的な活用
・計画の進捗状況の検証と計画の見直し

前２者は当然だが、その具体的な促進策が無いことを指摘してきた。それ故、この基本計画も所詮は絵に描いた餅にしか過ぎないものである。そうさせるかどうかの生命線はこれらの基本計画のために３番目の財政的保証がどれだけあるかどうかである。我が国は国内総生産（GDP）それ自体は世界で３位だが、各国のスポーツ関係予算をそれぞれのGDP比で見ると、図表4-24で見たようにOECDでも極めて低い状況にあった。また地方公共団体のスポーツ関連支出も、図表4-23で見たように1995年の1.02％をピークに減少を続け、2009年には0.52％となっている。そうした、国や地方公共団体からの支出の減少の一部を「サッカーくじ」というギャンブルで補っている。

こうして、日本におけるスポーツへの支出は国と地方公共団体共に、異常に低いのである。これは国の責任放棄であり、それは福祉貧困の一環としてのスポーツ施策の貧困である。

そして「スポーツ基本計画」は最後に、「計画の進捗状況について計画期間中

に不断の検証を行い必要な施策を講じ」、「計画の進捗状況や施策の効果をより適切に点検・評価することを可能とする評価方法や指標等の開発を図る」と述べている。しかし、これは評価論として最初から不可能なことである。つまり、全編がほとんど方向目標であり、具体的な到達目標とそれに伴う具体的方法が無いのだから、評価が出来ないのである。例えば「スポーツ施設の整備・充実」の項では次のように述べている。「国は、国立青少年教育施設・国営公園などにおけるハイキング、トレッキング、サイクリングやキャンプ活動など野外活動やスポーツ・レクリエーション活動の場となる施設等の整備を図ると共に、地方公共団体が行う体育館などの公共スポーツ施設などの充実のための取り組みを支援する。」これでは単に関わりますという方向目標だけであり、具体的にどれくらいの予算規模で、どこまで行うかという到達目標は一切見えない。こうした方向目標しか無い計画の「評価」を行うとすれば、年度末に、「何々はこれだけやりました」という報告しか出来ない。これでは単なる結果報告であり、目標設定、執行の方法、予算執行の在り方等の科学的な評価にはなり得ない。日本の行政施策の多くが未だにこうした非科学的な報告水準のものが多い。

　ここで思い浮かべるのは、前章で見たイングランド、ドイツそしてスウェーデンなどの計画の在り方である。そこでは、計画には予算案を付して、何年計画で実現するかを明記する。だから、計画の進捗状況、達成状況が、その目標設定、プロセスの方法の是非も含めて具体的に評価が出来るし、また政策自体がそうした評価を追求してきた。そして中間総括に基づき、目標値の修正を行い、新たな体制を組み立てて対応してきた。つまり、評価論において具体的な到達目標を設定して、それに対応した方法を採用し、その上で到達目標を確立している。従って、計画全体の何が問題で、何が達成されたか、そして今後の課題は何か等がより具体的になる。こうした評価は事実を根拠とする評価（Evidence-Based Evaluation）である。それだけに、評価の内容も厳しいものとなる。曖昧な予算執行も許されないし、途中の方法の是非も問われる。そしてその結果も厳しく問われ、これらが次期の計画への厳しい査定となる。日本の様に、この点が曖昧では済まないのである。

　戦後、現在までの福祉の実態については第3章で示した。近年、大企業の内部留保金の増加する一方で、多くの国民の給与は、絶対的にも相対的にも減少の一途を辿っている。当然にして、国民福祉も低下の一途である。これはスポーツ分野でも同様である。例えば、スポーツ施設だけに関して述べれば、頂点であっ

た 1985 年から 1996 年まで学校、公共施設数は増加したが、職場スポーツ施設が 29,332 から 12,737 へ半分以上の 16,595 を減らし、民間営利スポーツ施設では 43,889 から 19,147 へ同じく半分以上の 24,742 を減らした。そして 2010 年段階では総計で 222,533 であり 1985 年の 292,117 の 76％水準に減少した。こうして国民のスポーツ参加の機会を減らしている。

施設建設の展望は無く、つまり内需拡大策の欠如の煽りを受けた。その一方、「総合型地域スポーツクラブ」の様なヨーロッパ（ドイツ）の特殊なクラブ像を強制的に模倣し、有料化して、「新しい公共」などと粉飾して地域に作成を強制した。そもそも、そのドイツの総合型地域スポーツクラブが前章で見たようにドイツの福祉国家の中で、どれだけの国家的援助で形成されたかを踏まえず、日本ではスポーツ施設を増やさず、学校施設を奪い、もっと極端に言えば会員の会費化だけが強調されて推進されてきた。

しかし、そもそもスポーツの振興策を総合的に描こうとすれば、スポーツの公共的性格に規定されて、スポーツ政策も公共的な志向を持たざるを得ない。それは本来福祉国家的政策でなければ実現出来ない政策であることもまた、この間の答申の背後に垣間見えるものである。

今回の「スポーツ基本計画」もまた、スポーツ施策を羅列した一覧表である。もちろんここに盛られた一覧表の内容自体に大きな異論があるわけではない。これらの施策が実際には、具体化されないことへの危惧を述べている。しかし、残念ながらそれは現在の低い福祉政策の動向からすれば不可能なものが圧倒的に多い。もしこれらの施策全体を実現させたいのであれば、日本の政治全体を福祉国家化し、福祉をせめて先進国並みにして、スポーツ予算を先進国の対 GDP 比水準にまで高める以外に無いのである。

3．「スポーツ基本法」、「スポーツ基本計画」批判

「スポーツ基本法」が発表されてから、いくつかの雑誌でそれに関わる特集が組まれたが、概ね歓迎的なムードが大半である。それは基本法という概略的な法体系を示したものであり、より具体的な方策を示したものでないからかも知れない。

その意味では本来もっと議論されるべき「スポーツ基本計画」についてはほとんど「スポーツ基本法」に隠れた感じで、真正面から取り上げられることが少な

い様に思われる。「何が強調され、何が欠けているか」「いかなる政策を、具体的にどのように具体化しようとしているか」「どのような立場から、どのように批判しているか」「スポーツ政策史をどのように総括した上での意見であるか」等々、興味は尽きないものであったが、少々残念でもある。しかし、こうした実態はこの分野の研究の薄さ、批判的検討の伝統の浅さの反映でもある。ともあれ、まずは「スポーツ基本法」に対する意見から見てみよう。

齋藤健司「スポーツ基本法の制定と今後の課題[8]」は、スポーツ法の体系化をする上で、今後の法整備の課題をほぼ全面的に指摘したものである。齋藤によれば今回の「スポーツ基本法」は50年前の「スポーツ振興法」に比べて4つの変革が読み取れる。第1に「スポーツ権」の承認であり、憲法第13条の幸福追求権がスポーツ分野においても存在する根拠となること、第2に障害者スポーツ、プロスポーツ、学校体育、スポーツ産業なども含めて、法の射程範囲を拡大した。第3に私的なスポーツ団体についても関係する規定を定めて、この面でも法の射程範囲を拡大した。そして第4は競技水準の向上を国の役割と認識した。以上のようにこれまでのスポーツ法体系とは異なる変革を含んでおり、日本のスポーツ国家法における歴史上の意義は大きいと述べた。

そうした一方で、次の4点を問題点とした。筆者の解釈も加えて指摘したい。第1は競技力の向上についてだけ国が「必要な施策を講ずるものとする」と強く定めているのに対して、その他の国民へのスポーツ普及は国及び地方公共団体が「施策を講ずるように努めなければならない」と、訓示的規定で曖昧化されている。ここに施策上の偏りがある。こうしたトップスポーツ重視の志向はいわゆる「遠藤レポート」(2007.8)以前からも図表4-24に見るように、文科省の政策としても一貫していることである。だから「開発途上国型」ないし「ナショナリズム高揚型」と銘打ったのである。しかし国民へのスポーツ普及はすべて自治体へ丸投げしてしまうという事実上の放棄である。地方自治体を貧困に追いやりながら、それは地方自治体の課題だと言われても、自治体としては十分な対応が取れるわけではない。さて、第2は第1と関連するが、スポーツ施設の整備基準の政令制定に関する規定が削除されたことである。これによってスポーツ普及の基盤ないし前提であるスポーツ施設建設の責任が曖昧化ないし国の責任の無責任化が明確にされたことである。この時点において既にこの法の空洞化は明白である。第3はスポーツ権や基本理念に関する規定は示されたが、これらの規定に関する理論や説明は十分にはなされていない。これは、国際的動向や国内のス

第5章　スポーツ基本法の処方箋―新福祉国家

ポーツ研究の動向を反映してスポーツ権を採用したが、今述べてきたように、国民へのスポーツ普及を本気で考えていないから、「仏つくって、魂入れず」の状態である。つまり、国民のスポーツ権を保障すべき国家の義務を全く自覚していないということである。そして第4は「スポーツ参加の自由」や「スポーツ団体の自治」などの観念が欠如している。これは前段との関連で言えば、国民の自主的なスポーツをどのように保障するかという点を真剣に、深く検討していない事の反映である。その他の多くの指摘は『詳解　スポーツ基本法[9]』に示されている。

　それらの課題を踏まえた上で、①スポーツ権及び基本理念、②スポーツ法の主体、③比較法的観点に基づく課題を齋藤は検討している。ここでは特に①についてもう少し詳しく見てみよう。スポーツ権論については次項で触れるように、1970年代を除いてはほとんど展開されていない。その点で2011年の「スポーツ基本法」施行以降はどのように扱われるのだろうか。

　齋藤[10]は、「憲法13条の幸福追求権は、新しい人権を包括的に保障する規定として捉えることが出来るが、スポーツ基本法の前文および第2条に定めるスポーツ権に関する規定は、新しい人権としてスポーツ権を位置付け、根拠づける重要な規定である」として、先ず第13条に依拠する。

　次いで、「スポーツ基本法」の前文がスポーツは「心身の健全な発達、健康及び体力の保持増進、精神的な充足感の獲得、自律心その他の精神の涵養等のために個人または集団で行われる運動競技その他の身体活動であり、今日、国民が生涯にわたり心身共に健康で文化的な生活を営む上で不可欠なものとなっている」と謳っていることから、憲法第25条の生存権に連なると考える。そしてその生存権的スポーツ権はスポーツ基本法第1、2、3条に見るように国や地方公共団体が保障すべき基本的姿勢を示すものだとしている。

　この点から見れば、「スポーツ振興法」（1961）がスポーツ参加の自由を規定したが、その保障の公的責任を規定しなかった（出来なかった）が故に自由権的水準であったとすれば、今回の「スポーツ基本法」はスポーツ権の公的責任を強く自覚している点において、より社会権の保障へとシフトしたと言えよう。ここに歴史の、あるいは社会の権利保障の発展的趨勢が反映されている。問題は、社会権へと深化したが、それは未だ一部のスポーツ関係者の間でのことで、スポーツを含む広義の福祉が、今の政権担当者、政権党にとってはそうした福祉は社会権として自覚されていないところに最大の課題がある。

さらに齋藤はスポーツ権は「国民の心身の健全な発達」に寄与し、すべての人間の人格の全面的な発達に関わる成長発達権にも連なると規定した。またスポーツ権の保障は憲法第13条の幸福追求権を中心に、公的責任である社会権的な性格を規定したと把握している[11]。

　スポーツ法の体系化の上では、各条項に沿って詳細な関連法の整備が必要である。「スポーツ基本法」には例えばスポーツの概念も明記されていない。これは広い概念を採用しているからである。また、スポーツ権の主体にしても、トップ選手、通常の愛好家、スポーツ関連職の人々等々、今後は詳細な規定が必要となる。

　そして比較法的観点からは、特にフランスのスポーツ法を中心として世界のスポーツ法に詳しい立場からの比較研究の課題を提起している。ただ、比較の場合、日本と他国の法や政策との関連、特に本研究の立場から見れば、福祉関連法との関連がもっと強く検討される必要があると思われる。

4．スポーツ基本法の処方箋

　これまでは「スポーツ基本法」「スポーツ基本計画」の成立過程とそれ自体への批判と願望を述べてきた。これ以降は、「スポーツ基本法」、「スポーツ基本計画」をより具体化するためのスポーツ権とそれに関わる理念を検討する。次いでそれに関連する社会福祉分野での最近の提起を、つまり「社会福祉基本法」試案の動向を垣間見て、権利としての福祉論、福祉と平和論などの検討を通して今後のスポーツ権論の発展、そして福祉としてのスポーツ政策の推進の基礎としたい。

（1）スポーツ権論

　日本におけるスポーツ振興の法的根拠は社会教育法（1949.6.10）の「第2条：社会教育の定義―この法律で『社会教育』とは、学校教育法に基づき、学校の教育課程として行われる教育活動を除き、主として青少年及び成人に対して行われる組織的な教育活動（体育及びレクリエーションの活動を含む）をいう」から始まった。これにより、公民館活動等の社会教育活動の一環にスポーツ的な活動も少し位置付けられた。

　スポーツ固有の法律は東京オリンピックの開催を控えて議員立法で成立した1961年の「スポーツ振興法」である。確かに日本の歴史上初めてのスポーツの独自法であったが、議員立法であるが故に、予算規定を持たない弱点も有してい

た。その思想的基盤はスポーツの自由、自主性つまり参加の自由権を認めつつも、そのための公共的保障つまり国民の「スポーツ権」つまり社会権は未だ視野に無かった。

　日本で初めてスポーツ権を主張したのはオリンピックの翌年に創立された新日本体育連盟（現新日本スポーツ連盟）の創立宣言である。そこには次のように述べられている。「体育・スポーツが少数の人の独占物であった時代は過ぎました。それは万人の権利でなければなりません。」こうした「スポーツ権」理念の下に、その社会権的保障、つまり国や自治体の義務（公的保障）を求めて新日本体育連盟は地域スポーツの振興に邁進する。しかし、スポーツ権の法論理がそれ以上展開されることはなかった。

　スポーツ権の法論理が展開されたのは図表 5-3 に見るように永井憲一「権利としての体育・スポーツ[12]」が最初である。スポーツ権の法源はどのように展開されるのだろうか。基本的人権としての意義・性質と憲法上の根拠は千葉正士が指摘するように諸説が多数提出されているが、未だ定説が得られていない[13]。また、定法上の具体的な意味内容も、未だ定説が得られていない[14]。これは 1997 年段階で述べられたことであるが、17 年を経た 2014 年現在もその状況は変わらない。それ以降、スポーツ権論が真正面から論じられることは無かったからである。

　さて、先に見た齋藤は第 13 条の幸福追求権を第 1 に置きながら、第 25 条の健康権へと展開している。しかし、1970 年代に展開されたスポーツ権論では以下のようになっている。永井は憲法第 26 条（教育を受ける権利）を法源としながら第 25 条（健康に生きる権利）をそのための手段として捉える。これは当時家永教科書裁判を「国家の教育権」に対抗して「国民の教育権」擁護の 1 人として闘った論者の教育権論的論理が働いたと考えられる。一方、第 25 条をスポーツ権の法源としながら第 26 条をそのための補強として把握する論者が多い。まずは生存の前提としての健康や文化的生活のためにスポーツがあり、その保障として第 26 条の教育権を強調する。一方、1970 年代の論調を概括した上で松元忠士は第 13 条（幸福追求権）をスポーツ活動の自由権として、第 25 条の健康権を国家による条件整備＝社会権として把握した[15]。また、当時世界で最も先進的と考えられた東ドイツの動向も参考にしながら、大川睦夫は人格権、労働権との関連でスポーツ権を展開した[16]。このスポーツ権の法源、構造に関しては以上の段階で停止しており、千葉が指摘するように未だ定説としては確立してい

ない。

　他方、スポーツ権は国際的には 1976 年に「ヨーロッパスポーツ・フォー・オール憲章（European Sports for All Charter）」が、そして 1978 年にはそれを受けてユネスコが「体育・スポーツ国際憲章（International Charter of Physical Education and Sports）」を提起し、それぞれの第 1 条で「権利」ないし「基本的権利」と規定した。

　日本国内でも 1970 年代はそれらとの関連でスポーツ権はある程度は論じられていたが、1980 年代に入るとほとんど展開されなくなった。新自由主義的な市場化論がスポーツ政策にも浸透し始めたためである。1989 年に内海和雄が「スポーツの権利・公共性」として公共性論と関わらせて提起するまで、ほぼ休止の状態であった。

　世界のスポーツ権、基本的人権は「ヨーロッパスポーツ・フォー・オール憲章」やユネスコ「体育・スポーツ国際憲章」に見るように、「権利」や「基本的権利」と規定し、その権利の具体化は各国内でそれぞれの政治経済条件、法論理の下に深められるべき課題とされた。しかし、管見するところ、それ以上の法的議論が各国、特に西欧で深められている様子はない。一方、1970 年代の日本ではスポーツ権とその法源、関連法について、先述のようにいろいろな解釈が試みられた。この西欧・北欧と日本との差違はなぜなのだろうか。

　第 1 に考えられることは、西欧・北欧では福祉国家のスポーツ版として国が「スポーツ・フォー・オール政策」を推進し、国が国民のスポーツ参加を促進したから、その政策的内容に焦点が集中し、スポーツ権を推進する国民の側でも、運動として詳細な論理を必要としなかったことである。それでも、スポーツは国民の権利であるという思潮は着実に浸透していった。

　第 2 に、日本では怠慢な国家に対してスポーツ権を承認させ、西欧・北欧のような福祉国家的な「スポーツ・フォー・オール政策」を推進させるためにも、詳細な論理をもって中央や地方の政府を説得しなければならなかった。あるいは権利として獲得しなければならなかった。

　ここで問われるのが、権利と義務との関係である。権利とは権力（国家、自治体あるいは企業における経営側、そして大学他の組織等では執行部等である）にも承認された要求である。当然にして運動側は自らの要求を権利として認識し、理論付けし、それを権力側に権利として承認させる地道な運動が求められるが、それが承認されて初めて公認された権利となる。また、義務とはその権利を主張

第 5 章　スポーツ基本法の処方箋―新福祉国家

図表 5-3　スポーツ権研究主要論文（追加：内海 1989）

番号	発行年月	表題	筆者
1	1972.12	権利としての体育・スポーツ（「体育科教育」）	永井憲一
2	1973.10	雑：月刊社会教育　特集・権利としてのスポーツ	
		・権利としてのスポーツ	川本信正
		・くらしのなかにレクリエーションとしてのスポーツを	大堀孝雄
3	1974.2	スポーツ権の確立と市民運動の展開　1	影山　健
4	3	同上　2	
5	1974.10	国民のスポーツ権の保障の方途（「月刊社会教育」）	広畑成志
	1975.3	ヨーロッパ・みんなのためのスポーツ憲章	
6	1975.3	基本的人権と体育・スポーツ（「民主スポーツ」）	影山　健
7	4	スポーツの権利と振興法（「民主スポーツ」）	野田底吾
8	1975.10	雑：体育科教育　特集・国民のスポーツ権を考える	
		・国民総スポーツと国民のスポーツ権	竹之下休蔵
		・国民スポーツ統一戦線	川本信正
		・国民の権利としてのスポーツ	影山　健
		・スポーツ権とスポーツ運動	伊藤高弘
		・スポーツ権とスポーツ行政の今後	粂野　豊
		・「スポーツ権」論批判	飯塚鉄雄
9	1977.1	スポーツ権と国民スポーツ運動（「一橋論叢」）	伊藤高弘
10	1977.9	権利としてのスポーツ（「現代スポーツ論序説」スポーツを考えるシリーズ①）	影山　健
11	1978.1	スポーツ権を考える 1-3（「運動文化」13、14、15）	関　春南
12	1978.4	「スポーツ政策」スポーツを考えるシリーズ④	中村敏雄 編
13	1978.6	国民のスポーツ権と体育科教育の任務（「保健・体育」）	草深直臣
	1978.11	ユネスコ「体育・スポーツ国際憲章」	
14	1978.12	「体育・スポーツ権」の再検討（「学術研究－教育・社会教育・教育心理・体育編－」早稲田大学教育学部、「体育・スポーツ法学の諸問題」1983.9 に所収）	浜野吉生
15	1979.12	スポーツ権と民主スポーツ（「議会と自治体」）	大沢　毅
16	1980.1	雑：スポーツのひろば　特集・スポーツ権を考える	
		・スポーツ団体と補助金問題	伊賀野　明
		・ユネスコ「体育・スポーツ国際憲章」をどのように読むか	森川貞夫
		・スポーツ理念の転換	関　春南
17	1980.3	体育・スポーツ国際憲章の現代的意義（「スポーツのひろば」）	唐木国彦
18	4	「スポーツ社会学」	森川貞夫
19	4	スポーツ権とスポーツ振興法　上（「すぽーつのひろば」）	浜野吉生
20	5	同上　下	
21	1980.秋	スポーツ権の意義と課題（「季刊教育法」№ 37）	中村敏雄
22	1980.秋	雑：国民教育 46　特集・権利としての体育・スポーツ	中村敏雄
		・「対談」権利としての体育・スポーツを考える	伊賀崎暁生
		・権利としてのスポーツ理念	関　春南
23	1981.4	スポーツ権の法理論と課題（「法律時報」）	松元忠士
24	1981.12	スポーツの権利（「社会主義法研究年報」№ 5）	大川睦夫
25	1986.12	「スポーツ権」思想の史的研究－我が国の「スポーツ権」思想に対する時代区分試案－（「東京体育学研究」Vol.13）日本体育学会東京支部	佐原龍誌

出典：内海和雄『スポーツの公共性と主体形成』不昧堂出版、1989、p116

する運動側の道徳的な規範として論じられることもあるが、それは違う。本来の義務とはこの権力関係における権利を保障するために権力側が保障すべき施策である。

　第3に、1970年7月には家永教科書裁判をめぐる東京地裁で杉本判決が出され、「国家の教育権」に対して「国民の教育権」が承認された。前者は、教育内容は選挙で選ばれた政権党の主張に委ねて、国家が決定権を持つという主張である。後者は、子どもの教育権を保障するのは親の義務であり、親はそれを専門家である教師に付託する。従って、教師集団が教育内容の根本的決定権を持つべきである。権力の義務とは教育内容に介入することではなく、教育が十全に、円滑に進むようにあらゆる教育条件を整備することであると規定した。これが教育の中立性である。その上で、第26条の教育権の法論理が問われたのである。

　ここでの法論理はスポーツ権論の推進にとっても決定的な影響をもたらした。例えば、先の永井憲一の場合、その教育権論にも積極的に参加していたから、スポーツ権論にはその論理が強く規定していると考えられる。ともあれ、厳しい状況下、運動の側とすればより緻密な論理でその推進が求められた。

　そして今、「スポーツ基本法」の発展的な推進のためにも、こうした法論理の体系化が求められている。

（2）スポーツの権利・公共性

　公共性論は憲法に見る「公共の福祉」として、従来は国家の側からの論理が強烈であった。例えば、道路の延長、拡張のために、あるいは飛行場の建設のために、更にはダムの建設のために等々、公共事業の推進のためその計画に引っかかる個人の家や土地の買収が生じる。その場合、その公共事業の在り方に批判があったり、いろいろな理由からそれらの買収に反対でも、「公共の福祉」のもとに強制的な買収を行い、撤収を迫ってきた。こんなことで「公共」という用語には反感を持つ人もいた。しかし1973年、大阪地裁における「大阪空港公害裁判」で、夜9時以降の夜間飛行の住民側からの禁止請求は、従来のように国の「公共の福祉」＝「上からの福祉」論によって拒否された。この過程で住民つまり原告側は「真の公共性」＝「下からの福祉」を樹立して対抗した。この背景には1960年代の企業による公害への住民運動、そして70年代に入ると公共機関自体による環境破壊への対抗運動が高揚し、健康権、日照権、環境権、それに1950年代から「朝日訴訟」等で継続する生存権、社会福祉権、そして国民の教育権など「新

しい人権」が強く主張され始めたことがある。

同じように家永教科書裁判における東京地裁・杉本判決（1970）は国民の教育権論を展開して、教科書の記述内容の当否に及ぶ国の検定は教育基本法第10条に違反し、また、教科書検定は憲法第21条2項が禁止する検閲に当たるとして、「国民の教育権」を支持した。一方、東京地裁・高津判決（1974）は「国家の教育権」を展開して原告家永側の「教科書検定は憲法第26条に違反する」との主張を否定し、教科書検定は表現の自由に対する公共の福祉による制限であり受忍すべきものとして憲法第21条が禁じる検閲に当たらないとした。こうした中で、教育権論の法論理が厳しく問われた。

以上のように日本社会でも公共性が問われ始めた。ハーバーマス[17]の公共性論も紹介され、公共性論は大きく取り上げられていった。ハーバーマスの言う「市民的公共性」「人民的公共性」そして「独裁下の統制された公共性」が錯綜した。あるいは住民運動、国民の生活の必要性から提起された新たな公共性論としての「真の公共性」「下からの公共性」「共から公への公共性」と、従来からの「上からの公共性」「公から共への公共性」「官僚主義的公共[18]」化、「資本主義的社会化＝従属化[19]」「国家的公共性[20]」とが鋭く対立するようになった。社会教育、社会体育もまたその一環にあり、スポーツ権の根底となる理論と運動も、「上からの公共性」に甘んじること無く、「下からの公共性」「真の公共性」を確立しながら進むことが求められていた。

以上の記述は1989年の拙著『スポーツの公共性と主体形成[21]』で述べた、当時の状況と課題である。ここでは公共性を問う上での中心的な論点として、国家の、上からの公共性なのか、それとも下からの、住民の共同性からの公共性なのかが大きく問われていた。

それと同時に、権利とは何かを問うとき、それは住民の固有の要求であるが、エゴと公共性との差違には、そうした要求が権力（ないし行政）の承認を獲得しているかどうかに関わっている。先にも触れたように、住民は固有の要求を持って、その要求を「権利」（主観的な権利要求）として主張して行政（権力）に承認し、保障するように働きかけるが、その段階では未だ公認された権利として確立しているわけではない。やはり行政（権力）が公共的な営為として承認する段階において権利として確立する。逆に言えば、どのような住民の要求もそれが公共性がなければ権利としての承認は得られない。

こうして、権利と公共性とは同じ論理の表裏の関係にあることが分かる。これ

はスポーツの権利を問うときにも同じである。スポーツ権を問うときには、一方でスポーツの公共性が存在しなければ、それは権利として成立し得ない。そこで、筆者はスポーツ史を遡り、「スポーツの所有史」の視点から、新たにスポーツの「権利・公共性」の成立を提唱し、「スポーツの所有史」を「スポーツの権利・公共性の歴史」として、歴史観の再検討を行った[22]。

　ともあれ、スポーツ分野でスポーツの公共論を提唱したのは筆者初めてであるが、当時全く相手にされなかった。未だアマチュアリズムの残滓つまりスポーツはあくまで個人的営為だとする観念がスポーツ関係者にも沈殿しており、一方では未だ「上からの公共」概念が強い中で、スポーツ条件の保障における公共責任が未形成な中で、さらに自治体でのスポーツ施策も少しずつは伸展していたが、それは公共性論には結合せず、「スポーツの公共性なんて馴染まない」とも言われた。

　その後、保体審答申類も「スポーツの公共性」を次第に認識し始めた。特に、トップ選手への公的補助に関しては、彼らの営為や成果の公共性を論拠にしなければ補助の論理が成立しないからであり、国や自治体のスポーツ提供の理論的な根拠も公共性以外には見いだせない。あるいは1993年に発足したJリーグの各チームには自治体から物的、人的そして所によっては資本的な支援も行われた。これらの公的支援の根拠は、私的企業であるJクラブの活動が地方自治体の、地域の、住民の活性化にとって極めて公共的意義が大きいというのが根拠である。もしこの公共的意義が無ければ、地方自治体は私企業に支援をすることは出来ないからである。

　こうした動向を反映しながら、スポーツの公共性論は学会でも少しずつ展開され始めた。その代表に菊幸一がいるが、権力関係に踏み込めていない[23]。

　ともあれ、2011年の「スポーツ基本法」ではスポーツ権を承認した。そしてそれは当然にしてスポーツの公共性との関連をも問わなければならない。それは「スポーツの権利・公共性」として発展させる必要がある。しかし、現実の「新しい公共」なる概念はスポーツの有料化を意図し、個人の責任、企業への援助依存を優先させ、最後に公共責任を持ち出した。あくまでも公共機関が義務を持った、福祉国家的な公共性とは異なる。もっと厳しく指摘すれば、「公共」なる用語を使用するが、そこで意味されていることは公共性には至らない共同性の水準であり、出来るだけ公共機関の責任をぼかそうとする、新たな論理である。現にスポーツ分野での公共性論に関しても、地域での共同性を即公共性と置き換えて、

事実上公的責任を視野の外に追いやってしまう議論もあるのである。

（3）スポーツの「権利・公共性」と「福祉」

　ここで、改めて西欧・北欧の福祉国家における「スポーツ・フォー・オール政策」の成立と発展を、「スポーツ権」、「スポーツの公共性」そして「スポーツは福祉」というテーマで振り返ってみると、それらの相互関連が浮かび上がってくる。それ故にそれらを関連づけてスポーツ史を概観すると、新たなスポーツ史の歴史観が形成される[24]。

　歴史とは、常に現代の課題から再検討され、書き換えられるものである。その点で、スポーツの歴史も「権利（人権）・公共性・福祉」という視点から振り返ってみると、「スポーツの所有史」として描き直される。

　人類史における福祉国家という発展段階において「権利・公共性・福祉」を包含し、連結した「スポーツ・フォー・オール」が初めて可能となった。もちろん、福祉国家における国民の経済的基盤は条件において完全に平等になったわけではない。それは資本主義社会という経済的不平等を前提とする体制下での営為である以上、不可避のことである。それは現在の西欧・北欧諸国での福祉の実態、「スポーツ・フォー・オール」の実態を見れば、他の資本主義国よりは多くの積極面を有しているにも関わらず、なお多くの課題を内包していることからも明白である。しかし、これまでの歴史、社会にあった福祉、スポーツ享受の階級的独占は徐々に解消されつつあり、解消される条件を備えつつある。その点では新しい歴史的段階である。

　日本では西欧・北欧的な福祉国家は未だ達成されず、そして近年の政府もその意図はない。そのことが、国の生産的な経済力を「フォード主義安全保障国家」として十分に達成したにも関わらず、その富は大企業にのみ集中し、国民へ「ケインズ主義的福祉国家」として分配する体制にはならなかった。こうして日本は福祉国家にはならなかった。このことの１つの表れが、これまで見てきたように未だに「スポーツ・フォー・オール政策」を実現していないことである。

　保体審答申類も1972年答申以来、その意図するところはスポーツ振興政策を全面的に展開し、その遂行の中心的な役割を国、自治体などの公共機関に期待してきた。だからスポーツ政策文書として機能してきた。そしてその具体化される政策全体は意識的か無意識的かは不明として、福祉国家でこそ実現されるべき、あるいは福祉国家でしか実現されえない内容となっていた[25]。つまり学校スポー

ツ、地域スポーツ、トップスポーツの総合的なスポーツ政策を実現しようと思えば、それは公共的援助を中心とした支えが無ければ達成し得ないものである。それを近年の新自由主義的な市場化に任せれば、貧富の格差拡大をもたらし、「スポーツ・フォー・オール政策」の意図する全国民への「平等」なスポーツ機会の提供とはならず、この分野においても「スポーツ享受も金次第」という格差となってしまう。これは現在、公共のスポーツ政策の後退による国民、地域住民のスポーツ離れを引き起こしており、それは既に図表4-18で見たような民間のスポーツ施設の倒産を伴っている現実を見ることで十分に証明されている。それ以前に、国民の生活の格差の拡大は、多くの国民のスポーツへの接近を遮ってしまっているのである。

　スポーツ振興の総合的な推進という保体審答申の目指した方針の具体化は、再度強調するが、日本が福祉国家でなければ実現し得ないということである。こうした背景、含意を理解せずに、ただ「中立的に」スポーツ政策を表面的になぞらえているものも多いが、それでは真の政策研究とはならない[26]。

5．新福祉国家・社会保障論の動向から
　　（スポーツ基本法の全面的実現へ向けて）

（1）新福祉国家論

　第2章「スポーツ・フォー・オールと福祉国家[27]」で分析したように、多くの論者が国家論抜きの福祉国家論を展開している。しかし、福祉は国民の側から見れば「勝ち取る」対象である。歴史的に見れば、国家はその支配階級の福祉のために国家福祉を与えてきた。しかし国民一般に、つまり被支配階級も含めての福祉を自動的に与えるものではない。その点で、被支配層の国民一般にとって、福祉とは国家ないし権力から権利として「勝ち取る」対象であった。それは権利、人権と同じように自由権、社会権として国家からの獲得であった。それは現在の福祉国家においても例外ではない。まして日本のように生産体制は先進国であるにも関わらず、分配あるいは福祉においては開発途上国並みという国においては、福祉一般は広く階級闘争の一環となっている。「スポーツ・フォー・オール政策」もまたその一環にある。

　日本の福祉国家論の多くは福祉類型の分類や、詳細な福祉項目だけの分析など国家論抜きの傾向が強い。そうした中にあって、日本の現在の政治・経済に対応

第 5 章　スポーツ基本法の処方箋──新福祉国家

して、新福祉国家論が展開され始めている。「スポーツ基本法」の処方箋はそうした文脈の中においてのみ実現可能であることから、それらの動向について少し垣間見ておこう。

（2）新福祉国家の展望

現代の日本で新たに福祉国家を展望するとき、それは西欧・北欧の福祉国家の後追いでは不可能である。その理由は、それらの福祉国家の形成された政治的・経済的背景が現在の日本のそれと大きく異なるからである。そればかりでなく、それらの国々における政治的・経済的な相違は、同じ福祉国家と呼称される中でも、エスピン＝アンデルセンの 3 類型に見たように、大きく特徴を異にする。さらに、それらの福祉国家も 1980 年当時から福祉国家の危機が叫ばれ、新たな福祉の在り方が問われているからである。

ともあれ、福祉国家の成立の前提条件として一定の経済的発展は不可避である。この点で開発途上国での福祉国家の成立は不可能である。その上で西欧・北欧の特徴を概観すると、先ず第 1 次、第 2 次世界大戦への国民の軍隊への動員の必要性があったことである。それぞれに各国とも総力戦であったが、国民を動員するために戦時中、ないしそれぞれの戦後にブルジョア政権は国民、労働組合、労働者政党へのある程度の譲歩をせざるを得なかった。ここでマルクス主義に一定の影響を受けた社会民主主義勢力も保守勢力も、国民の福祉にはある程度の理解を示したし、示さざるを得なかった。

しかし日本では、第 1 次、第 2 次世界大戦への動員には、国民の抑圧、特に左翼と自由主義思想の抑圧と、国民への「我慢」の押しつけで、もっぱら軍事力の強化を推進してきた。それは第 2 次世界大戦後にも引き継がれた。この戦後の改革も国民主体の点では多くの制約を持った。占領国のアメリカがそれを嫌い、また戦前戦中の保守派の巻き返しの中で、戦後は出発した。それ故、社会主義勢力の影響は極力抑圧した。この一環に、福祉の開花も抑圧された。それでも既述のように、1970 年初頭まで、国は福祉国家的な施策も多少は志向した。そして 1960 年代の高度経済成長期は後の日本の基本となる企業社会体制の確立と同時に、その高度経済成長が公害、労働災害などの企業責任の放棄の下で多くの弊害に国が対応しない分を革新自治体が担い、それは「地方版福祉国家」をもたらした。しかし、73 年のオイルショック以降の保守派の巻き返し、革新自治体潰し、公的責任を拒否して私的責任による「日本型福祉社会」へとシフトした。ここで

は先の企業社会化に全面的に突入した。

　こうした中で、今新しい福祉国家が展望されているが、改めてその「新しさ」を見てみよう[28]。そしてそこに強いてスポーツとの関連を検討したい。

　第1に、新福祉国家は開発途上国や他の先進国と協働して大企業の野放図な展開を規制し大企業に対して正当な負担を課すことにより、人間らしい経済発展、環境と両立した発展を追求する営みとなる。既存の福祉国家は経済成長に乗って、大企業の繁栄による税収増を土台に展開した「フォード主義的生産体制」に依拠した。しかし、現在西欧の福祉国家においても、そして日本では更に大企業が多国籍化して競争力を強化し、いっそう繁栄するために大企業負担を軽減し、これまでの僅少な福祉さえも解体・再編しようとしている。こうした状況下での新福祉国家建設であり、西欧・北欧における大企業との関係が根本的に異なっている。多国籍企業、大企業への課税、莫大な内部留保金の部分的な活用による国民生活への分配等々、それだけに新福祉国家・自治体の建設はいっそう大きな政治的力が必要となる。

　これは「スポーツ・フォー・オール政策」を実現する前提の課題である。現在の政府が福祉を破壊し、大企業優遇の新自由主義的政策を推進する限り、国民、地域住民のスポーツ参加政策は実現されないのだから、スポーツ分野から見ても、福祉を重視する政府の樹立は不可避な課題である。

　第2に、新福祉国家は平和を志向する国家・自治体である。既存の福祉国家（Welfare State）は、第2次世界大戦中から戦後に掛けて、戦争国家（Warfare State）に対抗した概念、政治的・経済的理念であった。従って、両者は密接に関連したものである。総力戦への国民動員、冷戦期の社会主義との対峙の中で作られた、いわば戦争と対になった国家であった。そして現在、新自由主義の追求する多国籍企業の市場秩序維持のための戦争政策を阻止し、それに積極的に反対しなければ、新福祉国家は建設出来ない。福祉と平和が内的に関連しているからである。これまでの福祉国家研究者の多くが、国家論を無視した「福祉国家」を論じてきたために、平和論が切り離されてしまったのである。

　この点はスポーツの福祉、平和を検討する上でも決定的に重要な視点である。現代の平和論において、平和とは単に戦争の無い消極的な状態ばかりでなく、より福祉が充実し、国民の権利、人権や民主主義が保障された状態を積極的な平和という。スポーツと平和の関係を見るとき、前者の消極的な平和での活躍もある。対立状況にある国家間や民族間で、子どもたちを集めてスポーツ教室や試合を行

い、相互の理解に貢献している試みも国際的には多く報告されている。開発途上国の貧しさ、教育の貧困、エイズ撲滅などの課題を解決する一環としてスポーツがますます大きく活用され始めている。それを国連始め世界のスポーツ組織も積極的に参加している[29]。このように、スポーツはそれ自体が福祉の一環であると同時に、スポーツを通して他の福祉を促進する機能としても大きな役割を果たしている。

　第3に、新福祉国家は雇用の保障と社会保障の両輪を意識的に追求するシステムである。

　現在の新自由主義的、あるいは多国籍企業の競争力強化のための、非正規雇用の増大や労働条件の劣悪化などの雇用破壊政策に対抗して、国民の雇用と生活を重視した政策が必須である。この場合「大企業の繁栄が、国民の生活へ還元される」とするトリクルダウン論のようなイデオロギーに攪乱されないことである。このトリクルダウン論はある程度世界の常識である。しかし日本は特殊である。世界で第3位のGDPを有しながら、その富の大半は大企業に集中し、国民には分配されないのである。

　国民のスポーツ振興の貧困さはまさにこの点に決定的な原因がある。そしてスポーツを享受するためには公共によるスポーツ施設などの客体的条件の整備を前提として、「時間、場所、金そして仲間」などの主体的条件の整備が必須である。現在のように非正規雇用が多くなり年間200万円以下の給料しかもらえない若者が激増している日本で、つまり不安定な雇用条件の下にある日本では、スポーツ参加の主体的前提が崩壊しているのである。先ずは安定した雇用を、若者を先頭にもっと広く国民に保障しなければならない。

　そして第4に新福祉国家は、福祉や医療、介護のための公共事業投資、環境に配慮した町づくりや新産業の育成、教育や福祉などのサービス産業の充実などを重視する必要がある。この点が重視されてこそ福祉国家なのである。既存の福祉国家は大企業の製造業を中心に経済発展をした。しかし新福祉国家とは現在、大企業本位の新自由主義によって淘汰、停滞の危機にさらされている中小・地場産業や農業などの「低」効率産業を含み込んだ経済発展、産業政策を積極的に追求する。

　この点もまたスポーツにとって重要である。国民へのスポーツ提供もまた広義のサービスの一環だからである。更にスポーツの普及とは地域の中で、きめ細かな施策が必要であるから、地域的な振興、活気が不可欠なのである。

以上のような新福祉国家はこれまでの大企業擁護の新自由主義的な政策と真向から対立するものである。しかし、新福祉国家を志向しなければ国民の生活と健康もまた維持されない。その点では大きな政治的、経済的な変換を伴わなければならない。また、ここに示されるそれぞれの内容は、スポーツに参加する前提である生活条件の改善をも含んでおり、今スポーツ振興のうえで、スポーツ関係者が最も注視しなければならないことである。

　また、「日本は非福祉国家の典型国である」と結論づける橘木は「格差社会への処方箋―『非福祉国家』からの脱却―」、つまり新福祉国家への志向として次の7点を提起している。これは福祉の一環である国民のスポーツを提供する上でも前提となる重要な視点である。

1）競争と公平の両立
2）雇用格差を是正する
3）地域の力を引き出す
4）教育の機会を奪われない
5）急がれる貧困救済
6）税制と社会保障制度の改革
7）「小さい政府」からの脱却（日本はすでに「小さい政府」）[30]

（3）新福祉国家と社会保障

　以上のように、新福祉国家は真空状態からの志向ではなく、新自由主義の思想と政策が進行する現実の構造改革型路線への対抗である。それ故に、新福祉国家構想は次のようなより具体的な6つの課題を抱えている[31]。

　第1は憲法25条の謳う、人間の尊厳にふさわしい生活を営むことを保障し、権利を実現するために必要な雇用保障と社会保障の体系を求める。これは社会保障憲章であり、社会保障基本法である。

　第2はそうした社会保障の体系を実現し福祉国家を運営する税・財政政策である。

　第3は大企業本位の経済成長ではなく、農業、漁業、地場産業、福祉型公共事業、教育・医療・福祉領域の雇用拡大を中心とする地域と地場産業主体の経済構想である。

　第4は大企業本位の、国家責任を放棄して地方に構造改革を丸投げする、いわゆる「地域主権改革」に対抗する福祉国家型地方自治体と民主的国家の構想で

第5章　スポーツ基本法の処方箋―新福祉国家

ある。

第5は原発を廃止し原発に代わる自然エネルギーを中心としたエネルギー政策である。

第6は軍事大国化を拒否し、安保条約を廃棄し、自衛隊を縮小し合憲的なものに改変していく安保・外交構想である。

以上の論理から、社会保障基本法を構想するが、ここには4つの意義とねらいが込められている。

第1は憲法第25条が謳う「健康で文化的な最低限度の生活」保障の輪郭、その保障に必要な原則の全体像を明らかにすること。

第2は社会保障基本法であるべき社会保障の原則を明らかにするだけでなく、それに反する現実の制度や原則を批判・点検し、その改廃を求める武器にするという意義である。

第3は社会保障基本法は現在多数行われている社会保障関係の裁判に対して、司法審査の基準を示し、裁判の見地からも社会保障の蹂躙(じゅうりん)に歯止めを掛け、社会保障の前進を促そうというねらいを持つもの。

第4は社会保障のそれぞれの制度や運営の在り方について、市民、特に当事者が持つ手続き的な権利を積極的に提示することによって、必要なとき、直ちに社会保障を利用出来、人間の尊厳にふさわしい生活を実現出来るような手立てを保障することである。

通常「社会保障」には公的扶助、社会保険、社会福祉、社会手当、保健事業などが含まれるが、ここでは居住保障をこれに加えると共に、社会保障領域と密接に関連する範囲の雇用、教育等についても、積極的に触れている。これらが十全に実現されることで、憲法第25条が保障する「健康で文化的な生活」が確保される。憲法第25条とは、憲法が保障するこれら諸人権の「総論」的位置を持つからである（「社会保障基本法2011」は31）に掲載されている）。

ここには残念ながら、スポーツは社会保障の範疇には一切触れられていない。しかしここで述べられた論理はスポーツ権論だけでなく、スポーツ基本法が持つべき視点、内容として多くの教訓が込められている。

(4) 福祉と平和

福祉国家（Welfare State）とは、第2次世界大戦中の枢軸国（ドイツ、イタリア、日本）の戦争国家（Warfare State）に対抗するものとして形成された。それ故、

福祉と平和とは密接に関連した事項として出発した。平和とは先述のように単に戦争の無い状態は消極的平和であるが、より積極的に福祉や民主主義が保障されている状態を積極的平和と呼ぶ。これは現在の平和学のコンセンサスでもある[32]。

日本国憲法は、改憲派が強調するように占領軍（アメリカ）の押しつけによって作成されたものではない。当時の人権や平和の世界史的到達点を取り込み、恒久的平和を祈念して生まれたことは明瞭である。次はその前文の一部である。

「われらは、全世界の国民が、ひとしく恐怖と欠乏から免かれ、平和のうちに生存する権利を有することを確認する。」

ここには「恐怖と欠乏からの解放」、そして「平和のうちに生存する権利」という２つの文言が緊密に組み合わされている。「恐怖と欠乏からの解放」とは、第１に専制・暴虐・抑圧・暴力、何よりも戦争の恐怖からの解放である。これは第１、２次世界大戦を経験した教訓から生まれた。そして第２に飢え・渇き、病い、衰弱、極貧、蒙昧など、要するに貧しさ（福祉の欠如）からの解放である。これら２つの解放理念を国民国家概念に即して言えば、「平和・福祉国家」の実現と言うことになる。「平和のうちに生存する権利」とは、平和的生存権のことを言ったものだから、これを担うのが平和・福祉国家の使命である。従って、この前文は、全世界の人々が平和・福祉国家の下で生きる権利を謳ったものに他ならない[33]。こうして、憲法第25条の生存権は日本の平和を規定する第９条と結合する。第９条は次のように規定されている。

第二章　戦争の放棄
第九条　日本国民は、正義と秩序を基調とする国際平和を誠実に希求し、国権の発動たる戦争と、武力による威嚇又は武力の行使は、国際紛争を解決する手段としては、永久にこれを放棄する。
○２　前項の目的を達するため、陸海空軍その他の戦力は、これを保持しない。国の交戦権は、これを認めない。

こうした戦争放棄をして、その下で福祉を充実させたまさに「平和・福祉国家」の建設を戦後日本の憲法は意図した。そしてその福祉の保障は、この第９条による戦争放棄の下で憲法13、25、26、27条他によって福祉を目指した。

憲法第25条は、それに続く第26条の教育権、第27条の労働権、そして第

第 5 章 スポーツ基本法の処方箋―新福祉国家

28 条の団結権と不可分の関係によって、自由・平等を核心にした近代的市民権にプラスされる現代的社会権の体系を構成して、人権の発展史上に 1 つの画期を作り出した[34]。

こうして、日本で福祉国家を語る場合には、当然憲法との関連を検討しなければならず、それは平和国家実現の道に触れずに済ませるわけには行かないだろう。なぜなら、西欧・北欧諸国とは違って、戦後日本では一貫して「バターか大砲か」の選択が問われ続け、今日では特に、軍事大国化の動きに対決せずに福祉国家の充実に向かうことはおよそ不可能といってよいからである[35]。しかし、残念ながら多くの福祉論者の中には、こうした国家論の認識が弱く、それとの関係には全く触れずに、ただ福祉だけをあたかも真空の社会の中でそれが実現出来るかのように論じている人が多いのである。これはスポーツ領域においても例外ではない。

ここで新福祉国家にいう福祉国家概念の簡潔な定義について二宮は次のように規定する。「憲法第 25 条に基づく生存権を保障する国家」、「生存権保障国家」である[36]。二宮はまた、以下のようにも述べる。生存権に並ぶ社会権とは、教育権、労働権、団結権、環境権等である。これらは、国民に対してその保障を国家に義務づけた諸権利である。すなわち、憲法に基づく日本の国家は、国民に教育を受ける権利を保障し、勤労の権利を保障し、アメニティ（快適）な環境のもとで生きる権利を保障する責務と義務を負う。生存権とは、こうした社会権の筆頭格に当たる人権にほかならない[37]。この時点で、二宮の視野にはスポーツ権は無いが、スポーツ権もまた生存権と直結する権利としてまさに社会権の一環を占めるものとして、スポーツ分野からの今後のアピールが必要である。

以上のように、新福祉国家の概要が明らかになった。その中で、スポーツ、スポーツ権はどのように位置付くのだろうか。ここで、「スポーツ基本法」とも密接に関わってくる。先の「社会保障基本法 2011」は、福祉の貧困な日本の現状を憂え、それを国民の福祉を中心とした社会の発展を目指して「新たな福祉国家を展望」して構想されたものである。スポーツが福祉の一環であるとすれば、この「社会保障基本法 2011」とも密接に関連するはずである。

本書のこれまでの展開からも明白なように、保体審答申類と近年の「スポーツ基本法」と「スポーツ基本計画」の計画内容の多くは、もしそれらが実際に実行され、具体化されるならば、素晴らしいことである。また現在の段階で実現されるべき課題は提起されてきたし、されている。問題はそれらが推進されるための

221

予算的、組織的裏付けがしっかりと与えられ、その遂行に伴う諸体制がとられるかどうかということである。

　ところでスポーツ政策が広義の福祉政策であることにより、他の福祉政策の低水準を放置したまま、スポーツ政策だけが突出することはあり得ない。逆に、現段階でスポーツ政策だけが他の福祉領域に比べてダントツに低位に止まることもあり得ない。つまり他領域も含めた福祉全般の高揚策の中でしか達成されない課題である。スポーツ政策の推進のためには、他の福祉領域と共により多くの予算が国や地方公共団体から支給される必要がある。それは広義の福祉の充実である。

【注】
1）内海和雄『アマチュアリズム論―差別無きスポーツ理念の探究へ―』創文企画、2007年。
2）「スポーツ立国戦略」についてのより詳細は内海和雄「イギリスのスポーツ政策との比較から見えてくるスポーツ立国戦略の問題点」『体育科教育』第58巻第12号、2010年11月号、pp.42-45。同「スポーツと福祉―『スポーツ立国戦略』の問題点と課題」『運動文化研究』学校体育研究同志会研究年報、Vol.28、2011年7月、pp.12-22 参照。
3）友添秀則「『スポーツ立国論』をめぐって」『現代スポーツ評論26』創文企画、2012年5月、p.13。
4）内海和雄『イギリスのスポーツ・フォー・オール―福祉国家のスポーツ政策―』不昧堂出版、2003年、p.266〜。
5）内海和雄『スポーツの公共性と主体形成』不昧堂出版、1989年、p.117。
6）内海和雄「イギリス（主にイングランド）のスポーツ政策と子どもスポーツ政策の概要」『平成21年度　財団法人日本体育協会　公認スポーツ指導者海外調査研究事業報告書』、pp.13-31。内海和雄「世界『最高のスポーツ立国』へ挑むイギリスのスポーツ政策」『体育科教育』大修館書店、「前編」第58巻第1号、2010年1月、pp.74-77、「後編」第58巻第2号、2010年2月、pp.66-69。
7）6）に同じ。
8）『スポーツ基本法制定と今後の課題』日本スポーツ法学会年報、第19号、2012年。
9）日本スポーツ法学会編『詳解　スポーツ基本法』成文堂、2011年。
10）齋藤健司「スポーツに関する権利とスポーツ基本法の基本理念」『詳解　スポーツ基本法』日本スポーツ法学会編、成文堂、2011年、pp.19-29。
11）齋藤健司「スポーツ基本法制定と今後の課題」『スポーツ基本法制定と今後の課題』日本スポーツ法学会年報、第19号、2012。年
12）永井憲一「権利としての体育・スポーツ」『体育科教育』1972年12月号。
13）千葉正士「スポーツの文化性・権利性と法理念」『日本スポーツ法学会年報』4号、1997年、p.14。
14）同前、p.15。
15）松元忠士「スポーツ権の法理論と課題」『法律時報』1981年4月号。

16）大川睦夫「スポーツの権利」『社会主義法研究年報』No.6、1981年12月。
17）ハーバーマス『公共性の構造転換』細谷訳、未来社、1973年。
18）江口英一編『現代の生活と「社会化」』労働旬報社、1986年、p.24。
19）同前、p.82。
20）渡辺洋三「公教育と国家」『法律時報』第41巻第10号、1969年8月臨増p.50。
21）内海和雄『スポーツの公共性と主体形成』不昧堂出版、1989年、pp.112-113。
22）同前。
23）菊幸一「地域スポーツクラブ論―『公共性』の脱構築に向けて―」『新世紀スポーツ文化論　体育学叢書Ⅳ』近藤英男編、タイムス、2000年。菊幸一「体育社会学から見た体育・スポーツの『公共性』をめぐるビジョン」『体育の科学』Vol.51No.1、2001年。菊幸一「スポーツの公共性」『スポーツ政策論』菊、斉藤他編、成文堂、2011年。
24）内海和雄「スポーツ・フォー・オールと福祉国家」（『広島経済大学　研究論集』第35巻第4号、2013年3月、本書第3章。
25）内海和雄「戦後日本の福祉とスポーツ」『広島経済大学　研究論集』第36巻第1号、2013年6月、本書第4章。
26）内海和雄『イギリスのスポーツ・フォー・オール―福祉国家のスポーツ政策―』不昧堂出版、2003。内海和雄『日本のスポーツ・フォー・オール―未熟な福祉国家のスポーツ政策―』不昧堂出版、2005年。
27）24）に同じ。
28）渡辺治・進藤兵編『東京をどうするか―福祉と環境の都市構想』岩波書店、2011年、p.18。
29）内海和雄『オリンピックと平和』不昧堂出版、2012年。
30）橘木俊詔『格差社会　何が問題なのか』岩波新書、2006年、p.155。
31）井上英夫・後藤道夫・渡辺治編『新たな福祉国家を展望する』旬報社、2011、pp.34-35。
32）臼井久和、星野昭吉『平和学』三嶺書房、1999年、p.112。
33）二宮厚美『憲法25条＋9条の新福祉国家』かもがわ出版、2005年、p.22。
34）33）のp.38。
35）二宮厚美『新自由主義からの脱出―グローバル化のなかの新自由主義vs.新福祉国家』新日本出版社、2012年、p.243。
36）35）のp.242。
37）35）のp.244。

第6章

スポーツと人権・福祉

1．スポーツと人権・福祉の動向

　「スポーツと人権」が世界的に問われ始めている。西欧・北欧の福祉国家では既に 1960 年代後半からスポーツが権利、人権として受け入れられ始め、スポーツは福祉保障の 1 つとして国家的な施策が採られてきた。具体的には「スポーツ・フォー・オール政策」である。1960 年代を境とした「新しい人権」の誕生の一環であり、人権の歴史における新たな発展の段階である。21 世紀に入ると国連では「スポーツと開発」が大きなテーマとなり、特に開発途上国への援助の一環にスポーツがよりいっそう活用されている。それはスポーツそれ自体の普及を目的とする場合と、教育普及、健康促進、エイズ教育、対立地域の和解などにスポーツが手段として積極的に活用され、大きな成果を上げており、期待されているからである。前者の目的はスポーツ・プラス（Sport+）、後者の手段はプラス・スポーツ（+Sport）とも呼ばれている。

　こうした中で、国際オリンピック委員会（IOC）もその活動理念として「スポーツを行うことは人権（Human Right）の 1 つである」（基本原理第 4 項）と認め、スポーツの普及に多大な援助を行い、福祉の向上と共に平和建設への貢献を行っている。

　こうした中で、「スポーツと人権」の関連が問われ始めているのである。スポーツの普及それ自体が人権の実現であると同時に、その他の人権実現の手段としてもスポーツが活用されている。

　ともあれ、これらの人権は世界基準として定められているが、その具体的な実現は各国における福祉と民主主義の実現と同義的であるから、福祉・民主主義・平和などとも大いに関連する。今後、これらの関連がいっそう深められる必要がある。

　日本国内においても 2011 年には「スポーツ基本法」が施行され、現代社会においてスポーツは人々の権利として「スポーツ権」を政府が歴史上初めて承認した。これは 2020 年のオリンピック・パラリンピック開催地として東京が立候補しており、さらに前回の東京オリンピック（1964）前に制定した「スポーツ振興法」（1961）がその後 50 年を経過して、社会状況も大きく変化した中でその修正を必要としていたからでもある。そしてスポーツの国際的な動向を多少は反映した結果である。

第6章　スポーツと人権・福祉

　しかし「スポーツ権」は表記されたが、その国家的保障のための予算は実質的に確保されず、事実上は画餅化、形骸化している。実質化を迫る上でも、世界の動向を把握し、先進国としての仲間入りをする上でも、「スポーツと人権」の検討と適用は重要である。

　そして2014年6月時点で、2015年4月からの「スポーツ庁」の設置案が云々され始めている。これによって大きな変革を期待する人もいる。設置によってスポーツ行政がある程度一本化されるからである。しかし他方では、何も変わらないだろうという冷めた目もある。筆者自身は後者である。その理由は簡単だ。本書で展開しているようにこれまで福祉の一環としての「スポーツ・フォー・オール政策」は日本で極めて冷遇され、実現していない。それがスポーツ庁が設置されただけで根本的に変化するとは考えられないからである。

　また、2020年の東京オリンピックによって国民のスポーツ参加は発展するのだろうか。これに対して素朴に、そして根拠も曖昧なまま、願望的に幻想を抱いている人もいる。確かに開催国としての国威発揚からトップ選手養成にはかなりの資金が提供されるだろう。それ自体とて先進諸国と比べて多くはないが。そしてもう1つはオリンピック招致の本命である東京のインフラ整備には莫大な予算が投入され、それはゼネコンが受注し、莫大な利益を上げるだろう。それに伴う経済効果を期待している。

　しかし残念ながら「スポーツ・フォー・オール」の発展のための予算はこれまで低下してきたし、今後もむしろ低下するだろう。これまで国も東京都もこの面での施策には冷淡であった。従って、オリンピックによってこれまでの施策の基本姿勢が根本的に変わるとは思えない以上、「スポーツ・フォー・オール」は事実上忘れ去られるであろう。スポーツ関係者はこの点をしっかりと監視しなければならない。ともあれ、「スポーツと人権（権利、基本的権利、福祉、公共性）」など、新たな動向の把握とそうした世界基準に日本も接近しなければならない。

　以下、権利、基本的権利、人権、基本的人権など類似の用語が活用される。「ヨーロッパスポーツ・フォー・オール憲章（the European Sport for all Charter）」（1976）では「第1条　すべての個人はスポーツに参加する権利を持つ（Article 1. Every individual shall have the right to participate in sport.）」であり、まさに「権利」の訳語が適切である。しかしユネスコUNESCOの「体育・スポーツ国際憲章（the International Charter of Physical Education and Sport）」（1978）では「第1条　体育・スポーツの実践はすべての人の基本的権利である。（Article 1.

The practice of physical education and sport is a fundamental right for all.)」であり「基本的権利」となっている。国際オリンピック委員会（IOC）の「オリンピック憲章のオリンピズムの基本原理（Olympic Charter, Fundamental Principles of Olympism）」では「スポーツの実践は人権である（4. The practice of sport is a human right.）」であり、日本語版も「人権」と訳されている。以上の様に、その意味する内容はほぼ同じだと推測されるが、用語は異なっている。日本ではこれまで「スポーツの権利、スポーツ権」が一般的である。本書でもこれまでそれらの識別はせず、文脈の中でそれぞれを活用してきたが、概ね同義として活用してきた。それは本章でも継承する。

2．先行研究

先ず、「スポーツと人権」ないし「スポーツ権」に関する先行研究を垣間見ておこう。後にも触れるように、スポーツにおける子ども虐待や女性アスリートへの性的虐待などに関する人権侵害の事例はいくつか国際的にも報告されている。しかし「スポーツと人権」の包括的な理論的研究は着手された段階であり、未だに少ないのが実情である。

（1）国際的動向
1）キッド・Bとドネリー・P「スポーツにおける人権[1)]」

本稿は、人権史研究一般のように1215年のイギリスにおける「マグナカルタ」に始まり、近代のアメリカ独立宣言、フランスの人権宣言を明記して、その概略を紹介する。しかし人権が世界基準となったのは戦後、1948年の「世界人権宣言（the Universal Declaration of Human Rights）」が起点である。20世紀後半には人権が大きく進展し、多くの憲章、決議が採択された。

体育・スポーツにおける人権としては、世界各国で第2次世界大戦前から学校体育における女性への平等保護の政策が存在したが、地域スポーツでは主に戦後になってからである。そして現在考慮すべき差別と人権保護については、以下のようなものがある。

・人種差別
・女性の権利
・選手の権利

・子どもの権利
　・公共性（1980年代以降、新自由主義政策により、公共のスポーツ施策が大きく後退した。住民の人権としてのスポーツを擁護する立場から、公共性を再度向上させる。）
　本稿は、「スポーツと人権」を論じた初期のものだが、その展開は、「人権史―スポーツと人権史―現在のスポーツ場面における人権問題」という展開となっている。ここでは権利、公共性、平和などの表現が人権との関わりで記述されるが、福祉との関連での指摘は無い。

　2）ドネリー・P「スポーツと人権[2)]」
　1948年の「世界人権宣言」が起点とされ、1970年代にスポーツや身体活動への国際的な権利宣言が誕生した。つまり、1976年の「ヨーロッパスポーツ・フォー・オール憲章」、1978年のユネスコ「体育・スポーツ国際憲章」である。それぞれ第1条でスポーツを権利ないし基本的権利と認めた。そして、それを国家が義務として保障すべくスポーツの条件整備を進めることを定めた。
　1961年には既にIOCがオリンピック・ソリダリティーを設立して、開発途上国のスポーツ支援を開始した。これは東西冷戦時、米ソが自分の陣営に開発途上国を取り込むために、紐付き予算でスポーツに積極的に援助競争を始めたことから、IOCとしてもそうしたスポーツの政治的利用を放置し得なくなったからである。そのIOCは1994年にその「オリンピック憲章」の基本原則第4項にスポーツは人権の1つであると認識した。
　スポーツを通しての人権の達成としての典型は南アフリカにおけるアパルトヘイトの撤廃がある。もちろんこれはスポーツの力だけで成し遂げたわけではないが、スポーツもその1つの大きな力となった。
　さらに、スポーツ特にサッカーを活用して、マイナー集団の権利・人権を擁護する試みもある。
　・ホームレスワールドカップ
　・鉄道オールスターズ：ガテマラの売春婦のサッカーチーム
　・ミレニアムスターズ：リベリアの元少年兵によるサッカーチーム
　・負傷者のチーム：西アフリカの地雷犠牲者のチーム
　女性の差別撤廃、人権擁護については1979年の「女性差別撤廃条約（UN Convention on the Elimination of All Forms of Discrimination Against Women:

CEDAW）」があり、2008 年には「新障害者差別撤廃条約（the new United Nations Convention on the Rights of Persons with Disabilities: CRPD）」がある。その他、アボリジニーや少数民族擁護、貧困対策などにスポーツを活用してきた。

さらに、国際的な「スポーツと人権」政策として 2000 年の「国連ミレニアム開発目標」は 2015 年までに 8 つの目標実現を新たな課題として設定した。

- 極度な貧困と欠乏の除去
- 普遍的な初等教育の達成
- 男女平等と女性への援助
- 児童死亡数の減少
- 妊婦健康の改善
- HIV/AIDS、マラリア、その他の疾病の克服
- 環境保全の保障
- 開発のための地球的規模の協力の促進

そのために、2005 年を「国際スポーツ・体育年（the International Year of Sport and Physical Education）」と定め、上記の 8 つの目標を実現するためにスポーツを積極的に活用することを決定した。この推進の上で、IOC や FIFA 等の国際的なスポーツ団体との協力も推進してきた。

さて、上記の 8 つのテーマは相互に関連しており、独立しているわけではない。特に児童問題について言えば、「スポーツ製品産業における児童労働」「児童スポーツ選手の売買」「高度スポーツにおける児童の扱い」などが含まれる。

以上、前論文と同様の論旨だが、その間の国連の動向を踏まえ、特にミレニアムの課題をスポーツと関わらせて、その人権擁護として記述した点が新たに加えられた。ただここでもこうした人権、権利としてのスポーツの施策が、福祉の一環としての認識は無い。

3）ジウリアノッティ・R とマッカードル・D 編『スポーツ、市民的自由そして市民権[3]』

目次は次のようになる。

1．導入
2．労働者の遊び時間は？　スポーツ領域の極端な例としての児童労働（Peter Donnelly and Leanne Petherick）
3．女性と子ども優先？　スポーツにおける児童虐待と児童保護（Celia

第6章　スポーツと人権・福祉

　　Brackenridge）
　4．失われた無邪気：中国における子ども競技者（Fan Hong）
　5．人権、グローバリゼーションそして心情教育：スポーツの場合（Richard Giulianotti）
　6．オリンピック産業と市民的自由（Helen Jefferson Lenskyj）
　7．概観：文化的市民権と視聴権（David Rowe）
　8．ボスマン判決を超えて：プロ選手の移動の自由に与えた EU の影響（Richard Parrish and David McArdle）
　9．結論
　それぞれにスポーツでの人権問題を扱っているが、ここでは特に「スポーツと人権」を包括的に触れた部分だけに注目したい。
　先ず、人権と市民権の関係であるが、ジウリアノッティは「導入」で次のように指摘する。人権と市民権は強力な相互関係にあるが、分析的には識別される。人権はすべての個人が自然法として所有する奪うことの出来ない権利を言い、いかなる社会的交流によっても変動させられてはならないものである。国連活動の模範である 1948 年の『世界人権宣言』は 30 条から構成されているが、その第 1 条は「すべて人間は、生まれながらにして自由であり、かつ、尊厳と権利とについて平等である。人間は、理性と良心とを授けられており、互いに同胞の精神を持って行動しなければならない」と述べている。1950 年の『欧州人権会議（European Convention on Human Rights）』や 1989 年の『子どもの権利宣言（the Convention on the Rights of the Child）』は不可侵の権利を明記し、保護する更なる枠組みを確立している。
　市民権は人々が特定の社会の中で市民として獲得した法的権利や特典である。これらは法（legislation）あるいは明記された憲法、EU や連合王国（イギリス）のような超国家によって制定された法（law）、そして司法部によって発展させられたコモンロー（共通法）としての権利等を包含する。かくて、市民権が諸文化において多様であり、国境内においてすべての人々に適応されないかも知れないが、人権は普遍的であり、妥協無く適応されるものである。市民権は人権の自然法によって強化される。例えば、多くの市場社会では、市民は自身の財産権、集会権、プライバシー権を持ち、これらは『世界人権宣言』の第 12、17、20 条によってカバーされる（p.2）。
　ここに述べられた人権と市民権という表現は、人権における自由権と社会権と

231

の関係を想起させる。自由権は生まれながらにして所持する権利であり、社会権はある社会、歴史段階でその国民が所有し、国家が承認する権利である。とすると上記の市民権とは社会権と類似する。本稿ではこれ以上の検討は行わず、ジウリアノッティの「人権と市民権」を「自由権と社会権」として置き換えて理解しておきたい。

さて、ジウリアノッティは、「世界の物的かつ開発的な不平等が体系的に減少していなければ、人権と市民権は機能しない。(p.3)」と述べて人権、市民権を支える社会的諸条件を強調する。そしてスポーツは人権と市民権の新たな地平の探求にとって重要であると考える。

彼はまた次のようにも指摘する。スポーツはプラス効果のみを強調されるが、実は多くのマイナス効果をも持っている。先ず、スポーツは社会統合に有効だとする機能主義者の意見に対して、歴史的にみればスポーツはナショナリズム、性差別、人種差別、同性愛差別などの問題にも深く関わってきた。そして、20世紀に入ってもスポーツは新植民地主義の一環として侵略性を帯びて来た事実もあり、さらに開発途上国支援の多くは、援助国側の独断で進めており、受け入れ国側の要求に十分対応しているのかどうかも大きな問題となっている（p.64）。

そして、人権の議論の土台は1948年の「世界人権宣言」であるが、宣言それ自体は、西欧自由民主主義主導でかなり個人主義的な用語で記述されている。当時のスポーツの発展水準から見て、スポーツに関する記述は無いが、現在のスポーツ状況をその宣言に当て嵌めて、次のような課題を指摘する。

- 第1条は「すべて人は、生まれながらにして自由であり、かつ尊厳と権利とにおいて平等である」と強調しているが、スポーツ統括組織はその資源の配分においてエリート選手を優遇し、あるいはスポーツ大国ではエリート優先の傾向がある。
- 第3条は「すべて人は『安全の権利』を持っている」と述べている。しかし多くのスポーツクラブや統括組織は選手たちの長期的な身体的安全を保護することをほとんど行っていない。
- 第4条は「すべて人は、奴隷にされ、又は苦役に服することは無い」と述べているが、スポーツ統括組織は若い選手を保護する対策をほとんど持たない。特に開発途上国では著しい。年季奉公同様のプロ条件で使われている。
- 第10条は「すべて人は、独立の公平な裁判所による公平な公開の審理を受けることについて完全に平等な権利を有する」と述べている。しかし、スポー

第6章　スポーツと人権・福祉

ツでの選手への「トレーニング過程」は関係者の私的な判断で決定されている。
- 第18条は「すべて人は、思想、良心及び宗教の自由を享受する権利を有する」と述べている。しかし、スポーツ統括組織は「スタジアムに政治を持ち込もうとした」選手には伝統的に厳しく罰した。
- 第19-21条は「すべて人は、自由に意見を述べ、何らかのメディアを通して情報を受けること、結社に属する上での妨害も無く、政府やその他の公務に参加する諸権利を有する」と述べている。これらは宣言の完全で有効な実現のためには決定的に重要である。しかしスポーツ統括組織は、伝統的に、それらの組織を批判する人々に対しては罰することで表現の自由を制約してきた。
- 第23条は労働組合への参加を含む、個々人の労働権の保護である。しかしスポーツ統括組織はプロ選手の代表権を保護するための草の根での作業をほとんどしていない。
- 第25条は「すべて人は、健康・療養や失業中、病気あるいは高齢を含めて『基本的な生活水準』への権利を保障する」としている。だが、スポーツ統括組織はこの点で彼らのプロ選手を保護する有効な制度的対処を採っていない。
- 第26条は「すべて人は、教育への権利を有し」、それは「人格の完成を目指している」と述べている。歴史的に見れば、若い選手はエリートレベルに加わり高度なトレーニングを受けることは不可避的に他の教育の可能性を欠くことになった。それらの教育は彼らの人格的社会的な成長に大きく貢献する必須のものである。
- 第27条は「芸術作品」のすべての作者たちの「道徳的かつ物的利益」が保護されるべき事を述べている（p.68）。

そしてこれらの観察は国際スポーツ統括組織が、その役割の曖昧な記述を超えて、彼らの組織やその活動が宣言の趣旨に一致することをさらに考察するよう指摘している。

以上のように、ジウリアノッティは「スポーツと人権」の関わりについて、「世界人権宣言」に照らしてスポーツ界が持つ現状と課題について指摘した。

以上の他、例えばレンスキー「オリンピック産業と市民的自由：発言の自由や集会の自由への脅威[4]」は、オリンピック開催地における著しい予算オーバー、組織委員会の秘密を隠すためのメディア統制、住民の諸市民権の統制・抑圧な

ど、オリンピックというメガイベントに群がる人々の思惑による地域住民の強制移動、居住の自由や言論・集会の自由の侵害、そして福祉予算の大幅な削減などの人権侵害を指摘する。ただ、この中でのオリンピック産業と招致・開催主体の政策との識別、議論が必要であると思われる（p.78）。

　また、ロー「概観：文化的市民権と視聴権[5]」はヨーロッパにおけるメディアスポーツと市民的自由（civil liberties）を展開する。公共費用を私的な利益追求に組込む圧力があって、貧者には貧しく、一方富者には相対的に豊かにさせる脅威がある（p.94）として、1990年代までに、無料視聴を保障されたスポーツイベントのリスト化をした「テレビ版スポーツ・フォー・オール（TV sport for all）」政策が求められた。というのは、限定された有料放送（pay-TV platforms）のみを発展させる大きな企業メディア組織によって、無料視聴の地上波TVの公共的アクセスが明らかに脅威に晒されたからである（p.97）。

　これはユニバーサルアクセスとして、国民の共通教養としてのスポーツ文化を過度な市場化から守る政策として、国民の「見る権利」を保障する新たな人権である。市民的文化権の防衛と拡張の上で、国家の決定を必要としている。

（2）国内的動向

　1970年代の「スポーツ権」研究ついては、本書第4章で展開した。1980年代になると、政治・経済の新自由主義化の中で、市場化、民営化、営利化が進んだ。それは国や地方自治体のスポーツ政策をも包み込んだ。そして、スポーツ提供の公共責任を強調するスポーツ権論も下火となった。

　1970年代のスポーツ権論の過程では、法源の議論が活発化した。憲法第13条（幸福追求権）、第25条（健康権）そして第26条（教育権）が依拠され、それぞれに他の条項はそれぞれの下位の概念として追究された。しかし当時、スポーツ権が公共性や福祉との関連では追及されなかった。

　そうした中で、森川[6]はコミュニティ・スポーツを論じながら、基本的人権の体系の中にスポーツ権を位置付けようと大胆に試みたが、深めきれなかった。また1980年代に入ると、70年代のスポーツ権論を反映して、憲法論の中にもスポーツ権が記述されたことも特徴的である[7]。

　近年になり、「スポーツ人権」論への挑戦も現れてきた。矢邉均である[8]。矢邉は、近年の国民の労働実態、社会保障、福祉が大きく後退し、スポーツもまた危機的状況にある中で、人権を研究する法律プロパーとしてスポーツの法体系の検討か

ら、スポーツの社会的位置のいっそうの深化を目指している。

　そして従来の「スポーツ権」に対して「スポーツ人権」を対峙し、その法的、理論的確立を志向している。「スポーツ権」は「広くスポーツにかかわる権利として諸法律により個々具体的に保障される権利を総称する表現」であり、「スポーツ人権」は「より原理的かつ基本的な憲法上の人権として位置付けることでいわゆる立法上の不作為等により未だに法律上明確に規定されていないスポーツにかかわる具体的権利をより広く予定する（2008：pp.146-147）」と意図している。

　矢邊は憲法における人権論を整理しながら「スポーツ人権」へと導こうとしたが、十分には展開出来ていない。その点で、「スポーツ権」と「スポーツ人権」の差違は未だ明確ではない。それ故に論文の副題として「スポーツ人権の確立へのプロローグ」としたのであろう。

　一方、今回の筆者の方法論は「スポーツ権」の法展開が未確立な状況の中で、新たに「スポーツ人権」を「スポーツ権」に対峙することは力量不足であると自覚して、両者を識別せず、ほぼ同義概念として意図してきた。

　スポーツ法研究における大きな2つの立場、つまりスポーツ論からと法学からの接近のうち、矢邊は後者である。従って、前者である筆者には見えない展望があるのかも知れない。矢邊の試みには大いに期待している。と同時に、この点での国際的な動向も照会・紹介してほしいものである。

（3）研究課題

　以上の研究動向から理解しうることは、世界基準としての人権は第2次世界大戦後の新しい動向であり、「世界人権宣言」に基盤を置いている。スポーツの権利、人権は1960年代の西欧・北欧を起点として出発し、普及した。そして「スポーツと人権」が大きく問われ、国際的にも有効性を発揮し始めるのは2000年代に入ってである。国連や国際オリンピック委員会（IOC）も積極的に参加してきた。国連やIOCは伝統のある組織だが、「スポーツと権利」の視点から見れば、新しい組織である。ともあれ、スポーツにおける人権侵害の事例が多く紹介され、その克服も試みられている。以上が先行研究の展開である。

　現在が「スポーツと人権」研究の開始時点であることを考慮すれば、開明的であると同時に、今後の課題としていくつかが指摘出来る。第1に、「スポーツを享受することは人権である」という人類史上初めての人権の誕生が、いかなる社会背景の下に可能であったのか。そしてその意義は何なのかの追究は必須であ

る。第2に、「スポーツと人権」というときに、その両者の関係はどのようにすれば把握が可能なのかという、研究方法論的な追究が求められる。特に、なぜスポーツが人権の1つになるのかの究明も問われている。第3に、こうした世界基準の成立過程ばかりでなく、それらの人権は現実には各国の施策によって推進されることから、各国、我々の場合には特に日本でのその推進策が検討されなければならない。筆者はこれまで、『イギリスのスポーツ・フォー・オール―福祉国家のスポーツ政策』『日本のスポーツ・フォー・オール―未熟な福祉国家のスポーツ政策』『スポーツと平和：課題と方法』他を刊行し、こうした課題の基礎作業を行ってきた。本書における第3章でも福祉国家について、第4章では日本の政策を分析している。

以下、人権とは何か、人権史とスポーツ権史、そして国連やIOC等の国際組織の「スポーツと人権」をめぐる取り組みを究明しながら、日本の課題に迫ってみたい。

3．人権とは何か

「人権」とは人間が人間として生きる上で、つまり人間としての尊厳を維持する上で必要な諸条件を国家が保障する義務を持し、国民はそれを要求することが出来る権利である。とはいえ、何でも人権、権利になるかと言えばそうではなく、人々の要求のうち、社会や国家など、それを義務として履行すべき権力側が承認したものが人権、権利となる。

この場合、人権、基本的人権、権利、基本的権利、基本権などは同義語として用いられる。人権（権利）が、人間にふさわしい生活を営み、人間的尊厳の維持・発展に欠くことの出来ないものであるが、それらは社会的諸条件に規定されるものである。従ってどのような人権が要求されるかは、その時代の社会構造、国家体制、経済・政治の実態によって決定される[9]。次に人権の歴史について概観する。

4．人権の歴史

歴史学では一般的に近代市民革命から第1次世界大戦を経て第2次世界大戦までを近代とし、第2次世界大戦後を現代としている。これは人権史の検討においても妥当である。

権利が文書に明確にされたものは、11～12世紀のイギリスに誕生した。国王と封臣（国王から直接に封土を受けている封建領主）との間で、封建的な権利・義務をめぐって争いが起きたとき、国王に封臣の権利・自由を文書で認めさせたものであり、その典型が「自由大憲章（マグナ・カルタ）」である[10]。それは全文63条からなり、概略は以下の4点である。
- 封臣に対する不可侵の領域の保障
- 封臣の権利・利益を侵害する場合、一定の適切な手続きの保障
- 「代表なければ課税なし」の原則の承認
- 法による王権の規制

これらはいずれも近代市民憲法における人権保障の核となっていくはずのものであったが、その時代的制約もまた明白であった。つまり封建制社会における国王と土地貴族との権利・義務関係であり、人口の大半を占めた農奴などは全く対象外であった。あくまでも封建制社会の支配層内での契約関係であった。それ故、近代社会の労働者階級も含めた国民全般を視野に入れたものではない。

（1）近代

近代つまり資本主義社会への転換期の人権宣言として、1776年の「アメリカ独立宣言」とその13年後の1789年のフランス革命時の「人間および市民の権利の宣言」が典型的である。両者共にジョン・ロック（1632－1704）やジャン・ジャック・ルソー（1712－1778）らの近代化思想に多大な影響を受けた。特にロックの主張した「生命・自由・財産」は人間が生まれながらに持つものであり、国家といえども理由なくして奪うことの出来ない権利であると考えた。こうした国家の不作為を基盤とする自由権的思考は、身分は神によって与えられたとする封建制社会における王権神授説を批判した社会契約説であり、また資本主義化が始まりつつある中で、新たな新興階級である資本家階級（ブルジョアジー）の営業や財産の自由を根幹としていた。

「アメリカ独立宣言」はイギリスの植民地から13州が合同して独立を宣言したものである。人間は神からある程度の不可譲の権利を与えられており、政府はその擁護のために被治者の同意によって設けられたものであると考える。アメリカはいうなれば、移民によっていきなり資本主義から始まった社会、国であり、先行する封建制社会がなく、その打倒を課題としておらず、イギリスからの独立と、資本主義化のための財産の自由、身体の自由、言論の自由が中心であった。さら

に、もし政府が国民の意向を汲み取らず、あるいは国民を理不尽に抑圧するならば、その政府を転覆させてもよいという抵抗権・革命権をも含んでいた。これはイギリスからの独立戦争を経ていたからである。

フランス革命は「アメリカ独立宣言」とは異なり、封建体制（アンシャン・レジーム）を崩壊させ、貴族に代わって農工商が政治の主導性を獲得した資本主義革命ないし民主主義革命であったことから、フランスの「人権宣言」は、17条という簡潔な中にも新たな社会と政治の在り方を強く規定した。

この「アメリカ独立宣言」とフランスの「人権宣言」に先導されて、近代の人権は次のような特徴を持った。

- 人権の目的性と権力の手段性—人権は人間が生まれながらに持つ権利であり、国家とはその人権を擁護するために合意（選挙）に基づいて設けられた制度である。
- 人権の不可侵性—人権は、人間が生まれながらにして持つ権利であるから、国家といえどもそれを理由なく侵害することは出来ない。封建制社会では国民（農工商）は単に統治の対象であり、権利を所有していなかった。人権の不可侵性を主張することは、封建制国家の否定であった。しかし近代国家は自由国民によって選挙で選ばれた議会が統治する。
- 自由権中心の人権の保障—自由権とは国家（権力）による作為（統制）がなければ実現出来る人権である。言論の自由、思想信条の自由、集会結社の自由などである。名目上はすべての人々、国民となっているが、現実には資本主義社会であり、政治経済の実権者である資本家階級による独裁が志向された。そこで追求された人権も先のような政治的な内容の自由権が中心であった。そしてそこに階級的差別が持ち込まれたことは既に述べた通りである。しかし、労働者階級にとって最も基本であり、死活問題である諸種の労働権や福祉権などは第1次世界大戦と第2次世界大戦の戦間期に多少の進展をするが、基本的には第2次世界大戦後の課題であった。

いずれにせよ、近代の人権保障は第1に封建社会体制からの開放を大きく推進し、第2にそれによって国民と権力の新たな関係を示すことになった。つまり封建制社会では単に統治の対象であった国民、特に新興資本家階級は資本主義社会の中では統治者として台頭し、労働者階級は被統治者となった。そしてそれらを反映してこの時代の憲法も人権擁護も、資本主義の展開を保障する内容となった[11]。

しかしその時代の反映として、例えば女性は男性より劣るものとされ、家庭にあって男性の所有物として位置付けられた。また資本主義体制の必然として、資本蓄積の源泉である労働者もまたその労働権を十分には認められず、多くの人権侵害に遭遇した。また先進諸国はますます帝国主義化をして海外進出による植民地の拡大を目指したが、それに伴い植民地の人々の人権は言うに及ばず、民族全体としての自治権、自決権も無視された。それはまた、国内での人権、例えば思想信条の自由、言論の自由、集会結社の自由などの政治的自由の抑圧つまり自由権の抑圧とも密接に関係した。

いずれにせよ、近代憲法の下で、すべての人々（国民）の人権が名目上は俎上にあげられたが、現実には資本主義社会の階級関係に規定されて、その多くは事実上棚上げされ、無視され続けた。一方その具体化を求める労働者階級の運動も多方面にわたって活発化した。さらに植民地諸国では民族の主権を回復するための独立運動も活発化した。

第1次世界大戦中の1917年に誕生したソ連（社会主義国）とそこにおける労働権を始めとする多くの福祉権を実現する社会主義憲法と理念は、戦間期の西欧諸国の人権問題に多くの影響を与えた。

（2）現代

第1次世界大戦は植民地争奪を主要な争点として対立する帝国主義国家間の戦争であったが、第2次世界大戦は同様の帝国主義国家間の戦争であると同時に、既に第1次世界大戦時に誕生したソ連の社会主義対資本主義間の戦争の側面も有した。そして帝国主義諸国とそれらによって占領されてきた植民地との、独立戦争の側面もあった。この第2次世界大戦では、帝国主義国家間の戦争が主要な局面として顕在した。つまりアメリカ、イギリス、フランスなどの連合国（民主主義）側と、ドイツ、イタリア、日本の新興の帝国主義国が極端な民族主義と他民族排外主義を採るファシズムと化した枢軸国との戦いであった。幸い、ファシズムは敗北して連合国側の勝利となり、民主主義がその後の指導理念となった。

しかし戦後の主要な局面は米ソの対立（資本主義対社会主義）を頂点とする東西冷戦体制となり、また、1960年代には主要な資本主義国から多くの植民地が独立して、民族の自決権、植民地の人権保障も実現の可能性を拡大した。

その一方で、これまでの植民地政策で疲弊したそれぞれの独立国は、旧宗主国による新たな搾取政策（新植民地主義）の下で、相変わらず貧困な状態に喘いで

いる。

さて、1917年のソ連の誕生は階級差別のない国、国民の福祉と人権（権利）が平等に受けられる国として誕生した。まず最初に1日8時間労働制を導入したのも新生ソ連であり、瞬く間に他の西欧資本主義諸国にも影響を与えた。

また第2次世界大戦は先述のように主要には民主主義諸国とファシズム諸国との対立であった。前者、特にイギリスでは戦後の国家発展を展望して、戦時中の1942年には「ベヴァリッジ報告（Beveradge Report）」を出し、全国民に共通の社会保険制度を導入し、「揺りかごから墓場まで」のスローガンの下に、福祉の充実による諸人権の保障を志向した。これはやがてファシズム国の戦争国家（Warfare State）に対して福祉国家（Welfare State）と呼ばれるようになった。これは戦後東欧を中心として多く生まれた社会主義圏に対抗する上からも、西欧・北欧の資本主義諸国では福祉国家化をして、国民の福祉水準を高揚させたのである。そうしなければ、社会主義国からの影響を防ぎきれなかったからである。

こうした福祉、人権重視の政策は東西両陣営で共通し、福祉（人権）の発展は歴史の大きな共通課題となった。とはいえ、かつての植民地である開発途上国では経済水準も低く、1945年10月に51ヵ国をもって新たに発足した国際連合においても開発途上国における経済と人権の発展は大きな課題であった。

国連での人権保障の動向を簡単に見ておこう。そして後にスポーツもその一環に加わるのである。

1）世界人権宣言

2度の世界大戦による疲弊の中で、福祉や人権を世界共通の水準に高め、目指す必要から1948年12月に「世界人権宣言（the Universal Declaration of Human Rights）」が国連総会で採択された。この宣言の最も重要な意義は、それぞれの国での人権問題を世界共通の課題としたことである。いわば人権の世界基準を作った[12]。宣言とは条約と異なって国際法上各国に対する法的拘束力がない。それ故、それを具体化するためには各国に対して勧告しか出来ないが、この宣言はその後の国連が採択した関連の人権宣言の基礎となった。なお、1950年の第5回国連総会ではこの宣言の採択日である12月10日を「世界人権デー」、それに先立つ1週間を「人権週間」として決議し、毎年世界の世論を喚起している。

「人類社会のすべての構成員の固有の尊厳と平等で譲ることの出来ない権利とを承認することは、世界における自由、正義及び平和の基礎である」という前文

で始まるこの宣言は全体で 30 条から構成されている。第 1 〜 20 条は自由権的諸権利で人間の自由と平等、人種差別の禁止、生存の権利、拷問の禁止、男女平等、思想・信教・言論・結社の自由などを、第 21 条は参政権、第 22 〜 27 条は社会権的諸権利であり労働権、社会保障を受ける権利、教育を受ける権利、文化を享受する権利などを、そして第 28 〜 30 条は一般規定である。

　この「世界人権宣言」に基づいて各国を法的に拘束する条約の制定が求められたが、国連レベルでは成功しなかった。こうした中でヨーロッパでは、人権に関するいくつかの協定が結ばれ、世界の人権を牽引した。

　「人権および基本的自由の保護のための条約（ヨーロッパ人権条約）」（1950）がそれであり、さらに、人権を社会権の分野へ広げた「ヨーロッパ社会憲章」が 1961 年に採択された。

　これらは人権の包括的なものだが、個別領域としても「亡命者協定」（1951）が政治亡命者あるいは政治難民の受け入れに関して人権保障の点から協定された。「婦人の政治的権利協定」（1952）は言うまでもなく女性の政治参加、男女平等を規定したものである。これは国連の「女性差別撤廃条約」（1956 年 12 月、国連総会で採択）に連なるものである。「独立許容の協定」（1960）、「人種差別防止宣言」（1965）もまた、植民地の独立の高揚とそれに伴う人種差別撤廃の動向を反映したものであり、その後の国連レベルの多くの関連規約、条例の基礎となった。

２）世界人権規約

「世界人権宣言」の条約化を目指す多くの運動の成果として、1966 年段階で次の２つの国際人権規約が国連総会（1966 年 12 月）で採択された。
- 国際人権 A 規約―「経済的、社会的及び文化的権利に関する国際規約（the International Covenant on Economic, Social and Cultural Rights）」
- 国際人権 B 規約―「市民的及び政治的権利に関する国際規約（the International Covenant on Civil and Political Rights）」

A 規約は締約国に対して、主に社会権の具体化を「漸進的に達成」することを求めている。社会権はそれぞれの国の経済的水準に大きく規定されるから、そうした条件を無視して具体化することが出来ないので「漸進的に達成」することを求めたのである。労働権・団結権、社会保障・社会保険、家族への保護・援助、健康・医療権、無償教育権、文化権、そして民族自決権などである。これは

1948年の「世界人権宣言」をより発展させたものであり、後に検討するようにいくつかの項目では新しい人権としての「スポーツ権」とも関連する。

　B規約は自由権を中心とする人権の国際的な保障の為の多数国間の条約である。つまり、締約国に対して「生命に関する権利」「信教の自由」「表現の自由」「集会の自由」「参政権」「適正手続き及び公正な裁判を受ける権利」等の個人の市民的・政治的な権利を尊重し、確保する為に即時的な義務を負わせている。自由権とは権力（主に国家）が作為（干渉）しなければ実現出来る権利、人権であるから「即時的」な実施を求めたのである。

　3）その他
　これまでの包括的な人権条約以外に、個別領域の人権条約や宣言は多数あるが、その主なもの（その締結または採択年と1990年代初頭までの加盟国数）は次のようである。
- 結社の自由・団結権保護条約（ILO87号）（1948年、102ヵ国）
- 集団的殺害犯罪の防止および処罰に関する条約（ジェノサイド条約）（1948年、111ヵ国）
- 人身売買禁止条約（1949年、64ヵ国）
- 難民条約（1951年、117ヵ国）
- 植民地独立付与宣言（1960年）
- 人種差別撤廃条約（1965年、137ヵ国）
- 障害者権利宣言（1975年）
- 女子差別撤廃条約（1979年、125ヵ国）
- 先住民条約（ILO169号）（1989年）
- 子どもの権利条約（1989年、144ヵ国）
- 環境と発展に関するリオ宣言（1992年）[13]

　特に、「子どもの権利条約（the Convention on the Rights of the Child）」は18歳未満を「児童（子ども）」と定義し、国際人権規約（第21回国連総会で採択・1976年発効）が定める基本的人権を、特別な保護と援助を必要とする子どもの視点から規定した。前文と本文54条からなり、子どもの生存、発達、保護、参加という包括的な権利を実現・確保するために必要となる具体的な事項を規定している。1989年の第44回国連総会において採択され、1990年に発効した。

因みに日本政府による批准は 1994 年であり、かなり遅い。

「子どもの権利条約」は 4 つの柱から構成されている。
- 生きる権利―健康に生まれ、安全な水や十分な栄養を得て、健やかに成長する権利。
- 守られる権利―あらゆる種類の差別や虐待、搾取から守られなければならない。紛争下の子ども、障害児、少数民族の子どもなどは特別に守られる権利を持っている。
- 育つ権利―教育を受ける権利。また、休んだり遊んだり、様々な情報を得て、自分の考えや信じることが守られる、自分らしく成長する権利。
- 参加する権利―自分に関係のある事柄について自由に意見を表したり、集まってグループを作ったり、活動することの権利。特に意見表明権は新たな子どもの権利として注目されている。家族や地域社会の一員としてルールを守って行動する義務もある。

従来、子どもは保護されるべき対象と考えられ、その視点から子どもの権利、人権が論じられてきたが、本条約では、子どもも一人の人間として独自に考え、主張し、社会参加をする、より積極的な存在として位置付けられた。

「障害者権利条約（the Convention on the Rights of Persons with Disabilities）」は、あらゆる障害者（身体障害、知的障害及び精神障害等）の尊厳と権利を保障するための人権条約である。「障害者権利宣言」（1975 年）を発展させたものである。この条約は、21 世紀では初の国際人権法に基く人権条約であり、2006 年 12 月 13 日に第 61 回国連総会において採択された。

自由権は主に政治的・思想的な内容のものが多い。それ故その自由とは権力（主に国家）の不作為（不干渉）があれば容易に実現するものである。人権保障の歴史は既に見たように近代社会に入りつつある中で、先ずは「人間は生まれながらにして皆平等である」との思想に支えられて、こうした自由権的人権の実現を目指して資本家階級が中心となって封建社会に対抗して戦い取られた。

しか社会の生産力が高まり、社会的富の労働者階級への分配の拡大に伴い、労働者階級を中心として含む国民一般の福祉的内容が人権（社会権）として提起され、実現を見てきた。その典型が西欧・北欧社会で戦後に実現した福祉国家である。

一方、国民への富の平等分配を目指した社会主義国の多くが、米ソ対立の中で軍事国家化をして、その福祉予算を多く軍事へ回した。それ故、福祉国家化も実現せず、最終的には社会主義の体を成して居らず崩壊した。

こうした人権の発展の歴史の中に、特に戦後スポーツもまた人権の一環として位置付けられ、発展してきた。

5．スポーツと人権：国際

スポーツの歴史は人類の歴史とともに古いが、それが社会の構成員すべての人権・福祉の一環として国家的施策の対象となったのは1960年代以降、西欧・北欧の福祉国家においてであった。つまり福祉国家における「スポーツ・フォー・オール政策」である。それまでのスポーツは他の文化領域と同様に、原始共同社会での低位の平等性を除けば、古代奴隷制社会、封建制社会の中でスポーツは支配階級に独占されてきたのである。特に典型的なのは古代オリンピックではその出場資格はまず、ギリシャ市民権を持つ貴族の成人男子であることである。貴族の女性や子どもであっても排除された。ここには人口の半数を占める奴隷階級は一切参加出来なかった。さらに犯罪歴の無いことなどであった。出場のためには大会の1ヵ月前にはオリンピアのある聖地エリスに到着し、そこで1ヵ月間合同トレーニングを必要とし、コーチから出場資格の認められた者のみが大会に出場出来た。これらの諸経費はいったい誰が支払ったのか。単にギリシャ市民というだけでなく、経済的理由からもかなり裕福な貴族層以外の参加は事実上不可能であった。

資本主義社会は、既に見てきたように封建的な階級社会を打倒すべく、すべての国民は生まれながらに皆平等であるという人権思想で支えられた。しかし、現実には資本家階級（ブルジョアジー）と労働者階級という基本的な階級構成を反映して、労働者階級の基本的人権はことごとく無視されてきた。それ故に、労働運動他の多くの社会運動によって、それらの人権の実質化を勝ち取られなければならなかったのである。

資本主義社会において、文化芸術の習得には多くの費用と時間を要した。それ故に労働者階級の子どもたちが習得することは出来ず、資本家階級の開催する音楽会や展覧会などに労働者階級が参加することは不可能であった。しかし当時の労働形態は未だ肉体労働が主であったから、日常労働それ自体がスポーツのトレーニングも兼ねることが出来た。それ故に、労働者階級もスポーツの競技会に参加し、上位を独占する事態となった。これに業を煮やした資本家階級は労働者階級をスポーツ界から締め出すために「アマチュア規定」を設けた。スポーツに

第 6 章　スポーツと人権・福祉

はアマチュアだけが参加出来るというものである。つまりアマチュアとは、「労働者階級を含まず」、「スポーツは競技会で金品・賞金などをもらってはいけない」「他者からの援助を受けず、自前の資金で享受する者」などのブルジョア個人主義まで動員して労働者階級を排除した。こうした制度や思想を総合してアマチュアリズムと呼ぶ[14]。

しかし、第 2 次世界大戦後の福祉国家において、特に 1950 年代後半からは高度経済成長が始まった。福祉国家とはもともと一定の生産力の向上を背景として、その富を国民に公平に分配することである。それは労働者の給料を上昇させ、労働時間を短縮する。また、たとえ納税額が上昇してもそれらの大半は国民福祉として国民により厚く還元されるものである。こうしてイギリスに見るように「揺りかごから墓場まで」という社会保障・社会福祉制度を完備させようという社会、国家である。

そうして誕生した戦後の福祉国家が 1950 年代後半から高度経済成長を経験し、生産力を飛躍的に発展させた。それはまた富の分配の範囲をいっそう拡大させた。当初の福祉項目は医療、住宅、教育そして労働保障など、生命・生活に直結する部分だけであったが、この高度経済成長以降はその福祉対象が文化、芸術、スポーツにまで拡大されることになった。これまでそれらの文化に参加することは個々人の経費で賄っていたが、これ以降、地域での参加には多く公共の補助が得られることになり、より多くの人々が参加出来るようになった。

スポーツもまたこの一環である。特にスポーツへの参加は前提として「時・金・場所・仲間」が必要である。余暇活動は労働と対極の概念であり、長時間労働は余暇参加を抑制する。そのために労働時間の短縮によって、可処分時間の創出によってスポーツへの参加の時間を確保した。そして金についてはエンゲル係数（家計に占める食費の割合）が高すぎては余暇活動に参加出来ない。そのために余暇活動に必要な可処分所得の創出を可能にさせた。またスポーツには大きな敷地、施設、設備、用具を必要とすることから、それらを準備するには個人では不可能である。そのために国や地方自治体などの公共機関が公費で賄う、公的な援助が拡大した。これらの諸条件が整って、仲間の集合が可能となる。こうした諸条件が福祉国家で可能となった。

さらに福祉国家での「スポーツ・フォー・オール政策」の推進の背景には、そうした経済的背景ばかりでなく、生産力の発展という社会進歩に伴う諸変化も関連した。つまり高度経済成長は産業の機械化、高度化である。それは労働や生活

の省力化を来した。また、食餌の高カロリー化をもたらした。こうして人類史上、体力の転換が起きた。つまり長い人類の歴史であった「少量摂取・多量消費」（欠乏の時代）から「多量摂取・少量消費」（飽食の時代）へと転換した。これにより生活習慣病の蔓延となり、それはやがて国家の医療費の増大となった。その医療費対策としての健康増進策として、さらにストレス化社会、犯罪化社会への対応としてスポーツは大いに活用され始めた。

　そればかりでなく、こうした福祉国家における高度経済成長を背景として国民の権利意識は高揚した。そして国家としてもそれらの政策を実現する必要に迫られた。「スポーツ・フォー・オール政策」はそうした諸々の条件が重なり合って実現したものである。こうして「スポーツへの参加」「スポーツを享受すること」は人々の基本的な権利、人権となった。そしてその人権の保障のために国家がそのための条件整備をすることが義務となった。

　こうして「スポーツ・フォー・オール」は先進諸国の福祉国家において可能となる。ここにおいてスポーツは自由権の水準から大きく飛躍し、それを基盤とする社会権としての人権となった。従って、経済的、政治的水準の未だに十分ではない開発途上国では、スポーツの人権化特に社会権化は希望ではあっても、喫緊の課題とはなりえない。むしろスポーツは手段として、他の福祉内容の実現のために活用されているのが現実である。とはいえ、これもまた人権としてのスポーツの実現過程の一端である。

6．福祉国家のスポーツと人権

　1948年の「世界人権宣言」採択時、スポーツは福祉国家においても未だ人権となり得ていなかった。特にイギリスや非福祉国家の日本のようにアマチュアリズムの強い国においては、スポーツはとはブルジョア個人主義によって、公的事項ではなく私的事項とされてきたから、なおさら人権とは承認されず、公的補助の対象とされなかった。

　1950年代後半以降の高度経済成長によって福祉国家も「第2の発展期」へと飛躍した。つまり、福祉の範疇が拡大され、従来の生命・生活に直結する範囲から、文化的生活への諸活動までをも含むようになった。もちろんこの一環に、生活の進展に伴う「新しい人権」の誕生があった。つまり、新たな都市建設に伴う「日照権」や、高度経済成長による「公害」への対応としての「環境権」、そして

第 6 章　スポーツと人権・福祉

より人間的な生活への文化権などである。

　こうして、人権は社会的諸条件、つまり経済的、政治的、文化的条件に規定され、あるいは住民の運動によって、新たに出現するものである。

　福祉国家の「第 2 の発展期」への移行の中で、西欧諸国、とくに欧州審議会（Council of Europe: CE）では 1966 年に「スポーツ・フォー・オール政策」を喚起して、加盟諸国へのその推進を呼びかけた。これは加盟国の一部で既に開始されていたものを、CE 全体のものとせんとした。ここに「スポーツ・フォー・オール政策（Sport for All policy）」は西欧・北欧福祉国家の福祉政策の一環としての位置を占めることになった。

　こうした動向を基礎に、1976 年には CE では前年に大臣会議で提起されていた「ヨーロッパスポーツ・フォー・オール憲章（the European Sport for All Carter）」を採択した。その第 1 条は「すべての個人はスポーツに参加する権利を持つ（Every individual shall have the right to participate in sport.）」と謳った。この段階で西欧・北欧の各福祉国家では「スポーツ・フォー・オール政策」は既にかなりの進展を見せていた。

　この動向に敏感に反応したのがユネスコ（United Nations Educational, Scientific and Cultural Organization）で、1978 年に「体育・スポーツ国際憲章（the International Charter of Physical Education and Sport）」を採択した。その第 1 条もまた「体育・スポーツの実践は、すべての人にとって基本的権利である（The practice of physical education and sport is a fundamental right for all.）」との人権規定で始まる。こうして、スポーツが基本的権利であるという思想、理念は世界基準のものとなり始めた。確かに先進国のヨーロッパ主導であるが、歴史発展の必然でもある。しかし、開発途上国の多くを会員として抱えるユネスコにとって、スポーツの基本的権利の意味するものは先進国の社会権としての内容までは届かず、未だに自由権水準である場合が多い。社会権としての目標は遠いが、先進諸国の協力を受けながら開発途上国への援助の一環として活用されている。

　ともあれ、西欧・北欧福祉国家の「スポーツ・フォー・オール」はスポーツの人権、権利、福祉、公共性論にとって常に先導者として、世界を牽引してきた[15]。

7．国連における「スポーツと人権」

　国際連合は国際連盟の経験を基礎に、第 2 次世界大戦の直後の 1945 年に設

立された。その目的は、大きく3つに分けられている。第1は安全保障委員会を通しての国際安全・国際平和であり、第2は多くの憲章や条約や諸機関を通して人権を保障する活動、そして国際正義の実現であり、第3は国際的な財政組織や発展機関を通しての国際発展（主に開発途上国の経済発展）である。スポーツの普及はこのうち、直接的には第2の領域に入るが、第1と第3領域とも密接に関わるものであり、独立して達成されるものではない。

　国連と国連機関がスポーツと関わり始める、あるいはスポーツの普及をその政策の中に取り入れるには戦後3期に区分される[16]。第1期は1950年代初頭〜1990年代前半であり、冷戦体制が始まり、東西の対立が激しくなっていった。そして一方1960年辺りからは旧植民地が多く独立した。しかしそれらの国々は植民地時代に旧宗主国から多様に搾取され、独立後も経済的自立を果たせず、今なお旧宗主国に依存する状態であった。新植民地主義の始まりである。それ故に、ユネスコや国連本体としてもそれらの開発途上国をいかに自立させるかは大きな課題であった。

　こうした中で、ユネスコが1952年にスポーツ問題に取り組み始めた。教育部に体育・スポーツ関連セクターを設け、それ以降地道な活動を行ってきたが、1978年には先に見たように「体育・スポーツ国際憲章」を採択して、「体育・スポーツの実践は、すべての人にとって基本的権利である」と述べ、それを世界に普及した。既に指摘したように、その権利、人権の思想は、一定の経済的発展を遂げた西欧・北欧の福祉国家の「スポーツ・フォー・オール」に基づくものであるから、開発途上国を多くメンバーとするユネスコにとって、それは遠い目標でしかないが、しかしそれを目指して努力しようと言うことである。ユネスコは1984年にはIOCとも協力関係を開始した。国連は1993年を「国際スポーツ年」と定め、スポーツの普及に関心を持ち始めた。同年、次年のサラエボ冬季オリンピック開催に向けて、国連はIOCと連名で「オリンピック休戦宣言（Declaration of Olympic Truce）」を発表し、オリンピック開催時の休戦を訴えた。その思想にも規定され、同年の国連総会は翌年の1994年を「スポーツとオリンピックの理想国際年（International Year for Sport and Olympic Ideal）」と定めた。こうして、国連・国連機関とIOCの連携は、平和運動としてのオリンピックと開発途上国のスポーツ支援の2つの領域で活発化してゆく。

　第2期は1990年代後半〜2000年である。1989年の東欧社会主義圏の崩壊、それに続くメガコンペティッションの形成、新自由主義のさらなる浸透、それに

伴う多国籍企業やヘッジファンドの拡大と強引な政策は、新植民地主義をより強化した。そして開発途上国の多くはそのターゲットとされ、先進国との格差はいっそう拡大し、絶対的貧困と同時に相対的貧困も進んだ。

　1984年以来協働してきたユネスコとIOCは1998年に「平和」「芸術と文化」「体育教育とオリンピック理念の普及」の3つの分野での協力に合意し、翌99年には11の国際機関、世界銀行、各国政府機関、NGO等から約260名が参加して「平和文化のための教育とスポーツの世界会議」を共催した。こうして、スポーツでの国際的な協働の活動が少しずつ活発化し始めた。1999年11月にはユネスコ、IOC、WHO他が加わって「世界体育サミット」を開催し、80ヵ国、250人の参加を得て、生涯にわたる体育・スポーツとその普及の重要性を議論した。2000年9月にはニューヨークの国連本部で147の国家首脳を含む189の国連加盟国の代表が参加して国連ミレニアム・サミットが開催し、「国連ミレニアム宣言」と「ミレニアム開発目標」を採択した。この目標は2015年までに8つの目標と21のターゲット、60の指標を掲げた。

- 深刻な貧困と飢饉の撲滅
- 普遍的な初等教育の達成
- ジェンダーの平等と女性の権利の強化
- 児童死亡率の減少
- 母子健康の改善
- HIV/AIDS、マラリア、その他の病気の克服
- 安全な環境の保障
- 経済発展への地球的協力の開発

　これらの8つの目標は、特に開発途上国の多くが直面している深刻な課題であり、それらの克服無くして、彼らの人権擁護も、平和も達成出来ない。そしてこの目標の実現の手段として、スポーツも大きな役割を期待されている。

　そして第3期は2001年〜現在である。この時期は、新自由主義政策がアメリカを通して多くの国々でさらに強化され、あるいは世界銀行やアメリカの影響の強い国際組織では国際支援の条件として新自由主義的な政策の採用を強要した。それ故、開発途上国内では貧富の格差が拡大した。開発途上国での貧困化が国内政治の不安定化を誘発し、民族間の対立や内戦に至っている国も多い。先進諸国内でも貧富の格差は拡大している。さらに、先進諸国と開発途上国間の、国際的な貧富の格差も拡大したのである。それ故、国連の調整機能はますます問わ

れると共に、複雑化をしている。

　そうした中でのスポーツの果たす役割は以前にも増して重要性を増している。国連では 2001 年に元スイス大統領アドルフ・オギを特別顧問として「開発と平和のためのスポーツに関するタスクフォース」を設置し、国連としても独自な活動を推進し始めた。

　タスクフォースは 2003 年 2 月にはスイスのマグリンゲンに 55 ヵ国から 380 名を集めて「第 1 回スポーツと開発国際会議」を開催し、「マグリンゲン宣言と勧告―スポーツを通してよりよい世界の創造を―」を採択した。この宣言では「スポーツは人権（Human Right）であり、生活に必須な技術を学ぶ理想的な基盤であると信ずる」と述べ、スポーツを通じて平和、健康、教育、メディア、対立の予防、地域発展などを促進することを世界のすべての関係者に求めている。こうして国連もスポーツが人権であると確認した。こうした会議を基礎に、2003 年 11 月には「教育、健康、開発、平和を創造する手段としてのスポーツ」が国連総会で採択された。そして 2005 年を「スポーツ体育国際年」と決定し、スポーツ普及のキャンペーンや諸イベントを世界各地で開催した。

　2009 年と 2011 年には「スポーツ・平和・開発に関する国際フォーラム」が IOC や国連機関との協力の下に開催された。このフォーラムでも提言がなされており、それらはすべて 2015 年を目安とする「ミレニアム開発目標」の実現へ向けた一環である。

　これら国連と国連機関の諸活動は主に開発途上国支援が中心であるが、それらはスポーツそれ自体の普及（Sport+）と同時に、スポーツを通しての経済発展、貧困克服、教育・文化の普及、健康促進、民族的対立の和解等々の目標（+Sport）を実現しようとするものである。表現を変えれば、各国における福祉の実現であり、人権の擁護とその発展である。こうして、国際的に、つまり先進諸国では「スポーツ・フォー・オール」のより高度な発展の段階に入っており、開発途上国では、出来うる限り近未来にその実現を見るべく、努力をしている。そしてそのいずれにおいても「スポーツと人権」がテーマとなっているのである。

　とはいえ、2003 年のマグリンゲン宣言あたりから国連では「開発と平和のためのスポーツ（Sport for Development and Peace）」が重点的に使用され、スポーツはもっぱら開発と平和の手段とし（Sport as a tool for Development）として位置付けられている。開発途上国でのスポーツの普及それ自体を目標とすることの限界を認識してきている。

第6章　スポーツと人権・福祉

　これまでも述べてきたように、スポーツの普及は福祉の一環であり、その前提としてある程度の経済発展とその富の国民への分配である福祉水準を必要とする。従って、「スポーツは人権」であるという世界基準が実現しても、現実の国連にはそれを具体化する国際機関は存在しない。その点で、「これらの国際的宣言されたすべての権利の実現は、今なお各国のあるいは地域レベルの施策に依存せざるを得ないのである。[17]」

　さらに、政府開発援助（ODA）による先進諸国の援助実態に関しては、岡田らの「スポーツを通じた開発国際協力におけるスポーツの定位と諸機関の取り組み[18]」にイギリス、オーストラリア、カナダ、ドイツ、フランスの活動が紹介されている。日本は暫時 ODA では最も多く援助してきた国であるが、日本国内のスポーツ振興の低調さも反映して、スポーツ援助については貧弱である。

　開発途上国での統計資料は少ない。そのうえ、スポーツ関係のものは更に少ない[19]。

　こうした国々の学校教育カリキュラムでの体育の割り当ては圧倒的に少なく、たとえ週に何回かが割り当てられていても、それらは西欧の模倣が多く、施設も無く、指導教員も不足しているから実質的には行われていない（Andreff, p.252）。1995年段階における世界で最も未開発なアフリカ16ヵ国における対人口比のスポーツ施設数の調査（UNESCO, 1995）をみると、サッカー場1130ヵ所（1国平均71ヵ所、以下同様）、バレーボールコート490（31）、バスケットボールコート474（30）、ハンドボールコート304（19）、陸上競技場213（13）、プール51（3）、体育館14（1）であり極めて貧弱である。野球場、ボクシングリング、サイクリングトラック、乗馬場、ホッケー場、テニスコート、ヨットハーバーなどはない（p.257）。対人口比でも極めて少ない。20年前の数値であるが、その後のアフリカの経済的、政治的事情を考慮すれば、その後大きく改善されたとは思えない。特にサハラ砂漠以南の極貧地帯では20世紀最後の20年間に貧困化はいっそう進んだ。世界の貧困層は1996年には8億人であったが、2006年には8億3千万人に増加した。世界の5％の富裕層が世界の富の1/3を独占し、最下層の5％はたったの0.2％しか所有出来ず、その格差は165：1である。こうして富が一部に集中する一方で、貧困化もまた拡大した[20]。こうした実態の中でスポーツの普及がいかに困難な事業であるかが分かるだろう。

　以上の中で国連機関という表現で触れたが、この中には先のユネスコや国連開発計画（United Nations Development Program: UNDP）、国連難民高等弁務

官事務所(United Nations High Commissioner for Refugees: UNHCR)、ユニセフ(United Nations Children's Fund: UNICEF)、国連環境計画(United Nations Environment Program: UNEP)、国連薬物統制計画(United Nations International Drug Control Program: UNDCP)、国際食糧農業機関(United Nations Food and Agricultural Organization: UNFAO)他がある。また、国際的機関で開発支援やスポーツにも関わる組織として世界保健機構(World Health Organization: WHO)、国際労働機関(International Lobour Organization: ILO)、万国郵便連合(Universal Postal Union: UPU)、世界気象機関(World Meteorological Organization: WMO)、国際電気通信連合(International Telecommunication Union: ITU)等である。

　これら国際的諸機関や NGO や大学などによる開発途上国の開発援助や対立地域の和解策の1つとしてのスポーツ援助については次第に多く報告されるようになっている。中には被援助国の意向としっかりとかみ合ったものもあるが、援助国の意向を押しつけるだけの新植民地主義的な、あるいは新自由主義的な搾取を主目的とする「援助」も多く報告されている。それらはいずれも開発途上国の主権や人権に関わるが、ここではそれ以上は触れない。しかし最近の報告の一端を本章の末尾に紹介しておく。

8．オリンピック・ムーブメントにおける人権

　スポーツの国際的機関としての代表格は国際オリンピック委員会（IOC）であることは誰も否定しないであろう。1894年に誕生し、1896年の第1回オリンピック・アテネ大会から今日まで、戦争による3回の未開催があったが、120年にわたってオリンピック大会を開催してきた。近年では肥大化が懸念されているが、その世界最大のイベントの与える影響は、単にスポーツの発展ばかりでなく、経済的、政治的、文化的、平和的にも圧倒的である[21]。

　近年ではその影響力を自覚して、スポーツの普及とスポーツを通して、さらに多くの国際機関とも連携して、世界平和、開発促進、人権擁護活動等へも多くの試みを行っている。その総称をオリンピック・ムーブメントという。そしてそれは、オリンピック憲章を指導原理として、オリンピズムに従ってスポーツを実践すること、それによって若者を教育して平和な世界を建設することである。従って、ここでオリンピック・ムーブメントとは何かを概観する。オリンピック・ムーブメントは、「オリンピック憲章(Olympic Charter：in force as from 8 July

2011)」において明記されているが、その理念、組織、活動そして協同の視点から検討すると理解しやすいように思われる。

（1）オリンピック憲章とオリンピズム

　先ず理念であるが、オリンピック憲章とオリンピックの理念、精神とも言うべきオリンピズムについて簡単に触れておこう。オリンピック憲章はオリンピック・ムーブメントの指導原理であり、それはオリンピズムに従うからである。憲章の構成は以下の6章から構成されている。

　第1章　オリンピック・ムーブメントとその活動
　第2章　国際オリンピック委員会（IOC）
　第3章　国際競技連盟（IF）
　第4章　国内オリンピック委員会（NOC）
　第5章　オリンピック競技大会
　第6章　処分及び制裁、紛争の解決と手続

　第1章はオリンピック・ムーブメントとその活動であり、諸概念と目的などが記述される。そして第2～4章はムーブメントの中心となって活動するIOC、IF、NOCの解説であり、第5章はオリンピック競技大会の開催要項である。そして第6章は処分、紛争の解決などである。本項では特に第1章における諸概念や理念、目的について触れる。

　ここで重要なのが「オリンピズム」である。他の競技団体には無い、オリンピック・ムーブメントに特有の思想、理念である。憲章の「オリンピズムの根本原則」には次のような7項目が記述される。

　1）オリンピズムは人生哲学であり、肉体と意志と知性の資質を高めて融合させた、均整の取れた総体としての人間を目指すものである。スポーツを文化と教育と融合させることで、オリンピズムが求めるものは努力のうちに見出される喜び、よい手本となる教育的価値、社会的責任、普遍的・基本的・倫理的諸原則の尊重に基づいた生き方の創造である。

　2）オリンピズムの目標は、スポーツを人類の調和のとれた発達に役立てることであり、その目的は、人間の尊厳保持に重きを置く、平和な社会を推進することにある。

　3）オリンピック・ムーブメントは、オリンピズムの諸価値によって生きようとするすべての個人や団体による、IOCの最高権威のもとで行われる、計画され

組織された普遍的且つ恒久的な活動である。それは5大陸にまたがるものである。またそれは世界中の競技者を一堂に集めて開催される偉大なスポーツの祭典、オリンピック競技大会で頂点に達する。そのシンボルは、互いに交わる五輪である。

　4）スポーツを行うことは人権の1つである。すべての個人はいかなる種類の差別もなく、オリンピック精神によりスポーツを行う機会を与えられなければならず、それには、友情、連帯そしてフェアプレーの精神に基づく相互理解が求められる。

　5）スポーツが社会の枠組みの中で行われることを踏まえ、オリンピック・ムーブメントのスポーツ組織は、自律の権利と義務を有する。その自律には、スポーツの規則を設け、それを管理すること、また組織の構成と統治を決定し、いかなる外部の影響も受けることなく選挙を実施する権利、更に良好な統治原則の適用を保障する責任が含まれる。

　6）人種、宗教、政治、性別、その他の理由に基づく国や個人に対する差別はいかなる形であれオリンピック・ムーブメントに属する事とは相容れない。

　7）オリンピック・ムーブメントに属するためには、オリンピック憲章の遵守及びIOCの承認が必要である。

　少し捉え所の無いような、そして深淵であるが難解な表現を理解する上で、私なりには次のような論理構造を読み込んで把握している。

- オリンピズムとはスポーツを通して達成する理想的な人間の形成と平和な社会を目指している。
- その基本的思考は「人間の尊厳の保持」と「スポーツは人権」である。
- その実現のためにオリンピック・ムーブメントのそれぞれの組織は「自律の権利と義務」を持つ。

特に先の「スポーツを行うことは人権の1つである」という人権規定は1994年に加えられた。

（2）オリンピック・ムーブメント

　次いでオリンピック・ムーブメントを構成する組織をみると、それは国際オリンピック委員会（IOC）、諸国際競技連盟（IF）、国内（地域）オリンピック委員会（NOC）の3つであるが、その他オリンピック競技大会組織委員会（OCOG）、IFやNOCに所属する国内の統括団体、クラブ、個人、そして特にその利害がオ

リンピック・ムーブメント活動の基礎的な要素をなす選手、ジャッジ、審判員、コーチその他の競技役員や技術要員も含まれる。要するに、オリンピックに関わるすべての人々が、オリンピック・ムーブメントに参加し、それを支え、推進しているということである。

　オリンピアンという用語もまた同様である。中心的にはオリンピック大会に参加した選手を意味するが、より広義にはオリンピック・ムーブメントに参加するすべての人々を意味する（筆者も日本オリンピックアカデミー（JOA）会員として、あるいは国際オリンピックアカデミー（IOA）の講師としてオリンピック研究、教育に参加しており、オリンピアンの1人として自負している）。

（3）IOCの使命・役割とオリンピック・ソリダリティー

　次いで、活動である。こうした理念を実現するために、IOCの使命・役割やその一環としてのオリンピック・ソリダリティーがある。IOCの役割は以下の16項目である。

　1）スポーツにおける倫理の振興、及び優れた統治及びスポーツを通じた青少年の教育を奨励、支援すると共に、スポーツにおいてフェアプレーの精神が隅々まで広まり、暴力が閉め出されるべく努力する。

　2）スポーツ及び競技大会の組織、発展、調整を奨励、支援する。

　3）オリンピック競技大会が定期的に開催されることを保証する。

　4）スポーツを人類に役立て、それにより平和を推進するために、公私の関係団体、当局と協力する。

　5）オリンピック・ムーブメントの団結を強め、その独立性を守ると共にスポーツの自立性を保全するために行動する。

　6）オリンピック・ムーブメントに影響を及ぼすいかなる形の差別にも反対する。

　7）男女平等の原則を実行するための観点から、あらゆるレベルと組織においてスポーツにおける女性の地位向上を奨励、支援する。

　8）スポーツにおけるドーピングに対する闘いを主導する。

　9）選手の健康を守る施策を奨励、支援する。

　10）スポーツや選手を、政治的且つ商業的に悪用することに反対する。

　11）選手の社会的且つ職業的な将来を保証するためのスポーツ組織及び公的機関の努力を奨励し、支援する。

12)「スポーツ・フォー・オール」の発展を奨励、支援する。

13) 環境問題に関心を持ち、啓発・実践を通してその責任を果たすと共に、スポーツ界において、特にオリンピック競技大会開催について持続可能な開発を促進する。

14) オリンピック競技大会の良い遺産を開催国と開催都市に残すことを推進する。

15) スポーツを文化や教育と融合させる試みを奨励、支援する。

16) 国際オリンピックアカデミー（IOA）の活動、及びオリンピック教育に献身するその他の団体の活動を奨励、支援する。

オリンピック・ムーブメントと人権の関わりの視点からこの「使命・役割」を見ると、以下の様な特徴が見える。

「1)」の「青少年の教育を奨励、支援すると共に、スポーツにおいてフェアプレーの精神」を育成し、暴力を排除することはまさに、人権擁護、発展の重要な一環である。

「4)」の「スポーツを人類に役立て、それにより平和を推進」することは人権を保障する過程を通して平和を志向する目標である。

「6)」の「いかなる形の差別にも反対」することは人権擁護、発展の基本原則であり、それをスポーツの分野でも実行することである。

「7)」の「スポーツにおける女性の地位向上」は近年大きく改善されてきてはいるが、特に開発途上国には未だ封建制の名残が強く残存し、女性の地位は大きな改善が必要である。それは女性ばかりでなく男性も含めた人権擁護、発展にとって極めて重要な課題である。

「8～11)」は、ドーピング禁止を含めて選手の健康やセカンドキャリアーの配慮など、健康権、就労権などの基本的な人権課題である。

「12)」は「スポーツ・フォー・オール」の発展を奨励、支援することである。「スポーツ・フォー・オール」とは先進国、特に福祉国家での福祉・人権保障の一環であるから、開発途上国で直接の課題にはなりにくいが、将来の方向として描かれたものであり、それへ向けた努力が求められている。

「13)」は「環境問題」に留意しつつ「オリンピック競技大会開催について持続可能な開発」を目指すものである。環境権は今「新しい人権」として世界中で課題化されているが、肥大化したオリンピックの開催は、夏季、冬季を問わず、環境問題の対象となっている。持続可能な開催は今後のオリンピックの発展に

とって死活問題となっている。「オリンピック・ムーブメントと人権」を問う場合、以上の内容をより具体的に、広く深く掘り下げてゆくことが今後の大きな課題となる。

そして、IOC の国際支援の 1 つとして既に 1961 年から開始されている「オリンピック・ソリダリティー」がある。オリンピック・ソリダリティーの目的は、NOC―とりわけ最も必要とする NOC―への援助を組織化することにある。この援助は、必要に応じて IF の技術的な支援も得て、IOC と NOC が共同で案出するプログラムの形を取る。「規則 5 附則細則」には、オリンピック・ソリダリティーにより選定されるプログラムの目的は、下記に対して寄与することである。

1）オリンピックの根本原則を推進する。
2）オリンピック競技大会に参加するための選手やチームの準備に関して NOC を援助する。
3）選手やコーチのスポーツの専門知識を伸ばす。
4）奨学金制度を含む NOC や IF との協力を通じて、選手やコーチの技術水準を向上させる。
5）スポーツ管理者を養成する。
6）同様の目的を追求する組織や団体との協力、特にオリンピック教育やスポーツの普及に関わるものと協力する。
7）全国規模又は国際的な団体と協力して、必要な場所に、簡便、機能的、経済的なスポーツ施設を作る。
8）NOC の主催または後援で開催される国内、地域、大陸規模の競技大会の組織を支援し、また地域、大陸規模の競技大会ではその組織、準備、自国選手団の参加について NOC を支援する。
9）NOC 間の 2 国間や多国間の協力プログラムを奨励する。
10）スポーツを政府開発援助（ODA）に含めるよう各国政府や国際機関に働きかける。

以上の諸活動を通して、特に開発途上国の NOC の下で、選手育成、施設建設、指導者養成、国際大会参加援助、等々への援助を行い、開発途上国の人々の権利、人権を支援している。

（4）協同

最後に協同の活動を見てみよう。オリンピックのグローバル化や世界最大のイ

ベント化に伴い、その影響力も増大した。それに伴い、オリンピック・ムーブメントの理念とする国際平和への貢献をより強く意識するようになった。特に IOC はオリンピックソリダリティーという独自の援助活動と共に、国連、ユネスコなどの国際機関との協同を通じて、スポーツの普及、スポーツによる社会開発援助、戦闘地域での和解等、さらには国連との連名による「オリンピック休戦宣言」の発表などにも積極的に参加している。

　1984 年からはユネスコと協定を結び、開発途上国への援助を拡大した。また、1994 年には「スポーツの実践は人権の 1 つである」との理念を採用し、国連やユネスコとの共通の水準に到達すると同時に、2000 年の国連「ミレニアム目標」の実現に向けてスポーツ分野からの協同活動を推進している。

（5）「スポーツと人権」

　実は、「オリンピック・ムーブメントと人権」あるいはそれをもっと一般化して「スポーツと人権」について究明するとき、その研究方法論は簡単ではない。というのは、両者は直結しているわけではなく、何らかの媒介項（parameter）ないし迂回（bypass, diversion, detour）が必要となる。そこで筆者は、これまで提起されてきたスポーツにおける人権内容を以下の 3 つの視点から接近したい。

　1）スポーツの享受自体が人権

　既に、「第 2 章　スポーツの所有史」で触れたように、今やスポーツを享受することはすべての人の人権（権利、基本的権利）（＝スポーツ権 the right to sport）となった。1960 年代に芽生え、1970 年代に確立した。もちろんこれは先進諸国では具体的、実践的課題だが、開発途上国では未だに将来への希望的課題である。こうした先進国での実現は、社会の経済的発展（生産と分配）が可能な段階へと発展したこと、それを国家としても推進したほうが国家全体の発展に貢献すると判断したこと、そして人々の諸々の人権を含む平等への思想がより一般化したこと等がある。

　もちろんその背後に、「科学・技術の進歩による労働と生活の省力化」による運動量の減少があり、一方での栄養の高度化がある。人間の体力に関して、「大量摂取・少量消費」の時代になって生活習慣病が激増したこと、医科学の発展による医療費の増大など、国家としても国民の健康維持策をとらなければならに時

代となった。そのために、これまでも再三に述べてきたように、西欧・北欧ではスポーツに参加することを国民の人権と認め、福祉の一環として国家が責任を持つようになった。

2）スポーツへの接近での人権保障

そうした人権としてのスポーツに参加するかどうかは個々人の自由である。これは人権の範疇における自由権である。従って、学校教育での必修科目としての体育科の履修は別として、スポーツへの参加が強制されてはならない。

しかし、自由権として承認されているスポーツへの参加も、社会権として国家がその参加のための条件整備を義務として果たさなければ、その自由権も単なる画餅にすぎない。つまり、スポーツという余暇への参加は前提として個人の側に「可処分所得・可処分時間」の所有を可能とする労働条件、生活条件の改善などが保障されなければならない。その上にスポーツの条件整備として広大な敷地と施設・設備・用具などが必要である。その場合、現実にはこのスポーツへの接近での障害ないし差別という形で現れる。

スポーツへの参加の障害とは現在、先進諸国でのそれと、開発途上国のそれとでは異なる。後者が直面しているのはスポーツ参加の前提である貧困問題とそれに付随する多くの差別、対立などがその主要なものである。前者ではそれらの問題は概ね克服されつつあるが、完全に克服されているわけではない。今なお貧困問題、格差拡大を抱えており、ジェンダー平等も完全に実現されているわけではない。

本書第2章で見たように、スポーツでの権利（特権）と差別をスポーツの所有史から見れば歴史的には階級差別（支配階級の「特権＝特別な権利」）として存在した。古代ギリシャのオリンピックではその参加資格はギリシャ市民であり、貴族であること、そして犯罪歴がないことであり、奴隷は一切出場出来なかった。資本主義社会に入ってアマチュアリズムによる労働者階級差別があった。そして現実にも以下の差別（障害）は根絶されていない。

①開発途上国でのスポーツへの接近

開発援助としてのスポーツは主に次の諸問題の対策として、スポーツが手段として活用されている。他の文化領域にはない広範で有力な力をスポーツは持っている。

・貧困対策

- 健康対策
- 教育対策
- 女性差別対策
- AIDA/HIV 対策
- 対立部族間の和解対策

②先進国内でのスポーツへの接近

先進国内でのスポーツ接近への障害（差別）には、歴史的に見ると以下のようになる。
- アマチュアリズムによる労働者階級排除
- 女性差別：近代オリンピックの歴史は女性差別との戦いの歴史でもある。1998 年には「第１回女性とスポーツ国際会議・ブライトン会議[22]」が行われた。
- 障害者差別

3）スポーツ内での人権保障

たとえスポーツに接近出来たとしても、そのスポーツ内での人権侵害も多く発生している。従って、これらの人権侵害の克服もまた重要な課題である。
- 体罰・暴力
- セクシャルハラスメント
- 子どもの過剰トレーニング
- 児童労働・虐待（スポーツ関連製品工場での児童労働）
- 児童選手売買
- 選手の諸権利の保護
- ドーピング検査と選手の人権

特に子どもの人権保障に関して、イギリスで「スポーツにおける子ども保護部局」が「子どもへの残虐防止全国組織」と合同でスポーツ・イングランドに設立され、子どもスポーツでの虐待や性的暴力を監視することになった。オリンピック水泳コーチの性的虐待での逮捕以降、関心は急速に高まったからである[23]。こうした組織の設立と対策は世界でも先進的である。また、それに刺激されて、国際的にも諸対策が採られつつある[24]。

これらの背景となる、例えば女性の権利保障、子どもの権利保障など、国際的な諸憲章、条約他も多く誕生している。特に選手の人権、権利保障に関しては「ス

ポーツ裁判所（the Court of Arbitration for Sport）」も誕生し、選手からの直接的な要請をも受け付けている。これまで、ともすると競技団体の中で抑圧されてきた選手の人権がよりオープンに保証され始めた。そしてドーピング検査における選手の人権保障もまた大きな課題となってきている。現在のドーピングは複雑化しており、取り締まる方にも多大な負担が掛かる。ドーピング検査も競技会の直後に実施（「フィールド内」）されるだけでなく、トップ選手は数ヵ月前から1日4時間の所在場所を提出しなければならない。そして「フィールド外」での検査が、予告なしに抜き打ち的に行われる。そうした実態を選手のプライバシー侵害、人権侵害と批判する傾向もある。とはいえ、ますます巧妙化するドーピングの対応策として、そうしたものが必要悪として実施されていることもまた事実である。

9．スポーツと人権：日本

日本では 1965 年に新日本体育連盟（現新日本スポーツ連盟）がその創立宣言で「体育・スポーツが少数のひとの独占物であった時代は過ぎました。それは万人の権利でなければなりません。」と謳い、その後スポーツの自由権・社会権の実現に努力してきた。まさにスポーツの人権を実現するためのスポーツ運動である[25]。

もっとも、1961 年には「スポーツ振興法」が日本で初めてのスポーツ固有法として制定された。これは 1964 年の東京オリンピックへ向けて、国内にスポーツ関連の法律が何もないのは格好がつかないとの思いから制定されたもので、もっぱら自由権レベルのものであった。社会権的な規定も無いので、政府の援助義務も弱かった。それでも初めてのスポーツ固有法として、地方自治体のスポーツ政策への影響は大きかった。自治体では次第に高まる住民のスポーツ要求に対応しようにも、スポーツ固有法が無かったから、自治体の方策も勢いがつかなかった。住民が自治体交渉をして、スポーツ施設建設を要求しても、「スポーツは本来個人の楽しみだから、自分たちで何とかやってください。それに自治体もお金がないし。」と拒絶されることも多かった。ここには未だ、アマチュアリズムの「スポーツは個人の資金で賄う、個人的な営みである」というブルジョア個人主義に侵された思考が残滓としてあったのである[26]。

しかし、高度経済成長による国民の労働と生活様式の省力化、高栄養化、そし

てストレスの増加など国民の健康不安と権利意識の高揚がスポーツの個人主義を突き崩しつつあった。公共的な政策の推進を迫った。一方、世界経済を席巻しつつあった日本の高度経済成長は、安い労働力を維持するために丈夫で、頑強な労働者を必要としていた。こうした産業政策の点からも国民の健康促進は大きく問われていた。また、東京オリンピックを経験することによって、国民のスポーツ要求はいっそう高まり、国や地方自治体がスポーツの条件整備を整える基盤が形成されつつあった。

　1972、73 年はスポーツ政策の上では大きな転換点である。1960 年代、全国の都市は大企業の排出する煤煙、汚染水や自動車の排気ガスなどで犯された。まさに公害列島であった。これは国際競争力を形成する方策として企業負担を軽減したために、産業の排出物が処理もされず、そして政府がそれに対してまともな対策を採らなかったが故に放出されたからである。これらに対して、自治体で出来る規制を設け、あるいは国の軽視する福祉重視を掲げた革新自治体が増加した。もしこのまま進むならば中央政府も革新化される情勢にあった。ここで自民党政権は 1973 年を「福祉元年」と定め、そうした革新化への要求を吸収し始めた。この年、通産省には外郭団体として「余暇開発センター」が設置され、国として初めて国民の余暇への政策を検討し始めた。

　しかし 1973 年は第 1 次オイルショックが起きた。それによって、福祉関連の政策は大きく後退し、「福祉 2 年」はやってこなかった。しかし 1972 年 12 月には、福祉重視の雰囲気にいまだ充ちているなかで、文部大臣の諮問機関である保健体育審議会が「体育・スポーツの普及振興に関する基本方策について」を発表した。これは先行する西欧の「スポーツ・フォー・オール政策」に倣って、人口規模に対応したスポーツ施設数を設定して、国や自治体のスポーツ建設のガイドラインとした。

　確かに 1973 年以降はオイルショックによる経済不況が襲ったが、スポーツ分野ではますます高揚する国民のスポーツ要求に対応するために、国や自治体も少しずつではあるが、スポーツ施設を建設し始めた。そして 1970 年代は、文部省の海外研修の多くがイギリスのスポーツカウンシルの見学へ出かけたし、第 4 章で見たように「スポーツ権」の議論が盛んになった。

　1980 年代になると、新自由主義の影響が世界でも日本でも強められた。それは日本の自治体にも及び、多くの公共事業が廃止か縮小され、ないし民営化あるいは営利化された。こうして 70 年代に少し進んだ公共化も減速し、90 年代に

第6章　スポーツと人権・福祉

入るとバブル経済の崩壊を受けて、国民の労働条件もより厳しさが増し、スポーツ要求の減退、沈滞化さえ起きたのである。その後現在まで、国民の労働と生活条件は厳しさを増し、さらに2000年代に入ると雇用政策の改悪によって非正規雇用数が増大した。これは国民収入の減退を意味し、国民の可処分所得・可処分時間が減少した。これらは余暇活動の減退を来たし、当然にしてスポーツ要求の減退となった。図表4-18で見たように1985年を頂点とする日本のスポーツ施設総数は、特に民間の営利施設のみならず、企業の持つ非営利施設も大きく減少した。学校施設や公共施設も減少した。そして現在日本のスポーツ状況はまさに深刻な危機的状況にあると言えるだろう。これらを見れば、国民のスポーツ権が充足されているとは全く言えないのである。

　そうした中で、2020年のオリンピックの東京招致と絡めて「スポーツ振興法」が50年ぶりに「スポーツ基本法」(2011)へと改訂された。この中で、国のスポーツ政策として歴史上初めて「スポーツ権」が明記された。これによって多くの人が幻想を抱いたことも第4章で触れたように事実である。

　この「スポーツ権」も人権と置き換えても良いであろう。しかし人権論の項でも触れたように、人権、権利はそれを具体化する物的根拠（財政的裏付け）が無い限り、単なる画餅に過ぎない。日本では「スポーツは人権」とする意見が賛同を得られる水準には来たのかもしれない。それは世界的動向の反映でもある。しかし日本の非福祉国家状態は、この実質化の物的根拠を可能にするまでには至っていない。この点では「スポーツ基本法」は「スポーツ振興」と同じ水準の自由権レベルに追いやられ、社会権としての効力を有し切れていない。ここに特殊な日本が存在する。

　第4章でも触れたが、日本では1970年代に政府のスポーツ政策の低調さに飽き足らない人々によって、「スポーツ権」が提唱された。そして政府の重い腰を動かすためにも、その法的構造が議論された。特に「スポーツ権」は憲法の基本的人権のどこに位置するのかが深く追究された。憲法第13条の幸福追求権の一部として先ずその基盤を考える意見、そして憲法第25条の健康権の一部として考える意見、あるいは当時大きな裁判となっていた国民の教育権の一部として憲法第26条の一部としてスポーツを考える意見などである。もっとも、それぞれの主張は、他の条文をその次の論拠として置いており、相互に排除するものでは無く、権利性を根拠づけるための法源論であった。法理論としての構造性が問題視されていた。当時、権利という表現が一般的であり、人権という表現は希で

263

あったが、実質的には同一概念と考えて良いであろう。
　2013年に日本で大きく問題化された部活動での、あるいは女子柔道選手への体罰・暴力は、子ども・女性を対象にした人権侵害として発生した。同じ事はプロ野球などを頂点として日本のスポーツ界全般に広く蔓延していたことであり、スポーツ界の人権侵害として、総合的に把握し、対処する必要がある。
　しかし1980年代になると、新自由主義的施策が進展することにより、こうした国家の保障によるスポーツ政策論、スポーツの権利論、人権保障も下火となり、今日に至っている[27]。

10.「スポーツと人権」の課題

　「スポーツと人権」「スポーツと権利」「スポーツと福祉」「スポーツと平和」等は、新しい課題である。それ故に国内的にも、国際的にも十分に解明し切れていない。しかし、そうした論点の設定自体が、スポーツと人権他の新たな発展段階に到達しているということが言えるだろう。まずこの点を確認した上で、新たな課題を模索してみよう。

（1）「スポーツ―権利―人権―福祉」諸概念の関係

　既述のように、スポーツに関わる人権、権利、福祉、平和などの概念のいっそうの明確化と同時に、それぞれの関連性も究明されなければならない。本書では人権、権利、福祉をほぼ同義語として使用してきた。
　特に福祉に関して言えば、福祉の活用のされ方が、例えば「福祉と障害者スポーツ」のように使われる。それは狭義の福祉である。しかし「スポーツ・フォー・オール」それ自体が広義の福祉であるという歴史的事実を踏まえなければならない。国内はもとより、国際的にもである。「スポーツ・フォー・オール」は明らかに福祉国家におけるスポーツ版であり、スポーツは福祉の1領域として提起されたのである。そしてここで活用される「スポーツ権（the Right to Sport）」とはまさに権利であり、人権である。その意味で、「スポーツ―権利―人権―福祉」は一連の関連の中で検討されなければならない。

（2）スポーツと平和

　スポーツでの人権、福祉を考えるとき、それらが実現される状態は「積極的平

第 6 章　スポーツと人権・福祉

和」の条件に該当する。一方、「消極的平和」とは戦争状態にはないが、その危険性をはらみ、貧困で、福祉や人権が十分に守られていない状態である。

　この点から見れば、福祉の一環であるスポーツが享受されているということは、それが平和な状態であることを意味する。「スポーツは平和を目指す。スポーツは平和でこそ可能だ。」というのはまさにその通りである。そして「スポーツ・フォー・オール」の実施されている社会は平和度を示す指標の 1 つと考えられる

　現在の開発途上国において平和を最も脅かしているのは、貧困である。そしてその貧困は国内の部族対立による内戦状態を多くもたらしている。あるいは旧ソ連が崩壊したのは、莫大な軍事予算によって、国民の福祉分野の低下が原因と言われている。こうして平和の実現の為には、軍縮を行い、その予算を多く福祉分野へ配分する必要がある。そしてスポーツもその一環に位置するものなのである。この点でも、「スポーツと平和」研究は背後に軍縮と結合せねばならない。

（3）三位一体（Trinity, Triad）としての把握

　「スポーツ権」「福祉、平和」「人権」は「スポーツ・フォー・オール」の直接的かつ間接的に意図する表現であり、内容的には多く重複する。こうした把握が

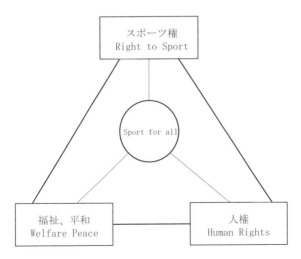

図表 6-1　権利（人権）・福祉・平和の三位一体
出典：内海和雄作成

今求められている。そしてこれらの世界基準は、現実にはそれぞれの国での「スポーツ・フォー・オール」の実現度によって決定される。その点で先進諸国での「スポーツ・フォー・オール政策」の推進度は世界をリードするものであり、世界基準の水準を上げるのである。その一方で、開発途上国の水準も引き上げなくてはならない。

　図表 6-1 に見るように「スポーツ・フォー・オール」は「スポーツ権」の実現であり、「福祉」の充実と同時に平和の達成であり、「人権」の保障である。今後の「スポーツと人権」はこうした三位一体として把握される必要がある。一方、国内の暴力や対立を克服する方法として、それらの多くが先進諸国ではなく、どちらかと言えば開発途上国に多く発生していることから、「平和」と「経済発展」と「民主主義」の三者の結合的視点を強調する立場もある[28]。もちろんこれは、国連の目的である「安全・平和」「社会正義・民主主義」「経済発展」に対応したものである。この点から見れば、「スポーツ権」「福祉、平和」「人権」の実現もまた、「民主主義」を基盤としなければ不可能なことである。

（4）日本の課題

　最後に日本の課題も簡単に述べておきたい。既に第 4 章で詳しく触れたように、日本は経済発展を遂げたが、その富が大企業に貯められ、国民には還元されていない。この基本構造が日本の福祉国家化を阻んでいる。そしてそれは「スポーツ・フォー・オール」の実現を不可能とさせている元凶である。従って、根本的な解決のためには日本を新福祉国家化しなければ不可能であることを述べた。

　それによって、福祉全般と併行して「スポーツ・フォー・オール」が実現される。それは日本での「福祉」「スポーツ権」「人権」の実質化である。これ以外に方策は無い。

　そして近年云々されている「スポーツ庁」の設立も、そうした「スポーツ・フォー・オール政策」が無ければ、任務分担として行うことは現在の文科省内の諸事業と大差ないものとなる。

　「スポーツ基本法」が明記した「スポーツ権」の実現はこうした方向でしか実現出来ないであろう。その意味で本書で提起したことは「スポーツ基本法への処方箋」なのである。

第6章 スポーツと人権・福祉

【注】

1) Bruce Kidd and Peter Donnelly, 'Human Rights in Sport', *International Review for the Sociology of Sport*, 35/2000, pp.131-148.
2) Peter Donnelly, 'Sport and human rights', *Sport in Society*, Routledge, Vol.11, No.4, July 2008, pp.381-394.
3) Giulianotti, R. & McCardle, D. (eds.)(2006), *Sport, civil liberties and civil rights*, Routledge.
4) The Olympic Industry and Civil Liberties: The Threat to Free Speech and Freedom of Assembly by Helen Jefferson Lenskyj, Giulianotti, R. & McCardle, D. (eds.)(2006), *Sport, civil liberties and civil rights*, Routledge.
5) David Rowe, 'Watching Brief: Cultural Citizenship and Viewing Rights', (3) の1章
6) 森川貞夫「『コミュニティ・スポーツ』論の問題点」『コミュニティ・スポーツの課題』体育社会学会編、道和書院、1975年、p.21-54。
7) 小林直樹『(新版)憲法講義(上)』東大出版会、1981年、p.316。伊藤正巳『憲法』弘文堂、1982年、p.237 他。
8) 矢邊均「スポーツをする権利の基本的人権の位置付け―スポーツ人権の確立へのプロローグ」『専修総合科学研究』(16)、2008年10月、pp.127-155。矢邊均「基本的人権としてのスポーツをする権利―スポーツ人権の可能性を求めて」『東日本国際大学経済学部研究紀要』(14-1)、2009年2月、pp.37-57。
9) 鈴木安蔵『基本的人権』平和書房、1969年、p.41。
10) 杉原泰雄『人権の歴史』岩波書店、1992年、p.8。
11) 10) の p.53。
12) 浜林正夫『人権の思想史』吉川弘文館、1999年、p.220。
13) 12) の p.233。
14) 内海和雄『アマチュアリズム論―差別なきスポーツの探求へ―』創文企画、2007年。
15) 内海和雄『イギリスのスポーツ・フォー・オール―福祉国家のスポーツ政策―』不昧堂出版、2004年。
16) 柾本伸悦「スポーツによる国際協力―国際機関の開発援助の歴史と意義―」『広島経済大学研究論集』第35巻第2号、2012年9月、p.54。
17) Bas de Gaay Fortman, *Political Economy of Human Rights - rights, realities and realization*, Routledge, 2011, p.20.
18) 岡田千あき、山口泰雄「スポーツを通じた開発―国際協力におけるスポーツの定位と諸機関の取り組み―」『神戸大学大学院人間発達環境学研究科研究論集』3(1)、2009年9月、pp.39-47。
19) Wladimir Andreff, 'The Correlation between Economic Underdevelopment and Sport', *European Sport Management Quarterly*, 2001,1, pp.251-279, p.215.
20) Bas de Gaay Fortman, Political Economy of Human Rights -- Rights, realities and realization, Routledge, 2011, p.97-8.
21) 内海和雄『オリンピックと平和』不昧堂出版、2012年。
22) the Brighton Declaration on Women and Sport: International Working Group on Women and Sport, 1998.
23) Women and Children First? Child Abuse and Child Protection in Sport by Celia

Brackenridge, 3）の 1 章。
24）Paulo David, *Human Rights in Youth Sport: a critical review of children's rights in competitive sports*, Routledged, 2005. Especially 'Chapter 19. Forging a new future: towards a child-centred sport system'.
25）内海和雄『戦後スポーツ体制の確立』不昧堂出版、1993 年。
26）14）に同じ。
27）内海和雄『日本のスポーツ・フォー・オール―未熟な福祉国家のスポーツ政策―』不昧堂出版、2005 年。
28）20）の p.110。

【国際スポーツ支援事業に関する諸文献】
＊Levermore, R. & Budd, A. (eds.)(2004), *Sport and international relations: An emerging relationship*, Routledge.
＊Sugden, J. (2006), 'Teaching and playing sport for conflict resolution and co-existence in Israel', *International Review for the Sociology of Sport*, 41(2), pp.221-240.
＊Sugden, J. & Wallis, J. (2007), *Football for peace?: The challenges of using sport for co-existence in Israel*, Oxford: Meyer & Meyer Sport.
＊Kidd, B. (2007),'Peace, sport and development, In Sport for Development and Peace. International Working Group(SDP IWG) Secretariat(Commissioned)Literature review on sport for development and peace (pp.158-194), University of Toronto, Faculty of Physical Education and Health.'
＊Kidd, B. (2008), 'A new social movement: Sport for development and peace', *Sport in Society*, 11(4), pp.370-380.
＊Coalter, F. (2008),'Sport-in-development: Development for and through sport?', in R. Hoy & M. Nicolson (eds.), *Sport and social capital*, London: Elsevier, pp.39-67.
＊Levermore, R (2008), 'Sport-in-international development: Time to treat it seriously?', *Brown Journal of World Affairs*, 14(3), pp.55-66.
＊Coalter, F. (2009), 'Sport-in-development: Accountability or development', in R. Levermore & A. Beacom (eds.), *Sport and international development*, New york: Palgrave MacMillan, pp.55-75.
＊Black, D. (2010).'The ambiguities of development: Impliations for 'development through sport'', *Sport in Society*, 13(1), pp.121-129.
＊Coalter, F. (2010), 'The politics of sport-for-development: Limited focus programmes and broad gauge problems', *Internationl Review for the Sociology of Sport*, 45(3), pp.295-314.
＊R. Levermore & A. Beacom (eds.)(2012), *Sport and international development*, New york: Palgrave MacMillan.
＊Wilson, Brian(2012), *Sport & Peace: a sociological perspective*, Oxford University Press.
＊Wladimir Andreff, 'The Correlation between Economic Underdevelopment and Sport', *European Sport Management Quarterly*, 2001,1, pp.251-279.

第 7 章

スポーツと体罰と人権・福祉

1．最近の動向

　2012年12月、大阪市立桜宮高校のバスケットボール部顧問の体罰によるキャプテンの自殺を契機として、愛知豊川工高の陸上部やその他の学校の部活動から多くの体罰の実態が告発されている。これまで学校や教育委員会によって握りつぶされてきたもの、多くの関係者が胸に溜めてきたものが一気に噴出している。当初体罰肯定論者であった橋下徹大阪市長も世論に押されて否定論者になる一方で、変形入試を押しつけ、教育界への強権的介入を強めて、政治問題化している。

　その矢先、2013年1月に入って全日本柔道連盟（全柔連）・女子日本代表監督・コーチによる体罰（一部のマスコミでは暴力と表現している）問題が公表された。全柔連にはこれまでも選手らによる同監督らの体罰が告発されていたが、内部処理でうやむやにされていた。しかしその後も体罰は止まず、2012年12月にロンドン・オリンピック代表も含む選手15人の連名による告発が日本オリンピック委員会（JOC）に提出されマスコミに公表されると、事態は大きく展開し始めた。特に国際柔道連盟（IJF）は1月31日に、体罰は人間教育を説いた近代柔道の父・嘉納治五郎の精神に悖るとして全柔連を批判し、2月8日、IJFのマリアス・ビゼール会長はパリで記者会見し、「IJFと全柔連が合同で、この問題を調査する。結果を分析して結論を出す」と極めて強い調子で全柔連を牽制した。日本発祥の柔道がその創始者の理念に反すると批判され、国際連盟も共に調査に入ることは、全柔連にとって屈辱であり、今後の抵抗が予想されるが、ここで一気に膿を出し、全柔連の現代化、民主化が望まれる。

　こうした体罰問題の国際化によって、安倍首相もまた「他にもこういう事案が無いか（JOCに）調べてもらうよう徹底している」と乗り出し、JOCは50競技以上での体罰実態調査を開始した。こうした急展開の背景には2020年のオリンピック開催地として東京が立候補しており、2013年の3月に国際オリンピック委員会（IOC）調査団が来日し、9月のIOC総会（ブエノス・アイレス：アルゼンチン）で開催地が決定されるという状況があった。それまでに何とか沈静化させようと躍起だった。体罰はオリンピック精神（オリピズム）に反することであり、日本のスポーツ界に未だ広く深く蔓延していることが判明すればIOCとしても見過ごすことは出来ず、開催地決定に多大な影響をもたらすことは必至であろう。

法律（学校教育法第11条）では、体罰は次の様に禁止されている。

「校長及び教員は、教育上必要があると認めるときは、文部科学大臣の定めるところにより、学生、生徒及び児童に懲戒を加えることが出来る。ただし、体罰を加えることは出来ない。」

この場合、「体罰とは何か」を厳密に定義することは、多くの困難点を伴う。それは文部科学省通知「問題行動を起こす児童生徒に対する指導について：別紙」（平成19）を見ると、よく分かる。

「教員等が児童生徒に対して行った懲戒の行為が体罰にあたるかどうかは、当該児童生徒の年齢、健康、心身の発達状況、当該行為が行われた場所的及び時間的環境、懲戒の態様等の諸条件を総合的に考え、個々の事案ごとに判断する必要がある。」

としている。つまり、体罰かそうで無いかの微妙な境界は、そこに「有形力の行使」等が絡み、それぞれの状況によって一様ではなく、個別の判断が求められるということである。しかし、その境界を外れて、誰が見ても明らかに体罰であるとすると共通理解出来る実態も多いのである。この場合、体罰とは教師が「違反」「不十分」と認める生徒の行為・言動に対して「罰則」として身体的苦痛を与える行為である。それは容易に精神的苦痛を伴い、他の生徒や選手の前で行われるとき、彼らへの見せしめであり、被体罰者への屈辱感をもたらす。こうして両者の権力関係を暴力的に維持することを意図する行為である。

これら、法律でも禁止されている体罰が、そして教育理論からみて相容れない体罰が、どうしてこれだけ蔓延するのだろうか、してきたのだろうか。教育の場、特に運動部に多いのはなぜか。以下、部活動を中心とする体罰の実態と背景を考えてみたい（この場合、部活動とともに地域スポーツクラブ一般での問題を包含する場合もあるが、敢えて部活動で統一する）。

2．スポーツの近代化と非暴力化

スポーツもまたその時代の人権思想や暴力観と密接に関連している。例えば、古代ギリシャのオリンピックのレスリングでは体重制も無く、勝負は時には大きな障害を伴うか、デスマッチもあった。それで勝者が罰せられることも無かった。そして現在のスポーツの直接的起源である近代イギリスにおいて、例えばラグビーの源流である原始的フットボールでは相手の脛を金具を打ち付けた靴で蹴

る「ハッキング」が一般的であったし、ボールの取り合いとは関係なく、あちこちでとっくみあいの喧嘩も行われ、死者も出ていた。

　しかし、18世紀末から19世紀に掛けてのイギリスは近代議会制の確立期であり、それまでは一般的であった政権交代時の暴力行為（勝者による敗者への暴力的報復行為）は次第に沈静化されて行った。これは、彼らが独占的に享受するスポーツのルールにも反映され、試合中、相互の怪我を出来るだけ少なくし、ましてや暴力を振うことは許さないという近代化、非暴力化を達成した[1]。このスポーツがイギリスから植民地へ、近隣諸国へ、世界へと普及していった。そしてその非暴力性は、スポーツが世界化をしても維持された。

　スポーツルールはその後も社会の変化と共に変更されるが、そのスポーツが固有に持つ面白さ、楽しさを損なわずに高度の緊張・興奮を維持出来るように維持されてきた。そしてそこには、必要以上のラフプレイと暴力を排除し、相手選手に怪我を負わせずに、お互いに成長しようとする理念が具現化された。これがスポーツの本質であり、フェアプレイ精神である。こうした思想は一貫して維持され、今日に至っている。例えば、集団競技であり身体接触が最も多いラグビーではタックルなどのプレーが不可避だが、その一方で「危険なプレー、不行跡」として、相手選手に対して「殴打」「踏みつけること」「蹴ること」「足でつまずかせること」「危険なタックル」「ボールを持っていない相手側プレーヤーにプレーすること」「危険なチャージ」「ジャンプしているプレーヤーへのタックル」「報復行為」等々、相手選手の怪我を意図したラフプレーは厳しく禁止されている。それらに違反すると「注意」、「警告による10分間の一時退出」、さらには「退場」処分も課せられる。柔道でも「技を掛けることなく、相手の足（脚）を蹴ること」等は軽微な違反として「指導」を受け、「背を畳に付けている相手を引き上げ、これを畳に突き落とすこと」「相手が後から絡みついたとき、故意に同体となって後方へ倒れること」等、もっと危険な行為に対しては重大な違反として即刻「反則負け」が判定される。それ以上の悪質なプレーによる傷害は、スポーツルール内での対処でなく、一般社会の刑法の適用を受けるべく訴訟へと繋がり、犯罪と認知される場合もある。

　こうして、スポーツのプレイ場面から暴力は極力排除されてきたが、そのスポーツを取り巻く環境、特に学校やクラブでのスポーツの練習・学習過程では、時には体罰を伴った。ここにスポーツの非暴力化の精神に対立する指導過程の暴力化が存在する。

第 7 章　スポーツと体罰と人権・福祉

3．父権制と体罰

　歴史の進歩とは、非人間的な野蛮な行為すなわち体罰・暴力を克服する歴史でもあった。古代ギリシャ・ローマ時代のように、それが日常的なことで、そのことによって咎められることも、批判されることもなかった。とはいえ、体罰の背景は歴史、国あるいは地域によって、それぞれに異なる。日常社会の非暴力化が先のように近代化の1つの特徴であるとしても、体罰の背景は複雑である。それぞれの社会背景の研究はこれからの課題であるが、共通的に言えることは、父権制の残存が大きいと言えるだろう。これは家庭内における父権の絶対的権力であり、それに従わない者は体罰をも容認しなければならない。つまり、頂点にいる者の絶対的権力である。この構造はそのまま社会に敷衍し、また戦前・戦中の日本の様に天皇を頂点とする軍隊的な絶対服従主義、精神主義に結合して、（そして中には武士道をも持ち出して）軍隊内のみならず、再び家庭に、企業に、学校に、そして社会一般に普及した。そして上司の意向に沿わないものには「躾」「指導」という名の体罰が加えられ、被体罰者も、自らの不十分さ故に仕方がないとして「納得」した。ここには、それぞれの構成員の人権という意識は、体罰をする側にもされる側にも希薄であった。

　現在問題化している「ブラック企業」を始めとする企業内でのしごき、長時間拘束、連帯責任、相互の監視体制、見せしめ、全員に恐怖を植え付けて裏切りを許さない等々は、技術や工夫、討論よりも気合いと根性が強調される。一種の洗脳教育に体罰はつきものである。「おまえなんかゴキブリ以下だ」「早く死ね」などの口汚い言葉は、時には体罰・暴力を伴うこともある。こうしたことは大学の運動部に未だ存在する「1年奴隷、2年平民、3年天皇、4年神様」という序列と絶対服従主義、そこでの日常的な体罰・暴力の常習化の延長である。

　権力者が権力構造が維持される範囲で暴力を使って服従させる。これが体罰であり、それが温存される構造が戦後の日本社会の至る所に存在している。特に企業社会と言われる中で、過度の競争主義、業績主義に追われる労働者にとって、日常的に体罰を容認するイデオロギーの中に浸っている。そうした思考は家庭内でも家庭内暴力（DV）や体罰、児童虐待として発現する。そして学校での体罰である。

　体罰・虐待を受けて育った者ほど、大きくなって自ら体罰・虐待をする傾向に

ある。これは自分は「自らの失策によって受けた」体罰や虐待を潜り抜けたので今があるという「武勇伝」化、美化、過去の合理化に依っている。その一方で体罰に依らない指導法、育児法を知らない。「危害を加えるほどの体罰は良くないが、ある程度の体罰は良いのではないか」というのが、体罰容認者と体罰反対者の中間で圧倒的に多い。その場合にも体罰と暴力の境目の論理は無いのである。苦し紛れの論理として、容認者とこの中間者には「愛の鞭」論が介在する。

　しかし、人間が体罰を振るうのは、自らの指導能力（技術指導、試合分析能力）、そして人格能力（許容・包容力、感情統制能力、人権意識）の限界を超えた時である。「なんだこの野郎！　俺(私)の言うことが聞けないのか、舐めるんじゃねーよ!?」と激昂し、「憎しみ」によって最後の手段（暴力）に訴え、屈服させるのである。「手に負えないほどに荒れた生徒を目の前にして、おとなしくさせるには体罰しか無いだろう。」「口で言っても分からない者は、体の痛みで分からせるしかない。」と体罰容認者は言う。この場合、日常の自らの育児や指導の在り方の反省、教員仲間の地道な取り組みの有無への反省は全く無く、またそれらの育児や指導の欠如を棚に上げ、ただ子ども・生徒悪人論の上に成り立つ体罰容認論である。「君のためだから嫌だけど体罰を振るうよ」「愛の鞭」などと、余裕を持ち冷静な状態にあるのに体罰を振るう人間はいない。人間の心理構造上もあり得ないことである。体罰をよく振るう人間も指導能力、人格能力の範囲にある間は、余裕を持って冷静に対応する。そして往々にしてこの部分をもって「指導熱心」「熱血漢の先生」等と形容されることもあるが、要はそれらの度量が狭いのである。あるいはそのように追いやられているのである。再度強調しておきたい。いかなる理由を付けようとも、体罰をする時点での精神状態は、生徒を「憎らしく」思い、他に手段が無いから殴るのである。それは我が子でも同様である。

4．戦後部活動問題小史

　戦前・戦中まで、学校での運動教育は２つの系統があった。１つは尋常小学校での「体操」である。極端に言えば徒手体操では施設も道具も必要とせず、安価に遂行出来た。一方中産階級以上の子どもが通った旧制中学から大学までのエリート社会ではスポーツ（部活動）が享受された。スポーツは広大で高価な施設、設備、用具を、さらに放課後という自由時間を必要としたからである。しかし戦後の義務教育では体育科の教育内容・教材としてスポーツが導入され、中学校に

第7章　スポーツと体罰と人権・福祉

も多く部活動（部活動には文化部もあるが、以後運動部を示す）が普及した。こうして国民全般がスポーツを国民的教養として習得出来るようになった。

　すべての子どもがスポーツを学習し、自らの教養として社会に巣立ち、社会でもまたスポーツを継続して享受する。その場合の主要な基盤は学校の部活動での経験である。社会でスポーツをする場合、行う種目は部活動での経験種目が圧倒的に多いことからも分かる。また、部活動での同僚、先輩、後輩、そして指導教師との素晴らしい経験を過ごした人も多い。それが人間形成に大きく貢献し、学校教育の楽しい思い出の多くを占めているだろう。部活動はこのように学校教育の重要な一部として機能してきた。しかしその一方で、以下に展開するような多くの問題点も抱えてきた。

　戦前・戦中は軍属が部活動をも管理し、軍隊的思想、運営体制つまり絶対服従主義や精神主義を導入した。戦後の教育は一応は軍国主義的傾向を排除したが、部活動は自主的活動だから学校もあまり介入しないという理念の下に始まった。しかし民主的な部活動の運営（マネジメント）が分からないままに非介入として「放置」された部活動に、絶対服従主義、精神主義が残存し、容易に復活する基盤があった。

　こうした中で戦後の部活動問題は先ず大学山岳部などの「しごき」として典型化された。

　その後スポーツが強く国民の思想にも結び付くようになったのは1964年の東京オリンピックを前後する、スポーツの根性主義、精神主義である。日紡貝塚バレーボールチーム（東洋の魔女）を率いた大松博文監督の「成せばなる！」（大松イズム）による猛烈な根性主義的指導は、欧州の国からは女性虐待であるとの抗議を受けたが、日本では大いに受容された。またレスリングの精神主義的指導（八田イズム）も含めて、それらはスポーツクラブ、学校部活動に適用されたが、その背後には当時の高度経済成長における日本企業の猛烈社員育成の必要性があった。

　中学校、高等学校における部活動が大きく問題化したのは、教育の競争主義が激化した1970年代後半から80年代初頭に掛けて、「校内暴力」「対教師暴力」が吹き荒れた頃からである。生徒たちを疲れさせて非行に走らせないために、週6、7日の「部活漬け」の管理教育が急速に普及した。これは単に生徒管理だけでなく、教師管理としても位置付けられた。それと共に、上級学校への「部活動推薦」制度も普及してくると、厳しい練習によって好成績を収めることへのプレッ

シャーは、生徒自身は言うまでもなく保護者、学校、教師にとっても重圧となり、体罰を伴っても好成績を挙げることが至上命令化した。

　学校の荒れ対策で、有効な方策を見いだせなかった当時の文部省は「有形力の行使」という形で「ある程度の」体罰を容認する態度をとり、それ以降、教育現場での体罰を黙認する雰囲気を形成した。

　更に1989年の学習指導要領では授業である「クラブ活動」の部活動での代替を可能にさせた。これは授業時間数の削減に伴い、私立中学校に対して公立中学校の進学上の不利さが深刻化する中で、「クラブ活動」を英語や数学の授業に充当するための方策である。ところで「クラブ活動」も授業の一環であるから評価を行わなければならない。そこで、本来は自主的参加である部活動に全員加入させ、「クラブ活動」としての評価を行ったのである。こうして部活動はその種目が好きでも上手でもない生徒も多く入り、適正規模以上に拡大した。ここに管理主義と勝利至上主義、更に精神主義が絡めば、部活動が多くの問題を噴出させざるを得なかった背景が容易に理解出来る。ほんの一例であるが、1コートしかないバスケットボール部に50人以上の部員が集まり、コートでの練習はもっぱら3、2年生のレギュラー組ばかりで、レギュラー外、特に1年生などはもっぱらグラウンドを走るだけであり、1学期中に意図的に退部へ導く指導者もいた。退部した生徒たちは他の部も同様な状況だから転部も出来ず、「帰宅部」と言われる集団となる。これは一種の蔑称であり、生徒たちはそれと自分の「クラブ活動」の評価の低さに耐えなければならない。

　こうした問題は明らかに教師個人の責任ではなく、教育行政の不備にその根本的な原因があることは誰にでも分かることだが、放置されたままである。まともな教育行政策を採らずに放置することによって、末端の教育現場で「弱い者」に責任を転嫁させ、管理という教育効果を得るという、行政の「無策の策」は批判されなければならない。教師相互の相談や研修などの余裕がなく、忙しく管理された教育政策の歪みが背後に見える。さらに家庭の教育力の低下が、生徒の規律の未形成、問題行動の増加をもたらし、それらの矯正が学校への期待となっている。また、日本スポーツ界の選手養成制度が部活動に依存している体制も、部活動問題を深刻にしている。従って、部活動問題も現代日本の教育構造、スポーツ構造そして家庭教育の在り方等の矛盾を反映しており、改革は容易ではない。しかし生徒主体への部活動を取り戻すことは、主要には教育体制の民主的改革を抜いてはあり得ない。つまり生徒と教師の本当の交流が出来るような教育条件を形

成することが喫緊の課題である[2]。

　それにしても、今回の諸事例は氷山のほんの一角であり、常態化しているという点は多くの人の共通した見解である。今後、同様の告発はもっと続くだろうし、そのこと自体は健全な動向である。それと同時に、体罰がなぜ起きるのかのしっかりとした原因究明と、それによる根本的な対策を執らなければ、問題は再度容易に起こりうるし、諸外国からはスポーツ後進国として相手にされなくなるであろう。

5．体罰を規定する環境

　体罰を規定する環境、背景としてこれまで次のように指摘されてきた。

（1）教育観・人権思想の未成熟

　西欧の教育史は体罰史である[3]。一方、日本では1879（明12）年の教育令に体罰禁止規定が登場するが、1882（明15）年の『軍人勅諭』以降、体罰禁止などは軟弱であり、強い軍人、日本人を養成するために体罰を許容する傾向が促進された。学校での体罰禁止は欧米よりもむしろ日本の方が先行するが、欧米で克服されてきた体罰が、日本ではなぜ常態化したまま放置されてきたのか。戦前・戦中は父権制や軍国主義が背景となった。

　戦後の学校教育法第11条は教師による生徒の懲戒権は認めているが、体罰は禁止している。その点で、体罰をする教師は無法者である。この教師はおそらく家庭でも我が子に、そして妻にも体罰を加えるだろう。それは子ども、女性の人権という意識が欠如し、子ども、生徒（そして女性も）は厳しく指導しなければ怠けてしまうという子ども観、教育観（そして女性観）に拘束されている。体罰をよくする教師は「生徒との間の信頼関係の上で行っている」「生徒もそれ（体罰）を承認している」と主張して、子ども理解や人権を尊重しているかのようにカモフラージュする。それは教師の思い上がりであり、強がりでもある。教師自身も自分は生徒たちからは本当に信頼されてはいないことはうすうす感じているはずである。しかし日常の活動を権力主義的に維持しなければならない。もしそうした信頼関係や人権意識があれば体罰は必要ないだろう。むしろ生徒たちはそうした体罰教師を恐れ、軽蔑し、警戒している。他に指導者がいないので忍耐を強いられているだけである。スポーツ自体の中では、ルールにも規定されて暴力を否

定しているにも関わらず、その指導過程で体罰を行う構造である。スポーツをなぜ学ぶのか、なぜ指導するのかという理念を蔑ろ(ないがし)にして、指導者の意のままに組織をマネジメントする。教育の前提、基盤である人権意識を欠いて、父権制、権威主義、軍国主義、武士道、精神主義等の残存に拘束されている。ともあれ、体罰信仰から離れられない。

（2）競争主義・管理主義

　そうした伝統、思想の上に戦後日本に特有な企業社会による競争主義、教育体制の競争主義、管理主義があり、親もまたこの競争主義に巻き込まれて、自らの子どもを急き立てている。部活動ないし競技大会の成績が、生徒ばかりでなく、保護者、教師、学校、教育委員会までをも巻き込んでいる。

　学校では大規模校、多人数学級、文科省による画一的教育内容指導、教育委員会による教員管理等によって教師たちは自由とゆとりを失い、教育の外面的速効を求めて体罰に走る[4]。現在の日本の学校には、能力主義的序列主義、逸脱を許さない規範主義・懲罰主義、外見上を重視する形式主義、社会的な必要に合わせて子どもを振り分ける選別主義、父母・住民に対する閉鎖主義などの誤った傾向がある[5]。その指摘から20年を経た現在も、大きくは変化していないであろう。いや、むしろ強まっているかも知れない。部活動を巡る教育行政の無責任さが、こうした問題を放置している。そうすることで、問題をすべて教師個人に、あるいは学校内に押しつけて、教育委員会、ないしは文部科学省の行政責任を回避している。これを先に「無策の策」と銘打った。

（3）日本のスポーツ界

　部活動で生徒や教師を急かせる原因に日本のトップスポーツ界へのルート問題がある。日本には選手の一貫指導体制が弱く、中・高・大とそれぞれの学校段階で輪切りにされる。そしてそれぞれの学校段階では成果を上げなければならない。上級学校から見れば、下級学校の行っていることは若い段階から狭い範囲の専門化に走り、その段階での小さな成果を求めている、つまりスケールの小さな選手を育成していると批判する。しかし下級学校にとってみれば、それぞれの成果を出すことが上級学校に繋がる最上の道である。こうした選手養成制度は教育委員会が各競技団体と協議して、一貫指導体制を整備することが求められている。

　また、各競技団体の指導の在り方が、大学や企業スポーツ、地域スポーツの指

第 7 章　スポーツと体罰と人権・福祉

導者を通して学生やコーチそして教師などに反映する。学校の部活動の指導の在り方はこれらの競技団体の日常の指導の在り方を多分に反映している。

（4）福祉の貧困

　教育行政の貧困さは、国民の福祉全般の貧困さの一環である。国民生活における余裕の欠如は、家庭での体罰・虐待やDVの温床であることは多く指摘されている。教育条件の悪さは、生徒ばかりでなく、教師や保護者の心の余裕さを失わせている。戦後の高度経済成長は、西欧がその生産の向上に伴って富の国民への分配をも向上させた、いわゆる福祉国家化を志向した。しかし日本は西欧以上の生産力を達成したにも関わらず、その富は大企業に集中し、国民の福祉水準は開発途上国並みである。それ以上の福祉が欲しいものは金を出して自ら買えという市場化の論理である。

　1960年代後半から1970年代を中心に全国の革新自治体の福祉重視によって若干形成された国民への福祉は、1980年代以降の新自由主義による規制緩和政策の中で、民営化、営利化された。福祉も金次第となり、貧富の格差は拡大しっぱなしである。その福祉の一環であるスポーツ政策も同様で、1980年代以降は国や自治体の国民、地域住民へのスポーツ政策も縮小し、人々のスポーツ参加は低下した。この生産の向上と福祉の低水準のギャップは日本人の就労不安、生活不安、老後不安、我が子の将来への不安等々、生活のあらゆる場面での不安漬けの苛々した感情を醸し出している。

　それらの不安の根底には日本に特有の企業社会、競争社会、管理社会などがある。その点で、他の先進諸国、開発途上国が学校教育での体罰を厳しく禁止し、克服しようとしてきたのに比べ、日本の体罰を温存してきた社会的、思想的背景となっていると考えられる。

　学校教育で見れば、学級規模がもう少し小さければ、1人1人の子どもの悩みをしっかりと聞き取り、十分に対応出来るのに、その余裕もない。職員室に帰っても、教員数が少なく、仕事の多い中でお互いに相談する余裕さえ無く、問題を抱えても、個人責任で対応を迫られる。校務分掌の整理もままならず、家まで持ち帰らなければならない。明日の授業準備も十分に出来ないまま授業に突入するときほど、教師として屈辱的で自嘲的な気持ちに駆られることはない。時には自分が教師として退廃していると感じる。でもそう感じているうちはまだ正常の範囲かもしれない。そうしたことが毎日続き、その上、部活動に向き合うことにな

る。こうして部活動担当を負担に感じる教師がいる一方、むしろ部活動の中で自らの欲求不満を解消している教師もいる。こうした教師は本務である授業よりも部活動に熱心になる。授業で、分からない子に分かるように教えること、出来ない子を出来るようにさせることほど難しいものは無い。だから教師の高い専門性が必要なのだが、そう努力して、子どもたちが分かる、出来るようになって当たり前である。しかし部活動は違う。チームが強くなって、全国大会にでも出るようになれば、それは教師の手柄として褒められ、良い教師として崇められるからである。本務の授業が手薄の一方で、副次的な部活動指導が本務化してしまっている。

　部活動でも、少ない施設条件の中で、適正規模以上の生徒を抱えなければならない。生徒の中には、あまり厳しくなく楽しくやりたい生徒と、もっと競技力を伸ばして、出来れば将来はプロへと望む生徒もいる。もちろん推薦入学に関わるのは後者だが、そこには保護者の意図も介在する。せめて部活動にも２つのコースがあれば、もっと効率よく進められるであろう。とにかく、日本の学校は施設設備他の条件があまり良くないのに、部活動が強調されるのである。

　上に述べてきた家庭の生活、学校教育の競争主義、管理主義、業績主義等々、部活動における体罰の社会的背景はことごとく、広義の福祉の貧困の問題である。福祉の貧困が教育上の多くの問題を発生させている。こうして、生産の高度化と福祉の貧しさのギャップが、日本人の生活の忙しさ、貧しさ、精神的ゆとりの欠如、そして孤立感、苦悩をもたらし、それらのはけ口として自らも体罰、虐待、DVに走り、それを合理化することの基盤を形成している。

６．体罰の当事者たち

（１）教師の論理

　教師が体罰に走る直接的な原因は、「指導していることが出来ない」「練習・試合に気合いが入っていない」「試合に負けた」「決まりを守らなかった」等である。それらについて例えば教師間で日常的に相談や愚痴り合いなど、民主的な場があれば、教師はどれだけ救われ、新たな意欲を持って立ち向かえることだろう。しかし管理主義がきつく、多忙な学校の中では、部活動は密室化して他者の目が入らず、指導教師は絶対的権力者化し易い。もしこの上に勝利至上主義が加われば、成果を上げるために教師はいっそう権力者化する。

第7章　スポーツと体罰と人権・福祉

　体罰を是認する教師の割合は多い。今から36年前の1977年の都内小・中・高校教師への調査では「理由、時、場所、方法を十分考慮するなら行ってもよい」（男72.2％、女81％、20代男性教師85.7％、平均75.7％）、「教育上、必要でどしどし行うべきだ」2.5％、「理由のいかんを問わず行うべきではない」20.3％[6]と、学校の荒れの始まりを反映して多数にのぼった。現在では教育委員会も体罰禁止を幾度となく指示しているから、流石にこの数値は下がっていると考えられる。それでも2012年度に体罰で処分された教師数は404人、その30％は部活動である。この10年間はほぼ横ばいである。これらが氷山の一角であることを疑う人はいない。「伸びてもらいたいから手を出した」「実力があるのに試合で力量を発揮出来ないので発破を掛けて、発揮させたかった」とは自らの体罰を合理化する論理である。

　1970年代後半辺りから学校の荒れが激しくなると同時に、その対策上、学校の管理主義が進み、「部活漬け」が生まれてきたことは先に触れたが、その場合、校務分掌の中で、保健体育教師には教務・進路指導系はあまり期待されず、もっぱら生徒指導・総務系の仕事、つまり生徒を押さえつける役目を期待された。それは現在に至るも継続されている（部活動顧問は全教科の教師が行っているが、保健体育教師の割合、役割は特に大きい）。

　日本の部活動は多く教師のボランタリズムによって支えられている。部活動を支える教育行政が貧しい。それ故、身銭を切り、土日も部活動に費やしている、費やさざるを得ない教師も多い。時には生徒たちにポケットマネーで奢ることもある。また多人数が乗れるバンを購入して、自らの燃料費で生徒たちを輸送している教師もいる。その割に日当はわずかである。これだけ自己犠牲をかぶって指導し、良い成績を上げて学校の名誉を高めていれば、学校内での発言権も大きくなる。校内行事の日程も、その部の対抗試合の日程が入っていれば、他日に容易に変更される。校長でさえ、文句は言えない、部活動顧問の「陰の校長」化の実態もある。さらに、部活動で業績を上げた教師はどの学校からも引っ張りだこであり、教育委員会には「部活動人事」さえ存在する。ここまで来ればその部活動はもはや生徒のためではなく、その教師、学校、さらには教育委員会のためになっている。

　しかし一方で、教師自身が毎日遅く帰宅して、更に土日も指導に向かう「部活漬け」であれば、本務の授業準備はままならず、授業の質は上がらない。そして家庭での我が子の育児に問題を抱える。他人の子（生徒）の面倒はよく見るが、

我が子の育児は手抜きという「母子家庭」という実態も深刻である。

（2）生徒の論理

　体罰を受けて嬉しいと感じる人は誰もいない。「やる気をそがれた」「ムカッと来た」「監督が憎らしかった」と感じるのが一般的であり、正常な人間の感覚である。

　しかし、日本には体罰の合理化で洗脳された生徒の存在もまた現実であり、深刻である。「体罰で成長した（巧くなった、精神的に強くなった）」「私たち、僕たちのことを思って、殴ってくれたのだ」と考える。時には体罰を受けた後に「有り難うございました」と直立して礼をさせられる屈辱もある。自分に非があると感じるときはなおさら、「自己成長の糧」という強力な規範で自分を納得させる。さらに、レギュラーを取れなかった生徒は「殴られていないことは認められていないと感じた。殴られるような位置に早く行きたい。」と思った[7]。こうして生徒自身が体罰を肯定する論理を内在化してゆく。

　その他、多くの研究でも明らかなように、「口で言っても聞かない場合」「信頼関係があれば」「常識の範囲内であれば」という消極的な体罰容認は生徒たち自身にも驚くほど多い。こうして体罰を受けた自分を合理化することで現在の自分を支え、それがやがて自らの体罰を合理化する心性を形成する。体罰の「再生産」の構造である。

　「体罰がいやなら、そんな部活動は止めてしまえばいいではないか」と言う人もいる。これは部活動が生徒のものであるという原点を放棄し、体罰教師に屈服した論理である。それと同時に、現在の部活動の置かれた客観状況を知らない人の言うことである。もしそこから脱落すれば、あるいはレギュラーから外されることは、「自分の敗北」「プライドの崩壊」ばかりでなく、これからの進学、就職に決定的にマイナスとなり、「人生からの敗北」を意味する。それはまた「両親への裏切り」などの責めを抱えることを覚悟せねばならない。さらに昨日までの友人から「無視」「いじめ」にさえ合うかもしれない。最悪の場合、退学を余儀なくさせられることもある。こうした柵（しがらみ）の中で、生徒自身が体罰を否定出来ず、逆に合理化をしなければやってゆけない精神構造、部活構造になっている。

　体罰を受け、それに耐えた者にとって、のど元過ぎれば武勇伝になり、過去の自分を正当化し、現在の生徒たちの不甲斐なさを嘆く。ある教員が、卒業して数年経った部活動の教え子たちの同窓会で久しぶりに会ったとき、何人かの卒業生

第7章　スポーツと体罰と人権・福祉

から「先生にはよく殴られたよなー」と思い出を語られた。彼らはいまそのことを根に持っているわけではなく、武勇伝として語っているのである。また、「生半可な気持ちで指導している監督には手を出す権利はないし、そんな勇気も無いはず。われわれの監督はそれほど一生懸命に指導してくれた」となって、体罰が合理化される。が、その教師は「いったい私はこの子たちに何を指導したのだろうか。この子たちには体罰の記憶しか残せていないのか」と、自分のこれまでの教師生活を振り返り、愕然としたという。その後、体罰は一切やらないと宣言し、今日に及んでいる。もちろんその方が、指導力も、忍耐力も要求されるという。

また、1986年段階の調査では、教師体罰よりも親体罰の方が頻度・程度ともに高い傾向にあり、親体罰を受けた頻度の高い生徒群ほど、教師体罰を受ける頻度が高かった。この原因は、親の体罰を頻繁に受けて育ち、体罰によって自分の行動がコントロールされる経験を重ねれば重ねるほど、他者の言葉による説得や自らの思考・主体的判断により自己の行動をコントロールする力を身につけることが妨げられるからである[8]。

(3) 保護者の論理

1981年段階での保護者の体罰の積極的支持8.6%、消極的支持69.8%、合計78.4%（読売新聞）、日本世論調査会調査では体罰の積極的支持38.8%、消極的支持44.7%、合計83.5%である[9]。近年のデータはあまりない。それは体罰が潜行し、1980年代ほど顕著に取り上げられること無く、研究として取り上げられることも少なかったからであろう。

現代社会の家族の在り方を筆者は大まかに3つの類型として描いている。「管理家庭」「普通家庭」「放任家庭」である。このうち、両端の「管理家庭」「放任家庭」が増加し、「普通家庭」の割合が減っている。それは大局的に見て「子どもたちが愛情に飢えている社会」である。例えば、日本だけで見ても競争主義を煽る企業社会の下で、競争主義的教育が学校も家庭をも覆っている。子どもたちは小さい頃から塾に通わされ、受験競争に追い立てられて、友達とゆっくりと遊ぶ時間も奪われている。より有名な上級学校に入学することが子どもの幸せだ、子どもへの愛情だと親は信じて邁進するが、追い立てられる子どもから見れば、ただ管理され、追いやられ、命令され、親の敷いたレールを歩まされ、親の愛情を感得する間もなく、また市民道徳をしっかりと躾られることもない。これが「管理家庭」の一般的姿だ。一方、ますます厳しくなる労働条件の中で、両親は家計維持

のために長時間働き、家族の団欒さえままならず、じっくりと子どもに向き合うことも出来ず、家庭での指導もしっかりと出来ない。時には放任状態である。家庭崩壊の危機を常に抱えている。こうした「放任家庭」が激増し、子どもたちは同じように親からの愛情を十分に受けることなく、市民道徳をしっかりと躾られることもない。こうしてこれまで普通に機能し、子どもも愛情を十分に与えられてきた「普通家庭」がますます縮小し、先の両極端の家庭が増えている。両者共に共通することは、子どもの愛情不足と市民道徳の欠如である。

　こうした中で、学校や教師・担任が子どもたちへの愛情を疎かにすると、子どもたちの鬱憤が爆発し、いじめが発生し、学級崩壊がおきる。小学校低学年の女性の担任が、子どもを膝の上に乗せ、後から抱きかかえて手の爪を切ってやると、みんなうっとりとその温もりを楽しみ、その後教室の雰囲気がしっとりと落ち着いたという。これなどは親の愛情の代替である。ただこうしたことを、「学校は家庭の代替機能をする所ではない」「どうしてそこまでしなければいけないのか」と拒否する教師もいる。それを自分でするのが嫌ならば、そうした爪切り、あるいは「だっこをしてもらう」ことを宿題に出せばよい。だっこされた子どもは皆喜び、その気持ちを感想文にしたためて、次の日担任に意気揚々と提出する。しかし担任はここで思いも掛けないことに気づかされた。だっこをしてもらえない子どもが5人もいたのである。その子たちは日頃家庭からの問題を引きずって学校に来て、学級内でもいろいろと手を掛ける子なのであった。

　つまり、「管理家庭」と「放任家庭」の増加の中で、親子のコミュニケーションが十分ではない子、「聞き取られる喜び」を持つ子が減っている。そのことは、幼児虐待、児童虐待、体罰に容易に繋がる背景である。これらの家庭では、子どもたちの市民道徳の教育もまた学校に期待する。

　PTAの会合でも、「どんどんひっぱたいても、厳しくやってほしい」と発言する親（特に父親が多い）が今でもいて、会場は凍り付く。筆者自身の15年間のPTA活動の中でも、何度か経験した思いがある（こうした経験が部活動研究をするきっかけにもなった）。

　さらに、部活動は受験と密接に関係している。上級学校への推薦制度は、競技歴が重視されるから、部活動でレギュラーになっている子の保護者にとって、良い、有利な推薦を得るには、全国大会に出ることは必須である。そして、強い部活動を作るためには多少の体罰があっても、あるいは体罰によって強い部活動を作ってほしいと願う。たとえ部活動の顧問が体罰で処分されようと、「全国大会

第7章　スポーツと体罰と人権・福祉

に行くために、顧問を続けて欲しい」と各方面に嘆願する。部活動の保護者会を開催しても、こちらの方が熱心だから、発言力も強く、穏健派は圧倒されてしまう。こうして体罰が温存される。

　保護者も行っている程度の体罰は学校でも許される。また家での自分の体罰を正当化するためにも学校でのそれを容認せざるを得ない。保護者は教師に対して更に弱い面を持つ。それは教師は生徒の評価権を持つということであり、もしその教師に我が子が睨まれたら内申書での評価はがた落ちとなる。それ故、保護者は教師に対して迎合的になりやすい。これは部活動などの小集団ではさらにそうである。

7．外国の動向

　筆者の研究対象でもあるイギリスを例に最近の体罰問題の動向を知ろうといろいろと検索したが見当たらなかった。仕方なく、イギリスの友人の何人かに、学校特に部活動での体罰、地域のスポーツクラブでの体罰問題はどうなっているのかをEメールを通して、そして直接会って聞いてみた。しかし、ほとんどそのような情報は知らないということである。以前、部活動でのハードトレーニングが問題化した学校はあったが、体罰の情報は知らないとのことであった。

　イギリスでも世界的な動向と同様に、子どもたちのスポーツ参加が減少している。そのために、肥満児が増え、人間関係能力の低下が心配されている。それ故、子どもたちのスポーツ参加のために多様な方策が、特に2000年代に入って試行されてきた。部活動や地域スポーツでは、生徒たちが希望するが学校で対処出来ない多くの種目については、イギリスのスポーツ政策の立案と推進の準政府組織である「スポーツカウンシル」が予算と指導者を地域のスポーツ組織から派遣して、子どもたちの希望を叶えている。

　2009年10月から施行された「履歴審査計画」に基づいて、「不適切、危険な個人を仕事の場から排除」している。これは介護者や子ども組織の指導員などに適用される。介護事のセクシャルハラスメントや子ども組織の指導者による性的虐待や体罰を防ぐためである。履歴審査を受けないで介護や地域の子どもスポーツ指導に従事すると、個人ないし組織が罰せられる。小児性愛者など子ども虐待をきっかけに、イギリスでは地域の子どもスポーツ指導者もまたその資格審査を受けなければならず、ましてや体罰などは論外である。そしてスポーツ場面では

子ども保護（Child Protection）によって、理不尽な指導、体罰などは厳禁である。子ども保護により試合中の我が子の写真さえ自由に撮れない。誘拐の道具とされたり、悪用される可能性を心配しての事である。どうしても撮りたい場合には、チーム全体の保護者の承諾が必要である。他の子も写真に写るからである。ゴールキーパーをやっている孫の写真を撮ろうとして、保護者たちから諫められた元警察署長は「ここまでやるのは行き過ぎではないか。この国では孫の誕生日のプレゼントの写真も自由に撮れないのか」と新聞に投書していた。一連の規制には、幼児・児童への犯罪防止も含めているが、その一環に体罰も含められている。

　サッカー男子日本代表監督であるザッケローニ氏は、イタリアではスポーツ指導における体罰の噂など聞いたことはないとテレビで発言されていた。その他の伝え聞いた情報に依れば、アメリカでもフランスでも、スポーツ指導での体罰は厳禁であり、もし指導者が体罰などの暴力を振るえば、即刻罷免されるという。

　また、フィリピンの友人数人にも聞いたが、確かに家庭での体罰・虐待は多少あるが、学校ではほとんどないし、許されていないということである。ある友人は、個人的には「緩やかな体罰」は許されるのではないかと述べた。「緩やかと厳しいの境は何か」という筆者の質問に、結局彼は応えられなかった。「先進国である日本で、未だにそんなことがあるのか」と聞き返され、彼らの日本理解の是非と先進国の意味について若干議論した次第である。今回の体罰問題は諸外国に少なからぬショックを与えると同時に、日本理解の１つの（不名誉な）話題を提供している。

８．今後の課題

　以上の議論を踏まえながら、以下、今後の課題について重点部分をまとめてみたい。

（１）生徒主体の部活動改革

　「勝ちたい監督でなく、勝たせたい監督になれ」という名言を述べた元高校野球の監督がいる。彼は部活動の主役は誰かを問うている。前者での主役は教師であり、後者の場合は生徒である。あくまでも部活動の主役は生徒である。この点を徹底させた部活動の指導が求められる[10]。

　例えば、その１つに生徒、選手の思考と試行を大切にするということがある。

日本のスポーツ界では指導者に従順で、言われたことを素直に行うのが良い選手であり、レギュラーを保障される。指導者の意見に質問し、議論して一所懸命に思考し、試行しながら成長しようとする選手は「扱いにくい」「生意気だ」といって外される。自分たちで思考する能力が形成されていないから、窮地になるとやたらとベンチの指示ばかりを当てにする「指示待ち」人間化している。ここら辺りで、先ず練習試合では思い切って、教師はベンチから撤退したらどうだろうか。こうすれば、日常の練習の在り方から変わるだろう。当初は多少まごつくかも知れないが、きっと旨く行くはずである。その他、生徒主体化の方法は多くの学校で行われている。上記のように、1点を生徒主体にするだけで、部活動（あるいはスポーツクラブ）の運営は全般的に、生徒主体へ大きく変化するのではないだろうか。

（2）選手養成制度

　日本のトップ選手の養成は学校の部活動に依存してきたし、今でも多くそうである。しかし1993年に発足したＪリーグは、プロチームの養成機関としてユースチームを結成した（この点で、学校の部活動と併行している）。そこでは世界の指導法を研究し、体罰のない科学的指導方法を徹底させている。この点で、指導法として他の競技種目にも与える影響は大きなものがある。

　すべての種目に同様な体制と方法を早急に採れと要求することは無理であるが、JOCや日本体育協会などが音頭を取って、もっと広範に、そして深く、指導法の交流と研究を行うべきである。そしてそれらを下部の組織にも徹底させる体制を執るべきである。

（3）教育改革

　部活動問題の基盤には既述のように「クラブ活動」の評価制度、学校スポーツ施設の貧困、受験推薦制度、部活動指導者の部活動人事、学校の名声、教師の多忙化等々、日本の教育制度の貧困さ等々が持つ諸矛盾が集中している。それらが部活動を密室化させ、教師の鷹揚さを欠如させ、教師を孤立化させ、業績主義に走らせている。それらが教師の体罰の背後に存在している。確かに教師個人の生徒への人権意識の高揚、生徒主体の部活動の運営等の導入も体罰撲滅への直接的対策であるが、こうした基盤への対策がなければ、根絶は出来ない。

(4) クラブ・マネジメントの確立

　体育教員養成系大学の運動部が体罰教師養成の元凶との意見も多い。クラブ指導論、クラブ・マネジメント論は日本では未発達である。教員養成課程でもそうした講義の存在はほとんど聞かない。それだけ遅れた分野である。特に体育教員養成系大学では喫緊の必要性がある。それらの運動部では主に技術、戦術指導が中心である。クラブ組織の運営については、毎日の運動クラブの中で、脈々と流れる伝統的クラブ運営方式そして多くは父権制的、絶対服従主義で固まった組織に慣らされてきた。一方、民主的なクラブ指導論、クラブ・マネジメント論の講義が無いのであるから、終戦直後の部活動と同じく民主的クラブ運営の知識も技術もなく、ただ軍隊的、非民主的、絶対服従主義的クラブ運営に何ら疑問を持つことも無く卒業し、そのままに指導を始めるのがこれまでの常道であった。

　体育教員養成系大学生は一般系大学生よりも被体罰の経験は高い。「体を殴られたり蹴られたりした」「ボールなどの物を投げられた」「罰として、正座・ランニングなどをさせられた」等は中学校で39.1%、高校で44.2%が経験している[11]。再度繰り返すが、虐待を受けて育った子どもは将来自分が親になったとき容易に虐待をすると同様に、生徒・学生時代に体罰を受けて育った教師は容易に体罰をする傾向にある。これは、過去の体罰を肯定すると同時に、体罰以外に指導法を知らないからである。

　それを正すのが教員養成系の教育課程であり、部活動であるべきである。そうでなければ、単にこれまでの経験の中で技術・戦術学習中心の部活動で学んだものだけである。この場合、良い教師、指導者に出会った人は幸せであり、自分もそうした教師（指導者、親）になりたいと、その人をモデルとして自己研鑽に励む。しかしそうした良いモデルが無く、体罰教師の下で育って来た人は不幸である。それを修正するのが教育課程である。

　これまでの部活動の在り方を一度俎上に載せて、何が肯定され、何が否定され克服されるべきなのかを深く検討する必要がある。スポーツと非暴力化の関係、スポーツの発展とは何か、体罰の非教育性、子どもの人権保障と指導者の在り方、生徒主体のクラブの運営・マネジメントとはいかなるものか、それは何のために行うのか等々、良い事例、悪い事例そして自分たちの経験を踏まえてじっくりと討議する必要がある。良いマネジメントを知らない学生たちに、良い事例を沢山与えて、民主的な部活動の在り方をイメージ豊かに育てて、学校に、社会に送り出す必要がある。各競技団体も参加しながら、日本のスポーツ指導の在り方を根

第7章　スポーツと体罰と人権・福祉

本的に検討し、指導する場を共に考えて行く体制を早急に確立すべきである。
　その後、ある体育系大学では学内に体罰対策委員会を設け、部活動における体罰の根絶を目指し、また体罰に依らない指導法の研修を始めている。そして入学式での学長挨拶では「体罰根絶宣言」を行って対応している。

(5) 人権（権利）の学習

　大学の指導において、クラブ指導員の研修において、子ども、女性を含む被指導者の人権についてもっと強調されなければならない。被指導者は年齢の若い子どもであろうと、あるいは女性であろうと、障害者であろうと、人格を持った一人の人間であり、人権を持っている。これは世界的にも人権宣言として認められているし、日本国憲法でも同様である。決して指導者への服従者でもなく、劣等者でもない。この点がともすると曖昧化され、「愛の鞭」を許容する根拠とされる。
　一人の人間に体罰（暴力）を振るうことは、明らかに犯罪である。教育や指導とは、そうした体罰（暴力）を使うことなく、指導者の人格、技術、知識をもって被指導者のそれらの向上に導くことである。
　「人権教育」というと日本では極めて狭い範囲に限定されてきた。スポーツに関わる大学、連盟などももっと被指導者の（もちろんそれは指導者自身も含めて）、人権、権利問題を強調する必要がある。そしてその人権、権利を侵害した人への罰則も厳密にすべきである。先に示したイギリスの例他から大いに学ぶ必要がある。

(6) 福祉の拡大と脱暴力化、脱体罰化

　上記の諸対策は体罰撲滅の直接的対応としていずれも必須である。しかしたとえそれらをある程度推進したとしても、それだけでは体罰は根絶出来ないだろう。これまで述べてきたように、日本の部活動体罰の基盤には戦後日本の生産と消費のギャップによる生活不安、教育行政の不備、教師の分断化などが複雑に絡んで規定しているからである。福祉全般の向上によって日本人の心性をもっと余裕のあるものに変えることが、体罰の減少を根本的に可能とする。従って、体罰撲滅の根本的課題は他の福祉領域の上昇と併行するであろう。

(7) その後

　なお、こうした状況下、文部科学省は小・中・高・中等教育・特別支援・高等

専門学校の全国悉皆調査を行い、2013年8月9日に結果を公表した（調査方法は各県の教育委員会に委ねたために、例えば体罰把握にばらつきが目立つなどの調査結果となったが、初の調査である）。これによると2012年度に体罰をした教員数は4,152校の6,721人で、被害を受けた児童・生徒は14,208人である。体罰の態様は「素手で殴る」（61.0%）、「蹴る」（9.2%）、「殴る蹴る」（6.1%）、「棒などで殴る」（5.3%）他である。場面では「授業中」（31.8%）、「部活動」（30.5%）、「休み時間」（11.9%）他である。また学校別に見ると小学校では「授業中」が約60%におよび、中高では「部活動」が約40%となっている。過去10年の体罰による懲戒処分を受けた教員は約400人で横ばいであったが、今回の調査で17倍にも上った（2013年8月10日各紙朝刊）。

　2013年の前半、筆者は自らの大学の講義の1コマに「体罰禁止論」を急遽導入して、学生と話し合った。また、いくつかのスポーツ協会から体罰問題に関する講演やシンポジウムに招かれた。このなかでよく質問が出たのは「言うことを聞かない子どもが目の前にいる場合、体罰によって押さえるしかないのではないか」ということである。また、学生たちの何人かは、授業後の感想においても「教育的な体罰なら多少許されるのではないか」と書いている。つまり、体罰はいけないと思いながら、その一方で完全に体罰を否定し切れないのである。こうした質問や感情の背後には、体罰に依らない指導の在り方を全く知らないという悲劇、現実がある。だから、体罰はいけないときつく言われても、体罰に依らない指導法の在り方がイメージ出来ないのである。だから、多少でも自らの出口を作っておきたいという心理が働いている。

　従って、体罰に依らない指導法が行き渡らない限り、今後とも何かと体罰問題は消失しないだろう。今後、大学の授業でも、地域スポーツの多くの研修会でも、体罰に依らない指導法の具体的なイメージを、多くの経験を掘り起こし、交流しながら普及させることが求められている。

　さらに、筆者は、もし2020年のオリンピック東京招致が失敗したら、国内の体罰対策のトーンががた落ちになるのではないかと心配していた。現に2013年の初頭の急速な盛り上がり、安倍首相を先頭に文科省も率先して対策に乗り出したのは、2013年9月7日のIOC総会への懸念を払拭する意図が明白であったからである。招致に成功すれば、2020年までの7年間は世界が日本のスポーツにも注目するから、日本のスポーツ界も体罰・暴力を根絶する課題を曖昧化出来ないからである。そして開催が決定したいま、この体罰問題に本気で取り組んで

もらいたいものである。

　2014年9月4日、ユニセフは、世界の子ども(2〜14才)の約6割(約10億人)が両親などから日常的に体罰を受けていると推定した。そして大人の約3割が「子どものしつけに体罰は必要だ」と信じている。これらはアフリカや中東でより深刻である。ユニセフはこれを「最も普及した暴力の形態」だと警告している。

　また日本では、2013年11月から開始された弁護士の全国ネットワーク学校事件・自己被害者全国弁護団」が公表したところによると、いじめ、体罰、部活動中の事故の他、50件以上の相談が寄せられたという。そしてその80％がいじめや体罰に関するものである。そして体罰のニュースが未だに毎日のように報道されている（2014年9月7日、共同通信）。

【注】
1）エリアス, N., ダニング, E.,『スポーツと文明化─興奮の探究』叢書・ウニヴェルシタス、法政大学出版局、1995年。
2）内海和雄『部活動改革─生徒主体への道─』不昧堂出版、1998年。
3）江森一郎『体罰の社会史』新曜社、1989年、p.246。
4）坂本秀夫『体罰の研究』三一書房、1995年、p.197。
5）牧柾名編『懲罰・体罰の法制と実態』学陽書房、1992年、p.18。
6）坂本秀夫『生徒懲戒の研究』学用書房、1982年、p.111。
7）庄形篤『運動部活動における体罰受容のメカニズム─A高等学校女子ハンドボール部の事例─』2011年度早稲田大学修士論文。
8）5）のpp.435-436。
9）4）のp.155。
10）2）に同じ。
11）冨江英俊「中学校・高等学校の運動部活動における体罰」『埼玉学園大学紀要（人間学部篇）』第8号、2008年12月。

第8章

20世紀とスポーツ
──近・現代スポーツの描き方

1．研究方法論

　本章は広島経済大学「スポーツ経営研究会」の第1回目報告である。従って、筆者の細かい研究分野の報告ではなく、新しいスポーツ経営学科の発展の基盤ともいうべき 21 世紀のスポーツを展望したい。その核心は「20 世紀とスポーツ」をどのように考えるか、そしてその発展形態として 21 世紀をどのように描くのかに帰着する。

　「20 世紀とスポーツ」を描くに当たって、先ずその研究方法論が問われなければならない。後ほど触れるがスポーツといってもどの領域から迫るかによっていろいろ方法があるが、スポーツ社会学の視点から「社会とスポーツの関係」に焦点化したい。スポーツも社会を構成する 1 つの文化だが、研究としてはいったん社会から抽象的に独立をさせなければならない。その歴史的研究を見渡してみると、圧倒的に多いのは「社会がスポーツにどう影響したか」という視点である。例えば、1936 年のベルリン・オリンピックはナチスによってどのように利用されたか、政治的利用はどのようであったかということがいろいろと記述されている。これは社会があるいは政治がスポーツをどう利用したかという、どのようにスポーツに影響したかという視点での研究である。これに類する研究はたくさん存在する。

　では、もう一方からの視点、「スポーツが社会にどのように影響したのか」、ベルリン・オリンピックでいえば、最初はユダヤ人の文化として嫌っていたヒトラーが、オリンピックの潜在力を説得されて、大々的な政治的利用を行ったことは有名な話である。しかしこの点を除けば、オリンピックがナチスやドイツの政治・経済・社会にどのような影響を与えたのかという視点はほとんど研究されていない。我々の会話の中でも、「スポーツと社会の相互影響」ということは良く表現するが、スポーツが社会にいかに影響するかという視点は実証的にも極めて難しく、研究方法論的に困難点が多い。

　別の事例を挙げてみよう。2011 年の「なでしこジャパン」のワールドカップ優勝の経済効果は 500 億円であると言われるが、推測でしかない。つまりその経済効果なるものも研究機関によって大きく異なるのである。経済学的にも実証の方法がない。オリンピックやワールドカップを招致すれば○○億円の経済効果があるという予測が提出され、議会を通す資料、住民を説得する宣伝材料として

第8章　20世紀とスポーツ―近・現代スポーツの描き方

使われるが、実際にその評価を行ったものは聞かない。2002年にワールドカップを招致した時に、10の自治体がスタジアムを作り、他の自治体も練習場を整備してチームを招致したが、自治体がワールドカップの事後の経済効果を簡単に評価したのは2件しかない。

ところで、そうした国際的イベントの開催は住民に勇気と自信を与えるという。あるいは国際的なスポーツ大会はナショナリズム、あるいはナショナル・アイデンティティを自覚させる機会であると言われる。現に「なでしこジャパン」のワールドカップでの優勝が日本社会に与えた影響は経済的だけでなく、精神的にもかなりのものであることは誰でもが実感出来るのだが、でもこうした抽象的な内容はその測定、評価方法はさらに難しい。だが今後スポーツが社会的に承認されていく為には、後者の「スポーツが社会にどう影響したか」という点での実証をさらに追究していかなければならない。

2．スポーツとは何か

さて、次いで「スポーツとは何か」について触れておきたい（本書第1章で既に触れたので、ここでは簡単に示す）。それを問うと、スポーツ分野でも個々人で異なり、大変な議論になる。この背景にはスポーツを把握する研究方法論的な確認が弱いので、十人十色の状態となるからである。「スポーツとは何か」を問う場合にも、研究方法論としての明確さが必要である。

「スポーツとは何々である」という風な言い方の時には2つの規定の方法論が混在している。1つはスポーツの主観的な規定である。「私にとってスポーツとは何か」と問う場合、スポーツは生きがい、健康増進の手段、あるいは友達を作るため、ストレス発散のため等々の規定がある。これらはスポーツをやった人が感じる主観的な規定である。さらにそれらが集団となって、人間関係を活性化する、地域の振興に貢献するなどの心理的、社会的な影響がある。さらに国対国対抗の国際試合に勝つことにより、例えば先の「なでしこジャパン」の優勝により、日本人としてのナショナル・アイデンティティやナショナリズムが高まるなどの社会的結果も含められる。また、国際イベントの招致による経済的効果、国際交流も期待出来る。これらはスポーツを行うことによってもたらされた、あるいはそれ故にそれらの効果を期待してスポーツに向かう個人的ないし、社会的効果、結果を述べたものである。

しかし、これはスポーツ把握における効果、結果の表現であって、それらをもたらした「スポーツそれ自体」の把握にはなっていない。ここにスポーツ把握の認識論上の課題がある。「スポーツそれ自体」とは一体どのように捉えたら良いのだろうか。
　スポーツ研究では未だ、この研究方法論ないし認識論における方法論的自覚が弱いというのが筆者の意見である。従って、この点について若干触れたいと思う。
　実はスポーツの本質というのはそれ自体目に見えないものである。例えばお祭りなどの無形文化財と同様で、お祭りは特異な衣装、道具、振り付け、儀式などに規定された表現様式を持っている。そこには抽象的だが客観的な行動様式がある。だから無形文化財として成立するのである。実はスポーツも同じで、行動様式を決定するルールや用具、コートそして戦術を持つが、それらは文書として読んだり、具体物として見ることも出来る。しかしそれだけではスポーツの一部の構成要素であり、スポーツを総体として見てはいない。つまりスポーツとはそれらの要素を含みながら具体的にプレイされ、現象される場面の総体を呼ぶのである。これを哲学的に整理すると、図表1-1（第1章、26頁）に示すように本質―実体―現象という関係で構成されている。スポーツは身体形成という自然的属性とルール性という社会的属性の2つが結合するところにスポーツの本質レベルでの性質がある。その両者の結合したものが実体としての運動技術である。従って、スポーツ種目の違いはルール性に規定された行動様式に従って各スポーツで活用される運動技術の違いとなる。簡単に言えば、サッカーは足技が中心だが、バレーボールは腕技が中心で、その運動技術体系は大きく異なる。また、実体である運動技術は本質であるルール性を内包しているから、ある運動技術のある程度の体系をマスターするということは、そのスポーツのルールをある程度マスターすると同時に、身体形成をすることになる。練習というのは運動技術をかなりパターン化してその習熟を目指すのだが、現象としての試合はそればかりでは意味がないので、いろんな偶然が入り込んでくる。相手の裏をかいてやるというのは、相手にとってそして時には自分たちにとっても偶然である。臨機応変に対応する能力が求められる。だからスポーツは「筋書きのないドラマ」だと言われるのである。筋書きが決められていたら試合にならないだろう。音楽や演劇のように演者は音符や筋書きを丁寧になぞり結論も決まっている。しかしスポーツにはルールで決められたコートや時間の中で、筋書きのない偶然をいかに支配出来るかが強いチームであり、試合としても面白いわけである。見ていてとんでもな

第8章　20世紀とスポーツ—近・現代スポーツの描き方

いプレイが出てくると、あっと驚く。それは観客も全く予期していなかった偶然性であり、選手たちにとっても同様に違いない。本質的なものが運動技術という実体となり、偶然をたくさん含みながら現象する。これがスポーツである。そういう客観的な性格を持つものを我々はマスターをしてスポーツをするから、精神的にも、身体的にもいい。それとチームワーク、クラブワークを良く組織することによって仲間関係もうまく出来る。こういう性格をスポーツというのは持っている。さらに社会的には、人々を結び付ける効果を持っている。それは愛校心・愛社精神であり、愛県心であり、愛国心にまで連なる。ナショナリズム、ナショナル・アイデンティティへの影響という大変大きな効果まで持っている。と同時に、それが友好に働けば、国際平和への大きな貢献をすることも経験上は認識されている。

　スポーツとそれを取り巻く社会（構造）と歴史との関連を「スポーツ的世界」として簡単に図示すると図表1-2（第1章、29頁）のようになる。「スポーツそれ自体」が中心部分である。ここには先に見た本質—実体—現象がある。この部分でプレイをするが、現実のスポーツというのはそれだけでは成り立たない。つまり、そこにはクラブとかクラブ同士の結合である連盟などの「スポーツの組織」が生まれる。そして地区連盟、全国組織、国際組織にまで連なる。そしてスポーツクラブ組織は社会の中にしか存在出来ない。それが「スポーツと社会」である。現在の社会がどういう社会なのか、例えば一番わかりやすいのはこういうスポーツそれ自体とクラブが戦時中はほとんど存在を許されなかった。スポーツは平和な社会でしか存在出来ないのである。これはオリンピックの歴史を振り返れば容易に理解出来ることである。戦争によってオリンピックは過去3回も中止された。

　また、福祉国家の下での「スポーツ・フォー・オール政策」により、スポーツクラブは大いに奨励される。しかし、日本のようなスポーツの貧困な国では、総合型地域スポーツクラブという行政主導のクラブを除く一般の単一種目クラブではむしろ無視されている。このように、スポーツクラブの存在にとって、その社会が、あるいは国や自治体のスポーツ政策がいかにあるかによって大きく左右されるのである。

3．スポーツ研究領域

　次にスポーツの社会科学的な研究領域を簡単に—これは全部ではない—見てみ

よう。自然科学領域としてのスポーツ医学やスポーツ栄養学も現在では非常に重要視されている。運動生理学、バイオメカニクスなどはトレーニング理論として欠かせない。また、スポーツを楽しむ上での主体、人間の側の条件としては、例えばスポーツ心理学がある。スポーツの中でどういう心理状態にいるのか、どのような心理的効果があるのかを研究する。それから社会的な領域としてスポーツ社会学、スポーツ史、スポーツ法学、スポーツ政策論、運動論、組織論、地域スポーツ論、人類学、文化論、経済学、経営学、産業論、スポーツマスコミ等々、いろいろな領域がある。また、一方で経営学からの接近も必要だろう。そうして、スポーツと経営の双方の結合において、今後スポーツ経営学がどこまで採り入れるのかは、情勢の変化と同時に関連組織がどういう方向を志向するのかによって、重点が変わるのであろう。

4．20世紀のスポーツ

さて、スポーツが20世紀にどのように発展してきたかということを、組織の結成、行事の組織化、プロ・スポーツの進展、国民へのスポーツの普及そしてスポーツ政策の推移という視点から見てみよう。

組織の結成で言えば、その1つの典型としてIOCが1894年に出来た。それと前後して多くの国内スポーツ組織や国際スポーツ連盟（IF）が出来、スポーツは各国内での普及と同時に、ますます国際化をした。FIFAもその1つで、イギリスのFootball Association（FA）の「専制」に抗議して西欧、北欧の8ヵ国で1904年に結成された。他のスポーツ種目連盟はアマチュアリズムの下で、プロは排除されていたが、FIFAやFAのサッカー界では最初からプロをも含んでいた。1908年のオリンピック・ロンドン大会からサッカーも開催種目となり、当然にして各国のプロも入って来てしまった。そうするとIOCはプロを入れるなと主張し、FIFAは分かりましたと言いながら各国からプロが参加するのを規制しないし、出来ない。そうしてIOCとFIFAが常に対立していた。1928年のアムステルダム大会に向けてついに両者は決裂し、FIFAはオリンピックから撤退した。FIFAも国際大会を行わないと困るので、2年後の1930年にワールドカップを初めて行った。時、ウルグアイが独立100周年で、それを祝して開催したいと申請した。しかし、極端に言えば南米の未知の地・ウルグアイにヨーロッパから参加しようという国は無かった。そこでウルグアイは旅費、宿泊費を全部保

第8章　20世紀とスポーツ─近・現代スポーツの描き方

障し、6ヵ国チームが参加して第1回を開催し、結局開催国ウルグアイが優勝した。そういう経過がある。根本にはアマチュアリズムの解釈をめぐってIOCとFIFAの仲違いがワールドカップを生み出したと言えるだろう。

5．スポーツの発展

　先日、ある女子学生が「サンフレッチェ広島を応援しているけど、周りの男子がみんな広島カープファンでつまらない。」と不満を述べていた。筆者は「カープの歴史を調べたことある？」と聞くと、調べてない。「サンフレッチェの観客を増やそうと思うなら、一度カープの歴史を調べた方がいいんじゃない。カープがどのようにして広島に根付いたのかを知ることはJリーグの先例となると思う。『市民球団・広島カープ』と言われるように、そこには日本のプロ・スポーツクラブ（球団）の『地域密着』の先鞭となる活動をして来たんだよ」と言った。プロ・スポーツがいかに推移してきたのかを究明する必要がある。イギリスのサッカーでも第2次世界大戦前の選手は大半がアルバイトしながら生活するセミプロ状態だった。今のようにサッカーの給料でプロが成り立つようになったのは戦後の高度経済成長以降である。世界のプロ・スポーツというものの確立は多くが歴史的にはまだこの50～60年くらいである。国民の生活水準が向上し、彼らが入場料を払ってスタジアムに来てもらわなければならない。そういう背景を無視してプロ・スポーツは成り立たない。国民の生活水準が向上していくと、スポーツ政策が国レベルもしくは自治体レベルで生まれて来る。

　研究状況を見ると、スポーツの発展に対して、社会背景との関係を見ない、スポーツがあたかも真空の中に存在し、その中で発展してきたかのような研究が多い。IOCが1894年に出来て1896年に第1回目のオリンピックがアテネで行われたという事実は事細かく記述するが、なぜクーベルタンはオリンピックを復興しようと考えたのか、当時のヨーロッパ情勢はどういう情勢だったのか、その中で彼がどのような人々の支援を得てその理念を実現しえたのか等々はあまり記述されていない。

　そのオリンピックも1896年の第1回アテネ大会からナショナリズムは激突していた。1890年代というのは帝国主義列強の植民地争奪の対立が世界のあちらこちらで軋みはじめていたから、いつ世界戦争が勃発してもおかしくない情勢下であった。結局20年後の1914年には第1次世界大戦が勃発した。当時、心

ある人々の平和運動が一方で高まっており、クーベルタンは平和主義者としてスポーツで世界平和に貢献出来ないかを考え、オリンピックの復興ということを考えた。こうした情勢下でのクーベルタンの思想と行動をよりリアルに描くべきなのだが、クーベルタンが理念崇高な人でありスーパーマンでオリンピックを提唱し、復興させたというような研究が実は結構多い。今あげた研究がすべて悪いということではなく、それぞれが社会との関係でどのように影響を与えたのか、または影響を受けたのか、さらにそれらの意義は何なのか等をさらに追究することが重要なのである。

6．スポーツにとって 20 世紀はどのような時代か

スポーツにとって 20 世紀はどういう時代かと言えば、資本主義の発展と無関係にスポーツは語れない。1917 年に社会主義ソ連が生まれたが、オリンピックにとって資本主義の影響が圧倒的に強いから資本主義を軸に考えても間違いはないであろう。

まず、スポーツ要求の基盤である健康・体力と社会背景を見れば、19 世紀の近代化（都市化や産業化）は国民国家の形成過程で新たな国民を育成する必要性が生まれた。そのために近代教育制度（義務教育制度）を設立して、言語を統一して国語化した。それと同時に近代工業に対応する労働力と近代軍隊の兵士を養成するために科学・技術や知識を教え、健康維持能力と体力養成を図らなければならず、保健や体育が生まれた。同時に国家に忠実な人間を作らなければいけないので道徳も設けられた。道徳を一番形成しやすいのが体育・スポーツということになり、体育・スポーツはこの点でも大きく利用されてきた。つまりナショナリズムを教育するうえで非常に便利なのである。世界のすべての近代教育制度には体育科が設置され、高校生以上には部活動としてスポーツを自由にやらせながら、そこにもナショナリズムを絡めてきた。これが近代の 19 世紀後半の事で、20 世紀に入ると第 1 次世界大戦と第 2 次世界大戦という初めての総力戦で、ヨーロッパ諸国は大変に疲弊した。しかし負けたらもっと大変なことになるから、勝たなければいけない。国民を総動員する必要がある。そのためには福祉というアメを与えて、戦闘意欲を高揚させた。だからこの戦間期という国家財政の厳しい時期にも「ブルジョア政府」は国民、労働者階級、労働組合、女性の諸権利、そして福祉の向上に大きな譲歩をした。その一環として労働運動と共に労働者ス

第 8 章　20 世紀とスポーツ―近・現代スポーツの描き方

ポーツも大きく高揚した。1936 年 8 月のオリンピック・ベルリン大会に対抗して 1936 年 7 月にスペイン・バルセロナで労働者オリンピックが予定された。またこの戦間期には排除されていた女性もスポーツに多く参加するようになった。第 2 次世界大戦中の 1942 年に、ドイツによる空爆を受けながら、イギリスではベヴァリッジレポートという戦後の福祉を構想した報告が出された。それは後に福祉国家（Welfare State）と呼ばれるが、戦争国家（Warfare State：ドイツ、イタリア、日本）への対抗概念としての名称である。しかし戦争による疲弊で福祉国家もお金がない。だから福祉でも生命に直結する住宅、医療、労働保障、そして教育に限られていた。その後 1950 年代後半から 1970 年代初頭のオイルショックまでは高度経済成長に入るが、この時期に福祉の領域が拡大した。文化領域やスポーツもその一環に含められるようになった。「スポーツ・フォー・オール政策」である。つまり、歴史上初めて、スポーツが全国民の権利、人権として国家から承認され、また国家もそのことを必要とするようになった。つまり、経済の発展とその国民への分配がスポーツ権を実現するまでに到達したことを意味する。逆に開発途上国では経済的未発達からスポーツ権の承認の必要性も生じないと言うことである。

　高度経済成長は国民にどんな影響をもたらしたのであろうか。特に先進国において人間の体力の人類史的な構造転換が起きた。それまで人類の大半はごく一部の支配層を除けば少なくしか食べられなくて、一方でそのために多くのエネルギーを使っていた。つまり長い欠乏状態（少量摂取・多量消費）をたどってきた。ところがこの高度経済成長によって栄養事情が大きく改善され、高栄養化した。しかし一方で、生活、労働全体の機械化、精神労働化が進行し、ストレスが増し、運動が激減する。つまり飽食状態（多量摂取・少量消費）の飽食状態である。こうした人類史的体力パラダイムの転換は先進国では生活習慣病を激増させた。さらに医療の科学・技術が向上し、医療費は下がるのではなくむしろいっそう嵩むようになり、国家財政を脅かすようになった。現在、アフリカ諸国では「少量摂取・多量消費」（欠乏状態）で未だに多くの人が死んでいる（餓死）一方で、先進国では「多量摂取・少量消費」（飽食状態）と環境・医療改善で寿命は延びつつあるが、その一方で肥満、糖尿病そしてそれから派生する心臓病、脳疾患などの生活習慣病が激増している。

　これらへの対策は何をしたら良いのであろうか？　簡単に言えばたくさん食べなければ良いのである。もしこれが可能ならば人類の歴史はもっと簡単な文明史

になるだろう。しかし人間には欲望の向上の法則があり、商品を生産し販売する資本の強烈な宣伝が消費を煽る。それに「負けた」人々が糖尿病となり、激増している。日本の終戦直後に糖尿病はほとんど無かった。しかし現在日本人の6人に1人は糖尿病ないしは予備軍であり、国民病と呼ばれる。そして医療費の高騰が国家財政を脅かしている。こうして人々は多く摂取したカロリーを消費しなければならなくなった。通勤途上の1駅前で降りて歩く、エスカレーター・エレベーター横の階段を歩いて上がり下りしたら良いのであろうか。しかしこれらは3日で飽きる。苦痛だから。人類は楽しく運動してカロリーを消費する文化が必要だ。これがスポーツであり、スポーツ以外にはない。

　こうして国家が国民にスポーツを奨励する必要が生じた。一方で、高度経済によって国民に新しい権利が高揚した。その中にスポーツ権が入り、スポーツの公共性も復活した。国家的な意味からも、国民の権利の側面からも「スポーツ・フォー・オール政策」が必須になった。その内実は、国民がスポーツに参加するための可処分所得・可処分時間を保障し、公共的にスポーツ施設を建設し、スポーツ指導者を養成し、国民のスポーツ権を保障するようになった。これが「スポーツ・フォー・オール政策」である。それ故に「スポーツ・フォー・オール」とは福祉国家におけるスポーツ政策なのである。

　日本も高度経済成長を遂げた。2011年に中国に抜かれるまで、GDPはアメリカに次いで世界で2位という高水準で、ヨーロッパ諸国をも追い抜いてきた。しかし日本の税制・財政は大企業優遇で、国民の福祉は低く抑えた。大企業の富が国民へトリクル・ダウンされていないのである。従って、日本は福祉国家を経験していない。つまり「スポーツ・フォー・オール政策」を実現していない。これが、日本のスポーツ政策が先進諸国内でも極めて貧しいことの原因である。2011年に「スポーツ立国宣言」を文部科学省が出した。「スポーツ基本法」が国会で成立した。確かに政府関連文書の中に「スポーツ権」という用語が初めて登場したとか、いくつかの画期が見られたが、予算規定は何もない。ここで敢えて述べるが、日本の「スポーツ・フォー・オール」は日本が福祉国家化を実現する過程でなければ実現することは不可能なことである。この点はスポーツ関係者の多くが不問にしているので、敢えて強調しておきたい。

　現在、日本の国民にとってスポーツ要求は潜在化している。スポーツをしたい要求が抑圧され、沈殿化しているのである。国内のスポーツ施設も、第4章で見たように文部科学省の調査によれば1985年には総数で30万施設あったが、

2008年には23万弱に激減した。国民のスポーツ参加の前提である可処分所得・可処分時間の減少の一方、こうしたスポーツ施設の減少もスポーツ参加の減少の原因である。つまり国民が参加しないからスポーツ施設が消失する、消失するからスポーツ参加数が減るというマイナススパイラルである。内需を拡大すれば、つまり国民の福祉を高め、消費力を高めればスポーツ要求は顕現し、爆発する。

7．ナショナリズム

　次はナショナリズムに言及したい。国民意識（ナショナル・アイデンティティ）と国家意識（ナショナリズム）には差がある。例えば、外国旅行に行った場合、あるいは外国人と対峙している場合、いやでも日本人としての意識を持たざるを得ない機会は多い。これは国民意識である。しかしそれは日本の国家を愛するという国家意識とは差がある。ワールドカップの「なでしこジャパン」の優勝は日本人の国民意識（ナショナル・アイデンティティ）を高めたが、国家意識であるナショナリズムを高めたとは思ってはいない。日本人として頑張った、日本人としての自信を高揚させたけれども、国家としての日本の為に頑張ったと考える事は微妙であろう。これには議論が有るだろう。筆者はスポーツ的ナショナリズムという言葉を活用してナショナリズムとスポーツ的ナショナリズムの関係を研究し始めており、両者が直結する場合もあるが、しない場合もある。そこにスポーツ的ナショナリズムを注目する意義があると考えている。これが戦争であったならば日本バンザーイ、日本国の為となるけれど、「なでしこジャパン」の場合はそこまで到達していないと思う。これは日本のナショナリズムが弱まっているという傾向と、一方ではナショナリズムにまで到達させるほどの国民スポーツの普及がないからでもある。しかし、政府は「なでしこジャパン」の偉業をナショナリズムにまで持ち上げようと、国民栄誉賞を与えたり、マスコミで大変に持ち上げたりしているが、それでも日本国万歳にはなっていない。つまり、その日本国のアイデンティティ（ナショナリズム）が曖昧化しているのである。

　ともあれナショナリズムそれ自体を高揚させる上で最良の手段は戦争とスポーツだと言われている。戦争は国家の存亡を掛けた戦いだからナショナリズムそのものである。ところがスポーツがナショナリズムまで直結するかと言えばそうではない。WBCにおいて日本チームが勝った。そしてもし日本のサッカー男子がワールドカップで優勝しても日本のナショナリズム、日本国バンザーイとはなら

ないだろう。ましてや天皇万歳にはもっと結び付いていない。いま、日本には大きな3つのナショナリズムがあると思う。例えば右翼が言っているような天皇万歳という皇国史観であり、2番目は80年代以降台頭している国際貢献論である。これによって強い日本が強調されるけれども、天皇万歳と言えない。なぜならばこの人たちは大企業中心で、大企業は今、東南アジアや中国に経済進出している。その国々で天皇万歳と言ったら即刻排斥運動に会いかねない。先の侵略戦争の謝罪をしっかりとしていないことが現在に尾を引いている。しかし進出した自分たちの企業を守ってもらうためには自衛隊を派遣して、軍事プレゼンスの下に安心したいので、自衛隊の海外派遣は賛成なのである。これが第2の国際貢献論に基づくナショナリズムである。当然にして、憲法9条を廃棄しようとしている。第3は憲法9条を守って海外に軍隊を派遣せず、平和に国際貢献をするのが日本の国家の在り方であるとする平和貢献論である。先進国で戦後70年、海外へ戦闘軍隊を派遣していない、海外で人を殺していない、殺されていない唯一の国である。日本はそうした政策で国際貢献をしてきた。これは世界の平和志向の人々の目指す1つの理想型であり、世界中から支持されている。しかし現在アメリカは一部を日本に負担させようと憲法9条の廃棄を迫っており、歴代の日本政府も憲法改正（その内実は9条廃棄）を狙ってきたが、国民の反対の中でその野望は実現していない。こうして今大きな3つのナショナリズムがあるが、スポーツが今そこのどこに結び付いているかというと、これもまた複雑である。精神科医の香山リカ氏は「ぷちナショナリズム」と呼んで、国旗フェイスペインティングの人々が右傾化するのではないかと危惧している。当の本人たちはナショナリズムには与していないと述べるだろうが、そうしたフェイスペインティングをした親が、子どもの学校に行って入学式や卒業式での日の丸・君が代の時に起立しない、斉唱しない教師に対して「何で立たないのか」と、教育委員会と一緒になって非難するだろう。日の丸・君が代が持った戦争での意味、歴史的な意味を考えず、教師の思想の自由の問題（憲法）とは考えず、「日本人なのになぜそうしないのか」という単純で短絡的な論理で起立しなかった彼らをバッシングするかもしれない。このフェイスペインティングなどは緩やかなナショナリズムの組織化であろう。先進国でのナショナリズムは開発途上国ほど露骨ではなく、ソフトに巧妙化している（Billig, M., *Banal Nationalism*, SAGE, 2009, 初版 1995）。重要な問題だが、ここではこれ以上深入りしない。ともあれ歴史的に見てもスポーツは政治的、思想的に利用されてきたし、現在も大変大きな力を受けている。一方、同じレベル

で政治的、思想的な影響も与えているのである。非常に微妙な問題をたくさん含んでいる。昔から「スポーツは政治的に中立」「オリンピックは政治に加入しないし、されない」と言うが、それは自由権的には政治の介入を受けない、拒否すると言うことである。しかし「スポーツ・フォー・オール政策」の実施の段階では、政治による保障を求める、政府の積極的な介在を求める社会権の実施である。ここで問われることは、政治はスポーツに「援助、非介入」という新たな原則である。社会権のためには積極的な政治介在が求められ、「政治的中立」の意味も改めて問わなければならない。

　先日、ノルウェーの極右のナショナリスト青年が爆弾と銃で100人近いイスラム人移民を殺害したテレビニュースを見たが、犯人は北欧にイスラムの文化が入ってくるのを阻止しようとして、ああいう行動を採ったと報道していた。もちろん彼の行動は許されるはずはないが、テレビの一方的な論調にある種の違和感を覚えた。つまり、ナショナリズムはすべて悪であるという論調が気になったのである。いったい、ナショナリズムはすべて悪なのであろうか。ナショナリズムを持つこと自体が否定の対象となるのであろうか。

　現在の世界にあって、つまり国家が厳然として存在する中で、あるいはその存在をより強固なものとしようという中で、ナショナリズムは無くなるのであろうか。もし無くなるとして、いかなる社会の下で無くなるのであろうか。ナショナリズムだから、国家の消滅と共になくなるのであろう。国際連合（国連）はナショナリズムがあって成立している組織でる。United Nations とは諸国家の連合という意味であり、国連本部の前には加盟各国の旗が立っている。現在のグローバル化をしている社会の中でもナショナリズムはむしろ強くなっている。確かに大変複雑で無視するには大きすぎる問題である。ナショナリズムは悪か、善か、中立か？　問題はいかなるナショナリズムかが問題ではないのだろうか。

　拙著『オリンピックと平和─課題と方法─』でも触れたが、国際オリンピック委員会（IOC）でも1960年代を中心に、何度かオリンピック時の国歌や国旗の活用を止め、オリンピック歌とオリンピック旗に代えようと提案されたことがある。もちろん東西冷戦下でのナショナリズムの高揚を抑えるためである。しかし開発途上国や旧社会主義国の反対でそれらは採択されなかった。反対したそれぞれの国では、対内的、対外的にオリンピックでのナショナリズム高揚を極めて重視していたからである。オリンピックから国歌・国旗が消えれば、それらの国にとってのオリンピックの魅力も半減していたに違いない。

そもそもフランス革命の旧封建体制（アンシャンレジーム）を打倒する勢力が最初にナショナリズムを抱えた。当時ナショナリズムは社会進歩の側を象徴し、社会の改善を志向し、善として歓迎された。しかし、現在はナショナリズムというと右翼的、他民族排外の思想、自民族優越主義を意味するように転換した。特に日本では長い間皇国史観の下で、対抗するナショナリズムは抑圧されてきたことから、知識人の中にもナショナリズム問題を回避しようとする傾向も伺える。しかし、ナショナリズムとはいかなる国家を希求し、擁護し、建設しようとするかの基本問題である。この点では避けてはならない課題であろう。問題はどのようなナショナリズムかということである。

8．アマチュアリズム

アマチュアリズムというのは「伝統の創造」（E・ホブズボーム）の一環であり、資本家階級が19世紀に復活させたスポーツから労働者階級を排除するためのイデオロギーであり、ルールであった（拙著『アマチュアリズム論』創文企画、2007年、参照）。なぜ労働者が入ってきたかというと、日頃肉体労働に従事する彼らは、労働それ自体がスポーツのトレーニングと共通する筋力アップを内包していたからである。ではなぜ音楽とか他の文化にアマチュアリズムが無かったのだろうか。それは労働者階級にとってそうした文化に接するほどのお金（可処分所得）と暇（可処分時間）が無かったからである。スポーツ競技会では日頃肉体労働で鍛えた身体を運動させて賞金・賞品を稼げたから労働者が参加出来た。それを排除するためにアマチュアリズムを作った。こうして大量の労働者階級をスポーツから排除することは、スポーツの市場化を排除することとイコールである。つまり、すべてを市場化、商品化する資本主義社会にありながら資本家自らがスポーツの市場化を排除したのである。ここにアマチュアリズムが持った最も基本的な矛盾がある。資本主義社会がその後発展し、活性化してますます市場化していった。スポーツにもその波は押し寄せた。つまりスポーツの普及を促進させようとした。しかし当初は頑なに労働者階級を排除して大衆化、市場化を排除したわけだが、資本主義の進展に伴い抑えられなくなって、アマチュアリズムは死滅した。話は一気に飛ぶけれど、オリンピック憲章から1974年に「アマチュア」という用語は廃棄された。オープン化つまりプロも自由に参加出来るようになった。そういう意味ではサッカーに近づいたのである。今オリンピックで金メ

ダルをとるとその選手の商品価値が上がる。プロ選手は商品価値が命だから、それでドーピング問題等の新たな問題を抱えるようになった。オリンピックやスポーツの大きなイベントは政治的、経済的、思想的に大きな利用価値があるのである。

さて、「スポーツ・フォー・オール」というのは先述のように1960年代の高度経済成長以降、国が「スポーツ・フォー・オール政策」で施設を建設し、国民の参加を促進させる政策である。そうすると国民の学習意欲が高まり、高度な技術に接したり、見たくなるのは必然である。その中でプロ・スポーツが大きく飛躍するようになった。つまりプロというのは国民の実際にやるスポーツが普及し、その基盤が広がれば広がるほどプロとしての高度化への志向も高まるのである。

9．商業化

1990年代に入ると世界市場がメガコンペティッション化し、資本の国際的な競争力が激しさを増した。そして多くの企業が安い労働力を求めて開発途上国へ移転し、先進国では産業の空洞化を引き起こしつつ、大企業はますます多国籍企業化をした。それに伴ってヘッジファンドも多国籍化し、世界経済を操作するようになった。これらの多国籍企業は世界戦略上、宣伝を生命線としており、世界的なイベントの宣伝力を放っておくわけがない。オリンピックやその他の世界的なイベントは格好の対象であり、それにテレビ放映が絡めば条件は成立である。こうして1980年代からオリンピックの放映権料は飛躍的に上昇した。それはオリンピックの普及度と名声をさらに高めた。そしてそこに協賛企業として参加したのはすべて多国籍企業である。マクドナルド、コカ・コーラ、コダック…。これに伴ってオリンピックの商業化は不可避となった。1980年にIOC会長に就任し、その「商業化」を推進したサマランチ会長を「商業主義化」をしたと批判する動向が一部にあるが、それは単純に批判出来ることではない。世界経済の動向にオリンピックも乗らなければ、ある意味で逆にオリンピックが潰されていたかもしれない。オリンピックも平和運動の精神を推進しながら、一方では国政経済、政治の動向との緊張関係を円満に保ちながら舵取りをしなければならない。因みに、オリンピックは未だに競技場内ではいかなる企業宣伝も一切許していない。そして現在、利潤の多くを開発途上国のスポーツ振興に援助している。これらは国連との共同作業も多くある。

10. スポーツと国民福祉

　先ほども触れたけれども（そして第 4 章はそのことを重点的に論じたが）スポーツが普及するには国民の福祉が拡大していなければならない。それは国民の可処分所得と可処分時間が十分に増えることを意味する。ヨーロッパ諸国は日本ほど GDP が高くないけども、この可処分所得、可処分時間をかなり保障してきた。日本の場合には GDP が高いけれどもその利益が大企業の内部留保金となり、国民へ分配されず、可処分所得と可処分時間がかなり低い水準で抑えられてきた。現在も低い。だから文化が普及しないし、スポーツも出来ない。スポーツをやる時間がないし、やるお金がない。そしてやる場所がない。年間の給料が 200 万円以下の人口が 2000 万人を越えた。今の若者の多くはそこに入るが、これでどうしてスポーツに参加出来るであろうか。80、90 年代以降、商業スポーツ施設、自治体のスポーツ施設もどんどん消えて、1980 年中頃の 30 万から 23 万弱へ 7 万施設くらい日本のスポーツ施設は潰れた。こういう状態で、国民のスポーツの要求が高まるわけがない。こうした中で国民のスポーツ要求は、潜在化している。当然それは見るスポーツ、プロ・スポーツにも反映する。だからプロ・スポーツの普及ということも実は国民の可処分所得や可処分時間が保障されない限り発展しえない関係にある。今の日本で国民の可処分所得と可処分時間が変わらない限り、今これ以上プロ野球と J リーグは発展しない、しえない。隙間を縫って（ニッチ）、女子サッカーがいま伸びている。これもロンドン・オリンピックでメダルを取れなければ、再び低下すると思うが（実際 2012 年のロンドン大会では決勝宿敵アメリカに敗れ、銀メダルとなったが健闘した）。J リーグやプロ野球がこれだけいま苦戦しているのは、J リーグやプロ野球が面白くないわけではなく、国民の可処分所得・可処分時間がないから、文化に向ける目・金・時間がないのである。

11. グローバル化とローカル化

　グローバル化論が盛んである。グローバル化とは 1980 年代辺りから一般化した用語である。それまでは国際化が一般的に活用されてきた。確かに 1980 年代から世界は、情報のインターネット化や政治経済そして文化でのグローバル化を

し、明らかな量的、質的な飛躍をした。それでそれ以降をグローバル化と呼ぶ人もいる。しかし、16世紀以降の国際化をグローバル化と呼ぶ人もいる。いずれにしても1980年代に大きな量的・質的な転換をしたという点では共通する。筆者は1980年代以降をグローバル化と呼んでいる。

　さて、スポーツのグローバル化というのは「市場化・TV化・プロ化」の3つの要素が構成されたときに成立すると筆者は考えているが、そうすると、多くのスポーツ種目は世界中に普及しており、その点では国際化しているが、必ずしもグローバル化をしてはいないことになる。一部の種目しかグローバル化はしていない。野球、サッカー、テニス辺りが筆頭であろう。他の種目は、世界に普及していて、オリンピック種目にもなっている。また世界選手権（ワールドカップ）も行われている。でもテレビ放映はされない、お客さんも入らない、プロとして成り立たないからアルバイトをしながらのセミプロである。ヨーロッパにおいてプロ・スポーツがプロとして成り立っているのは極端に言うとサッカーしかない（もちろんフランスの自転車やイギリスのスカッシュ、あるいは乗馬などでもあるが小規模である）。アメリカという大消費国でプロとして成り立っているのは、野球、バスケットボール、アメリカンフットボールそしてアイスホッケーの4大プロ・スポーツである。その他野球の3Aレベルもあるが、それ以下だとアルバイトしながらの生活となる。

　さて、スポーツの国際化ないしグローバル化はローカル化の問題も引き起こす。グローバル化によってあるスポーツ種目がすべて世界一色になり、どこに行っても同じだとする意見がある。つまりこれは国際化でも同様だが、スポーツが普及すると言うことはそのスポーツを通して世界中が交流出来ると言うことである。しかし、受容国のすべてが発信国の技術、思想までも100％受け入れるかと言うとそうではない。ここに「和魂洋才」が働くのである。日本で言えば、明治期にヨーロッパからのスポーツをヨーロッパの思想も含めてすべて受容したのではなく、技術やルールを取り入れたけれども思想は日本の思想、例えば武士道などを結合させて受容した。これを「和魂洋才」という。技術にしたって、体格の相違を考えて日本人に合う技術体系に作り替えることも行っている。同様のことは世界中の国々が行っている。逆に、ヨーロッパの人々が日本の柔道、剣道、そして相撲などを受容するときに、日本の思想をそのまま付随させて導入しているかと言えばそうではなく、それぞれに自国の思想で包んで受容している。国際化、グローバル化で技術は取り入れるけども、思想的にはその国のもので消化す

る。これらがローカル化である。

　グローバル化によるローカルな文化の駆逐という現象もある。日本での水泳はいま、いわゆる近代泳法と言われる4種目（クロール、バタフライ、平泳ぎ、背泳ぎ）が中心である。明治期、その近代泳法が日本に導入され、学校教育で教えられ、国内外の競技会が開催されるにつれて、それらがどんどん普及した。しかしその一方で、土着の日本泳法はことごとく衰退していった。今保存会を設けない限り保存出来ない。これなどはグローバル化によるローカルの駆逐の代表的な事例である。

　また、2008年のオリンピック・北京大会の前、中国では─中国の研究者に聞いた─、オリンピック種目にはメダル獲得を目指してお金をどんどんつぎ込んで普及させたけれども、それ以外の土着のスポーツは放っておかれた。だから衰退していく。そういう形の駆逐もある。しかしグローバル化によって1ついいことがある。それは、共通のルール、共通の行動様式があるから、世界どこでも交流出来る。弱小国であっても超大国と対抗出来る。例えばアフリカの貧しい国でも、ワールドカップで先進国と戦って勝つことも出来るし、そういう意味でのアピール性もある。これはスポーツが持つ長所である。スポーツはその競技内での平等性を持っている。また戦前の国際連盟と戦後の国際連合の創設に加わり、世界の全面的軍縮・核兵器廃絶運動に貢献したイギリスのフィリップ・ノエル‐ベーカー卿は、スポーツによる世界平和への貢献が最も崇高なものだと述べた。軍縮や核兵器廃絶の運動、国連の運動にも広く長く参加され、1959年にはその平和運動への貢献によってノーベル平和賞を受賞した氏は、1920年のオリンピック・アントワープ大会の1500m走での銀メダリストでもある。オリンピックメダリストでノーベル賞を受賞した人は、未だに氏以外にはいない。その氏をして、そうした国連の平和運動などを差し置いて、スポーツが最も崇高な平和運動と言わしめた意味は何だったのであろうか。国連では、もちろん国際法に基づいて各国が行動することを求めが、それぞれの思惑によって権謀術数を巡らす世界である。それに比べ、スポーツは共通のルール（国際的に統一された法律）に基づいて、粛々と進められる文化である。もしそのルールに違反すれば、場外への退去を迫られる。競技内での「権謀術数」は戦術として技術の範囲で許容されるが、それ以外での権謀術数は許されない。それ故、世界の平和へと貢献出来るのである。ここにスポーツの平和への貢献が可能である。

12. 日本の課題

　スポーツが普及するには、プロも我々のするスポーツも含めて、福祉が向上することが必須である。では国や自治体でのスポーツ政策が他の福祉領域を差し置いて突出出来るのかと言えば、これは不可能である。そういう意味では、福祉領域全般が上昇する中でしかスポーツも発展出来ない。西欧・北欧の多くの国が福祉国家化し、その中で、他の福祉内容と併行して発展したが、日本は未だに福祉国家化してない。GDP は上がったけれども、福祉が非常に貧しい。日本は、お金があればいくらでも福祉を買えるけれど、お金が無ければ十分な福祉を買えない。福祉にも格差が大きく浸透した。スポーツもまたお金があればどうぞという状態に戻ってしまった。簡単に言うと、政府や自治体の財政支出のうち 1960 年代以降、日本は大企業の発展のための生産手段を 2、国民の生活手段（公民館他）を 1 の割合で支出してきた。ところがヨーロッパの高度経済成長というのは逆に、1：2 で始まった。戦争によって生産手段を大きく破壊されたのは日本だけでは無く、ヨーロッパ諸国も同様である。それなのにどうして日本は福祉国家化をしなかったのか。これの究明もまた大きな課題である。国民の権利水準が低かった、大企業の力が強かった、保守党政権が後者との結合を選択した等々、多様に議論されている。しかし、福祉国家化を未だに経験していないことは事実である。ともあれ、こうした大企業奉仕の政治が 2000 年代もまだ続いている。生産手段には 50 兆円で、生活手段には 20 兆円の支出で未だに 2.5：1 の支出で、福祉が冷遇されている。だから、日本は未だに公害の元になるダムを作り、県道の横に農道を作り、さらにその横に高速道路を作っている。1 日自動車 10 台しか農道には走っていないという実態もある。欧州での割合は 1：5 〜 7 ぐらいである。つまり簡単に言えば、生産手段は会社が独自に作りなさいということである。日本は国民の福祉を犠牲にして大企業のために国家が至れり尽くせりでやっている。日本では既に生産手段は十分にあるのに未だにそれへの投資を大きくしている。日本はこういう国なのである。この 2.5：1 を 1：2 とまでは行かなくても、せめて 1：1 にでも修正すれば日本の福祉は格段に発展し、内需は拡大活性化し、国民生活は大いに潤うし、雇用も促進される。その過程で、日本の「スポーツ・フォー・オール」のためのスポーツ施設は内需拡大の一環としてたくさん建設され、スポーツ指導者もたくさん養成される。そして国民の心身の健康が

促進される。そうした施策を国も国民も求めるからである。そこにはスポーツの専門家をたくさん必要とする。

　以上、21世紀はいろんな側面から見てスポーツ関係は相当に可能性があると思う。可能性はあるのだが、今、福祉が抑圧状態に置かれている。それを打ち破ることが必要である。

【参考文献】
内海和雄『スポーツの公共性と主体形成』不昧堂出版、1989年。
内海和雄『戦後スポーツ体制の確立』不昧堂出版、1993年。
内海和雄『イギリスのスポーツ・フォー・オール―福祉国家のスポーツ教育―』不昧堂出版、2003年。
内海和雄『プロ・スポーツ論―スポーツ文化の開拓者―』創文企画、2004年。
内海和雄『日本のスポーツ・フォー・オール―未熟な福祉国家のスポーツ政策―』不昧堂出版、2005年。
内海和雄『アマチュアリズム論―差別なきスポーツ理念の探求へ―』創文企画、2007年。
内海和雄『スポーツ研究論―社会科学の課題・方法・体系―』創文企画、2009年。
内海和雄『オリンピックと平和―課題と方法―』不昧堂出版、2012年。

■補論1

イギリスのスポーツ政策との比較から見えてくるスポーツ立国戦略の問題点

1．近年の政策

　2000年代以前のイギリスのスポーツ政策については拙著『イギリスのスポーツ・フォー・オール─福祉国家のスポーツ政策─』（不昧堂出版、2003年）に、2000年以降については『体育科教育』誌（大修館書店）の2010年1、2月号に紹介した。それを前提にして論述したい。「するスポーツ」としての学校スポーツ、地域スポーツ、エリートスポーツそして「見るスポーツ」としてのプロ・スポーツにしても、その基盤にはそれらを享受することの出来る国民福祉の向上が必須であり、国民のスポーツ振興策とは基本的には福祉国家のスポーツ版である。

　福祉国家の政策とは、資本や国家の要請（上から）と国民要求（下から）との結合である。1980年代のサッチャー政権時代は新自由主義による福祉国家の崩壊であり、国民の格差拡大が進行した。スポーツも削減の対象であったが、福祉の削減に抗議する都市暴動を鎮静化させるために社会統制の手段としてスポーツ参加政策が活用され、ガス抜きの手段として巧妙に利用された。これはサッチャー政権下でさえ、スポーツ利用の趣旨は異なれど国民のスポーツ要求を無視することは出来なかったということである。

　1980年代以降のサッチャリズムによって学校スポーツは大きく崩された。1つにはDual usageとして学校と地域が共同して活用するスポーツ施設、特に運動場の多くが企業に売却されたり、教員の労働条件の悪化により、部活動顧問の6割が撤退することによって部活動崩壊の危機に直面した。更に、学校間の学力競争を促進させることにより、体育科の実施が激減した（イギリスでは教育課程の編成責任は校長にある）。エリートスポーツ軽視は1996年の「アトランタショック」というオリンピックでの惨敗へと連なった。これは近代スポーツ発祥国というナショナルプライド、ナショナリズムを大いに傷つけた。1997年に発足したブレア労働党政権は2000年代に入ると、非行、いじめ、学力低下など教育問題の対策として、さらに社会的な活力の復活の主要な手段として空前の「世

界一のスポーツ立国」政策を展開し始めた。2005年には2012年オリンピックのロンドン開催権を獲得した。こうした政策を基盤として、1970年代の福祉政策を上回り、スポーツがその主導的な役割を期待されている。

さて、「文化・メディア・スポーツ省（DCMS）」は2002年に『スポーツ計画』を提起して先の「世界一のスポーツ立国」政策を展開し始めたが、2008年には2020年までの長期方針『勝利を楽しむ：スポーツの新時代』として修正した。この政策は、「子どもスポーツ」「地域スポーツ」「エリートスポーツ」の3領域でそれぞれに「世界一のスポーツ体制の確立」を目指している。ここでは特に「地域スポーツ」に焦点化して紹介する。

（1）拡大方針

この領域はスポーツ政策所管のSport England（DCMSからの財政を配分する権限を擁する。またより詳細なスポーツ政策を立案し、執行する。）に引き取られ、2020年までの長期方針『イングランドスポーツ発展の枠組み―スポーツ立国の形成：2020年の展望』（2004）の4年間の短期方針として『Sport Englandの戦略：2008－2011』を策定した。2020年までに「30分程度の運動を週に5回」実施する人口を70％まで上昇させる大目標のために、直近の3年間に新たに100万人のスポーツ人口を拡大する。その手始めは16歳以下と60歳以上の全国の自治体のプール使用料を無料化した。そのために自治体には224億円（£＝¥160、以下同様）を支援した。今後、全年齢の無料化を目指している。

100万人拡大の具体的な実行は、地域スポーツの核となる各スポーツ種目連盟や個々のクラブの活動に掛かっている。利用するスポーツ施設は80％を占める自治体のものが中心である。そしてその拡大計画の具体的推進は各スポーツ連盟が「新規加入」「現状維持」「エリート」の3つの分野で進める。後に触れる政府からの補助金の内、「新規加入」には15％、「現状維持」には60％、そして「エリート」には25％の割合で配分される。拡大計画の上で、「現状維持」つまり、現在参加している人々の参加をいかに維持させるかが重要であり、困難な課題であるかが分かる。

（2）財政

今後5年間で1兆6000億円、つまり年間3000億円以上をスポーツ振興に支出する。政府からの資金とは別に国営宝籤収益金から主にスポーツ施設のために

補論 1　イギリスのスポーツ政策との比較から見えてくるスポーツ立国戦略の問題点

図表補 1-1　スポーツ団体への補助（イギリス）（£＝160 円、10 万円以下は 4 捨 5 入）

クリケット	60 億 4400 万円	自転車	38 億 8600 万円
アーチェリー	1 億 3700 万円	ハンドボール	1 億 300 万円
ラグビー・ユニオン	49 億 1600 万円	水泳	33 億 4000 万円
ボッチャ	1 億 3100 万円	重量挙げ	9700 万円
ラグビー・リーグ	47 億 500 万円	バドミントン	33 億 2800 万円
ボウルズ	1 億 2100 万円	車椅子ラグビー	7700 万円
テニス	42 億 8800 万円	陸上競技	32 億 7200 万円
射撃	1 億 2000 万円	ゴールボール	5700 万円
サッカー	41 億 200 万円	ネットボール	27 億 6800 万円
ムーヴメント＆ダンス	1 億 1900 万円	レスリング	5300 万円

出典：内海和雄「イギリスのスポーツ政策との比較から見えてくるスポーツ立国戦略の問題点」『体育科教育』2010 年 11 月号、大修館書店、p.43。

同額が支援される。200 近くの全国スポーツ種目連盟の内、現在は 46 団体に対して 768 億円が支給されている。因みに支給額の上位と下位の 10 団体を図表補 1-1 に示す。

　クリケット連盟には 60 億 4400 万円が支給される。そして最も少ないレスリングには 5300 万円である。クリケット連盟の 4 年間の拡大計画は以下のようになる。現状の競技人口は 204,900 人であるが「新規加入」に 72,549 人を計画している。「現状維持」では現状への満足率が 78.7% なのを 5% 増加させ、離脱を防ぐ。そして「エリート」では女性、少女、障害者の公認基準人材集団の数を現状の 2,112 人から 3,168 人へ増加する。またバレーボール（8 億 9600 万円）では現状が 48,400 人であるが「新規加入」として 10,000 人を増やし、「現状維持」では満足率を 77.2% から 5% 上昇させ、「エリート」では高度なトレーニング環境の下で、イングランドトップレベルの選手を現状の 120 人から 600 人に増加させる。またフルタイムのトップ選手を現状の 15 人から 140 人に拡大する。これらの計画はスポーツ連盟レベルで行うものもあれば、連盟の主導によって各クラブレベルでの課題も多くなる。

（3）政策推進体制・組織と責任体制

　各スポーツ種目連盟が以上のような拡大策を計画し、遂行している。もちろんそのためには施設の確保は前提として、地域の指導者の確保（それは単に余暇のボランティアとしての参加だけではなく、専任の指導者の多数の雇用も含めて）、

財政的保障も不可避である。先の政府からの補助金はこれらを保障するのである。これらの補助金のより詳細な使用方法は各スポーツ種目連盟の独自性に任されており、連盟の自治を尊重するイギリススポーツ界の伝統も保障されている。もっとも、これだけの実効策が採れるのは、地域スポーツ組織が長年の間に確立しているという実績の上で可能なことである。

　以上がイギリスのスポーツ政策の一端である。財政的保障をしっかりと明記して、具体的な推進策までも示している。そしてそれを首相が率先しているところに本気度が感じられる。以上の数値は人口5,000万人のイングランドでの施策である。もし1億3000万人の日本に直接的に適用すれば、上記の支援額はそれぞれ2.5倍して考えて良い。さらに、イギリスのスポーツ政策は国民の福祉や生活向上の一環として、また明らかに雇用促進策を意図し、さらにスポーツ施設建設・整備や消費の向上を含めた内需拡大として位置付けられている。スポーツの進展はそうした諸政策との連携も刺激するのである。これが「スポーツ立国」政策の在り方である。

2．「スポーツ立国戦略」の特徴

　ここでこの度発表された「スポーツ立国戦略」の特徴点をイギリスのスポーツ政策と対応させて見たい。文科省担当者や協力者の努力は多とするが、日本が抱える根本は深刻だ。紙数の関係で基本的な次の3点で検討する。

（1）スポーツ政策の科学性

　2000年代の日本のスポーツ施設数（公共、民間）は減少している。この背景は国民の窮乏化があり、福祉の減退がある。国民のスポーツ参加（する、見る）は福祉水準の反映であり、一定の福祉水準以上になければスポーツ参加は衰退する。スポーツ政策とはこうした国民のスポーツ参加と背景分析を基盤としなければ政策とはならず、また新たな政策は、従来の政策の厳密な評価の上に立てられるべきである。文科省の方針はこうした評価は一切為さず、この点で歴史的にも政策の科学性が問われてきた。

（2）具体的実行策（組織・日程・責任）

　5つの重点戦略の第1点「ライフステージに応じたスポーツ機会の創造」の中

補論１　イギリスのスポーツ政策との比較から見えてくるスポーツ立国戦略の問題点

心として「できるだけ早期に、成人の週１回以上のスポーツ実施率が３人に２人（65％程度）、成人の週３回以上のスポーツ実施率が３人に１人（30％程度）となることを目指す」とあるが、具体性が全くない。1972 年の保健体育審議会答申「体育・スポーツの普及振興に関する基本方策について」が行ったように、そのために必要なスポーツ施設数の対人口比での算出は最低限として、どの組織がどのような拡大計画の下に、どれだけの指導者を必要とするか、などなどの実行策、目標とする年度などの計画が無ければ何も動かない。先のイギリスの事例における具体性を見習わなければならない。

（３）財政の裏付けなし

最も深刻なのは、そうした具体策と密接な関連にある財政の裏付けが全くない。現状の国費・振興基金・振興くじの補助金だけで上記の計画が達成出来ると思っている人は誰もいない。財政的裏付けが無いから、具体的計画も、組織も動かないし、責任も生じない。イギリスが５年間で１兆 6000 億円（宝くじから施設関係費を同額）を投入し、それによってスポーツ界はフル回転で稼働している実態を、なぜそうした政策が出来たのかをも含めて何度も想起すべきである。

（４）積極面

もちろん、戦略として取り上げられた積極面も無いわけではない。「スポーツを通じて幸福で豊かな生活を実現することは、すべての人々に保障されるべき権利の一つである」と政府関係の文書では初めて「スポーツ権」を認識した。スポーツ権を保障する政府の義務やスポーツの公共性に伴う公的責任などの具体的な詰めは今後に残されている。トップアスリートのセカンドキャリアー対策や、スポーツ庁の設置、スポーツ組織ガバナンスの整備、あるいはスポーツ界の連携・協働など、現場からの声も反映している。しかし、これらの要望も、計画が予算を伴ってまさに具体的に進行する中でしか改善しようが無い課題である。

３．これからの課題

イギリスのような福祉国家的スポーツ政策は日本では当分期待出来ない。だからといってスポーツ関連団体はそれまで傍観しているわけには行かない。現実には政策の実権を握っている財界、政界を動かす政策の作成を、つまり肥満対策・

医療費対策、高齢者対策、教育対策、地域形成、ナショナリズム、雇用促進、内需拡大などにスポーツ普及が如何に貢献出来るかのシミュレーションをスポーツ団体は総力を挙げて作成し、それを国民運動として展開するべきである。

①まず、「立国戦略」にある「成人の週1回以上のスポーツ実施率が3人に2人（65％程度）、成人の週3回以上のスポーツ実施率が3人に1人（30％程度）」に増やすには、各競技団体が10年間にどれだけの施設増が必要か、それだけの指導員を雇用する必要があるか、どれだけ多様なプログラムを作れるか、そしてそれらを遂行するにはいくら予算を必要とするのかを作成する。これを日体協やJOCや新日本スポーツ連盟などが集約し、10年間に1兆円ないし2兆円の予算を伴う具体的な計画を作り、総理大臣、財務省、全政党、財界そして国民に対して説得する。そしてそれを国民運動とする必要がある。それをしなければ「スポーツ基本法」も実行化は出来ず、「スポーツ庁」を設立しても役には立たないだろう。

②「スポーツ・フォー・オール」は福祉国家政策の一環である。文部省時代の保健体育審議会の諸答申の中で提起されたスポーツ振興策は、無意図的にせよ福祉国家的な政策であり、歴代の自民党政府の下で予算的に無視されてきた。そして今、民主党が国民の福祉をどこまで高めようとしているのか。これとの関係で「スポーツ振興基本計画」「スポーツ基本法」の内容が決定される。

それにしても、先進国の中で、日本ほどスポーツに関心を示さなかった政府はない。「立国戦略」では我が国の「スポーツ文化の確立」が低かったからだと総括されている。しかし問題はそんな抽象的な指摘では終えることは出来ない。鈴木文科省副大臣は「財政的に厳しい」と述べている。彼個人を責めるつもりはないが、日本に財政がないわけではない。日本の財政危機の原因は公共事業バラマキと年間5兆円近い軍事費にある。今度の「事業仕分け」はこの軍事費を聖域にして手を付けなかった。軍事費の1兆円を、そしてバラマキの半分を生活基盤（福祉諸施設や事業）へ投資するだけで日本の福祉は飛躍的に高まり、雇用も促進され、高齢者対策も向上する。せめて10年で1兆円ないし2兆円をスポーツに支出するだけで日本も世界で有数の「スポーツ立国」になることが出来、多くの国内の課題を解決することが出来る。自民党がやれなかったその点を民主党政権が本当にやる意思があるのかどうかが今問われている。イギリスから学ぶというのは行政上の一部の技術的な手法ではなく、福祉、スポーツ政策の根本的な思想と政策である。

補論1　イギリスのスポーツ政策との比較から見えてくるスポーツ立国戦略の問題点

4．東アジア圏内での責任

　スポーツ立国や「スポーツ・フォー・オール」は福祉国家政策のスポーツ版だと述べた。従ってこれらの政策は西欧諸国にはあるが、残念ながら開発途上国には無い。そして日本、韓国、台湾などの東アジアもまた経済発展をしながら福祉水準はその発展に対応してはいない。日本が悪しき先例となっているとも言われる。日本の真のスポーツ立国政策や「スポーツ・フォー・オール政策」はこうした東アジア圏構想の諸国への影響も大きいのである。

■補論 2

オリンピック・ムーブメント、福祉・平和

1．セミナーの概要

　本補論2は2012年6月16～30日にギリシャの古代オリンピック遺跡の地オリンピアのIOAセミナーハウスで行われた国際オリンピックアカデミー（International Olympic Academy: IOA）の「第52回国際青年セッション（52nd International session for young participants）」に招聘された時の講義である。

　はじめに本アカデミーと本セッションのテーマの全体像と参加者の概要について述べておきたい。アカデミーは1961年にクーベルタンの遺志を引き継ぎ、発展させ、世界に普及させるためにカール・ディームとジョーン・キーツが協力してこの古代聖地オリンピアに建設した。そして本セッションはそのための具体的な行事であり、本アカデミーの中心的なイベントである。それ以降毎年間断なく続けられ、今回で52回目である。

　今回の基本テーマは「オリンピズム（Olympism）」、そしてその実現への特別テーマとして「オリンピックムーブメントを通しての民主主義の原理の高揚（The Enhancement of the Principles of Democracy in the Course of the Olympic Movement）」である。

　開会式はアテネのパルテノン神殿を見上げる近くのプニックス（Pnyx）の丘で行われた。夜7時、屋外での開催である。快晴、やや強風、300名程度の参加。首相も参加予定であったが、当日は総選挙日であったために、代読。アカデミーのクベロス会長（Mr. Isidoros Kouvelos）の挨拶、来賓の挨拶他、著名な音楽家の演奏、独唱そしてオリンピック歌の合唱である。その後ホテルに戻り9時半からレセプションが行われた。

　次の朝、バス4台を連ねて、約5時間かけてアテネからオリンピアのアカデミーのセミナーハウスへ移動した。夕方から、セミナーハウスの「デミトリウス・ビケラス講堂」で現地開会式があり、クベロス会長の講演があり、その日は終了した。そして次の日から、講義と質疑、参加者たちのグループ討論のサイクルが2

補論 2　オリンピック・ムーブメント、福祉・平和

つか 3 つかで始まった。

　講義内容と講師は以下（図表補 2-1）のように準備された。

　参加者（Young Participants）は世界 95 カ国から 175 名。うち男性 84 名、女性 91 名。元参加者のコーディネーターが 26 名（18 カ国）、講師 11 名（9 カ国）。さらに現地 IOA の関係者が 10 名程度参加しているから 200 余名の大セッションである。大学生、大学院生、NOC 等スポーツ団体職員等、各国オリンピックアカデミー（NOA）から派遣された若者たちである。32 歳のタイからの男性は医者であり、スポーツ医学も行っていて、オリンピックにも関係しているのでここに来たという。ここでは英語が中心であるが、フランス語、ギリシャ語で発言する人もいる。その場合、イヤホーンから英語の同時通訳が入る。ともあれ、英語がある程度堪能でないとなかなか質疑、討論には加われない。アフリカや中東などでは内紛がある国もあり、帰国後にそうした戦争に巻き込まれないとも限らない。いずれにしても各国から選ばれて来ていると同時に、ここで何かを掴んで帰りたいと、必死に頑張っている姿は素晴らしい。国情も、スポーツ水準も、そしてオリンピックやスポーツに関する知識も多様な若者たちが、オリンピック

図表補 2-1　IOA 52nd International Session for Young Participation

名前（所属国）	講義テーマ
Prof. S t ephen Miller（USA）	Democracy, Sport and Olympic Games in Ancient Greece
Dr. Maria Bulatova（UKR）	Women, Sport and Democracy
Mr. Kipchoge Keino（KEN）	Olympic Games for Openness, Tolerance and Democracy
Prof. Mark Dyreson（USA）	Sport, Community and Democracy at the Olympic Games
Dr. Constantinos Fills（GRE）	The Educational Programs of the International Olympic Values versus Commercialization
Dr. Barbara Keys（AUS）	Olympic Games: Spreading Democracy and Olympic Values versus Commercialization
Prof. Kazuo Uchiumi（JPN）	Olympic Movement, Welfare, Peace
Prof. Bruce Kidd（CAN）	Athletes: The Empowerment of Athletes' status in the Olympic Movement
Prof. Margaret Talbot（GBR）	Olympic Ideal and Democracy
Mr. Sam Ramsamy（RSA）	Olympic Universalism and Apartheit
Prof. Gylton Matta（USA）	The Role of Physical Education Teachers in the Democratization Process of Schools
Prof. Otmar Weiss（AUS）	Sports Participation, Identity and Democracy

出典：IOA 資料から内海和雄作成

と平和について考えたいという一点で賛同し、そして自国のスポーツを発展させたいという思いで集合している。中には英語が十分ではないが、質問したいという「思い」が先行して、質問内容が整理出来ていない者もいる。それでも会場はそれを許容し、和やかに見守る。これが平和と言うものであろう。

2．テーマの変更：研究方法論の難しさ

当初 IOA から筆者に与えられたのは「オリンピック、人権、民主化（Olympic Games, Human Rights, Democratization）」であった。2 週間ほど考えたが、それぞれの項目の意図する内容、各項目間の関係、そして全体として何をいかに論述したらよいのか、つまり研究方法論が全く見いだせなかった。このテーマはとても魅力的で、格闘する値打ちは大いにあるが、研究方法論的に不可能、つまり研究課題とはなり得ないと判断した。もしそれが可能だ考える人は後ほど個人的に教えて頂きたい。そこで事務局に連絡して、テーマの変更と講義の主旨を簡単に伝えて承認を頂いた。先のテーマに接近する上でのバイパスとでも言うべき近接のテーマと研究方法論に依拠することにした。それが本日ここに掲げた「オリンピック・ムーブメント、福祉、平和（Olympic Movement, Welfare, Peace）」である。

なぜこのようなことを最初に述べるかというと、主観的に研究したいと思うことが即研究テーマにはなり得るものではないということ、そのテーマを解明するためにはそのための研究方法論の明確化が必須であるからである。そして本日の講義の伏線とも言うべきことは、オリンピックにはスポーツ研究からだけ見ても山ほどの課題があるのに、研究としては未だ僅少であり、オリンピックの歴史的、社会的に果たしている大きな役割が研究的に検証（顕彰）されていない。その原因の 1 つに、オリンピックの意図、社会的に果たしている影響を具体的に実証し、検証（顕彰）する研究方法論の難しさがあるからである。

3．オリンピズム

IOC やオリンピック・ムーブメントの意図や役割はオリンピズムに基づいている。それらはすべてオリンピック憲章（Olympic Charter）に述べられている。そこで先ずオリンピズムについて最初に見ておきたい。オリンピズムは以下の 7 項目で記述されている。

補論2　オリンピック・ムーブメント、福祉・平和

（1）オリンピズムの根本原則
①オリンピズムとは人生哲学であり、肉体と意志と知性の資質を高めて融合させた、均衡のとれた総体としての人間を目指すものである。スポーツを文化と教育と融合させることで、オリンピズムが求めるものは、努力のうちに見出される喜び、良い手本となる教育的価値、社会的責任、普遍的・基本的・倫理的諸原則の尊重に基づいた生き方の創造である。
②オリンピズムの目標は、スポーツを人類の調和のとれた発達に役立てることにあり、その目的は、人間の尊厳保持に重きを置く、平和な社会を推進することにある。
③オリンピック・ムーブメントは、オリンピズムの諸価値によって生きようとするすべての個人や団体による、IOCの最高権威のもとで行われる、計画され組織化された普遍的かつ恒久的な活動である。それは5大陸にまたがるものである。またそれは世界中の競技者を一堂に集めて開催される偉大なスポーツの祭典、オリンピック競技大会で頂点に達する。そのシンボルは、互いに交わる五輪である。
④スポーツを行うことは人権の1つである。すべての個人はいかなる種類の差別も無く、オリンピック精神によりスポーツを行う機会を与えられなければならず、それには、友情、連帯そしてフェアプレーの精神に基づく相互理解が求められる。
⑤スポーツが社会の枠組みの中で行われることを踏まえ、オリンピック・ムーブメントのスポーツ組織は、自律の権利と義務を有する。その自律には、スポーツの規則を設け、それを管理すること、また組織の構成と統治を決定し、いかなる外部の影響も受けることなく選挙を実施する権利、さらに良好な統治原則の適用を保障する責任が含まれる。
⑥人種、宗教、政治、性別、その他の理由に基づく国や個人に対する差別はいかなる形であれオリンピック・ムーブメントに属することは相容れない。
⑦オリンピック・ムーブメントに属するためには、オリンピック憲章の遵守及びIOCの承認が必要である。
以上の内容はオリンピックが目的とする理念と活動領域の提示であり、それ自体が具体的な方法と到達度評価の対象となるわけではない。しかし、このオリンピズムに基づくIOCの役割やそれによってリードされるオリンピック・ムーブ

メントの活動では、目標―方法―結果―評価を対象とする研究が求められる。この点を深めることで、オリンピックが現実の社会に果たしている役割を具体的に実証し、説明出来る。しかしそれが不十分と言うことは、単に抽象的な理念の説明、つまり観念的な説明に終始するしかないことを示している。

（2）IOC の使命と役割

IOC の使命は、世界中で上記の「オリンピズム」を推進し、オリンピック・ムーブメントを主導することである。そのために以下の 16 項目の役割を行う。

①スポーツにおける倫理の振興、及び優れた統治及びスポーツを通じた青少年の教育を奨励、支援すると共に、スポーツにおいてフェアプレーの精神が隅々まで広まり、暴力が閉め出されるべく努力する。
②スポーツ及び競技大会の組織、発展、調整を奨励、支援する。
③オリンピック競技大会が定期的に開催されることを保証する。
④スポーツを人類に役立て、それにより平和を推進するために、公私の関係団体、当局と協力する。
⑤オリンピック・ムーブメントの団結を強め、その独立性を守ると共にスポーツの自立性を保全するために行動する。
⑥オリンピック・ムーブメントに影響を及ぼすいかなる形の差別にも反対する。
⑦男女平等の原則を実行するための観点から、あらゆるレベルと組織においてスポーツにおける女性の地位向上を奨励、支援する。
⑧スポーツにおけるドーピングに対する闘いを主導する。
⑨選手の健康を守る施策を奨励、支援する。
⑩スポーツや選手を、政治的あるいは商業的に悪用することに反対する。
⑪選手の社会的かつ職業的な将来を保証するためのスポーツ組織及び公的機関の努力を奨励、支援する。
⑫「スポーツ・フォー・オール」の発展を奨励、支援する。
⑬環境問題に関心を持ち、啓発・実践を通してその責任を果たすとともに、スポーツ界において、特にオリンピック競技大会開催について持続可能な開発を促進する。
⑭オリンピック競技大会の良い遺産を、開催国と開催都市に残すことを推進する。
⑮スポーツを文化や教育と融合させる試みを奨励、支援する。

補論 2　オリンピック・ムーブメント、福祉・平和

⑯国際オリンピックアカデミー（IOA）の活動、及びオリンピック教育に献身するその他の団体の活動を奨励、支援する。

　ここにはオリンピックの円満な開催、そこに参加する選手の保護、男女差別の克服を始め、「スポーツ・フォー・オール」への支援、環境問題への配慮、そしてオリンピック研究や教育への支援までも含んでいる。こうしてオリンピックとオリンピック・ムーブメントの多様な活動を推進することを意図している。

（3）オリンピック・ムーブメント

　そして肝心のオリンピック・ムーブメントだが、以下のような組織と活動を言う。

①最高機関であるIOCの下で、オリンピック・ムーブメントは、オリンピック憲章を指導原理とすることに同意する各種組織、選手、その他の人々を統括する。オリンピック・ムーブメントの目的は、オリンピズムとその諸価値に従いスポーツを実践することを通じて若者を教育し、平和でより良い世界の建設に貢献することである。

②オリンピック・ムーブメントの3つの主要な構成要素は、国際オリンピック委員会（IOC）、国際競技連盟（IF）、国内（地域）オリンピック委員会（NOC）である。

③上記の主要な構成要素に加え、オリンピック・ムーブメントには、オリンピック競技大会組織委員会（OCOG）、IFやNOCに所属する国内での統括団体、クラブ、個人、そして特にその利害がオリンピック・ムーブメント活動の根本的な要素をなす選手、さらにジャッジ、審判員、コーチその他の競技役員や技術要員も含まれる。また、IOCが承認したその他の組織や団体も含まれるものとする。

④オリンピック・ムーブメントにいかなる形で属するいかなる人物あるいは組織もオリンピック憲章の条文に拘束され、かつIOCの決定に従わなければならない。

　本セミナーの冒頭から何度か出てきたが、オリンピアンという表現がある。これは狭義にはオリンピック大会に参加した選手を指すが、広義にはオリンピック・ムーブメントに参加するすべての人々を指す。そして先ほどGangas所長も言われたように、このセミナーに参加したすべての人々もまたオリンピアンであることに誇りを持ってよいと思う。

（4）オリンピック・ソリダリティ

　後ほど国連やユネスコとの共同行動の中で触れるが、IOC はオリンピック・ソリダリティの活動を通して、特に開発途上国のスポーツ普及や選手派遣などへの援助を行っている。オリンピック・ソリダリティの目的は、最も援助を必要とする NOC への援助を組織化することである。この援助は、必要に応じて IF の技術的な支援も得て、IOC と NOC が共同で案出するプログラムの形を取る。オリンピック・ソリダリティによって選定されるプログラムの目的は、以下のようになる。

　①オリンピックの根本原則（オリンピズム）の推進
　②オリンピック競技大会に参加する選手やチームの準備に関しての NOC への援助
　③選手やコーチの専門知識を伸展
　④奨学金制度を含む NOC や IF との協力を通じての選手やコーチの技術水準の向上
　⑤スポーツ管理者の養成
　⑥同様の目的を追求する組織や団体との協力、特にオリンピック教育やスポーツの普及に関わるものとの協力
　⑦全国規模または国際的な団体と協力して、必要な場所に、簡便、機能的、経済的なスポーツ施設の建設
　⑧ NOC の主催または後援で開催される国内、地域、大陸規模の競技大会の組織を支援し、また地域、大陸規模の競技大会ではその組織、準備、自国選手団の参加について NOC への支援
　⑨ NOC 間の 2 国間や多国間の協力プログラムの奨励
　⑩スポーツを政府開発援助（ODA）に含めるよう政府や国際機関に対する働きかけ

　これらのプログラムはオリンピック・ソリダリティ委員会によって運営され、多くは国連やユネスコとの共同行動を採って、開発途上国のスポーツ振興に活用される。

4．スポーツ権

　オリンピズムの根本原則の 4）にあるように、「スポーツを行うことは人権の

1つである。」これは 1976 年の「ヨーロッパスポーツ・フォー・オール憲章（the European Sport for All Charter）」（Council of Europe）の規定を 1978 年にユネスコ「体育・スポーツ国際憲章（the International Charter of Physical Education and Sport）」が継承し、西ヨーロッパ限定から世界各国の目標となった。そうした社会的、世界的動向を受けて IOC でも採用された。そして IOC もユネスコや国連との共同行動が出発している。

このスポーツ権とは人類史上初めて実現したスポーツに関する基本的人権である。そしてそれを保障する義務は国にあることを明記した。つまりスポーツをするには施設の建設や指導者養成、組織の育成そして情報収集・提供など多額の費用が必要だが、それらは個人では対応出来ない。従ってそうしたスポーツ参加の条件の整備を義務として国に課した。スポーツ権を具体的に推進するのは「スポーツ・フォー・オール政策」だが、この政策は福祉国家で初めて誕生したものである。

1950 年代後半から 1970 年代初頭にかけて実現した先進諸国での高度経済成長は、以下の 3 つの要素によって「スポーツ・フォー・オール政策」を実現させた。第 1 に国民の体力面での人類史的パラダイム転換である。これまでの人類は「少量摂取・多量消費」の欠乏の時代を経てきた。しかしこの時期「多量摂取・少量消費」の飽食の時代へと転換した。これによって糖尿病を筆頭とする生活習慣病を蔓延させ、さらに医科学技術の進歩によって、医療費は国家支出の大きな部分を占めるようになった。それ故、国家的視点から国民に運動をさせ、医療費の削減を図らなければならなくなった。もっともここには急速な産業化の中での薄れる人間関係や増大する精神的ストレス問題を解決することなども意図されている。第 2 に、この時期は国民の諸権利の運動が大きく進んだ。第 1 次世界大戦と第 2 次世界大戦の戦間期にも諸権利は大きく進展したが、戦後の福祉国家政策の中で、国民の意識も発展し、文化へ参加する文化権や環境を侵害されない環境権などのいろいろな「新しい人権」が、そしてその一環にスポーツに参加するスポーツ権が進展した。第 3 に、これらの福祉的諸権利を保障し、「スポーツ・フォー・オール」を可能とする基盤である経済的基盤が福祉国家の下に形成された。それと同時に重要なことは、その国家的な富を福祉としてしっかりと国民生活の改善に分配する政治・経済体制を実現させたことが福祉国家の素晴らしいところである。

以上の 3 つの条件が揃うことによって、「スポーツ・フォー・オール政策」が実現した。従って、残念なことだが、開発途上国ではこれらの 3 つの条件が形

成されていないので、「スポーツ・フォー・オール政策」は未だ実現していないし、当面は実現し得ない。しかし私たちはそれを目標として、国民の福祉全体とともに前進する必要がある。というのは、スポーツは福祉の一環として他の福祉領域よりも突出して実現することも出来ないし、また逆にそれだけが特別に落ち込むこともありえない。つまり福祉の諸領域の間では、それぞれに均衡を図りながら進むからである。

5．スポーツと福祉

ところで、世界中の国内紛争、国家間紛争は表面的には部族間や宗教間の意見の相違を原因とする様相を見せる場合もあるが、ほとんどの場合、背後には貧困や経済的格差が存在する。長年の権力独裁、利権の独占による他者の抑圧への鬱憤が爆発したものである。こうした場合、富がその水準に応じてより平等に分配されていれば、つまり、その水準に応じた福祉がより平等に推進されていれば対立は起きなかったものである。

もちろんそうした格差社会では、劣位者の福祉は極めて低く抑えられている。そしてこうした社会では人権も民主主義も存在しない。つまり、高く平等な福祉の維持は社会の人権、民主主義の保障でもある。そうした人権、民主主義とは福祉の保障の過程で実現するものなのである。

「スポーツは福祉の一部」である。福祉の概念にも2つあり、狭義には生活保障などを意味するが、広義には文化、スポーツ、環境などを含む。福祉の向上には経済的な発展が前提として必要だと先ほど述べたが、例外もある。つまり経済が発展しても国民の福祉が伸びないという事例もある。若干紹介すると、それは経済発展を遂げている東アジア諸国の事例である。つまり日本、韓国、台湾そして少し特殊だが中国もである。つまりこれらの国々ではある程度の経済発展を遂げた。そして中国に見るように急激な勢いで開発途上にある。西欧の福祉国家の国々よりも遙かに高いGDPを達成しているが、それらの国々での国民の福祉は歴史的にも高くはなかったし、現状においてもやっと平均水準であり、経済発展の富が一部の大企業、多国籍企業にのみ集中し、「トリクルダウン」として国民に分配されてはいない。だから大企業は栄えているが、国民の福祉は貧しく、当然にして、それらの国々における「スポーツ・フォー・オール」は惨憺たる実態である（とはいえ、トップスポーツへの国家援助は、ナショナリズムの高揚策か

ら、特別な位置にある)。

ところで、IOCや国連が行う「スポーツ・フォー・オール」は福祉の一環だが、これはIOC自身も述べているように、援助される側から見れば外部からの奨励、支援である。国内の福祉はやはりその国の政府が主導性をもって行う責任がある。それをIOCや国連が内部に入り込んで行うことは、内政干渉となる。IOCも国連も内政干渉は控えるから、あくまでも外部からの奨励、支援である。といっても、現実的な関係は複雑だ。

6. 平和

IOCの奨励、支援そして国連のスポーツ援助はスポーツの普及と同時に、むしろスポーツを通しての貧困対策、エイズ撲滅など、福祉向上の手段としてスポーツを活用して平和を実現しようとしている。つまり、平和とは福祉が重要な基盤となっており、そこにスポーツが大きな役割を果たしている。福祉が基盤となっていないところでの「平和」は、政治的、軍事的な権力、暴力で「平静」を維持しているだけである。

さて、近年の平和学では平和には2つの範疇が指摘されている。消極的平和と積極的平和だが、戦闘状態は平和とは言わないが、消極的平和とは戦闘の回避を巡る状態とそのための行動、あるいは戦闘状態ではないが政治的、軍事的な抑圧のある状態そしてそれを撥ね除けようとしている状態である。IOCと国連がオリンピックの前年に発している「オリンピック休戦宣言」などもこの範疇に入るであろう。

一方の積極的平和とは、もっと積極的に貧困や経済格差の克服、平等の実現、女性の地位の向上、福祉全般の向上、基本的人権などが実現された状態である。

スポーツはこの消極的平和にも積極的平和にも関わる。特に前者での活用では、相互の理解の有力な手段としてスポーツが位置づけられる。そして後者ではスポーツそれ自体が娯楽の一要素の提供であると同時に、他の諸福祉領域の達成のための手段として活用される。

7. 国連とオリンピック・ムーブメント

ユネスコは1960年前後からスポーツの持つ可能性に注目して、早々に国際平

和の手段としてスポーツに注目してきた。国連でのスポーツ関連の大きな動きは以下の通りである。

　1976年：若者の間での体育・スポーツ交流（総会決議）
　1993年：国際スポーツ年
　1994年：オリンピック休戦宣言（以降、毎回）開始
　1997年：決議「スポーツとオリンピックの理想を通した平和でよりよい世界の構築」
　2000年：「ミレニアム宣言」「ミレニアム開発目標」
　2001年：設置「開発と平和のためにスポーツに関するタスクフォース」
　2005年：国際スポーツ・体育年
　2008年：政策「発展と平和のためのスポーツ力の利用」

もちろんこれ以外にも環境問題で国連は大きな役割を果たしているし、IOCも国連の活動に大きく参加している。

さて、2008年の政策「発展と平和のためのスポーツ力の利用―各国政府への勧告―Harnessing the power of sport for development and peace: Recommendations to Goverments」はまさに開発途上国の発展と平和のために各国政府がスポーツの力を活用しようというかなり分厚い政策文書である。ここでも平和には福祉の充実が重要な基盤と考えられている。そしてその「第6章　スポーツと平和」では次の目的のためにスポーツを利用することが述べられている。

　①極端な貧困と飢餓の根絶
　②普通の小学校教育の達成
　③性的平等と女性への権限付与
　④児童死亡の減少
　⑤妊婦の健康向上
　⑥発展のための地球的協力の促進

もっとも、これらの目的に対する具体的な方法、そしてその成果の評価など、スポーツ社会学の立場から見れば実証すべき課題は多大に残されている。そしてそれらはほとんどと言ってよいほどに手を付けられていない。確かに実証の非常に難しい課題も多いが、果敢に取り組んでそれらを1つ1つ克服しなければならない。ともあれ、こうして国連レベルでも開発途上国の福祉発展のために、スポーツは大きな役割を果たしている。

補論2　オリンピック・ムーブメント、福祉・平和

8．ノエル‐ベーカー氏の遺志

　最後に、筆者の尊敬するノエル‐ベーカー氏（1889 − 1982）について紹介したい。氏はイギリスの政治家（労働党）であり、終戦直後に多くの大臣を務めた。第1次世界大戦に救護兵として従軍したが、終戦後国際連盟の設立に参加した。1924年には第1次世界大戦後に発足した国際関係論（国際政治論）のロンドン大学の初代教授として研究に従事した。その後政界へ参加したが、第2次世界大戦後に再び国際連合の設立に参加した。そして長年の世界平和への貢献が讃えられ1959年にはノーベル平和賞を受賞した。

　1970年には政界を引退し、持論である「全面的核兵器廃絶・軍縮」の運動のために世界を駆け回った。東西冷戦下、部分的核兵器廃絶・軍縮論がアメリカとその傘下、そして一方のソ連側をも強く覆っていた。長く国連（連盟、連合）に関わってきたノエル‐ベーカー氏にはそれが欺瞞の塊で、権謀術数の温床であることを見抜いていた。それゆえ全面的核兵器廃絶・軍縮を主張したが、イギリス政府、アメリカ政府、そしてソ連政府からも疎まれていた。しかし世界の平和NGO運動からは絶対的な支持を得ていた。

　氏は歴史上初の被爆都市である広島を平和運動の原点として重視し、1962年以降、1980年までに5回来広している。そして広島経済大学の石田記念体育館の玄関ロビーには世界に3つしかない氏のレリーフが設置されている。1つはスイスのローザンヌにあるIOC本部、2つめはイギリスオリンピック委員会（BOA）のあるロンドンのクリスタルパレス。それらの設置の経緯にはそれぞれの事情があるが、この広島にも存在することは筆者にとっても嬉しいことである。

　さて、氏のもう1つの重要な顔を紹介しなければならない。それは本日の我々にも大きな関係を持っている。というのは氏はオリンピアンであり、世界の体育・スポーツの指導者でもあることである。1912年のストックホルム大会（スウェーデン）の1500m走で6位入賞、1920年のアントワープ大会（ベルギー）の1500m走で銀メダルを獲得している。その後のオリンピックではイギリスの団長等を経験し、ほとんどのオリンピックに関わってきた。1960年にはユネスコ国際スポーツ体育評議会（ICSPE）の初代会長に就任し、1976年に終身会長に選出されている。

　氏の思想と行動は大きく3つの領域に分類されるであろう。「国連」「核廃絶」「ス

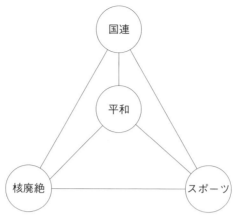

図表補 2-2　ノエル‐ベーカー氏の平和構想
出典：内海和雄作成

ポーツ・オリンピック」である。そしてそれぞれは「平和」と結合している。関係は図表補 2-2 のようになる。中心に「平和」が位置する。かつてこのような政治家、平和運動家、スポーツマンがいたであろうか。因みに氏は未だに唯一のノーベル賞を受賞しているオリンピックメダリストである。逆に言えばメダリストであり唯一のノーベル賞受賞者である。氏の受賞理由は、国連（連盟、連合）への貢献が主要な理由だが、氏自身はこの中に国際スポーツの貢献をも含んでいると自覚している。そして氏の次のような発言に見るように氏がいかにスポーツの平和、そして開発途上国の福祉の発展に心を配ったかが推測出来る。

・「オリンピック・ムーブメントはスポーツの国連である」
・「スポーツ・フォー・オールを、特に開発途上国で実現することは国際平和の証明である。」
・「私はこれまでも何度も主張してきたが、私が奉仕してきた国際活動の中でスポーツは最も気高い、高潔なものだ。そして敢えて述べたい。この核時代の中でスポーツは人類の最上の希望である。」

9．研究課題

オリンピック、オリンピック・ムーブメントの歴史的、社会的に果たしている役割の大きさに比べて研究は未だに極めて少ないのが実情である。その原因の 1

補論2　オリンピック・ムーブメント、福祉・平和

つにその対象があまりにも大きすぎて研究の課題を焦点化し、その解決のための研究方法論を明確にすることが困難だからということがある。しかしそれに留まっていては研究の進歩、そしてオリンピックの進歩はない。この弱点を克服することがオリンピックの将来を保障する研究側からの貢献であり、それはここに居る我々、そして皆さんの役割でもある。

ご静聴に感謝します。

　この後の質疑では、先進諸国の若者に比べて開発途上国の若者からの質問が多かった。前者では国のスポーツ政策はある程度当たり前で、さしあたり福祉とスポーツとの関連も突き詰めて考える必要性がなく、もっぱらスポーツ（政策）だけを考えていれば事足りる状態にあるのかもしれない。そうした状況下では私の問題提起が彼らの問題意識に深く切り込めなかったのかもしれない。一方、後者では貧しい財政の中で、国民の福祉全体の発展とその中でのスポーツの発展をいかに結合するかで悩んでいる人たちであるから、私の提起に対してより敏感に反応したものだと思う。現に「福祉一般とスポーツとの関連をもうすこし詳しく知りたい」とか「経済発展をしなければスポーツ・フォー・オールは望めないのか」などの質問が多かった。

　このような課題は、今後オリンピック・ソリダリティや国連、UNESCOなどの連携と共に推進されなければならない課題である。

　なお、ノエル-ベーカー氏に関しては拙著『オリンピックと平和』（不昧堂出版、2012）の第9章「オリンピックと平和・ノエル―ベーカー卿・広島経済大学」を参照。

■補論3

プロ・スポーツと福祉・人権

1．プロ・スポーツの社会学

　筆者は以前、一般教養所属で法学部に分属していた。その頃スポーツ法学研究を目指し、小川利夫『国民の学習権と社会教育行政』等の社会教育法制史研究に学びながら『戦後スポーツ体制の確立』（不昧堂出版、1993年）を執筆した。その後の大学改革で社会学部（スポーツ社会学講座）そして大学院社会学研究科（同講座）所属となった。ゼミも担当することからイギリスのスポーツ社会学を中心に勉強して現在に至っているが、スポーツ政策研究を主対象としてきたので、スポーツ法学の近接領域にいたことになる。

　最近の研究テーマは「スポーツと資本主義」「オリンピックと資本主義社会」という大枠を設けて、近現代社会とスポーツ、近代オリンピックを資本主義社会の中に設定しながら、個々の論文もその中に位置付けている。近代スポーツまたはイベントとしてのオリンピックは資本主義社会の中に生まれ、発展してきたのに、そのことを指摘し、深めた研究は極めて少ない。一方、アマチュアリズムのような差別イデオロギーの普及で、プロ・スポーツ研究が疎かにされ、森川貞夫氏の「スポーツ労働論」研究などの先鞭を除けば皆無に近い状況である。プロ・スポーツの個々の事象について研究したものはあるが、総体としてプロ・スポーツを研究したものは無い。資本主義とスポーツの関連の研究も疎か（おろそ）にされてきた。この背後にはアマチュアリズムの影響が未だに規定している。つまり、アマチュアリズムは資本家階級＝ブルジョアジーの支配的イデオロギーであるから、それを批判したり、その蔑み（さげすみ）の対象であるプロ・スポーツの社会科学的な研究をすれば、それは当然にして資本主義論が不可避である。それを手掛けることは旧態のスポーツ学界では抹殺ないし排除（干されること）を覚悟しなければならなかった。今こうした研究が出来るのも、アマチュアリズムが崩壊し、新たなスポーツ理念の模索中だから許されることである。この点は拙著『アマチュアリズム論―差別無きスポーツ理念の探究へ』（創文企画、2007年）で詳述した。

補論 3　プロ・スポーツと福祉・人権

　本日はスポーツ法学そのものをお話し出来ないので、その前提とも言うべき社会学的視点からプロ・スポーツを考え、法的検討への橋渡しをしたい。拙著『プロ・スポーツ論―スポーツ文化の開拓者』（創文企画、2004 年）は類書の無い中で、プロ・スポーツ＝スポーツ文化の開拓者としての位置付けの下に、アマチュアリズムによる蔑みの対象では無く、歴史における文化の担い手、開拓者として位置付けている。

2．プロ・スポーツの前提としての資本主義の発達

　ここで最初にまず、プロ・スポーツの規定を行っておきたい。それは、スポーツを主たる生計の手段とする職業であるが、その場合雇用主との間に労使の契約関係が存在する。そして、その前提としての財源は観衆による入場料・観戦料である。この点で消費行動が一般的になっていなければならない。つまり、プロ・スポーツは資本主義社会における消費者としての労働者階級の大量の存在と、彼らが居住する都市の成立を前提とする。そして労働者としての選手は球団との関係において労使という近代社会の雇用関係を成立させ無ければならない。この点がそれ以前の歴史における「プロ的」選手との相違である。

　つまり、古代ギリシャのオリンピック他の競技会では、選手たちは都市国家を代表して参加した。大会で優勝しても月桂冠やオリーブの冠だけであったが、しかし出身の都市国家に帰れば莫大な金品と名誉を授けられた。この点で、もちろんアマチュアではなくプロ的であったが、彼ら自身は貴族階級であり、収入は所有する奴隷たちの労働に支えられており、スポーツによる収入によって生計を立てていたわけではない。また、そのような職業も存在しなかった。

　また封建時代のボクサーや日本での相撲の力士などは、貴族のお抱えであり、貴族の趣味や見栄ないし権勢の誇示のためのものであった。これは西洋の貴族たちのお抱え音楽家や画家の存在と同じである。こうして、時にはお抱え貴族の見栄や権勢を代表して奉納の競技会に参加することもあった。しかし、観衆からの入場料、観戦料によって生活を支えたわけではない。

　資本主義社会のプロ・スポーツの誕生は既述の様に、資本主義的な労使関係と、近代都市における大量の消費者である労働者階級の入場料、観戦料を基盤としている。この点で、プロ・スポーツとはまさに資本主義社会の産物である。

　資本主義化は産業革命に支えられた。それ故、近代的工場制機械工業生産に耐

えられるあるいは機敏な都市生活に必要な身体が求められた。そして国民国家の成立は近代軍隊をも必要としたから、この点でも資本主義的身体・運動文化の必要性が高まり、近代スポーツ、体操が誕生し、多くは近代義務教育制度の中で教えられた。こうした近代スポーツ成立の基盤の下に、日本では武術から武道が誕生した。

　労働者たちは都市に集中し、スラム街を形成した。そこでの劣悪な環境の改善のために、次第に公衆衛生、都市計画が求められ、労働者階級の栄養の向上も含めて、伝染病を減少させた。都市の発達とは、そこでの交通手段、通信手段などの発達を意味するが、また資本家階級と労働者階級が形成され、大量の消費人口を形成した。これらが商業化・商品化を促進させ、資本主義、市場社会がいっそう確立していった。こうした中で、労働運動も高揚し、労働者階級における若干の可処分所得、可処分時間も形成されると、広義の福祉的要素の一環として、「見るスポーツ」も消費対象化されていった。つまりプロ・スポーツの誕生である。エンターテインメントを産業として成立させるだけの大量の消費者、労働者階級を中心とする国民大衆の成立である。とはいえ当初のプロ・スポーツは十分な観客を獲得したわけではなく、その多くは実質はプロ化の端緒として、週末などのパートタイマーとしてのプロである。また大量の観戦者の誕生は、その「見るスポーツ」を支える大衆の「するスポーツ」の普及を基盤とする必要があるが、その両者の成立は第2次世界大戦後の福祉国家の成立を待たねばならなかった。

3．プロ・スポーツ発展の3期

　プロ・スポーツの発展は大きく見て以下の3つの時期に特徴的である。

（1）資本主義形成期：1880～1914年辺り

　19世紀後半はヨーロッパが世界史の中心に躍り出て、世界中を植民地化した帝国主義の時代でもある。この時期は一方で労働運動、社会主義運動も大きく発展し、彼らの可処分所得、可処分時間も少しずつ形成された。イングランド北部の労働者の多い地域、工場では次第にサッカーやラグビー・リーグのプロが誕生した。アメリカでもこの時期にプロ・スポーツが誕生した。とはいえ、当時のプロは現在ほど興隆していなかったから、週末プロというパートタイマーが大半であった。つまり、プロ・スポーツの前提として都市化と都市労働者たちの存在、

そして彼らの生活の一定の向上が必要であった。
　その後第1次世界大戦と第2次世界大戦を経る中で、先進国での戦間期の労働者スポーツや女性スポーツの興隆があったが、プロ・スポーツの目立った発展は見えなかった。

(2) 高度経済成長期（福祉国家形成期）：1950年代後半～1970年代前半
　次いで、プロが大きく進展したのは第2次世界大戦後の福祉国家形成の時期である。とはいえ、終戦直後の福祉国家は戦争による疲弊と財政の乏しい中で、福祉の対象も医療、住宅、教育、労働など生命の維持と次世代育成の基底的な施策が中心であった。スポーツを含む文化一般が福祉国家政策の一環となったのは1950年代後半からの高度経済成長による、国民の可処分所得、可処分時間の上昇があったからである。この時期、レジャーが普及し、国民の選択肢が大きく拡大した。それにテレビの普及により、スタジアム観戦者の数は一時減少したが、生の観戦の魅力が見直され、その後むしろテレビに後押しされるように盛り返した。それに伴ってプロ選手の給料も急上昇した。ここで初めてプロ・スポーツがフルタイムのプロとして成立するようになった。この点で、フルタイムのプロの成立もまた国民全体の福祉水準が規定した。こうした傾向は1973年のオイルショックが先進諸国を襲うまで続いたが、それ以降は小康状態であった。

(3) グローバル化の時代：1990年代
　しかし、1990年代以降のグローバル化の時代が再びプロ・スポーツの普及に大きな画期となった。このグローバル化という用語の使用には2つのグループがある。1つは16世紀辺りからの国際化が1980年代以降大きく質的に変化したことを持ってグローバル化と呼ぶグループと、もう1つは16世紀以降全体を国際化と呼ぶグループである。いずれにせよ、1980年以降の世界における政治、経済、情報、文化等々の急速な発展、質的な変化を来たし、新たな段階に入りつつあるという認識では共通している。
　私はスポーツのグローバル化は市場化、TV放映化、そしてプロ化の3点を指標としている。この点で合致するのはサッカー、野球などの種目である。オリンピック種目ではあるが多くのマイナー種目は上記のグローバル化の指標をすべて満たしているわけではなく、未だ国際化の水準である。そのグローバル化の一環として、1990年代は世界各国にプロ・サッカーリーグが誕生した。1992年に

はアルジェリア、1993年には日本、中国などである。また、先進諸国でも既存のプロ・スポーツの規模が大きく拡大した。サッカーで言えばヨーロッパ各国、例えばイギリスのプレミアリーグ、イタリアのセリエA、その他のリーグが大きく発展し、トップチームのいくつかは世界戦略を展開しつつある。

4．アマチュアリズムの誕生・成長・崩壊：プロ・スポーツの障害

　19世紀後半、スポーツ分野だけにアマチュアリズムが存在したのはなぜか。音楽や芸術など他の文化領域ではなぜアマチュアリズムは生じなかったのか。それは明らかに階級的な理由からである。音楽、芸術などに接近するには一定の財、家計を必要とした。だから低給の一般の労働者階級にとって趣味として接近するには最初から手が届かなかった。従って資本家階級にとっても、自らの集団に労働者階級が入り込む余地がなく、敢えてアマチュアリズムをもうけて彼らを排除する必要がなかった。しかしスポーツの場合、労働者階級の肉体労働は容易にスポーツに転化出来た。それ故、労働者階級が大挙して競技会に参加し、上位を独占するようになった。特に当時普及し始めた新聞の戸別配達、郵便配達などは自転車などまだ無い時代であったから、それらはもっぱら徒歩で配達された。ここに足を生業とする職業が誕生し、彼らは毎日の労働が即、長距離走のトレーニングを兼ねることになった。また、世界の工場、貿易の拠点となったロンドンでのテームズ川での荷の上げ下ろしとボート漕ぎは、それ自体がレガッタのトレーニング場であり、筋トレの側面も有した。それ故、彼らのボートレースへの参加は主催者である資本家階級を圧倒した。

（1）アマチュアリズムの誕生と本質
　日頃自らが雇用している身分の下の労働者階級に、競技会で上位を独占されることは、競技会を主催している資本家階級（ブルジョアジー）にとって階級的屈辱であった。それ故に、アマチュアリズムを設けて高度技能の労働者を排除した。と同時に、労働者階級全体を排除したから、スポーツの大衆化を排除することになった。これは必然的にスポーツの市場化を阻止することでもある。資本主義社会において資本家自らがスポーツの市場化を阻止することは、資本主義社会では最大の矛盾である。すべてを率先して市場化させ、資本として稼ぐのが資本家の本質なのに、スポーツだけ市場化させないというのはあり得ないことである。そ

れ故に最大の矛盾なのである。従ってこの矛盾は早晩崩壊することになる。こうしたアマチュアリズムの成立は19世紀の後半であるが、この時期は国民国家形成期におけるブルジョアジーの「伝統の創造」の時期でもあった。こうしてアマチュアリズムは労働者階級の排除を意図すると同時に、資本家階級それ自身の階級的統合策でもあった。これらを支えたのはスポーツは誰からの援助を受けずに享受し、競技会で賞金・賞品をもらわないというブルジョア個人主義のイデオロギーであった。それ故、何かと費用のかかるスポーツは労働者階級を排除することが出来たのである。もっとも、当時のイングランドでは日曜日はキリスト教による安息日であったから競技会は禁止され、未だ週6日労働制の中で土曜日を含む週日に開催された。従って労働者階級にとって、もしも週日の競技会への参加によって会社からの休業補償が受けられず、大会での賞金・賞品を受けられないとすれば、競技会への参加は不可能となる。つまり、こうした経済上の理由から労働者の参加を排除したのである。

また当初、このアマチュアリズムは先の「伝統の創造」のように資本家階級の統合と支配する国民国家のイデオロギーと結合した。日本の例で言えば、武士的アマチュアリズムが天皇制イデオロギーと結合した。アマチュアリズムが騎士道・武士道に容易に結合したのは1つには勝負における平等性の強調と、もう1つにはお金に絡まないという点である。中世の騎士・武士たちの商業行為は禁止されていたから、赤貧の生活の中でもお金のことをとやかく言うことは卑しいとされた。それ故、アマチュアリズムによって金銭を貰わず、スポーツそれ自体を楽しむという理念に騎士道・武士道は容易に合致した。

(2) アマチュアリズムの成長・普及

当時世界の10ヵ国程度の先進国ではブルジョア政権は対外的には帝国主義で植民地を拡大しつつあったが、国内的には労働者階級・社会主義対策に頭を悩ませていた。植民地においても宗主国ないし現地支配階級は労働者階級や解放運動対策が大きな課題であった。そして彼らもまた近代化に伴う国民の身体形成を求めた。それ故にスポーツを必須としたのだが、都合の良いことに「アマチュアリズムに包まれたスポーツ」が身体的要求と労働者階級排除という2つの願望を同時に叶えてくれる便利な手段であった。そればかりでなく、何かと不安定な資本家階級自身の階級的結束ともなった。こうして「アマチュアリズムに包まれたスポーツ」は世界中に普及した。それはイギリスから直接的に、あるいはその植

民地に、そしてアメリカ他の先進国を経由した。

　アマチュアリズムを導入するといってもイギリスのナショナリズムをそのまま結合して導入したわけではない。各国の資本家階級は自国のナショナリズムと結び付けて「アマチュアリズムに包まれたスポーツ」を導入した。つまり「和魂洋才」である。それぞれの国がそれぞれのナショナリズムを結び付けてスポーツのルール、競技様式、器具、そして多少の周辺文化をこの和魂洋才方式で導入した。逆に、柔道の世界的普及を見れば、世界の各国は日本のナショナリズムをも導入したわけではなく、それぞれの国のナショナリズムと結び付けながら、柔道の技術面を積極的に導入した。これはスポーツに限らず、文化普及においても一般的に言えることである。

（３）アマチュアリズムの崩壊

　しかし、スポーツの普及とは、一方では高度化し、他方では広く大衆化を必要とした。高度化はそれへのトレーニング費用、維持費用、さらにトレーニング時間など多くを要するようになり、競技者たちは競技会から某かの経費（旅費、宿泊費、日当など）を貰うようになった。また競技会が多くなってくると、客集めのために有名選手の奪い合いとなり、次第にアンダーテーブルの出演料が増大した。こうした現象はプロ化をいっそう促進させた。それによってプロの魅力も高められ、普及の基礎となった。この点で、スポーツの普及の歴史はアマチュアリズム崩壊の歴史でもあり、それぞれの時代に多くのプロ化問題を引き起こした。

　一方、大衆化に関しては、今なお強力なアマチュアリズムの下で、その資本家階級の独占に抗議して戦間期には労働者スポーツ運動が高揚し、またアマチュアリズムが中産階級以上の男性中心であることから、中産階級の女性スポーツも高揚した。これらは（ブルジョア）オリンピックに対抗して大規模な国際大会を開催した。しかし1930年代後半のファシズムによって抑圧された。

　少し脱線するが、1940年の幻の東京オリンピック招致の決定は大きくは上記の件と不可分である。IOCでの決定は1936年7月31日、オリンピック・ベルリン大会開催の前日である。ベルリン大会については、ナチスによるユダヤ人の迫害、差別が指摘され、アメリカをはじめとする多くの国からボイコット運動が起きていた。一方、ヒトラーは当時の世界情勢を考慮し、1917年に成立した社会主義ソ連を中心に拡大する社会主義運動、労働運動に反対していれば、資本主義側ではファシズムは受け入れられると判断し、強行した。代表例がアメリカ・

補論3　プロ・スポーツと福祉・人権

オリンピック委員会会長であったアヴェリー・ブランデージ（1952～72、IOC会長）はベルリンを視察し、「ドイツにはユダヤ人差別はない」と公言し、アメリカのボイコット運動を押さえつけた。これと連動して、西欧諸国はボイコットせず、ベルリン・オリンピックに参加した。なぜ、ブランデージあるいは西欧諸国はナチスのファシズムを警戒しながらベルリン大会に参加したのか。それはその直前の7月19～26日にスペインのバルセロナで開催予定であった第3回労働者オリンピックがベルリン大会よりも遙かに大きな規模で予定され、ベルリン大会が中止にでもなれば労働者オリンピックの方が規模でも話題でも凌駕する傾向にあったからである（結果的に、バルセロナの労働者オリンピックは開催日当日の朝、連立政権に対する独裁者フランコのクーデター勃発によるスペイン全土の内戦化に伴い、開催は中止となった。そしてベルリン大会はその後開催された）。こうして西欧の民主国家は左には社会主義運動からの圧力と、右からはファシズムの圧力というジレンマに置かれたが、結局は社会主義を切り、ファシズムに荷担したのであった。この結果、あらゆる政治、文化を含む労働者スポーツ運動や女性スポーツ運動もファシズムの台頭によって抑圧されていった。結局はアマチュアリズムを推進する「ブルジョア」オリンピック自体も1940年東京大会、1944年ロンドン大会が中止となった。

ところで、当時の労働者スポーツ運動において、プロ・スポーツ選手もまた、同じ労働者仲間から排除された。これは当時のアマチュアリズム研究の遅れを反映したものである。一般労働者のスポーツは余暇であり、アマチュアであることから、プロは自分たちとは異質と考えた。余技と専業の違いという形態だけで判断され、プロもまた労働者階級としては考えられなかったのである。こうして、プロ・スポーツはブルジョアジーからも労働者階級からも排除されたのであった。アマチュアリズムの階級的規定が注目されず、ただ形態だけから判断された結果である。

しかし、第2次世界大戦後の福祉国家、高度経済成長期の「スポーツ・フォー・オール政策」の下で、それら労働者スポーツ運動、女性スポーツ運動の平等性を追求する理念は継承されることになった。福祉国家の発展の中で、また高度経済成長による労働・生活形態の省力化による運動不足、ストレス化、過剰な高栄養化による国民の健康破壊の進行により医療費は増大し、国家としても国家的スポーツ政策の必要性が生じた。また、国民の文化要求の高揚、権利意識の高揚はスポーツ権をもその一環として主張し始めた。こうして国家が国民のスポーツ参

加、享受に積極的に介在することになり、ブルジョア個人主義は国家自体によって崩壊させられた。また、これまでアマチュアリズムの下に閉じ込められてきたスポーツの市場化も、多くの国民の参加によって解放された。さらに高度経済成長を経て、企業がスポーツを宣伝媒体としてテレビで活用するようになると、そしてそれは特にプロ・スポーツを通して、スポーツ界への資本の流入となり、選手個人としてもスポーツ連盟としても、商業化の中に引き込まれることが必然となった。多様な要因がアマチュアリズムの崩壊を決定的なものとした。

（4）アマチュアリズムの沈殿

　プロ野球選手がシーズン後の球団側との交渉で「金ばっかり求めるな。もっとアマチュア精神で野球をやったらどうか。」と未だに攻撃されるという。新聞社の競争も熾烈である。これまで夏の甲子園大会やアマチュアの大会は朝日新聞が、そしてプロ・スポーツは読売新聞がそれぞれシェアを占めてきた。そうした中で1993年に発足したJリーグを巡っては各新聞社共にしのぎを削っている。2002年のサッカーワールドカップでは朝日新聞が後援者となって一気にプロ・スポーツへの参入を図り、2004年のプロ野球選手会のストライキでは、読売新聞が球団経営側に与(くみ)したのに対抗して、選手会側を支持して選手の労働権、人権を擁護した。両新聞の間での激しい論争も行われた。こうして朝日新聞はプロ・スポーツへも貪欲に進出している。

　近年の過度の商業主義、ドーピングなどの倫理の乱れの原因として、アマチュアリズムの崩壊、消失に原因を求めるような傾向も一部に存在する。これらはアマチュアリズムが完全に払拭されてはおらず、未だに社会の中に沈殿していることを示している。

　歴史的に見れば、これまでのブルジョアイデオロギーで吹聴されてきたように、「アマチュアリズムがスポーツの純粋さを保ち、アマチュアリズムがスポーツを普及させてきた」とする考え方は支配階級的イデオロギーであり、根本的に誤りであるが、そのように考えるように強いられてきた。むしろスポーツの普及（高度化と大衆化）にブレーキをかけてきたことは先ほど述べた。逆に、プロ・スポーツの方が高度化を通して、スポーツ文化の開拓者として、スポーツ普及の牽引者であったのである。

5．プロ・スポーツ、都市の発展形態、球団の経営形態

　プロ・スポーツの発展は国の置かれた状況によって多様である。プロ・スポーツは経済学的に見ればエンターテインメントの生産であり、それを販売することによって生計を成り立たせるものである。経営者である球団（野球やサッカーの場合）が有り、そこに雇用された労働者としての選手がいる。一方、それを消費する客としての大衆の存在が必須である。プロの競技と大衆を媒介するのがメディア（新聞、ラジオ、テレビ他）であり、時々自治体がプロの興行を支援する。プロの発展は国・自治体の条件によって異なる。以下、いくつかを事例に垣間見てみよう。

（1）イギリス

　イギリスの多くの都市は中世以来その歴史は古く、また産業革命時に産業都市として名を馳せたところも多い。1880年代以降、イングランド北部でのサッカーやラグビー・リーグのプロ化の中で、各スポーツクラブは自治体へ依存することなく、自治体もまた地域振興の手段としてスポーツチームに依存することなく、スポーツチームは独自にスタジアムを建設した。一方、都市の中枢を担う資本家階級も未だアマチュアリズムの中にいたから、国・自治体でスポーツ振興の援助をするなどは考えられなかった。それ故、それぞれのプロ・チームは各地域に馴染んではいたが、それは自治体からの援助を獲得したことではない。ここにイギリスのプロ・スポーツ発展の特徴がある。

　サッカーリーグは他種目の追随がなく、ほぼプロ・スポーツ市場を独占した。それ故、サッカー界の「資本主義的経営形態：単一球団独自経営」が形成された。これはサッカーの独占市場であるヨーロッパ全体に一般化出来ることである。1992年のプレミアリーグ発足は下位リーグへの放映権料などの「平等分配」がヨーロッパサッカー市場の競争化の中で重荷となっていた第1部リーグが独自の、個人企業体の集合としてのプレミアリーグを形成して、「独立」した。それ故、マンチェスター・ユナイテッドのように、世界市場を視野に展開する球団も生まれている。

（2）フランス

　同じヨーロッパにあっても、フランスやドイツは国・自治体がより強くプロ・スポーツ界にも介在している。フランスもサッカーが盛んで、1904年にはイギリスのFAの独裁に反旗を翻し、他のいくつかの諸国と共にFIFAを設立した。

　フランスのプロ・サッカーは1960年代までは日本の企業スポーツ的な形態をとり、多くの優秀な選手は企業に所属しながらサッカーをしていた。それ故、プロ化は相対的に遅れた。プロ・チームは政府からの委託を受け、自治体の財政援助も受けていた。そしてスタジアムも一部例外を除いて大半が自治体設立である。

（3）アメリカ

　アメリカは資本主義として出発した国であり、労働力を移民に依存して発展した国である。それ故に中世からの都市の歴史も無く、1800年代後半から産業化と市場の西部開拓化で補い、海外進出の帝国主義化は比較的遅れて第1次世界大戦後に始まった。各地の都市は産業化に伴い、企業誘致を目的とするアピールが必要となり、その有力な手段としてスタジアムを建設してプロ球団を誘致し、球団名に都市名を載せて都市を売り込んだ。それでアメリカのプロ・スポーツではスタジアムは自治体建設が多い。最も近年では自治体が100%を提供するところは少なくなり、球団との供出が多くなっているが、自治体も多く負担していることに変わりはない。

　さて、戦後は4大プロ・スポーツ（野球、アメリカンフットボール、バスケットボール、アイスホッケー）の競合となった。各都市はそれぞれのリーグのチーム誘致に盛んであった。それは特に、消費人口の多い大都市がより優位である。中都市もそれに対抗して球団を誘致した。それ故、あるリーグのチームが廃止ないし移転をするとそこには他種目のリーグが参入してきて、前種目はフランチャイズを失うことになる。こうしてリーグ間の競争も熾烈である。そのために各種目のリーグはリーグ全体の安定性を維持するために、リーグ内での戦力均衡化、経営の弱小チームへの支援を行い、チームを存続させ、フランチャイズ都市を維持しなければならない。これはリーグ内での「社会主義的経営形態：相互補完的経営」である。この点は先に見たサッカーの市場独占的な経営形態のヨーロッパとは根本的に異なる点である。資本主義のチャンピオンであるアメリカにおいて社会主義的な経営が行われる。

（4）日本

　日本のプロ・スポーツは 1925 年創立の大相撲を除けば、1936 年創立の野球だけであった。現在の 2 リーグ制は 1950 年からである。広島東洋カープを除けばすべてが親企業の宣伝用に設立されたので、自治体の選定はたまたま親企業の本社のある都市をフランチャイズとした。

　スタジアムは戦前から、鉄道会社チームは沿線開発の一環として建設され、入場料だけではなく、客の交通費も経営の対象とされた。一方の企業群である新聞社系は自らのスタジアムを持たず（持てず）、別企業のスタジアムや自治体のそれを借用した。

　いずれにせよプロ野球の独占市場であったから、リーグの経営は野球の本国アメリカの社会主義的リーグ経営よりもサッカーのイギリス・ヨーロッパ型の資本主義的競争型であり、単一球団独自経営、あるいは「1 球団帝国主義（読売巨人軍）」であった。

　ところが、1993 年の J リーグが後進のプロ・リーグとして発足するに伴い、親企業依存を主としながらも、地域密着という旗の下に自治体依存を模索し始めた。またリーグ全体としては不安定なクラブ・チームを何とかしてリーグ全体で支えようとする社会主義的経営形態を採り、リーグ内でも戦力均衡化（実質は低経済力チームの底上げ化）を採らざるを得なかった。そうして自治体建設のスタジアムを借用し、フランチャイズ都市を維持した。現在 J リーグ 31 チーム（J1、J2：2007 年）中、独自の（と言っても親企業の所有だが）スタジアムを所有しているのは柏レイソルとジュビロ磐田だけであり、後はすべて自治体所有である。この点はアメリカ諸リーグに近い。日本の産業政策は大都市への一極集中型であるから、多くの地方自治体は経済的衰退のみならず、それに伴う地域文化の衰退の危機に直面している。それ故、J チームを呼んで来て、町興しの目玉にしようと活発な招致合戦を始めた。

　これに刺激されて、プロ野球球団の多くも J リーグに学んで、地域密着、多様なファンサービスを模索している。

（5）中国

　中国のプロ・スポーツは現在サッカー、野球、バスケットボールがあるが、その中でも野球が最も厳しい状況に置かれていると言われている。社会主義市場経済におけるプロ・スポーツリーグを誕生させた。1993 年にはサッカーのプロ・

リーグが誕生した。選手は各県の体育学校の学生、卒業生を中心に結成された自治体によって運営されたチームである。それに企業の参加を得て、球団としての自立化を目指している。選手の多くは「公務員」であり、サッカーの給料もある。根本的に「公務員なので強くならない」との批判も受けるが、未だ完全に自立するまでには至っていない。ともかく2008年の北京オリンピックへ向けて、中国経済の好調さに支えられて、多少の強引さはあるが推進されている。オリンピック後の行方に注目したい。

（6）プロ・スポーツと都市振興

　プロ・スポーツチームを招聘しフランチャイズ化して、都市振興の起爆剤にしようと、世界の都市が計画している。これはヨーロッパでは自由化された東欧の安い労働力を求めて製造企業が移転し、あるいは中国は世界中の企業が集中して、今や世界の工場となっている。その結果、世界の諸都市は新たな産業（サービス産業、観光業、情報産業など）で町興しに躍起である。スポーツによる町興しにはプロ球団のフランチャイズ化、イベント招致とその後の観光化、住民のスポーツ振興などが考えられるが、それをプロ・スポーツによる地域振興で考えると以下のような4点が考えられる。

1）経済的効果

　これは企業が誘致されてきたり、地場産業が活性化されると言うことも含めて、地域の経済への収益をもたらす効果である。例えば、フランチャイズ化すれば多くの観戦者、マスコミが訪れ、町には大きなお金が落とされる。そうした効果であり、最も期待されるものである。2002年のワールドカップではこの点で多くの自治体が鎬競り合った。またオリンピック招致の大きな理由も、政府や財界にとっては近年ではスポーツの振興そのものよりも、この経済的効果への期待の方が強い。例えば1992年のバルセロナ（スペイン）のオリンピック後の企業移入や観光客の増加は有名である。オリンピックで建設された都市の諸インフラが当初から企業活動にとって有利なように計画され、都市の知名度も有利に働いた結果である。オリンピックをはじめとする世界的なビッグイベントの招致の多くが実質はこうした経済的効果を期待するものとなっている。現実には、事前の調査機関の提起するような数千億円の経済的効果などはほとんど希である。また、その効果ももっぱらゼネコンの利潤のために税金を投入してインフラ整備に活用

されたものなのである。こうしたゼネコンへの投資目的のインフラ整備が主である。その一方で、その都市の住民への福祉は当然にして切り下げられることになる。近年、ビッグイベント招致に対する住民の反対運動も高まっているが、その多くはそうしたイベントそれ自体に反対しているわけではなく、それを利用したゼネコンの儲けだけを保障するような招致政策の在り方を批判しているのである。現代の不安定な社会におけるそれらのイベントが持つ平和的な意義を評価しつつも、もっぱら大企業の儲け優先、環境破壊、住民福祉の低下等を伴うそうした招致政策への批判である。

アメリカや日本でも、イベント招致やプロ球団のフランチャイズ化によって、期待されたほどの収益は上げられないというのが、これまでの大方の結論である。現実にはそれ程甘い物ではない。過重な期待はむしろ事後の落胆を大きくさせる。

2）イメージ効果（観光資源）

フランチャイズ化やイベント招致で最も効果のある1つが、この都市のイメージの改善による観光資源化である。それらの催し物がテレビで全国や世界に放映されれば、その都市の知名度は上がり、イメージは格段に上昇する。少なくとも一時的には観光資源化することは間違いない。それ故に多くの都市はイベント招致を行うのである。とはいえ、他に観光資源のないところはこの点で弱点を持っている。2000年のシドニー・オリンピックは単にシドニーだけでなく、オーストラリア全体の海外からの観光客が増加したと言われている。オリンピック開催地は、世界への発信の機会が増加することもあり、大会開催時を頂点にして観光客数は上昇する。また、1992年のバルセロナもこの点での成功例である。スペインといえばマドリードがすぐに思い浮かべられたが、オリンピック以降は、バルセロナがその地位を獲得している。

3）地域アイデンティティ

フランチャイズチームが勝利したり、リーグで優勝すれば地域住民の地域アイデンティティが確実に向上する。極端に言って、プロ・チーム招致、イベント招致による地域振興の中心はこの点だけという指摘もある。多くの都市がプロ球団を支援して招致する背景に、沈滞化する地域住民の活性化を催すにはこの点が最も手っ取り早く、確実である。それ故にJリーグチーム招聘に奔走するのである。

Jリーグで言えば、アルビレックス新潟の盛り上がりはこの典型である。1993年のJリーグ発足年の前半の鹿島アントラーズの優勝は象徴的である。茨城県の1寒村であった鹿嶋町が一気に全国区に登り詰めた瞬間でもあった。そしてその過程で、必ずしも経済的効果も観光資源化も高まったわけではないが、地域住民のアイデンティティの高揚は大変なものであった。この過程で暴走族を止めてアントラーズのサポーターズクラブでボランティアに没頭した若者もいた。地域連帯の中で、自らの居場所を見出した人も多かった。さらに子どもからおじいちゃん、おばあちゃんまで巻き込んで、家族内でサッカーが話題となり、家族の絆を取り戻した、深めたという指摘は多い。こうした地域連帯、アイデンティティをJチームはもたらした。これがJリーグ効果の一環である。2007年にプロ野球で優勝した北海道日本ハムファイターズも移籍3年目の快挙であるが、球団としての地域密着の努力は相当なものであるが、そうした努力は住民のアイデンティティ形成の中核を形成した。Jリーグ効果は確実にプロ野球にも浸透しつつある。

4）住民のスポーツ振興

地域の福祉が振興されれば、地域住民の「するスポーツ」の要求は確実に高まる。それ以前に、「するスポーツ」の高まっている環境の下で、「見るスポーツ」への要求は確実に高まる。自らもあのようにプレーしたいという要求に支えられるからである。イベントを招致した地域にはその効果も多くもたらすことも事実である。しかし残念ながら日本ではこの教訓があまり生かされているとは言えない。理由は簡単で、地域にスポーツ施設が圧倒的に不足しているから、プレーしようにも出来ないのだ。これではせっかくのプロ・チーム招致、イベント招致をしても、地域住民のスポーツ振興には繋がらない。こうした住民の「するスポーツ」参加の度合いを巡ってプロ・スポーツの振興へと向かうとき、本当のスポーツによる地域振興となるだろう。

6．ファン・サポーターの権利・義務

プロ・スポーツ（球団と選手）とファン・サポーターの関係はエンターテインメントの生産者と消費者の関係である。現在ではいかなる分野でも消費者の権利が主張されているが、プロ・スポーツではどうなっているのだろうか。この点で

もJリーグ効果の1つである「ファン」から「サポーター」への進化とそれに伴う権利と義務の関係がある。これまでのプロ野球はJリーグに比べれば客であるファンを大切にしてきたとは言えない。ファンクラブもあったが、球団側の付け足しの域を大きくは出なかった。それでもプロ野球が独占状態であったから、一定の観客は来たし、強いてファンサービスにも熱心ではなかった。そうしたファンサービスを大衆迎合、邪道だとする考えも未だ根強かった。選手の中には、選手は球場で魅せるものだと言い張る人たちもいた。リーグ間競争の激しいアメリカのMLBのファンサービスが聞こえてきてもそれは対岸の火事であった。いわば、読売巨人軍におんぶにだっこの状態であった。その巨人軍がファンサービスに率先したわけではなかったから、他の球団も皆、右へ倣いをした。しかし、後進のJリーグは新たな客の開発を求められた。そしてサポーター制度を導入し、サポーターへのサービスも野球とは比べものにならないくらい丁寧なものであった。これが更なるサポーターの掘り起こしとなり、浦和レッズ、アルビレックス新潟などの応援は4万人を超えることもある。こうして「ファン」から「サポーター」へと概念を拡大させた。そして「サポーター文化」なる領域も誕生し、スポーツだけに限らず、社会学全体の大きな研究領域の1つと成りつつある。
　こうした中で、スター像も変化している。従来、先述したようにプロ野球選手は「グラウンドのプレーで魅せるものだ」「ファンサービスでちゃらちゃらするな」と言われた。それは現在でもイチロー像に引き継がれている。しかしサッカーサポーターの出現によって、「サポーターは12人目の選手」として位置付けられ、選手と同列に近くなった。それは選手側からもこれまでのようにサポーターから遠く離れているのではなく、より多くの接点を求める活動が求められている。スターはこれまでのように遠い存在ではなく、素晴らしい選手であると同時に身近なお兄さんである事が求められている。近年では野球もこうしたファンサービスを導入し始めている。千葉ロッテマリーンズではファンは26番目の選手（ベンチ入り出来るのは25人）として同背番号のユニフォームをベンチに掛けて試合に臨む。
　これらは野球ばかりでなくマラソン選手にも求められている。選手に「笑顔でゴールせよ」と求めた監督・コーチも現れた（「曲がり角のマラソン」朝日新聞、2006.11.24）。ファンは選手にすがすがしさを求めている。単に強いだけでなく、爽やかでないと支持されない、高橋尚子に学べと言うことである。
　プロ・スポーツは現代のファン、サポーター、視聴者の置かれた状況、彼らの

求める要求に敏感に対応する必要があるだろう。好例は北海道日本ハムの新庄剛志選手だろう。旧来では異端児、変人とされる彼の異例なパフォーマンスは、観客からは好感を持って迎えられた。彼なりにファンサービスを必死で考えていたことは事実である。そのことがファンに届いたのである。

　かつてJチームの横浜フリューゲルスが破産し、再建を始めたとき、サポーター集団のソシオフリエスタが株主として参加しようとしてJリーグ側から拒否された。その後裁判までに至ったが、これなどはサポーターの権利を考える上で1つの重要な論点を提起している。サポーターとはいったい何であり、経営といかなる関係にあるのか等々、根源的な問題が問われている。スペインやイングランドではサポーター集団の選択した人がクラブの理事として発言権と決定権を有して参加し始めている。たしかにこうすることで、サポーターの要求はこれまで以上に球団に、選手に、そして試合にもこれまで以上に届くようになる。こうしたとき、従来とは異なる試合、雰囲気、経営がなされる可能性がある。

　2014年のJリーグでは「Japanese Only」の横断幕が張られたり、競技場で相手チームの選手にバナナを振りかざす行為があった。Jリーグではこれらが民族差別、人種差別行為であるとして、当該サポーターのみならず、球団自体をも厳しく罰した。これらは、サポーターとしても最低限のルールを守らなければならないことを示している。

7．プロ・スポーツ選手の権利・義務

　大学の講義でも、「プロの給料は安いか高いか」の話になると、多くはメジャーリーグの年俸20億円以上の、そして日本での同じく5億円何某かの話に直結する。これとて他のエリアのトップの給料と比較して必ずしも高いわけではないが、彼らの年齢的な若さ、マスコミの影響もあって、随分高い印象が植え付けられている。しかし、平均以下の選手の給料、労働条件、解雇の実態を見ると、認識を根底から崩される。プロ野球の最低年俸が約500万円でどのように選手生活を維持するのか、Jリーグではそれさえ無く、試合出場の歩合制である。年金制度の話になると話は一気に暗く、重くなる。最も深刻なのはセカンドキャリア問題である。高卒3年程度で解雇される同級生たちへの思いは複雑である。「他の職種だって解雇はあり、何もプロ・スポーツだけにセカンドキャリア制度など有るのは甘やかしだ」との一部の意見もあるが、小さい頃からその種目に没頭してき

た彼らが他の仕事に就くということは、単に仕事の技術的な内容ばかりでなく、その精神的な転換も大変大きな困難が予想される。この点は「他の職種」とは大きく異なる。しかもそのニュースバリューから、犯罪を犯しても「元プロ選手」として書き立てられる。毎年、必ず10〜20%程度の新人が補充される。それは同率で解雇されているということである。プロになること自体が相当に厳しいことなのに、プロになってレギュラーになることもまた大変に困難なことである。そして現役を終えた後、長い人生があり、そこには新たな困難が待ち受ける。現役引退後にそのスポーツに、コーチや監督ないしその関連する職に就くことが出来、生活が保障されるのはほんの一部の人だけである。そうした厳しい状況が待ち受けるのに、なぜ若者はプロを目指すのか。もちろんその理由はそれぞれだが、根本はそのスポーツが好きだからだろう。とはいえ、プロの世界も、スーパースターが存在出来るのはその他の選手が存在するからであり、スーパースターが独立して存在するわけではない。そうであるなら、確かに競争は必要だろうが、もっと一般の選手の労働条件、人権を改善する必要があるのではないか。それがプロ・スポーツの健全な発展にとってより好ましいのではないか。そのための法的整備が求められている。学生たちもこうした視野を次第に広げながら、これまで漫然とみていたプロ・スポーツを一歩踏み込みながら、そしてより広い視野を持ちながら、より深い共感をもってプロ・スポーツを観戦するようになる。

8．グローバル化とプロ・スポーツ

スポーツのグローバル化とは先述したように筆者は市場化、TV放映化そしてプロ化の3点を指標としている。1990年代にはいっそう拍車が掛かった。野球では世界の野球国からアメリカに選手が集中し、その「途中で日本にも立ち寄る」。もちろんアメリカへの上昇過程でばかりでなく、下降過程においてもである。サッカーでは世界各国から西欧諸国への集中が激しい。こうしてスポーツにおいても世界の中心化（Centre）と周辺化（Periphery）が進んでいる。もちろん日本のプロ野球のようにその中間に位置して「准中心・準周辺」として媒介を担っている国もある。1995年のボスマン判決によりEU内の労働移動が自由になり、その分、それ以外の外国からの移入が促進された。高い年俸で世界中から優秀な選手を引きつける。南米はサッカーのもう一方の中心地であるが、年俸があまりにも低く、流入することは相対的に少ない。2003年のトヨタカップで

の南米の覇者ボカジュニアーズとヨーロッパの覇者レアルマドリードのトップ5選手の年俸は前者が5千万円で後者が5億円であり、10倍の差があった。しかし前者が勝った。選手にとって高年俸は魅力であり、ヨーロッパに集中する。これにより選手輸出国（周辺）の国内リーグの空洞化が心配される。と同時に、そうしたヨーロッパ諸国では逆に国内選手が育ちにくくなっている。またヨーロッパ、アメリカなどの球団の一部の選手の年俸が突出し始めており、それが球団の経営を圧迫している。選手間の格差も拡大している。クラブチーム対抗では世界有数の実力を持っていても、国対抗だとあまり強くないという「サッカー王国」も多い。

　これなどはグローバル化の影響の典型である。大相撲は珍しく国際化（グローバル化ではないだろう）が進んでいる。幕内の上位を外国人力士が多く占めている。こうした動向を配慮して、外国人力士は1部屋1人という制度を設けている。野球でもサッカーでも同じように外国人枠が設けられている。

9．日本の野球とサッカー

　日本の2大プロ・スポーツの野球とサッカーはいろいろと対比されることが多い。筆者はここでプロの試合数、プロ選手の平均年俸、観客動員数などと、地域スポーツが有する球場数、クラブ数などを比較して、総括的に「野球力」と「サッカー力」と表現している。野球力：サッカー力＝3：1となり、依然として日本は野球国である。もちろん地域によってその割合は多様であり、また若年化するに従ってサッカーの方が多いとも指摘されている。ともあれ、野球の方がより古い伝統を持ち、地域に、国民に浸透している。ここで気になるのは自治体の有するスポーツ施設、特に野球場とサッカー場数のことである。これらの施設は広大な土地を要するが、それが商業施設であるならば、地域住民はその施設使用料の高さに耐えられない。これでは地域スポーツクラブが恒常的に活動することは出来ない。自治体が建設して住民に安く貸し出してやらなければ、そのスポーツは普及出来ない。そうでなければそのスポーツはその地域から衰退する。日本の現状は施設の減少する中で、多くのスポーツが今その「絶滅危惧種」の直前にあると言っても過言ではない。いずれにせよ、西欧・北欧の福祉国家を経た国々に比較すれば、経済力を有しながらも国民の福祉を蔑ろにしてきた日本の地域スポーツの実態は深刻である。

10.「見るスポーツ」と「するスポーツ」

　上記とも関連するが、近年「見るスポーツ」と「するスポーツ」の相関は強まっている。戦前の、国民の生活における選択肢の少ない時代には「見るスポーツ」の高まりは大変なものであった。それでもプロがパートタイマーを脱して独立して生計を立てるまでには至らなかった。現在のようにテレビがあり、またレジャーにおける選択肢が沢山有る中で、「見るスポーツ」に出かける最大の契機は「するスポーツ」に自らが参加することである。

　マイナー種目の全国大会等では、観戦者のほとんどは選手の家族やその地域の部活動の生徒たち、そして大会関係者である。またサッカーを例にとるならヨーロッパの場合スタジアムの観戦者の7割近くがサッカー経験者であり、そのうちの多くが今地域でプレーしている人たちである。一方日本では約10年前に筑波大学が浦和レッズの観戦者を調査したが、35％であった。そこには学校での体育の授業も含まれている。つまり、日本ではサッカー経験者が圧倒的に少ないのである。さらに現在地域でプレーしている人となるが僅少となる。日本ではサッカー経験者が圧倒的に少ないのである。サッカー経験の無い65％のサポーターはいったい試合の何を見ているのだろうか。現代の日本人の「孤独感」を集団的なサポートで「帰属感」を満たしているのではないかとの指摘もある。またヨーロッパでは「スポーツ・フォー・オール政策」によって、例えば筆者の研究フィールドにしているイングランド中部にある18万人の田舎町（レスター県、チャーンウッド郡）には150面（すべて芝生）のサッカー場を持っている。それでもあと20面足りないと、新たな設置を予定していた。人口1000人に1面の割合である。1000人すべてがサッカーをするわけではなく、そのうち多く見ても30人程度だから、ほぼ1チームに1面を有していることになる。一方、旧浦和市（現さいたま市の一部）では人口約100万人に対して、市民が使用出来るサッカー場は3面（土のグラウンド）しかない。市のサッカー協会には97チームが登録しているが、新たに参加したいチームもあるのだが、どこかが脱退しない限りこれ以上増やせない。これが「サッカーの町・浦和」の実態なのである。多分、全国の自治体でも似たり寄ったりであろう。1面で1日に5試合を消化し、それが3面で15試合となる。つまり日曜日に30チームしか活動出来ない。こうなると1チームにとって1月の内にどうにか1試合が保障されるに過ぎない。

空きが無いから練習も出来ない。こんな状態でサッカー（野球も同様）が普及するのだろうか。春・秋に大会は有るが、ほとんどはトーナメントだから負ければ次のシーズンまでは試合は無いことになる。こうした日本の実態は、福祉国家を経ていない、つまりそのスポーツ版である「スポーツ・フォー・オール政策」によるスポーツ施設の公的な保障を経験していない、惨めな実態なのである。

「するスポーツ」がこんな実態だから「見るスポーツ」を裾野広く支えることが出来ない。筆者は現在日本の国民スポーツに関する福祉水準が続くなら、若干の例外はあろうが野球やサッカーのプロの観戦者、視聴者の上昇はこれ以上見込めないと考えている。根本的な改善は、国民の給与水準を引き上げ消費力を向上させること、つまり可処分所得や可処分時間をもっとしっかりと保障する事が第1と、国や自治体の国民・住民福祉を充実させ、その一環としてのスポーツ参加環境を整備する事を基底に置くしかない。

「Jリーグ百年構想」で「地域のサッカー場を芝生にしよう」と提唱している。それ自体は悪いことではないが、今の日本にとって、そしてJリーグやプロ野球の発展や観客を増やすためには、地域にもっともっと野球場やサッカー場を作ることを生命線として提唱すべきである。それは国民のスポーツ参加を広げ、やがてプロ・スポーツ自体を支える人口（消費者）を形成することになるのである。そうした時点において、国民はプロ・スポーツを初めて自分たちのスポーツ文化の開拓者として見るようになるのである。

11．プロ・スポーツの法的問題

以上、プロ・スポーツをめぐる社会学的な問題点を列挙した。これまでのプロ・スポーツの法的な問題は、どちらかと言えば球団と選手との雇用条件、労働条件（労働法）あるいはプロ球団の経営方針、経営形態（企業経営論）を巡る問題が大半であった。それはそれで重要なことである。しかしもっと広く、プロ・スポーツを社会の文化として把握したときに、法律として包摂すべき視点も領域も拡大し、深化するのではないだろうか。また直接にその対象では無くても、プロ・スポーツ文化をより豊かにする上では考慮すべき視点が提起されるものと考える。

現在テレビニュースを見ても「政治・経済、社会、天気予報、スポーツ」が定番で、スポーツは4本柱の一角を占めている。ともすれば暗いニュースが多い中で、明日の天気まで雨だとすれば、国民全体の気分は憂鬱になる。そこでスポー

ツニュースが必要になるのである。しかも最後に持ってくることによって、視聴者のチャンネル換えを防止すると同時に、視聴者の気分を爽やかにすることを期待されている。しかもそのスポーツニュースの大半はプロ・スポーツである。こうしてプロ・スポーツは現代生活に必須の内容となり、国民の健全な意識の形成に貢献している。アマチュアリズムの呪縛から解放されつつあるいま、プロ・スポーツ論の発展と共に、その一環であるプロ・スポーツと法的検討も重要な課題である。

おわりに

　本書の意図は以下の点である。
　①スポーツは広義の福祉の1領域である。
　②「スポーツ・フォー・オール政策」は福祉国家のスポーツ版である。
　③スポーツは人権（権利）である。人権（権利）の侵害はスポーツへの接近とスポーツ内での両面で発生している。
　④日本は未だ福祉国家に至っていない。従って、国や自治体のスポーツ政策も貧困である。
　⑤日本の「スポーツ・フォー・オール」政策の実現、スポーツでの人権（権利）の実現は日本が新福祉国家を志向したときに実現可能である。
　⑥従って、「スポーツ基本法」は新福祉国家の下でのみ具体化される。これが本書における「処方箋」の内容である。

　以上の点に関して、スポーツ＝福祉という考え方は新たなパラダイムである。しかし広義の福祉の一環にスポーツも認識され始めていること、それと連動して、スポーツが人権（権利）として国際的にも市民権の俎上に上がりつつあることも理解できたことと思う。日本ではそれらの実現の具体化である「スポーツ・フォー・オール政策」が実現されていないから、それらを問う現実的な切っ掛けが薄い。しかし世界の傾向はもっと先に進んでおり、日本が遅れているのだということも明白となった。
　しかし、それらの人権（権利）、福祉あるいは「スポーツ・フォー・オール政策」は、漠然と期待してできるものではなく、日本が新たに新福祉国家とならなければ実現しえないものなのである。この点は、スポーツ分野では全く新たな議論であるから、即賛同を得るのは厳しいかも知れないが、筆者の論理は理解していただけたと思う。
　スポーツという文化もまた社会の中での存在であり、他の文化と同様に人権（権利）や福祉の一環としての市民権獲得の過程にあると言うことである。研究はそうした実態の理論的な反映である。
　人権（権利）や福祉を論じることは、国家権力との関係を論じることでもある。

おわりに

　もしそれを避けるなら、単なる技術的な権利論・人権論や福祉論に堕するであろう。そうならないために、筆者はそれをスポーツの所有論以下で展開してきた。スポーツ分野では過激（ラディカル）に写るかも知れないが、社会科学的に冷静に考えてみれば、本書で述べられたことは至極まともなことばかりである。

　保体審答申類や「スポーツ基本法」の意図することに、ちゃんと予算を付けろと言っているのである。スポーツ関係者を批判しているのではなく、代表しているつもりである。しかしそのためには、日本を新福祉国家化しなければならないと述べたのである。これが本書の結論であり、対案であり、「スポーツ基本法」の処方箋である。

　さて、2013年の10月に消費税が来年4月から5％から8％へ引き上げると決定してから、いくつかのスポーツ関連学会に参加した。そこにはスポーツ・イベント招致による町興し、総合型地域スポーツクラブの実情など、地域振興やイベント振興などの多くの研究が報告された。たしかにそれらの多くは特に大学院生他の若い人々によって為されているものも多かったが、その指導教員の視点も含めて、あたかも真空の中で研究しているようにしか思えなかった。この20年間の国民の、そして自治体での地域住民のスポーツ参加は確実に低下している。その背後には労働条件の悪化、福祉の後退、可処分所得・可処分時間の減退などがあり、国や自治体のするスポーツ関連予算が確実に減少してきた事実がある。

　その一方で、自治体で言えば、そうした一般住民の参加政策が後退する中で、イベントなど一発芸的な催し物でスポーツ政策を片付けてしまおうとする趨勢にあり、さらにスポーツ・ツーリズムなど、地域の営利化に直結する側面だけが注目されてきている。

　こうした中で、消費税がさらに10％へアップすれば、国民、地域住民のスポーツ参加の低下はいっそう促進されることが予測される。スポーツ分野にとって決定的なダメージが予想される事態を前にして、この点に触れた研究が皆無だったことに私はショックを受けた。

　こうした動向は、本書執筆のきっかけでもあった「スポーツ基本法」が制定されて、何もかもが解決されるような雰囲気と無関係ではなく、直結した思考と態度なのであった。

　また、2013年9月7日（日本時間8日早朝）、IOC総会（ブエノスアイレス：アルゼンチン）において2020年のオリンピック夏季大会が東京に決定した。これによって、「スポーツ基本法」、「スポーツ基本計画」によって提起された若干

357

の政策が促進される条件も生まれている。その1つに「スポーツ庁」の設立がある。しかしこのスポーツ庁にしても、全体の福祉水準、国民のスポーツ参加政策が向上しない限り、単に既存のスポーツ行政分野の寄せ集めで終わりかねない。

さらに、2020年のオリンピック東京大会によって、国民のスポーツ参加は促進されるだろうか。この点でも明るい展望は無いように思える。戦後のそして特に2000年代のイギリスのスポーツ政策と2012年のオリンピック・ロンドン大会へと続く動向を研究対象としてきた筆者にとって、日本のそして東京のスポーツ振興策はあまりにも貧困に見える。これでオリンピック開催とは単なる景気対策のためであって真のスポーツ普及、福祉の拡大とはならない。ロンドン大会直前に『オリンピックと平和』を出版した。スポーツと平和、権利・人権としてのスポーツなどへと関心は拡大した。そして国連やユネスコそしてIOCなどがスポーツを通して開発途上国で果たしている課題などにも関心は広がった。今回、「スポーツ基本法」が実現した折に、これまでの「スポーツと福祉、権利、人権そして平和」等の視点を集約ようと考えた。そして、日本で「スポーツ基本法」が本当に実現するためには、単にスポーツだけを狭く考えているだけでは何も進展せず、もっと広い視点から、特に福祉論から考えなければならないことを痛感した。そのために従来のスポーツ研究のパラダイムを多少は変換する必要性も感じた。本書を読んで賛同してくれる人も居るだろうし、否定する人もいるかも知れない。しかし、どちらにせよ、この学界に1つの問題提起はできたと自負している。今後は若い人たちがそれぞれの情勢の下でそれに対応しながらより発展させてくれることを期待している。

ともあれ、取り敢えず2020年までの日本のスポーツ政策の動向を冷静に追跡して行くことが新たな課題となった。

そして今加えなければならないことは、この原稿の執筆時（2014年6月）、サッカーワールドカップがブラジルで始まった。しかし開催の1年前から、「ワールドカップ開催反対」のデモが多くの都市で頻発している。「サッカー王国で、サッカー好きの国でなぜ？」という指摘も多い。理由は簡単だ。本書で展開してきた内容そのものである。本来福祉であるべきサッカーが、「福祉を削減するから反対だ」として批判されている。そしてこれは2年後のリオ・デ・ジャネイロでの2016オリンピックにも該当するだろう。2020東京も同じ轍を踏まぬよう、サステーナブルなオリンピックに徹するべきである。

我が広島経済大学も全国の大学と同様にグローバル化の中で大きな改革を迫ら

おわりに

れている。その中で新生の「スポーツ経営学科」も、全国の同類の学部、学科との競争を迫られている。しっかりとした学科展望の下に教育、研究が求められている。こうした中で、2013年度は大学全体の今後の在り方を「カリキュラム・コーディネート（CC）」として、議論を重ねてきた。我が学科のより確かな展望を求めて、私は着任3年目であったが積極的に参加した。石田恒夫理事長の強靭なリーダーシップの下に、議論は大胆かつ積極的、率直なものであった。教員と職員の区別無く、若い人もベテランも平等に、他の専門分野にも遠慮無く踏み込んだ議論は、後半になればなるほど熱を帯び、当初は夜9時には終了していた会議も、次第に10時を過ぎるようになった。たまに10時前に終われば、今日は早く終わったと思えた状態である（この「おわりに」の執筆時の2014年6月時点で、CCはほぼ終了した）。皆、大学の将来展望を真摯に考えている点では共通していた。開かれた大学だと感じたし、筆者にとって最後になるであろう大学改革の議論に参加できて幸せであるとも感じている。それだけに拙い筆者の経験が広島経済大学の発展の一助になればと考えて、精一杯頑張ってきた。あまり貢献はできなかったが、学ぶことは多かった。この点でも理事長、学長をはじめメンバーの皆さんに感謝申しあげたい。

　本書は前著『オリンピックと平和』に引き続き広島経済大学の出版補助を頂いた。とはいえ、内容の責任はすべて著者にある。また、創文企画にもお世話になった。これで4冊目である。

【著者紹介】

内海　和雄（うちうみ　かずお）
広島経済大学教授
〒731-0192　広島県広島市安佐南区祇園 5-37-1
　　広島経済大学　経済学部　スポーツ経営学科　E-mail：kz-uchi@hue.ac.jp

1946 年 2 月　　東京に生まれる
1975 年 3 月　　東京大学大学院教育学研究科博士課程（所定単位修得）
2006 年 3 月　　社会学博士（一橋大学）社第 97 号
2009 年 4 月　　一橋大学名誉教授
2011 年 4 月　　広島経済大学教授（現在に至る）
2009, 2010, 2012 年 7 月　　IOA（International Olympic Academy in Olympia, Greece）講師
2014 年 7 月　　IIHR（International Institute of Human Rights in Strasbourg, France）講師

［主著］
『体育科の学力と目標』（青木書店、1984 年）
『体育のめあてをいかす授業と評価』（編著、日本標準、1984 年）
『子どもの身体と健康観の育成―健康教育論―』（医療図書出版社、1985 年）
『がんばれスポーツ少年』（新日本出版社、1987 年）
『スポーツの公共性と主体形成』（不昧堂出版、1989 年）
『子どもと教師を励ます評価』（日本標準、1992 年）
『戦後スポーツ体制の確立』（不昧堂出版、1993 年）
『子どもの発達段階と教育実践』（共著、あゆみ出版、1994 年）
『体育科の「新学力観」と評価』（大修館書店、1995 年）
『部活動改革―生徒主体への道―』（不昧堂出版、1998 年）
『イギリスのスポーツ・フォー・オール―福祉国家のスポーツ政策―』（不昧堂出版、2003 年）
『プロ・スポーツ論―スポーツ文化の開拓者―』（創文企画、2004 年）
『日本のスポーツ・フォー・オール―未熟な福祉国家のスポーツ政策―』（創文企画、2005 年）
『アマチュアリズム論―差別無きスポーツ理念の探求へ―』（創文企画、2007 年）
『スポーツ研究論―社会科学の課題・方法・体系―』（創文企画、2009 年）
『オリンピックと平和―課題と方法―』（不昧堂出版、2012 年）

広島経済大学研究双書　第 42 冊
スポーツと人権・福祉　―「スポーツ基本法」の処方箋―

2015 年 1 月 20 日　第 1 刷発行

　著　者　　内海和雄
　発行者　　鴨門裕明
　発行所　　㈲創文企画
　　　　　　〒101-0061　東京都千代田区三崎町 3 － 10 － 16　田島ビル 2F
　　　　　　TEL：03 － 6261 － 2855　FAX：03 － 6261 － 2856　http://www.soubun-kikaku.co.jp

　装　丁　　松坂　健（Two Three）
　印刷・製本　壮光舎印刷㈱

©2015 KAZUO UCHIUMI　　ISBN978-4-86413-059-2　　Printed in Japan
本書を無断で複写複製することは、著作権法上での例外を除き禁じられています。